W0388039

Ubstadt - Andreasplatz

Karl Serden

Der Dinge drei

Spuren einer Philosophie

1988

Verlag Heimat- und Volkskunde, Ubstadt

Inhalt

Die Vorlagen wurden teilweise verkleinert bzw. neu umbrochen.
Ausführlicheres über die Geschichte von Ubstadt kann dem Band
„Ubstadt – Heimat an der Kraich"
entnommen werden.

ISBN 3-921983-14-2

Alle Rechte vorbehalten

© 1988 by Verlag Heimat- und Volkskunde (KMG-Presse)
7526 Ubstadt-Weiher 3

Druck: Druckerei Karolus Wolfgang Dörr GmbH, Bruchsal

Vorwort

Was bin ich? Was soll ich tun?
Was kann ich glauben und hoffen?
Hierauf reduziert sich alles
in der Philosophie.

(Lichtenberg, 1742–1799)

Die Zeit und das Weltall sind unerforschlich. Im Wechsel von Tag und Nacht kommen und gehen Monate, Jahre und Jahrzehnte. Regelmäßig, im Gleichmaß von Saat und Ernte, ziehen die Stunden und Wochen vorüber. Ein Spiel der Beständigkeit, das keine irdische Macht zu beeinflussen vermag.

Die Natur lebt mit diesem Rhythmus und auch der Mensch unterliegt dieser Gesetzmäßigkeit. Sein Erdengang führt dabei über verschiedenartige Stufen, die Berge und Täler erschließen. Bleibt die Natur mit ihrem Blühen und Reifen dem vorgegebenen Zyklus verhaftet, kann der Mensch das ihm mitgegebene Erbgut zur individuellen Persönlichkeit ausprägen. Im Ablauf der Jahreszeiten entwickelt sich Freude und Leid, motiviert sich das menschliche Gefühls- und Seelenleben und läßt Mitgeschöpflichkeit entstehen. Der Alltag verliert seine graue Farbe.

Von Generation zu Generation gibt es für den einzelnen immer wieder Geschehnisse, die besondere Beachtung erheischen und sie auch bekommen; außerdem läßt sich eine erstaunliche Regsamkeit beobachten.

„Das Wort hat dann nur Wert, wenn es sich zur Tat gestaltet.“

(May, Silberlöwe IV)

Zu den Besonderheiten gehört zweifellos Enthusiasmus und Mitwirkung an gestalterischer Initiative, die auch eine journalistische Freizeitbeschäftigung einschließt. Ohne Pathos versucht der Titel der vorliegenden Broschüre dieser Tatsache gerecht zu werden. Die Bezeichnung „Der Dinge drei“ stellt drei publizistische Sachgebiete heraus, die absolut Interesse wecken und wachhalten können. Themen, die sich erwiesenermaßen den Wünschen und Sehnsüchten einer großen Personenzahl geradezu aufdrängen. „Heimatkunde“, „Literatur“ und „Cinematographie“ sind nachweislich beliebte Forschungs-Gebiete. Bei nicht zu enger Betrachtung läßt sich mit Verve auch eine gedankliche Verbindung mit „Umwelt", „Kunst" und „Musik" herstellen.

„Hör auf, hör auf, die Wälder zu zerstören,
sonst wirst mit ihnen du auch untergehen!"

Wer weiß schon, daß diese zwei Zeilen aus einem Gedicht von Karl May stammen? Oder:

„Ich hab' eine kleine Philosophie,
ich find' alles herrlich und streite mich nie ...",

ein Lied, das der Berliner Komponist Willi Kollo (1904–1988) 1937 für Hans Albers (1891–1960) schrieb und das auch heute noch im Rundfunk zu hören ist. Ein humorvoller Text, melodiös vertont und doch bemerkenswert, denn Lebensweisheit und Lebensfreude wird durch persönliche Entscheidung und Urteilskraft vermittelt.

Mit der Auflistung der Artikel dieser Edition, eine kleine Auswahl aus großer Fülle, wird die Liebe zur Heimat, aber auch das Erforschen mitmenschlicher Erfolge und Schicksale verdeutlicht.

Das Vollenden einer Lebens-Dekade ist wohl immer ein Geschehnis, das zu erwähnen jedoch keiner Begründung bedarf. Und sind es sechs Jahrzehnte, dann gehört zur Freude bereits auch der Dank. Die Erkenntlichkeit an die Allmacht, die im Grunde dieses Ereignis ja erst ermöglichte.

Der Glaube bestärkt, er festigt aber auch die Erkenntnis, daß die Krone der Schöpfung, eben der Mensch, in jeder Beziehung „der Dinge drei" zu leben und zu verantworten hat: Liebe, Demut und Würde. Beglückend, wenn ein anderer Dreiklang: „Familie, Beruf und Gesundheit" harmoniert. Eingebunden in diesen Lebenskreis ist die Thematik „Heimatkunde", „Literatur" und auch „Cinematographie" durchaus eine zusätzliche und vertiefende Lebensfreude; eine Philosophie des Lebens!

Ubstadt, im März 1988

Karl Serden

Der Kraichgau will entdeckt werden. Wanderer und Spaziergänger sind immer wieder voller Bewunderung über seine zaubervolle Farbenpracht. Seinen Namen erhielt er von der Kraich, die nach pittoreskem Verlauf bei Ubstadt aus dem hügeligen Gelände in das Rheintal einmündet.

Badische Neueste Nachrichten Nr. 51 vom 6. Juli 1946

Der schöne Kraichgau

Eine Wanderung am frühen Morgen

In leichten Windungen zieht der Feldweg dahin, an saftigen Wiesen vorbei und an grünenden Aeckern. Der herbe Geruch des frischen Heues liegt in der Luft, und drüben leuchten die weißen und rosanenen Blüten der Kartoffeln.

Schwarzdorn und Weißdorn, Holunder und Haselnuß säumen den Weg ein, ehe er sich im nahen Walde verliert. Eidechsen, allerlei Käfer und Schnecken liegen in den wärmenden Strahlen der Sonne und freuen sich ihres unbeschwerten Daseins.

Das Plätschern von Wasser dringt ans Ohr. Der Kraichbach ist's, der leise murmelnd sein Naß dem Rhein entgegenträgt. Eschen und Erlen, die am Ufer stehen, neigen wie zum Gruß ihre mächtigen Kronen. Aus dem Schilf und dem Seegras des Bachbettes erheben sich schlanke Silberpappeln.

Schmetterlinge flattern daher. Auf buntfarbenen Blumen lassen sie sich nieder, um wenige Augenblicke später wieder mit phantastischen Flügen weiterzufliegen. Das Zirpen von Grillen vermischt sich mit dem Summen der Fliegen. Hingebungsvoll lausche ich dem unerschöpflichen Zwiegespräch der Natur.

Von einem nahe gelegenen Dorfe kann ich noch die Dächer der Häuser erkennen. Eingebettet von einem Meer von Bäumen, schauen sie zu mir herüber.

Ich stehe am Waldrand. Obstbäume mit reifenden Früchten, wogende Frucht, blühende Kartoffelstauden, Reben, die mich von einem fernen Hügel sehnsüchtig mit dem Lied der süßen Frucht bezaubern, schauen mir nach, als ich in dem kühlen Waldesinnern untertauche.

Leise streicht der Wind durch das Meer von Blättern. Die braungelbe bis olivgrüne Pracht zitterte sacht in dem sanften Hauch des Windes. Stolz ragen die Kronen der Buchen und Eichen in die Höhe; schauen weit in das Land, das mit dem Mantel einer würzigen Luft bedeckt ist.

Bedächtig schreite ich weiter. Ich denke an Karl Staden, der so wunderschön sagt:

Mein Badnerland,
Liebe und Treue in jedem Stand!
Rauschende Wälder —
Wogende Frucht;
Hügel mit goldenem Wein,
Auf sonniger Hald —
Würzige Luft.
Das ist mein Heimatland
Am Rheinesstrand!

Gedankenversunken lausche ich dem tiefen Sinn dieser Worte. Freude durchströmt mein Herz, als ich mit nachdenklichen Schritten dahingehe. Erst durch das Rascheln eines Eichhörnchens aufgeschreckt und in die Wirklichkeit zurückgerufen, wird der eigentliche Zweck meines Spazierganges klar. Und zwar eine morgendliche Wanderung, um ein Teil der Schönheiten des Kraichgauer Hügellandes zu genießen und in mich aufzunehmen.

Ahorn und Ruschen, abgelöst durch junge Tannen und Lärchen, säumen den Weg. Birken leuchten feenhaft durch das angenehme Halbdunkel des Waldes. In der Schönheit der Blüten prunkende Brombeer- und Himbeersträucher wechseln mit dem schlanken, immergrünen Strauch des Wacholders und füllen die Lücken der Jungschläge. Tollkirsche, Fingerhut, Waldmeister und Ehrenpreis schmücken die schwarze Humuserde des Waldbodens. Moos, unterbrochen durch Taubnesseln in dieser Zierde von Waldpflanzen, erstrahlt glitzernd in den wenigen Strahlen der durch das Blätterdach dringenden Sonne.

Gemütlich wandere ich weiter. Das Singen der Vögel begleitet mich. Deutlich unterscheide ich die herrlichen Weisen der Nachtigall, vernehme ich das lockende Pfeifen der Amseln. Höre ich das Gezwitscher der Finken und Meisen, untermalt durch das Gekrähe von Raben und dem Schreien von Eichelhähern. Drosseln lassen ihren Ruf erschallen und Spechte klopfen zu dem Konzert der Waldvögel einen beschwingten Takt.

Eine Insel, bestehend aus Nadelbäumen, lasse ich rechts liegen. Den süßen Honigduft, der, von dem leisen Wind getragen, daherschwebt, nehme ich mit vollen Zügen in meine Lunge auf.

Der Weg zweigt sich. Ich biege links ab. Bald darauf stehe ich wieder am Waldrand. Vor meinen Augen breiten sich Wiesen, im Schmucke bunter Blumen. Die Sonne spiegelt sich in den mannigfaltigsten Farben. Unter anderem sehe ich in der grünen Fläche Butterblumen, Bibernelle, Hauhechel und noch viele andere schöne und augenerfreuende Pflanzen. Das Schlagen der Kirchenuhr des nahen Dorfes, deren Turmspitze ich über die Wipfel der Bäume hinweg erblicken kann, mahnt mich an den Heimweg. Nur ungern trenne ich mich von den Schönheiten des Kraichgaus; trenne ich mich von dem Zauber der Natur! K.S.

Badische Neueste Nachrichten Nr. 41 vom 9. April 1947

Gott segne das ehrbare Handwerk

Gesellenprüfungen der Sattler und Tapezierer in Ubstadt

Am 27. und 28. März fanden in Ubstadt die Gesellenprüfungen im Sattler- und Tapezierhandwerk statt. Von 14 Prüflingen konnten 13 den gestellten Aufgaben genügen; in einem Fall mußte das praktische Stück nochmals angefertigt werden. Allgemein mußte jedoch die Prüfungskommission die erst heute recht spürbare Auswirkung der Kriegsereignisse und die dadurch bedingten Folgeerscheinungen mit berücksichtigen, denn besonders in der Materialkunde zeigten sich große Schwächen. Wohl kann man von einem Jungen nicht verlangen, daß er Stoffe und Materialien kennt, die er in seiner Lehre überhaupt nicht zu sehen bekam, geschweige zur Verarbeitung in den Fingern hielt. Wenn im letzten Jahre noch der eine oder andere Lehrmeister zu diesem Zweck das Material in bester Friedensqualität reserviert hatte, so zeigte sich jetzt doch die allgemeine Armut; denn alle ehemaligen Reserven sind aufgearbeitet. Mangelware sind heute bei den Sattlern die Messingbeschläge und das Leder; bei den Tapezierern die Bezugsstoffe, die Federn, Schnürfaden, Füllmaterial, Tapeten sowie Linoleum. Wenn nicht bald der gegenwärtige Zustand sich bessert, wird es in der Zukunft um das Handwerk der Sattler und Tapezierer schlecht bestellt sein, und es werden trotz des großen Bedarfes an Lederwaren, Matratzen, Polstermöbel, Wand- und Bodenbelägen u. a. keine Arbeiten auf diesem Gebiete mehr gemacht werden können. K. S.

Badische Neueste Nachrichten Nr. 45 vom 17. April 1947

Eßbare Pilze im Frühjahr

Bekanntlich ist die eigentliche Pilzzeit im Herbst. Aber schon im Frühjahr erscheinen einige gute Speisepilzarten, deren Verwertung die heutige Volksernährung erheblich stützen kann. Die Pilze enthalten viel Protein, d. h. Eiweißstoffe, die man als vollen Ersatz für Fleisch betrachten kann. Weiter haben die Pilze einen „Gesundheitsstoff" ersten Ranges, den andere Pflanzen fast nicht bieten können, nämlich das wichtige Vitamin D, bestes Gegen- und Vorbeugungsmittel gegen rachitische Erkrankungen.

Ende März bis Ende Mai erscheint im Walde, auch auf Waldwiesen, in Gärten und Anlagen die Speisemorchel. Sie wächst gesellig, oft fünf bis dreißig Exemplare auf wenigen Quadratmetern am Erdboden, manchmal in Büscheln am Grunde von Ahorn und anderen Bäumen. Ihre Hüte sind pyramidenförmig, oben etwas abgerundet, manchmal auch rundlich, fast kugelförmig, ockergelb, manchmal dunkler braun. Sie haben rechteckige, auch rundliche Gruben und Kammern und ähneln entfernt einer Bienenwabe. Die Stiele der Speisemorchel sind weiß, hohl, drei bis sechs Zentimeter lang.

Der guten Speisemorchel ähnlich ist die Spitzmorchel. Auch diese Pilzart hat ebenfalls gekammerte Hüte, aber länger zugespitzt und dunkelbraune Farbe. Diese Speise- und Spitzmorchel verwechsle man nicht mit der sehr giftigen Frühjahrsmorchel. Ihre Hüte bestehen nicht aus Gruben und Kammern, sondern bilden gehirn-, darm- oder gekröseartig gewundene Lappen von fast schwarzbrauner Farbe.

Von Georgi ab bis Anfang Juni findet man je nach Jahrgang gar nicht selten an sonnigen Waldstellen oder auch auf Wiesen einen köstlichen Speisepilz, den Mai-Ritterling oder Hufmaipilz. Hüte dickfleischig, 5-6 Zentimeter Durchmesser, weiß, später rahmgelblich bis hellbräunlich. Lamellen (Blätter) auf der Hutunterseide dicht stehend, am Stielansatz dicht ausgebuchtet. Deutlicher Mehlduft; ein Hauptmerkmal. Stiele drei bis sieben Zentimeter hoch, zwei bis vier Zentimeter dick.

Beim Sammeln lasse man stets ältere Exemplare stehen; als Samenträger für das nächste Jahr. K. S.

Badische Neueste Nachrichten Nr. 122 vom 23. September 1948

100 Jahre Hammerschmiede Ubstadt

Die weit über den Landkreis Bruchsal hinaus bekannte Hammerschmiede Ubstadt kann in diesem Jahr auf ein 100jähriges Bestehen zurückblicken. Im Jahre 1848 erbaute der Maurermeister Karl Häusler die Hammerschmiede. Die benötigte Wassermenge wurde durch einen eigens hierzu erbauten ca 800 m langen Kanal, den „Seegraben" herbeigeführt. Ein großes Wasserrad, das gleichzeitig das Wasser des Ubstadter Salzbrunnens nach Bruchsal in die Saline pumpte, war die Antriebskraft für die aufgestellten Hämmer. Als Facharbeiter kam der Sohn des Werkzeugschmiedes Correll aus Untergrißheim bei Jagstfeld nach Ubstadt. Er war der Nachfahre einer uralten Schmiedefamilie aus Toledo in Spanien, die als Rüstungs- und Waffenschmiede über die Niederlande nach Deutschland gekommen war. Dieser Correll heiratete die Tochter Häuslers und übernahm 1866 das Geschäft. Sein Sohn Otto Correll konnte es 1898 selbständig weiterführen.

Nach den Inflationsjahren war in den Gebäulichkeiten vorübergehend ein Sauerstoffwerk eingerichtet, bis im Jahre 1926

An der Esse

der Meister Correll seine Hammerschmiede, neuzeitlich eingerichtet, wieder in Betrieb nahm. Turbine und Luftdruckhammer waren die wesentlichsten Verbesserungen. Es wurden forst- und landwirtschaftliche Geräte hergestellt, die eine Prägung des Reichsapfels als Hauszeichen trugen.

Und neues Leben...

Von Reben umrankt und von rauschenden, uralten Pappeln umgeben, liegt am Rande der Dorfes Ubstadt die Hammerschmiede. Die Geräusche des dörflichen Lebens, sowie der nahen, verkehrsreichen Landstraße finden nur schwach zu diesem Werk.

Seit 1946 stand die Hammerschmiede unbenutzt. Jetzt wurde sie von der hochbetagten Witwe Correll an junge, tatkräftige Männer verpachtet, die unter der Leitung des Pächters V. P o l l a k das Werk nach monatelanger Arbeit zu neuem Leben erweckt haben und gewillt sind, dem guten Ruf der Hammerschmiede Ubstadt entsprechende Werkzeuge stellen.

Das Stampfen des Luftdruckhammers dringt dem Besucher an das Ohr. Wuchtig und schwer ist der Schlag des Riesen. Mit erstaunlicher Geschicklichkeit bearbeitet ein neuer Meister das rotglühende, abgelängte Stück Flacheisen. Als wäre es Gummi, so wird das erstklassige Material geformt. Ein kräftiges Hämmern am Amboß bringt die letzte Gestaltung. Die Esse wirft hellen Feuerschein. Nach kurzer Überprüfung wird das roh-fertige Gerät gehärtet, um dann an der Schleifanlage den gefälligen Schliff zu erhalten. K. S.

Badische Neueste Nachrichten Nr. 56 vom 11. Mai 1948

Ubstadt / Kampfplatz in der Revolution 1848

Am Rande des Kraichgaus, an der Bahnlinie Karlsruhe — Heidelberg, wenige Kilometer von der Kreisstadt Bruchsal, liegt, zu beiden Seiten des Kraichbaches, das Dorf U b s t a d t. Der Baggersee eines Kieswerkes lockt zur Sommerszeit zahlreiche Badegäste.

Die Gemeindé Ubstadt finden wir erstmals in einer Urkunde vom Jahre 770 in der Form von „Villa Hubestat", und in einem Schriftstück aus dem Jahr 815 erwähnt. Man erklärt den Namen „Villa Hubestat" als die „Stätte des Hube", d. h. nach dem Namen eines Siedlers, der dem Ort den Namen gegeben hat.

Älter aber als diese schriftlichen Urkunden sind die aus dem Boden gegrabenen Zeugnisse über die Vergangenheit Ubstadts. Im Jahre 1908 wurden auf der Ubstadter Gemarkung Überreste eines römischen Landhauses aufgedeckt. Unter den Funden war eine römische Münze mit dem Bild des Kaisers Trajan, der von 98 nach Chr. bis 117 regierte. Wahrscheinlich hatte der Platz schon zu den Zeiten, da die Römer unsere Gegend beherrschten, eine gewisse Bedeutung. Wahrscheinlich als Deckung für die Einmündung der uralten Heerstraße durch das Kraichbachtal in die Rheinebene.

Im Laufe der Jahrhunderte erweiterte sich jedoch die erste Ansiedlung, so daß schon im 14. Jahrhundert die „Stätte des Hube", als ein stattliches Rittergut bekannt war. Um die Mitte des 13. Jahrhunderts werden in den Aufzeichnungen einige adelige „Herren von Ubstadt" genannt. Ein Rudolf von Ubstadt war 1296 Rektor der Kirche in Stein an der Kocher, und ein Dietrich von Ubstadt von 1370 — 1377 Abt des Stiftes Odenheim. Besitzer des Rittergutes war um diese Zeit Hans von Schmalenstein. Mit den Söhnen von Schmalenstein, Heinrich und Hermann, scheint aber der Adel in Ubstadt ausgestorben zu sein, denn nirgends findet sich wieder eine Erwähnung ihrer Person.

Schon im 12. Jahrhundert besaß das Kloster Herrenalb in Ubstadt einen Zehnthof und eine Zehntscheuer. Im Laufe der Jahrzehnten kam jedoch das St. Germanstift in Speyer in den Besitz der Zehntherrschaft. Damit war das Recht auf die Besetzung der Pfarrei und die Baupflicht zu Kirche und Pfarrhaus verbunden. 1252 wird erstmals die Pfarrkirche genannt; die etwa seit Mitte des 15. Jahrhunderts zum Landkapitel Bruchsal gehörte.

Der Bischof von Speyer erschien ungefähr um die Zeit, als in Ubstadt der Adel ausstarb, als Territorialherr von Ubstadt. Dies blieb bis zur Säkularisation im Jahre 1802.

Der von 1581 bis zum Jahr 1610 regierende Bischof von Speyer — zugleich Landesfürst — Eberhard, Freiherr von Dienheim, errichtete um das Jahr 1600 die „Bannkelter" in der Oberenstraße. Das damals bischöfliche Gebäude zeigt heute noch, allerdings in ziemlich mitgenommenem Zustand, den Wappen Eberhards von Dienheim.

Der dreißigjährige Krieg und die Kriege des Franzosenkönigs Ludwig XIV. gegen Kaiser und Reich brachten unsägliches Elend über das Dorf. Es folgte der Spanische Erbfolgekrieg (1702 bis 1712), der die Not noch vergrößerte. Der ganze Ort, samt Pfarrhaus und Kirche, fiel den Verwüstungen zum Opfer. Nur ein einziges Haus (Hauptstraße Nr. 1) scheint damals außer der Bannkelter dem Schicksal der übrigen entgangen zu sein. Bei einer Renovierung im Jahre 1930 kam neben dem schön geschnitzten Eckpfosten auf einem Querbalken die Jahreszahl 1688 zum Vorschein. Anzunehmen ist, daß diese Zahl das Jahr der Errichtung des Hauses bezeichnet.

Als nach Beendigung des Spanischen Erbfolgekrieges im Jahre 1714 die Ruhe wiederkehrte, reifte sofort der Plan, eine neue Pfarrkirche zu bauen. Stieß die Neuerrichtung einer Pfarrkirche zunächst auch auf Schwierigkeiten, so wurde doch Ende 1720 mit dem Neubau begonnen. Die Einweihung der neuen Pfarrkirche konnte am 26. April 1739 vorgenommen werden. Den Plan für die Kirche entwarf der Bruchsaler Baumeister Johann Georg Stahl. Im Jahre 1939 feierte die Gemeinde das 200jährige Kirchenjubiläum. Auch das Pfarrhaus wurde wieder errichtet, das dann rund hundert Jahre später mehrmals erweitert wurde. Bemerkenswert sind die Kellerräume, Überreste des ersten Pfarrhauses, die dem St. Germanstift in Speyer zur Aufbewahrung des Zehntweines dienten. Im Jahre 1913/14 wurde auf dem erhöhten Platz neben der Kirche ein weiteres Pfarrhaus erbaut.

Im Revolutionsjahr 1848/49 kam es in Ubstadt zu blutigen Ereignissen. In den Hofäckern, bei der Kirche — mehrere Freischärler wurden hier vom Turm gestürzt —, sowie am Steinbruch an der Landstraße nach Bruchsal, fand lebhafter Feuerwechsel statt. In der Oberenstraße des Dorfes hielt der sogenannte „Kartätschen-Prinz", der spätere Kaiser Wilhelm I. mit seinem Stab. Den Kanonieren, welche die Geschütze auf die Aufständischen richteten, soll er zugerufen haben: „Schont mir den schönen Kirchturm!" Nach dem Zusammenbruch der Revolution errichtete man einige Jahre später an der Bruchsaler Landstraße ein Denkmal für die hier gefallenen Preußen.

1683 betrug die Einwohnerzahl Ubstadts etwa 250 in 54 Familien. 1788 waren es 196 Familien mit 886 Einwohnern und 1863 1172 Einwohner. In neuerer Zeit zählte man 1890 1133, 1933 1270, 1939 1298 und 1946 1735 Personen.

Karl Serden.

(Zeichnung: M. Schneider)

Badische Neueste Nachrichten – Ausgabe Bruchsal Nr. 229 vom 19. Nov. 1949

Aufstrebendes Ubstadt

12 Doppelhäuser vor der Vollendung — Industriesiedlung am Bahnhof

Ein weit über die Grenzen der engeren Heimat hinaus bekanntes Salzbad erfreut sich großer Beliebtheit, entspricht es doch dem Bedürfnis weitester Kreise, zumal Ubstadt mittelst zweier Bahnlinien erreichbar und außerdem in den Omnibusverkehr eingeschaltet ist. Auch der Baggersee eines Kieswerkes lockt zur Sommerszeit zahlreiche Badegäste, im Volksmund allgemein „Kraichgau-Strandbad" genannt.

Die Entwicklung der wirtschaftlichen und politischen Verhältnisse der vergangenen Jahre brachte für die Gemeinde Ubstadt bewegte Zeiten. Die Bedeutung der Landwirtschaft kommt in der Not am meisten zur Geltung. Ungeahnte Schwierigkeiten entstehen, aber auch überraschende Erfolgsmöglichkeiten ergeben sich im angepaßten Maßstabe durch Energieaufwand und Weitsicht. Die wirtschaftliche Grundlage Ubstadts: **504,24 ha Ackerfeld, 196,95 ha Wiesen, 169,52 ha Wald und 56,70 ha Rebland. Die Einwohnerzahl ist von 1298 im Jahre 1939 auf über 1800 Personen 1948 angestiegen.** Dringendstes Problem war die Lösung der Wonungs- bzw. Flüchtlingsfrage. Auf einen Wohnraum kamen 1.8 Personen, oder in anderen Worten, für jeden Einwohner im Durchschnitt 6 Quadratmeter. In den Jahren 1945 bis 1948 wurden allein 51 Ehen geschlossen, was fast in jedem Falle eine Neuanforderung von Wohnraum bedeutete.

Heute ist in diesem Punkt, in dem bis jetzt eine erstaunliche Arbeit geleistet worden ist, schon eine gewisse Erleichterung zu verzeichnen. Im Augenblick sind etwa 10 bis 12 Doppelhäuser bezugsfertig oder sehen ihrer Vollendung entgegen. Neben dieser regen Bautätigkeit ist durch die Fertigstellung des Ortsbauplanes weiteres Gelände für Bauzwecke genehmigt worden und wird in den Gewannen „unterer und oberer Tiefenweg", „Hochstatt" und „Allmend" freigegeben. Über 20 Baupläne warten bereits auf die Verwirklichung, so daß in absehbarer Zeit sogar neue Straßen entstehen werden.

Die Steigerung der landwirtschaftlichen Produktion durch Hebung des Viehbestandes durch Beschaffung von hochwertigem Saatgut und Düngemitteln, sowie rationeller Bewirtschaftung und Flurbereinigung ist angestrebt. Bereits im Februar 1949 wurde die Gründung eines Obst- und Weinbauvereins beschlossen, da in Ubstadt reiche Möglichkeiten für Obst- und Gartenbau bestehen. Der erste Gewinn dieser Entschließung ist die Anlage einer Obstplantage im Gewann „Hofäcker". Soweit vorhandene Baumstücke nicht bepflanzt sind, werden diese ergänzt und die übrigen Ackerstücke nach Vorschrift mit Kernobst angebaut. Eine noch wesentlichere Bereicherung der hiesigen Produktion wäre jedoch dadurch zu erhalten, daß man neben der Obstplantage auch eine Weinbergsanlage in einem dafür geeigneten Gewann anlegt, die als Gemeinschaftswerk geführt werden müßte. Vermittels Anschluß an die Winzergenossenschaft Wiesloch könnte man eventuell günstige Absatzmärkte erhalten. Man denke hier nur an den bekannten und geschätzten „Ubstadter Riesling", der dies bestimmt ermöglichen würde. Die Ein- und Verkaufsgenossenschaft dient mit der in den letzten Monaten erzielten gesteigerten Wirtschaftskraft dem Geld- und Kreditverkehr der landwirtschaftl. Warenversorgung, insbesondere auch dei Verbesserung des Absatzes der Erzeugnisse. In ihrem Wald besitzt die Gemeinde weiter einen gesunden wirtschaftlichen Ausgleich. Die Versorgung mit Brennholz ist gesichert, wenn auch die Umlagen in Form von Faser- und Grubenholz in den letzten Jahren den Bestand lichteten. Das hiesige Gewerbe ist ebenfalls ein bedeutender Wirtschaftsfaktor. Besonders die Industrie hat in Ubstadt einen Aufschwung erfahren. So entstanden in wenigen Jahren mehrere Fabrikanlagen in der Bahnhofsnähe. Ein Grundriß der Betriebe, die die Existenzmöglichkeit festigen, zeigt neben einer Möbel- und einer Zigarrenfabrik ein Sägewerk, eine Wäscheknopffabrikation, ein Betrieb zur Bausteinherstellung und ein Kies- und Baggerwerk. Auch das Vereinsleben steht auf einer beachtlichen Stufe. Die Frw. Feuerwehr begeht in diesem Jahr das Jubiläum ihres 70jährigen und das Rote Kreuz das seines 40jährigen Bestehens. Der frühere Arbeitergesangverein und der ehemalige „Frohsinn" schlossen sich 1946 zu einem MGV. „Freundschaft" zusammen. Neben dem Fußballverein „Viktoria" 1927 und dem Musikverein „Echo" steht als jüngster der Tischtennis-Club seit seiner Gründung 1948 ebenfalls würdig in der Reihe der Vereine.

K.S.

Badische Neueste Nachrichten – Ausgabe Bruchsal Nr. 215 vom 24. Oktober 1950

Wohnraum für 50 Familien geschaffen

Zahlreiche Baulücken geschlossen — Obere Straße asphaltiert

Ubstadt. In den vergangenen 2 Jahren wurde in den Ubstadter Straßen durch die rege Bautätigkeit manche Lücke geschlossen. In der Oberen Straße und in der Salzbrunnenstraße sind freie Plätze bebaut worden. Auch in der Unteröwisheimer Straße wurden mehrere Wohnhäuser errichtet. Die Bebauung des Gewann „Hochstatt" an der Bruchsaler Straße brachte ebenfalls eine Verbindung der Häuserreihen. In kurzer Zeit wuchsen hier neben mehreren Einfamilienhäusern auch einige Doppelhäuser aus dem Erdboden. Das zweite für den Wohnungsbau freigegebene Gewann, das in dem Ortsbebauungsplan aufgegliedert wurde, ist das Gewann „Allmend", d. h. die Verbindung der Bahnhof-Siedlung mit dem Bahnhof Ubstadt, und zwar beiderseits längs der Straße nach Weiher. Hier haben sich vor allem die baulustigen Neubürger angesiedelt. Mehrere Doppel- und Einfamilienhäuser wurden bis heute bezugsfertig. Die jetzt noch in Arbeit befindlichen Bauten werden in Kürze zum größten Teil auch fertiggestellt sein. Mehrere Bauprojekte sehen der Verwirklichung entgegen. Dank der regen Bautätigkeit haben sich aber nicht nur die Lücken in den Ubstadter Straßen geschlossen, auch das wichtigste Nachkriegsproblem, die Wohnungsnot, fand damit in Ubstadt eine menschenwürdige Lösung. Hierbei ist besonders zu beachten, daß sämtliche Neubauten nicht von einer Baugesellschaft, sondern ausschließlich von privaten Bauherren erstellt wurden. Dennoch konnte für rund 50 Familien Wohnraum geschaffen werden. — Die Straßenbauarbeiten an der Oberen Straße werden dieser Tage beendet. Nach den Vorarbeiten und einer völligen Neubestückung mit Schotter wurde die Straße asphaltiert. Damit wurde ein langgehegter Wunsch der Bevölkerung erfüllt.

K.S.

Bruchsaler Rundschau Nr. 243 vom 15. Oktober 1954

Wanderung durch Ubstadts Fluren

Vom „Eisenhut" ein herrlicher Blick über das gesegnete Land zwischen Rhein und Kraichgau

Ubstadt. Von der nahezu 250 Jahre alten Kapelle am Ortsausgang nach Bruchsal führt der Weg bis zu dem weißen Feldkreuz an der Straße nach Unteröwisheim. Hier verlassen die Landstraße und benützen den historischen Weg, der in gerader Richtung zum Rohrbacher Hof führt. Als historisch darf dieser Weg bezeichnet werden, da mit großer Wahrscheinlichkeit angenommen wird, daß

Malerische Partie in Ubstadt

die Römer bereits vor mehr als 2000 Jahren eben diesen Weg benutzten, um zu der im Gewann „Hasenbühl" gelegenen römischen Siedlung zu gelangen. Von dem weißen Feldkreuz bis zu dem Gewann „Hasenbühl" sind es nur einige hundert Meter. In den sechziger Jahren des vorigen Jahrhunderts konnten hier die noch sehr gut erhaltenen Grundmauern eines römischen Meierhofes freigelegt werden. Vor rund 100 Jahren noch diente der Weg, der vom Feldkreuz über den Rohrbacher Hof weiter nach Heidelsheim führt als Poststraße (Linie Speyer — Ubstadt — Bretten) der niederländisch-österreichischen Überlandpost. Nach Aufstieg am Gewann „Engelsbuckel" vorbei ist bald der Weg Bruchsal — Unteröwisheim und somit auch der Rohrbacher Hof erreicht. Gehöfte und Stallungen geben ein beredtes Zeugnis unermüdlichen Schaffens. Eine kurze Wegstrecke vom Rohrbacher Hof in Richtung Bruchsal führt zum „Eisenhut". Der Eisenhut ist über das ganze Jahr ein gern und vielbesuchter Ausflugsort. Er hat eine Höhe von 221 Meter ü. d. M. Seinen Namen erhielt er nach dem ehemaligen Pfarrer Antonius Eisenhut aus Eppingen in Baden, der am Ausgang des Mittelalters, um die Mitte des 16. Jahrhunderts, den Weinberg des Herrn verlassen hatte und die Bibel mit dem Schwert vertauschte und es bis zum Hauptmann und geistigen Führer der aufständischen notleidenden und ausgesaugten Bauern brachte. Gegen die vorgelagerte Rheinebene steil abfallend, gestattet der „Eisenhut" dem Wanderer eine wundervolle Fern- und Aussicht. So im Vordergrund die fruchtbare Rheinebene, rechts drüben das silberne Band des Rheines mit dem Kaiserdom zu Speyer und die zahlreich in die Landschaft eingebetteten Dörfer und Weiler. Im Hintergrund grüßen die dunklen Berge der weinfrohen Hardt mit dem überragenden Donnersberg. Weit im Süden erheben sich die Vorgebirge der Vogesen und die tannenduftenden und rebenumrankten Berge des

Die bekannte Hammerschmiede in Ubstadt

Schwarzwaldes. Gegen Norden schiebt sich in unmittelbarer Nähe der Letzenberg mit seiner weithin sichtbaren Wallfahrtskapelle und weiter entfernt der Königstuhl bei Heidelberg in das Blickfeld. Dem ruhig dahinfließenden Kraichbach nach seiner Geburtsstätte folgend, erblickt das Auge Unteröwisheim und den Spiegelberg mit seinem alten Grenzstein (Jahreszahl 1525). Weit im Hintergrund östlicher Richtung aber grüßt die endlos erscheinende Kette des Kraichgauer Hügellandes mit dem Steinsberg.

Mitten in diesem geschauten und gesegneten Landstrich, zwischen Bergen eingeschlossen, liegt Ubstadt, die Wiege der bekannten Ubstadter Weine. Der sonnenbeglänzte „Glöcklesberg", die „Weinhecke", der „Altenberg", der „Kretzer" und der ehemals von den Römern besiedelte „Kindlesberg" liefern qualitativ ebenbürtige Weine wie die des Kaiserstuhls, der Pfalz und der Mosel. Sie lassen diesen Weinen an Würze, Kraft und bouquettreichem Geschmack nicht nach. Der Volksmund sagt darüber: „Feuersglut vom Warmgestein, Goldesglanz vom Sonnenschein, blumiger Duft von Reben fein — liegt im Ubstadter Wein!" Wenn auch heuer Goethes Worte, „Für Sorgen sorgt das liebe Leben, Sorgenbrecher sind die Reben", wegen der diesjährigen nassen Jahreszeit nicht ganz zutreffen mögen, so darf doch einiges über die in Ubstadt gewachsenen und gepflegten Weine gesagt werden. Noch um die Jahrhundertwende war speziell der „Ubstadter Riesling" in den besten Weinlokalen deutscher Großstädte (Berlin, Hamburg, Frankfurt u. a.) auf der Weinkarte vermerkt. Dies dürfte für die einheimischen Winzer gewiß die billigste Reklame gewesen sein. In den Nachkriegsjahren gelang es wieder, wenn auch zuerst langsam, den guten und alten Ruf des Ubstadter Weines zurückzugewinnen. Es wurden große Rebanlagen angelegt. Die Gemeinde und mit ihr die Winzer gliederten sich der Winzergenossenschaft Wiesloch an.

Durch den herrlichen Rundblick, den der Eisenhut gewährt, kommt der Wanderer gerne ins Träumen. Man empfindet eine große Zuneigung für dieses gesegnete Land; für diesen Ort, für seine Heimat, den Kraichgau. Während der Rückkehr begleiten geschichtliche Erinnerungen und gegenwartsnahes Erleben den Wanderer. Und über den weiten, stillen Feldern, Weinbergen, Wiesen und Wäldern liegt ein verzaubernde Stimmung. K. S.

Bruchsaler Rundschau Nr. 269 vom 15. November 1954

Ubstadt, aufstrebendes Dorf im Kraichbachtal

Rührige Gemeindeverwaltung und aufgeschlossene Bevölkerung verhalfen Heimat zu Ansehen und erfolgreicher Entwicklung

Ubstadt. Auf der Grenze zwischen Ebene und Hügelland, dem Zusammentreffen zweier landschaftlich und wirtschaftlich gegensätzlicher Gebiete, liegt die Gemeinde Ubstadt. Eingebettet in eine Talmulde, die der Kraichbach wie ein silbernes Band durchzieht, bietet der Ort einen malerischen Anblick. Ubstadt nimmt mit esiner Gemarkung sowohl Anteil an der Wiesenzone als auch an dem fruchtbaren Lößland des ansteigenden Kraichgaues. Der Hügelrand besitzt die besonders guten Wein- und Obstanlagen. Blühende und fruchtbare Fluren umgeben das Dorf, die von einer regsamen Bevölkerung nicht nur in der herkömmlichen Weise des Ackerbaues genutzt werden, sondern die auch den Sonderkulturen des Wein-, Tabak-, Obst- und Zuckerrübenbaues weitgehendst aufgeschlossen gegenübersteht. Betriebsamkeit und Fleiß der Bevölkerung zeigt sich auch im Bild des Dorfes, in dem immer ein geschäftiges Leben pulsiert.

Salzbad sehr gefragt

Ein weit über die Grenzen der engeren Heimat hinaus bekanntes Salzbad erfreut sich großer Beliebtheit, entspricht es doch dem Bedürfnis weitester Kreise, zumal Ubstadt mittels zweier Bahnlinien (Strecke Bruchsal—Heidelberg und Bruchsal—Menzingen/Hilsbach) erreichbar und außerdem in den Omnibusverkehr (Bruchsal—Östringen und Karlsruhe—Wertheim) eingeschaltet ist. Die Salzquelle ist sehr ergiebig. Bei einem intensiven Badebetrieb von 100 bis 130 Bädern im Tag fließt noch Wasser ungenützt ab. Der Salzgehalt von 3 Prozent entspricht etwa dem des Meereswassers. Bereits im Jahre 1584 erwähnt der Arzt von Bergzabern unter den „heylsamen metallischen und mineralischen" Bädern auch die Wasser von Ubstadt. Die Saline hat eine wechselvolle Vergangenheit, besonders in der fürstbischöflichen Ära. Der Baggersee eines

Kieswerkes lockt zur Sommerszeit zahlreiche Badegäste; im Volksmund wird der Baggersee allgemein „Kraichgau-Strandbad" genannt. Die Höhenlage der Gemeinde ist 121 m über dem Meeresspiegel. Den wirtschaftlichen Grundstock bilden 908 ha und 12 a Gesamtfläche. Hiervon sind 468 ha Ackerfeld, 142 ha Wiesen, 170 ha Wald, 9 ha Gartenland, ca. 25 ha Rebland, 33 ha Wege und Eisenbahnen sowie 15 ha Gewässer. Der Zustand der Wohn- und Ökonomiegebäude ist gut. Innerhalb des Ortsetters befinden sich 318 Gebäude mit 414 Wohnungen zuzüglich drei Nebengebäuden mit drei Wohnungen. Außerhalb des Ortsetters stehen drei Gebäude mit fünf Wohnungen sowie ein Nebengebäude mit einer Wohnung. Durch Kriegsschäden wurden während des letzten Krieges etwa 30 Gebäude in Mitleidenschaft gezogen. Der Zugang an Bauten seit 1945 ist für Ubstadt erheblich. Ausgebaut wurden acht Häuser mit acht Wohnungen. Über 40 Gebäude mit zirka 80 Wohnungen wurden bis heute neu gebaut. Mit der Fertigstellung weiterer im Bau befindlicher Häuser werden in nächster Zeit ungefähr 15 Wohnungen bezugsfertig. Das gewährte Baudarlehen beläuft sich auf rund 255 000 DM. Die Belegungsdichte je Wohnraum ist heuer bei Alt- und Neubürgern gleich 0,7 Personen. Für die Gemeinde ist ein Ortsbebauungsplan aufgestellt.

Einwohnerstatistik der Gemeinde

Im Jahre 1683 betrug die Einwohnerzahl etwa 250 in 54 Familien. Im Jahre 1788 waren es 196 Familien mit 886 Personen, 1863 waren es 1172 Einwohner und 1890 nur 1133 Personen. In neuerer Zeit zählte man im Jahre 1933: 1270, im Jahre 1939: 1298 und bei der Volkszählung am 13. 9. 1950 = 1793 Einwohner. Nach der letzten Feststellung waren davon 411 Neubürger und fünf Evakuierte. Der heutige Einwohnerstand beziffert sich auf ungefähr 1835 Personen. Hiervon gehören rund 90 Prozent der römisch-katholischen Kirche an. Das Verhältnis zwischen Kirchengemeinde und politischer Gemeinde ist sehr gut. In der Parteipolitik liegt die CDU als stärkste Partei mit ca. 20 Prozent mehr Stimmanteil vor der SPD. Im zweiten Weltkrieg sind 62 Einwohner gefallen, davon zwei durch heimatliche Kriegsereignisse. Vermißt sind noch 36 Ubstadter. In Kriegsgefangenschaft befinden sich zwei Einheimische. Diese stehen mit den Angehörigen im Briefverkehr. In der Gemeinde leben 47 Kriegerwitwen. Die Zahl der Kriegerwaisen beläuft sich auf ungefähr 50 Kinder. Von den Einwohnern sind 100 kriegsversehrt, hiervon 45 Personen mit 50 und mehr Prozent. Der Arbeitslosenstand betrug am 18. 6. 53 in der Gemeinde Ubstadt acht männliche und zwölf weibliche Personen. In 45 Fällen mit 54 Personen wird Unterhaltshilfe gewährt. Die Angleichung zwischen Alt- und Neubürger verlief überaus harmonisch.

Besonders stolz sind die Ubstadter auf ihre schöne barocke Kirche, neben der sich das Pfarrhaus wohl sehen lassen kann. Schon von weitem grüßt den Besucher des Dorfes das erhöht gelegene herrliche Gotteshaus.

Landwirtschaft steht gut

Die Boden- und Ertragsverhältnisse der örtlichen Landwirtschaft stehen etwas über dem Kreisdurchschnitt. Eine Verschuldung der Landwirtschaft besteht nicht. In 660 ha teilen sich 195 landwirtschaftliche Betriebe bis einschließlich 5 ha Größe. Von 5 bis einschließlich 10 ha Größe sind 21 Betriebe mit insgesamt 118 ha vorhanden und ein Betrieb hat eine Größe von 32 ha. Im allgemeinen liegt ein in zahlreiche Parzellen zersplitterter Grundbesitz vor. Die Spar- und Darlehenskasse hat einen Mitgliederstand von 260. Das Verhältnis zwischen Landwirt und Nichtlandwirt in der Mitgliederzahl des Genossenschaftswesens ist abgerundet und ausgeglichen. Der Viehversicherungsverein zählt etwa 100 Mitglieder. Nach der vorjährigen Viehzählung hatte die Gemeinde einen Viehbestand von ungefähr 325 Stück. An der Milchsammelstelle gelangen täglich 550 bis 600 Liter Milch zur Ablieferung. In der Gemeinde werden etwa 40 Pferde gehalten. Der Hühnerbestand liegt bei nahezu 3000 Stück. Es wird interessieren, daß in der Gemeinde auch die

Bienenzucht betrieben wird. Vier Züchter haben insgesamt ungefähr 37 Völker. Der Wein-, Obst- und Gemüsebau wird stark gefördert. Die Ertragsverhältnisse von Handwerk und Gewerbe entsprechen einem guten ländlichen Marktdurchschnitt. In der Gemeinde gibt es über 30 Betriebe. Hinzu kommen noch einige Kleinhandelsbetriebe. Bis auf einen Wagnerbetrieb sind in Ubstadt die gebräuchlichsten Betriebsarten vorhanden. Dem Gaststättengewerbe gehören ferner sieben Betriebe an. Zwei Lokale haben je einen Saal. Die örtliche Industrie besteht aus fünf Unternehmen. Über 100 Personen finden hier Beschäftigung. Etwa 40 Personen stehen in Heimarbeit. Die Verkehrsverhältnisse sind sehr gut. Von den in der Gemeinde wohnhaften Erwerbstätigen stehen rund 300 auswärts in Arbeit. Etwa 70 auswärts wohnende Arbeitnehmer sind in Ubstadt beschäftigt.

8000 DM für Straßenpflege

Der Zustand der Straßen und Wege innerhalb des Ortes und auf der Gemarkung ist durchweg gut. Die Gesamtlänge der Ortsstraßen beträgt 2100 m, der Verbindungsstraßen 1500 m und der Feldwege 23 500 m. Im Rechnungsjahr 1952 z. B. wurden für die Pflege der Straßen und Wege ungefähr 8000 Mark aufgewendet. Die Ortstafeln und Straßenbezeichnungen sind in Ordnung. Durch die jeweiligen Straßenanlieger wird die Ortsreinigung durchgeführt. Neben dem Anlegen von weiteren Gehwegen wird in Zukunft auch eine Kanalisation nicht zu umgehen sein. Das Wasser der Gemeinde ist bis auf eine teilweise Verkalkung einwandfrei. Im Ort befinden sich neun öffentliche Brunnen. Die Wasserversorgung läßt zu wünschen übrig und das Fehlen einer Wasserleitung macht sich nachteilig bemerkbar. Die Gemeinde ist aber bestrebt, diesem Übel abzuhelfen. Wasser ist genügend vorhanden. Der Bau einer Wasserleitung ist bereits projektiert und in naher Zukunft wird mit dem Bau begonnen werden. Der Feuerschutz der Gemeinde ist ausgezeichnet organisiert. Die örtliche Feuerwehr besteht durchweg aus einer Jungmannschaft. Das Gesundheits-, Veterinär- und Schulwesen in der Gemeinde ist vorbildlich. Es ist ein Arzt u. ein Dentist im Ort ansässig. Ein Ortsverein des Roten Kreuzes besteht ebenfalls. Die 1951 erbaute sanitäre Anlage der Volksschule ist für das ganze Kreisgebiet beispielhaft. In der Schule sind vier Lehrkräfte tätig. Die landwirtschaftliche Berufsschule gehört dem Schulverband Langenbrücken an. Die Kinderschule befindet sich im St.-Josef-Haus. Für die Volksbildung wird in der Gemeinde tatkräftig eingetreten. Das Vereinsleben steht auf einer beachtlichen Stufe. Der Gesang-, Musik-, Fußball- und Turnverein widmen sich der Pflege des kulturellen und sportlichen Lebens. Auch die Heimatkunde findet in der Gemeinde die nötige Sorgfalt. Auf Grund der reichen geschichtlichen Vergangenheit Ubstadts stehen mehrere Gebäude unter Denkmalschutz.

Gemeindestruktur hat sich geändert

Das Gewerbe, der Handel und die Industrie entwickeln sich zu einem immer bedeutender werdenden Wirtschaftsfaktor für die Gemeinde. Umsatz- und Gewerbesteuer sind heute die tragenden Pfeiler für das Gebäude der örtlichen Finanzen. Besonders die Industrie hat einen starken Aufschwung erfahren und es steht zu erwarten, daß mit der kommenden Entwicklung sich noch mehr Industrie ansiedeln wird. In naher Zukunft wird sich ein größeres Unternehmen auf dem Industriegelände beim Hauptbahnhof niederlassen. Der bäuerliche Berufsstand macht sich die Erfahrungen und Erkenntnisse der Technik und Wissenschaft auf der landwirtschaftlichen Forschungsebene jährlich mit gutem Erfolg zu nutzen. Die Steigerung der landwirtschaftlichen Produktion durch Hebung des Viehbestandes, durch Beschaffung von hochwertigem Saatgut und Düngemitteln, sowie rationeller Bewirtschaftung ist ständig angestrebt. Für eine Flurbereinigung ist die Ausgangsposition nicht ungünstig, da die Einwohnerschaft den Problemen der Zeit aufgeschlossen entgegentritt. Die ausgeglichene Arbeits- und Produktionsleistung der Landwirtschaft trägt somit auch wesentlich zur wirtschaftlichen und sozialen Stabilität der Gemeinde bei. Eine weitere Stütze des Gemeindevermögens bildet der Wald. Auf eine laufende Aufforstung wird Wert gelegt. Erfreulich ist, daß trotz des sehr geschäftigen und verkehrsreichen Lebens der aufstrebende Ort sein mittelalterliches Gepräge ziemlich unverfälscht erhalten hat. Es fehlt nicht an idyllischen Winkeln und verträumten Ecken im Dorf. Viele historische Stätten, prächtige alte Bauten, zahlreiche ehrwürdige Steinkreuze, Bildstöcke und Kapellen im Dorf und auf der Flur lassen erkennen, daß Ubstadt nicht nur ein Kind der Gegenwart ist, sondern seine Wurzeln in einer jahrhundertealten Geschichte hat.

Aus der Geschichte Ubstadts

Im Jahre 769 erscheint Ubstadt als „Villa Hubestatt" = die „Stätte des Hubo" im Lorscher Kodex. Im 13. und 14. Jahrhundert tritt ein Ortsadel auf, von dessen Burg aber heute leider nichts mehr vorhanden ist. Ungefähr um die Zeit, als in Ubstadt der Adel ausstarb, erschien der Bischof von Speyer als Territorialherr, d. h. als weltlicher Fürst. Dies blieb bis zur Säkularisation im Jahre 1803. Der von 1581 bis zum Jahr 1610 regierende Bischof und Landesfürst von Speyer, Eberhard, Freiherr von Dienheim, errichtete um das Jahr 1600 die heutige alte „Bannkelter" in der Oberen Straße. Im 17. Jahrhundert teilte Ubstadt die Geschicke des Bruhrains. Der Dreißigjährige Krieg (1618 bis 1648), und die Kriege des Franzosenkönigs Ludwig XIV. gegen Kaiser und Reich, brachten unsägliches Elend über das Land und seine Bewohner. Es folgte der Spanische Erbfolgekrieg (1702—1712), der ebenfalls furchtbare Verheerungen brachte. Ende 1720 wurde mit dem Bau der heutigen schönen Barockkirche begonnen. Den Plan für die Kirche entwarf der Baumeister Johann Georg Stahl, der als tüchtiger

Werkmeister unter Schönborn besonders bei den Dachkonstruktionen des Bruchsaler Schloßbaues Hervorragendes leistete. Der Bau des Turmes fand 1742 statt und in den Jahren 1880/81 wurde eine Erweiterung der Kirche vorgenommen. Gegenwärtig wird der schöne Barockbau der Kirche einer Renovierung unterzogen. Im Revolutionsjahr 1849 kam es in Ubstadt zu blutigen Ereignissen. In den „Hofäckern“, bei der Kirche — mehrere Freischärler wurden hier vom Turm gestürzt — sowie am Steinbruch an der Landstraße nach Bruchsal, kam es zu lebhaftem Feuerwechsel. In der Oberen Straße des Dorfes hielt der sogenannte „Kartätschen-Prinz“, der spätere Kaiser Wilhelm I. mit seinem Stab. Den Kanonieren, die die Geschütze auf die Aufständischen richteten, rief er zu: „Schont mir den schönen Kirchturm!“ So wurden Kirche und Turm gerettet. Nach dem Zusammenbruch der Revolution errichtete man einige Jahre später an der Bruchsaler Landstraße ein Denkmal, das heute noch steht, zur Ehrung und zum Gedenken der hier Gefallenen. K. S.

Bruchsaler Rundschau Nr. 239 vom 11. Oktober 1954

Bürger bejahten Allmendreform

Gelände für Industrieansiedlung und Wohnungsbau freigeworden

Ubstadt. Wieder einmal beschäftigte sich die Gemeindeverwaltung mit der Allmendfrage. Seit Jahren schon stellt dieses Problem das Sorgenkind der Gemeinde dar. Eine im Vorjahre geplante Änderung, die eine grundlegende Reform des bestehenden Zustandes vorsah, scheiterte damals an der ablehnenden Haltung der Bürgermehrheit. Damit schien die Situation vorerst für die Gemeinde geklärt zu sein. Dieses Problem mußte aber erneut aufgegriffen werden. Es wurde eine Abstimmung der Allmendnutzungsberechtigten zur Klarstellung der Rechtsverhältnisse über das von der Gemeindeverwaltung bisher entnommene und in Zukunft noch zu benötigende Allmendland für Bau- und Industriezwecke notwendig. In einer Bürgerversammlung am 26. September im „Ritter“ fand folgender Vorschlag des Gemeinderats die Zustimmung der Anwesenden: „Ich stimme dafür, daß die bis jetzt entnommenen und noch zu benötigenden Allmendgrundstücke für Bau- und Industriezwecke in dem Gewann „Allmend“, nämlich 88 Stück von Lgb.Nr. 1005 und 73 Stück von Lgb.-Nr. 1003, aus dem Allmendnutzen gegen eine jährliche Entschädigung ausscheiden“. Dieser Vorschlag wurde den Nutzungsberechtigten in der auf vergangenen Samstagabend im „Löwen“ festgesetzten Abstimmung unterbreitet. Da diese Bürgerabstimmung erwartungsgemäß kein Ergebnis gebracht hat, wurde die erforderliche zweite Abstimmung am Mittwoch, 6. Oktober, von 19 bis 22 Uhr, auf dem Rathaus durchgeführt. Bei dieser Abstimmung wurden sämtliche Stimmen der nicht zur Wahl erschienenen Bürgernutzungsberechtigten für die Herauslosung der oben bezeichneten Allmendstücken aus dem Bürgergenuß gewertet. Die Abstimmung brachte folgendes Ergebnis: Stimmberechtigt waren 295 Bürger, Witwen und Ehefrauen. Insgesamt wurden 33 Stimmen abgegeben. Hiervon stimmten für den Beschluß 23 Nutzungsberechtigte und 10 dagegen. Damit fand der Vorschlag der Gemeindeverwaltung mit 285 Stimmen für die Herauslösung Annahme und Anerkennung. Für die künftige Entwicklung Ubstadts als Industrieort wird diese Abstimmung von weittragender Bedeutung sein. Es wurde damit ein Schritt getan, der im Hinblick auf die Industrieansiedlung wie auch für den weiteren Wohnungsbau nur zu begrüßen ist. In naher Zukunft wird sich ein größeres Industrieunternehmen in Ubstadt niederlassen. Die bejahende Abstimmung trug wesentlich zur Projektierung bei. K. S.

Was ist der Erde Glück? - Ein Schatten!
Was ist der Erde Ruhm? - Ein Traum!

Franz Grillparzer (1791-1872)

Bruchsaler Rundschau, Donnerstag, 18. August 1955

Am Ubstadter Baggersee

Zufluchtsstätte der Badelustigen aus nah und fern an heißen Sommertagen

Ubstadt. Vor 20 Jahren noch eine kleine Wasserfläche von mehr oder weniger nur lokaler Bedeutung, heute in der Ausdehnung eine große Fläche von ca. 900 m Länge und 70 m Breite, die Zufluchtsstätte von vielen Hunderten, ja Tausenden an warmen und schönen Sommertagen, das ist der Ubstadter Baggersee. Aus nah und fern kommen zur Sommerszeit die Badelustigen hier zusammen, um Erholung und Erfrischung zu suchen und zu finden. Ein Bummel entlang der Ufer an solchen Sommertagen vermittelt ein buntes Bild. An der Straße nach Weiher, an der westlichen Gemarkungsgrenze Ubstadts, liegt der Ubstadter Baggersee. Viele Meter tief hat der Bagger ihn hineingegraben in den Boden der Rheinebene, hier an der Scheide von Ebene und Hügelland; dem Übergang des Bruhrains in den Kraichgau. Wände aus hellem, gelben Sande umgrenzen den Baggersee gleich steilen Ufermauern auf drei Seiten, während auf der vierten, der nördlichen Seite ein sachter Übergang besteht. Keine hell schimmernden Kronen von Weiden und Pappeln wiegen sich im Sommerwind, nur schilfbestandene kleine Halbinseln umschließen winzige Buchten, wo unter Weidengestrüpp die Frösche hocken. Sandige Wege mit ausgefahrenen Geleisen führen um den See. Nur an ganz wenigen Stellen ist das Wasser so niedrig, daß das Auge bis auf den Grund zu blicken vermag. Schwärme von Fischen treiben ihr munteres Spiel. Sie schwimmen dicht ans Ufer heran, stehen still über dem hellen Grunde und zerstieben im Nu in der Weite des Sees. Grün leuchten die Wasser, die aus dem Untergrund

nahen Wälder der Hardt trampelten Mammut und Wisent ihre Pfade. So manches Fundstück aus grauer Vorzeit gibt davon Kunde und Zeugnis. Erst in unserer Zeit griff der Mensch mit Hacke und Spaten, mit Kranen und Elevatoren ins Erdreich. Er entnahm ihm den Sand, den der Maurer zu Beton mischt. Zu unzähligen Baustellen im Kraichgau, im Bruhrain, in der

des Heimatbodens hier aufsteigen, wenn die Sonne darüber liegt. Und an trüben Tagen scheint das Wasser grau und farblos wie die dunklen Wolken, die der Westwind hinjagt.

Ringsum rahmen die Äcker der einheimischen Bauern die Kiesgrube ein. So stehen über dem Rande die Stauden der Kartoffeln oder des Tabaks. Bis fast an den Baggersee führt der Bauer seinen Pflug, mit dem er den Stoppelacker umwirft zu neuer Bestellung. Nur dünn ist die dunkle Schicht fruchtbarer Humuserde, die sich über diesen Teil des Heimatbodens breitet. In helleren und dunkleren Bändern bauen sich die sandigen und tonigen Schichten der Rheinebene auf. Vor Jahrtausenden wälzten sich die Wasser des Urrheins darüber hin. Durch die Hardt, in Bruchsal, Sinsheim, Eppingen etc. schleppt der Lastzug den noch feuchten Sand und Kies.

Die kahlen Wände der Kiesgrube aber haben inzwischen ein schlichtes Pflanzenkleid angezogen. Die Wurzeln geben ihnen Halt, und an den Blättern und Stengeln bricht sich der Wind. Sandstürme häuften die Dünen, aus denen sich die Wälder der Hardt magere Nahrung holen. Winzige Gräser bereiten den Boden für die größeren Pflanzen. Im Schmucke ihrer gelben Blüten leuchten weithin die Nachtkerzen. Der stachelige Natterkopf ist übersät mit vielen blauen Rachenblüten, aus deren Mäulern rote Zünglein lecken. Sie bringen mit ihrer Blütenpracht Farbe und Abwechslung in die grauen Sandberge. Sie streuen im Spätsommer tausendfältig ihre Samen aus und wecken so den toten Sand zu neuem Leben. Rund um den Baggersee wuchert Buschwerk, Schilf und Riedgräser. Die Disteln haben ihre flockigen Samenköpfe dem Winde geöffnet, Schwärme von Stieglitzen fallen ein und picken die halbreifen Samen heraus. Aus dem Schilfe leuchten die tiefroten Blüten des Blutweiderichs. Ackerwinden ranken an den Schilfstengeln und bieten ihre großen, duftenden Blütenkelche den Faltern dar. Über dem Schilfwald am Saume stehen die braunen, samtenen Schilfkolben.

Wenn ein Sommertag zu Ende geht, und im Westen die Sonne als glutroter Ball ihren Tageslauf vollendet, breitet die Abenddämmerung auch über den Baggersee kühlenden Schatten. Dann erwacht ein neues Leben. Die Frösche lassen ihr vielstimmiges Gequake und Gequarre erschallen. Fledermäuse flattern in lautlosem Fluge daher. Nachtfalter folgen den Lockungen duftender Blüten. Über dem nahen Felde aber steigt eine Feldlerche jubilierend zum Abendhimmel empor und singt ihr Nachtlied über dem heimatlichen Land. K. S.

Bruchsaler Rundschau Nr. 56 vom 7. März 1957

Erhabene Vergangenheit:

Ubstadter Idylle

Seit ältester Zeit klapperte die Mühle — „Bannkelter" zweitältestes Gebäude

Ubstadt. Das heutige Dorfbild der Gemeinde Ubstadt bietet einen zeitnahen Anblick. Der sich interessierende Wanderer erkennt aber bei genauer Beobachtung noch zahlreiche Winkel und Anlagen, die von einer reichen historischen Vergangenheit Zeugnis geben. Hier hat sich in wundersamer Weise der Zauber früherer Jahrhunderte in seiner ursprünglichen Art und Form in das moderne Zeitalter der Technik gerettet. Die Röhringstraße, im Volksmund „Grünwinkel" genannt, gibt dem Betrachter in dieser Beziehung guten Aufschluß. Der freie Platz am nördlichen Ende der Straße, mit dem Brunnen in der Mitte, entzückt zu jeder Stunde das Auge eines Malers. Aber auch der andere Teil des Dorfes weist sehr viele sehenswerte Baulichkeiten auf. Besonders die süd-östliche Dorfecke mit Bergstraße und Mühlgasse beherbergt noch einige Idylle voller Romantik.

Das Gebäude der Ubstadter Mühle nimmt hier einen besonderen Platz ein. Es ist ein Bau, der zu Studien Anlaß gibt. Trotz der baulichen und betrieblichen Veränderungen und Verbesserungen, die sich im Hinblick auf die Zeit von selbst ergeben, hat das Gebäude der Mühle nichts von seinem Gepräge vergangener Jahrhunderte verloren. Bewacht von stolzen Pappeln, umrauscht von dem unermüdlich plätschernden Wasser der Kraichbach, gibt die Anlage aufs harmonischste Vergangenheit und Gegenwart kund. An der Stelle, an der sich die Ubstadter Mühle befindet, gab es eine solche seit ältester Zeit. Noch in der römischen Kaiserzeit fanden Wassermühlen im Abendland Eingang und im Mittelalter allgemeine Verbreitung. Im Mittelalter stand die deutsche Mühle auf hoher Stufe und galt als vorbildlich. Das jetzige Mühlengebäude in Ubstadt stammt aus den siebziger und achtziger Jahren des 18. Jahrhunderts, errichtet von Johann Georg Adam Bender, der 25 Jahre glücklicher Besitzer des stattlichen Anwesens war und am 26. August 1800, 59 Jahre alt, gestorben ist. Sein Grabstein bei der Kirche zeigt originelle Lokalkunst. Am Mühlenbau sind noch spätgotische Bauteile zu sehen, gegen den Wasserbau sieht man gekehlte Spitzbogenfenster. Die Vorderseite weist zwei Barockfiguren auf. Die Kraftanlage der Mühle wurde vor kurzer Zeit auf einen modernen Turbinenantrieb umgestellt. Leider ging hierbei eine in ihrer Art in unsrer Heimat recht seltene Sehenswürdigkeit verloren, der Antrieb durch ein großes Wasserrad. Das mit großen Schaufeln versehene Holzrad war Generationen ein vertrauter Anblick. Die Ubstadter Mühle befindet sich heute noch im Familienbesitz des Erbauers.

Neben der Mühle stehen noch weitere Gebäude auf der Ubstadter Gemarkung unter Denkmalsschutz. In der Weiherer Straße ist das Haus Nr. 1, das älteste und zugleich kulturhistorisch bedeutendste Wohngebäude von Ubstadt (es befindet sich gegenüber dem Kirchengiebel). Laut eingeschnitzter Jahreszahl ist es 1580 erbaut, hat sinnreiche Schnitzereien im Fachwerk und ist trotz seines Alters eines der besterhaltensten Gebäude. Bei einer Renovierung im Jahre 1929 kam neben dem schön geschnitzten Eckpfosten auf einem Querbalken die Jahreszahl 1688 zum Vorschein. Wahrscheinlich bezeichnet diese Zahl, daß in diesem Jahr Instandsetzungsarbeiten vorgenommen wurden. Unter Denkmalsschutz steht ferner in der Hauptstraße teilweise das Haus Nr. 3, ferner teilweise einige Gebäude in der Oberen-, Röhring- und Stettfelder Straße (z. B. der Gaststättenschild „Zum Ritter"), die 250 Jahre alte Kapelle am Ortsausgang nach Bruchsal und das Kruzifix in der Weiherer Straße. Neben dem Haus Weiherer Straße Nr. 1 ist die alte „Bannkelter" in der Oberen Straße das zweitälteste Gebäude Ubstadts. Der von 1581 bis zum Jahr 1610 regierende Bischof und Landesfürst von Speyer, Eberhard, Freiherr von Dienheim, errichtete diese um das Jahr 1600. Das damals bischöfliche Gebäude zeigt heute noch, allerdings in einem stark verstümmelten Zustand, das Wappen Eberhard's von Dienheim.

Etwas Besonderes in Ubstadt ist der Dorfgraben, den man zum Teil noch sieht. Er begann bei der Mühle, schloß die Ostseite des Dorfes, schnitt die Straße mit dem „oberen Tor" und setzte sich auf der nördlichen Seite unweit des heutigen Friedhofes fort mit dem „Stettfelder Tor" bis zur Verbindung mit dem Kraichbach, der den Ort von Süden begrenzte. Durch die beiden genannten Tore dürfte früher die Verkehrsstraße geführt haben. Aus dem Vorhandensein dieses Grabens kann man zwar nicht folgern, Ubstadt sei ehemals eine „befestigte Stadt" gewesen, obwohl in der Zeit, wo man ohne Pulver kämpfte, Graben und Mauer den besten militärischen Schutz bildeten. Später, noch im 18. Jahrhundert, baute man solche „Befestigungen" hauptsächlich im Interesse der Handhabung einer guten Polizei. Aus diesem Grunde hat auch Fürstbischof Stirum (1770 bis 1797) die Stadt Bruchsal mit einer Mauer umgeben, obgleich er deswegen mit den Bürgern, die von der Stadtmauer nichts wissen wollten, da ihnen hauptsächlich die Kosten zu hoch schienen, in heftigen Streit geriet, der viele Jahre dauerte und der sogar die Reichsgerichte beschäftigte. Einem großen Teil der Einwohnerschaft dürfte es unbekannt gewesen sein, daß Ubstadt früher mit einem Schutzgraben umgeben war. Leider sind die Nachforschungen auf diesem Gebiet nicht so durchgeführt worden, wie es zu wünschen gewesen wäre. Möge daher dieser kleine Beitrag der Bevölkerung in dieser Richtung Aufschluß geben und gleichzeitig das Interesse an der geschichtlichen Vergangenheit Ubstadt's wecken und wachhalten.

In früheren Zeiten hatte Ubstadt bereits eine bedeutende Stellung innerhalb der Ansiedlungen der engeren Heimat. Die historischen Stätten, prächtige alte Bauten, zahlreiche ehrwürdige Steinkreuze, Bildstöcke und Kapellen im Dorf und auf der Flur lassen erkennen, daß Ubstadt nicht nur ein Kind der Gegenwart ist, sondern seine Wurzeln in einer jahrhundertalten Geschichte hat. Unser Heimatschriftsteller Feigenbutz bekannte dies ebenfalls, als er in seinem Buch über die Kraichgauorte schrieb: „Ubstadt sollte fleißig von Lehrern der Nachbarorte mit ihren Schülern besucht und betrachtet werden, das lehrt mehr als alle Beschreibung". K. S.

Bruchsaler Rundschau Nr. 261 vom 8. November 1957

Der Letzte seines Stammes

Bevölkerung nahm Abschied von Meister Langohr

Ubstadt. Die Gemeinde hat einen schweren Verlust zu beklagen. Ein allseits beliebter Bürger nahm auf Grund höherer Gewalt für immer Abschied von seiner liebgewonnenen Wahlheimat Ubstadt. In einem großen, mit vielen Pferdestärken ausgestatteten Wagen, verließ er den Ort. Seine Liebe und Verbundenheit zur Gemeinde brachte er vor seiner Abreise auf rührende Art und Weise zum Ausdruck. Entsprechend seinem Wesen erfolgte die Verabschiedung, denn bevor er seinen Platz im Wagen einnahm, machte er eine kurze originelle Ortsbesichtigung. Keine noch so freundlichen und keine noch so energischen Worte vermochten ihn hiervon abzuhalten. Auch der Blick auf die Uhr war in diesem Falle vergebens. Die ihm seit Jahren vertraute Straße, in der er seine Unterkunft hatte, war ihm besonders ans Herz gewachsen. Er bestieg den Wagen erst, als auch der letzte der Straßenbewohner auf seine Abreise aufmerksam geworden war.

Die Anteilnahme der Bevölkerung an dem harten Schicksal, das diesen lieben Ubstadter Bürger getroffen hat, ist sehr groß. Gar manche Träne des Mitgefühls wurde vergossen, als der letzte — man höre — in Ubstadt lebende Esel in den Lkw verfrachtet wurde. Der Abschied fiel dem armen Tier, wie bereits gesagt, schwer, seine Verladung erforderte allerhand Mühe und Arbeit. Er benahm sich überaus bockig und störrisch. Als dem letzten Ubstadter Vertreter einer stolzen Rasse, stand ihm dieses Privileg auch zu. Zudem war er in jeder Beziehung ein markantes Abbild seiner Artgenossen. Seit vielen Jahren hatte er in Ubstadt sein Quartier. Wegen des glücklichen Umstandes seiner Einmaligkeit, führte er ein schlaues und verwöhntes Leben. Kein Wunder, daß er sich daher sträubte, von hier wegzugehen. Jeder Ausreißversuch und jedes Bemühen um eine Rückgängigmachung des Verkaufs blieben erfolglos, sein Besitzer hart. Der arme Esel fand keine Gegenliebe. Das ist verständlich, war er doch nicht mehr der jüngste. Trotz der endgültigen Trennung gestaltete sich der Abschied vom Esel für die Bevölkerung mehr zu einem heiteren als traurigen Erlebnis. Die Gemeinde wird ihm ein ehrendes Gedenken bewahren. Leb wohl! K. S.

Bruchsaler Rundschau Nr. 191 vom 9. August 1958

Über 100 Jahre altes Storchennest

Ubstadter Storchenfamilie weit und breit bekannt — Freund Adebar kommt jedes Jahr

Ubstadt. Für die Einwohner ist es eine Selbstverständlichkeit, daß Jahr für Jahr ein Storchenpaar seinen Einzug im Dorfe hält. Jeder Besucher freut sich in den Sommermonaten über die Ubstadter Storchenfamilie. Die Anlage des Nestes kann als geglückt bezeichnet werden. Das Nest befindet sich auf einer Scheune im Zentrum des Ortes und ist von der Straße aus sehr gut zu erkennen. Der Anblick des Storchennestes gehört mit zu dem ersten Bild, das man gewinnt, wenn man aus Richtung Bruchsal in den Ort einfährt. Viele Wanderer halten auf dem freien Platz zwischen Kirche und Rathaus an, um von hier aus in unmittelbarer Nähe das Leben und Treiben der Storchenfamilie zu betrachten. Das Storchennest ist schon mehr als 100 Jahre alt. Auf einer zeitgenössischen Darstellung aus dem Revolutionsjahr 1849 ist das Nest eingezeichnet und gut zu erkennen. In den dreißiger Jahren wurde es renoviert, ein Betonsockel errichtet und darauf ein starker Eisenreifen montiert. Noch im gleichen Jahr ließ sich prompt wieder ein Storchenpaar darauf nieder, schleppte emsig Zweige und Reisig, baute sich ein Nest und flog davon, wenn die Feder der Unruhe zur Reise nach Süden sich spannte. Und jedes Jahr kam ein Storchenpaar wieder. Ob es das gleiche war? Man weiß es nicht. Störche gedeihen und vermehren sich so gut, wie es die Frösche zulassen, die den Langschnäbeln Nahrung und Existenz bedeuten. Darin hat es der Storch nicht schwer, denn das große Bruch- und Wiesengelände entlang der Bundesbahn ist eine wahre „Froschkammer". Wenn er bei einem Ausflug einmal keinen Frosch erwischt, kommt er nicht mit leerem Schnabel zurück, sondern bringt Reisig für den weiteren Ausbau des Nestes mit. In diesem Punkt ist Meister Adebar ein etwas unvernünftiger Bauherr. Sein Nest wird dadurch immer schwerer. Aber er weiß, der Mensch ist sein Freund, und was zuviel ist, trägt dieser eines Tages wieder ab.

In fast jedem Jahr gab es im Nest auch Jungstörche, drei oder vier. Jungstörche haben kurze, schwarze Schnäbel, und ihr Klappern klingt wie das Zusammenklappen von Pappe. Der Storch stopft seinen Jungen die Nahrung nicht in den Schlund, er spuckt den Frosch aus seinem eigenen Schlund auf den Nestrand, und die Jungen machen sich selbst darüber her. Dabei kommt es vor, daß Frösche noch lebend aus dem Storchenkropf vom Nest fallen und ob der wunderbaren Rettung mit großen Sprüngen das Weite suchen. Einmal passierte es, daß ein Storch gegen die Hochspannung flog und tot niederfiel. Seine Jungen standen erst 14 Tage vor dem Flüggewerden, und die Störchin allein schaffte die Ernährung nicht. Da stellte sich ein Storchenjunggeselle ein und übernahm die Fütterung. Die heranwachsende Storchenjugend ist eine übermütige Gesellschaft. Und da Übermut manchmal zu Fall kommt, ist es auch schon vorgekommen, daß ein junger Storch vom Nest fiel. So ein unfreiwilliger Ausflug wurde nur selten gut überstanden. Das Storchenpaar kommt anfangs April. Da gab es schon des öfteren dramatisches Geschehen, dann, wenn mehrere Störche in den Besitz des Nestes kommen wollten. Jeden Morgen gegen vier fanden heftige Attacken der Obdachlosen statt — sie versuchten die „Wohnungsinhaber" aus dem Nest zu kegeln. Sölch ein Gefecht kann zur Folge haben, daß es in diesem Nest vielleicht ein Jahr über keine Jungstörche gibt, weil möglicherweise einige Eier durch die „Kampfhandlungen" entzweigegangen sind.

Ende August, wenn das Laub sich zu färben beginnt, kommt der Aufbruch. Am Vorabend dieses Tages fliegen die Störche ganz hoch und kreisen, als wollten sie Richtung und Wetter prüfen. Am anderen Morgen sind die Nester leer — die große Sehnucht ist flügelschlagend unterwegs. Es kommt vor, daß einmal ein Jungstorch, der nicht kräftig genug ist, zurückbleibt. Dann kehrt nach einigen Tagen ein „erwachsener" Storch zurück und sammelt die schwachen Jungen. Und er geht mit ihnen in einem Tempo auf die große Reise, das ihrer Kraft zuträglich ist. K. S.

Bruchsaler Rundschau vom 21. August 1958

Wanderung durch Ubstadts Fluren

Ein Sommertag in Gottes wunderbarer Natur des idyllischen Kraichbachtales

Tagelang standen Gewitterwolken am Himmel. Drohend zogen sie sich im Westen zusammen. Regen und Sturm peitschten das Land; doch nach Gottes freiem Ratschluß folgt auf Regen Sonnenschein. Keine Wolken trüben den Himmel, zu dem sich Lerchen mit heiterem Gesange hoch in die Lüfte erheben, um sich trillernd wieder zur Erde zurückfallen zu lassen; Grasmücken zwitschern ihren leisen Ruf in den Mittag. Der Weg zieht sich in leichten Krümmungen durch duftende Wiesen dahin. Spitzwegerich und der mit seinen kleinen weißen Blütenköpfen bekannte Steinklee breiten die Blätter in den warmen Strahlen. Eidechsen huschen über den Weg und Ölmutternkäfer mit einem schillernden Kleide laufen zwischen dem niederen Gras des Pfades hin und her. Der würzige Duft des Ruchgrases liegt in der Luft, in der ein Bussard dahinschwebt, ein Habicht seine Bahn zieht und ein Storch majestätisch umher schwebt. Stolz wie ein König steht er später inmitten von Gänseblümchen und Glokkenblumen.

Die farbenfrohe Pracht der Wiesen entzückt den Wanderer. Der hohe Wiesenhafer mit seinen langen Halmen wedelt sanft in dem schwachen Hauch des Windes. Auch das feine Zittergras mit den kleinen, herzförmigen Ärchen, die an dünnen Stielchen herunterhängen und Fuchsschwanzgras mit seinem an Rohrkolben erinnerten Blütenstand, grüßen aus dem lilafarbenen Schmuck der Skabiose und dem glänzendgelben Blütenkopf des Hahnenfußes. Blau- und rötlich blühende Wicken ranken an ihren Nachbarpflanzen empor und zahlreiche „Doldengewächse" breiten ihr buntfarbenes Gesicht in der weiten und zauberhaft wogenden Fläche. Eine Blindschleiche gleitet über den Weg. Beim Näherkommen verschwindet sie in einem Mausloch, das man zwischen Flechtengras erblicken kann. Eine Ameisenkarawane wandert von einem kunstvoll gebauten pyramidenähnlichen Bau aus über den Rasen des Wiesenpfades. Andere der kleinen Tierchen sieht man geschäftig beim Bau ihrer Erdwohnungen, oder eifrig auf der Suche nach süßer und schmackhafter Nahrung umherlaufen.

Das geschäftige Leben und Treiben der Natur bezaubert den Wanderer. Er fühlt sich frisch und beschwingten Schrittes setzt er seine Wanderung in ein grünendes und duftendes Tal fort. In unmittelbarer Nähe des Weges zieht der Kraichbach dahin. Eine Ringelnatter, die sich am Ufer sonnte, gleitet ins Wasser. Zwei Wasserfrösche hüpfen schleunigst davon. Eine Bachstelze stolziert am Bachrande auf und ab. Zwischen den Wasserpflanzen schwimmt nahrungssuchend eine Wasserratte; über ihr kreuzt im gaukelnden Flug eine blaugrüne Libelle. Weiter oben erkennt man eine Wasserspinne neben zahlreichen anderen Wasserkäfern, und in unmittelbarer Nähe einer Bachkrümmung wie zur Krönung einige Fischlein, die nach unruhig umherschwirrenden Insekten Ausschau halten. Am Rande des Baches stehen Erlen und Weiden. Auch Pappeln, Aspen und Zwetschgenbäume sind vertreten, zum Teil versteckt hinter Palm- und Salweidensträucher. In den buschigen Wipfeln der Bäume gurren Wildtauben. Goldammer, die in den Ufersträuchern sich in den Zweigen tummeln, und Zaunkönige, die in dem grünen Geäst der Büsche umher hüpfen, lassen einen lustigen und frohen Gesang hören. Weiter vorne erkennt man in einem Schwarzdorngebüsch einen Neuntöter mit seiner Beute. Vom gegen überliegenden Uferrand grüßt das liebliche Vergißmeinnicht mit seinen blauen Blumenäuglein. Im Hintergrund erhebt sich der „Kindlesberg". Vor Jahrhunderten befand sich hier eine Ansiedlung der Römer. Bei Erdarbeiten wurden vor dem Kriege Kupfermünzen des römischen Kaisers Trojan, der um das Jahr 98 bis 117 nach Christus regierte, an dieser Stelle gefunden. Die im benachbarten Gewann „Weihbett" immer wieder durch das Pflügen zum Vorschein kommenden Ziegelsteinbrocken und Fußbodenplattenstückchen lassen ebenfalls vermuten, daß auch hier einstens Wohnstätten der Römer gestanden haben.

Das Schlagen der Kirchturmuhr des nahen Dorfes, deren Turmspitze über die Wipfel der Bäume zu erblicken ist, mahnt an Umkehr. Der Schienenstrang der Nebenbahn glitzert in der späten Nachmittagssonne. Eine Esche, die sich aus dem Schilf und Ufergras des Baches erhebt, neigt wie zum Abschiedsgruß ihre mächtige Krone. Schmetterlinge geben dem Wanderer das Geleit auf dem Heimweg. Das Zirpen der Grillen und Heuschrecken vermischt sich immer mehr mit dem immer stärker werdenden Geräusch des dörflichen Lebens.

K. S.

Wer sein Vaterland nicht kennt,
hat keinen Maßstab für fremde Länder.

Goethe (1749–1832)

Zeit der Weinlese naht:

Schon auf den Tischen der „Colonen . . ."

. . . stand des Weinstocks herrliche Gabe
Seit Jahrhunderten Edelweinbau im Kraichgau

Zur Zeit der Weinlese fehlen auf den Äckern und Wiesen die Blumen. Die Flora zeigt ein herbstliches Kleid. Vergangen ist die Pracht der Rosen, nur das violette Kleid der Herbstzeitlosen beherrscht das Land. Trotzdem erkennt man in der Weite der Landschaft ein buntes und farbenprächtiges Bild. Im roten Dirndl und im bunten Kopftuch huschen die Mädchen durch die Zeilen der Reben, kichernd und lachend, als ob der Himmel voller Geigen hinge. Die Weinlese ist jedes Jahr ein besonderes Ereignis, an dem neben Verwandten und Bekannten auch die Nachbarschaft freudigen Anteil nimmt. Zur Freude der Winzer wie der Allgemeinheit trägt der Weinstock in diesem Jahr wieder herrliche Gaben. Der schöne Spätsommer ließ eine sehr gute Qualität heranreifen.

Bald ist die Zeit der ersehnten Ernte da. Alle Mühen und Arbeiten der vergangenen Monate finden nun ihren verdienten Lohn. Hoffentlich vom schönen Herbstwetter begünstigt, füllen sich unter den fleißigen Händen der Winzerinnen und Winzer draußen im Weinberg die Eimer, Bütten und Zuber. Goethes Worte „Für Sorgen sorgt das liebe Leben, Sorgenbrecher sind die Reben!" haben jetzt volle Gültigkeit.

Der Weinbau war im Kraichgau schon in der römischen Zeit bekannt. In den Gutshöfen stand damals der Wein in dickbauchigen Krügen auf den Tischen der „Colonen". Im Mittelalter wurde der Weinbau besonders von den geistlichen Herren gefördert. Mit der gleichen Liebe pflegten aber auch die Bürger ihre Rebberge. Durch Jahrhunderte hindurch war der Weinbau das Hauptprodukt. In der letzten Hälfte des vergangenen Jahrhunderts trat aber ein Rückgang im Edelweinbau ein. Durch das Auftreten bisher unbekannter Schädlinge und Krankheiten wie Heuwurm, Sauerwurm, Peronospora mußten viele Weinberge verschwinden. Chemische Bekämpfungsmittel kannte man damals noch nicht, weshalb die Winzer dem „drohenden Unheil" tatenlos zusehen mußten. Zudem sanken die Weinpreise von Jahr zu Jahr und der Winzer sah seine Mühe und Arbeit oft gänzlich unbelohnt. Schließlich hielten die Amerikanerreben, die sogenannten Hybriden, ihren Einzug. Als sehr unempfindlicher Massenträger wurden sie überall angepflanzt, obwohl die Qualität des Weines viel zu wünschen übrig ließ. Für den Edelweinbau begann erst wieder in den Jahren nach dem ersten Weltkrieg eine neue Aera, als überall Winzergenossenschaften gegründet wurden. Die genossenschaftliche Oganisation sicherte den Winzern nunmehr einen auskömmlichen Preis. In erster Linie aber brachte sie Spitzenqualitäten auf den Markt, die den alten guten Ruf der Kraichgauer Weine wiederherstellten.

Die Ubstadter Weine zählten in früheren Jahren mit zu den bekanntesten des Kraichgaues. Der sonnenbeglänzte „Glöcklesberg", die „Weinhecke", der „Kratzer", der „Altenberg" und der schon von den Römern besiedelte „Kindlesberg" liefern recht süffige Weine. Der Volksmund sagt: „Feuersglut vom Warmgestein, Goldesglanz vom Sonnenschein, blumiger Duft von Reben fein, liegt im Ubstadter Wein!" Noch um die Jahrhundertwende war speziell der „Ubstadter Riesling" in den besten Weinlokalen deutscher Großstädte wie Berlin, Hamburg, Frankfurt auf der Weinkarte vermerkt. In den Nachkriegsjahren gelang es wieder, wenn auch zuerst langsam, den guten und alten Ruf des Ubstadter Weines zurückzugewinnen. Es wurden große Rebanlagen (Gewann „Altenberg") geschaffen. Die Gemeinde und mit ihr die Winzer gliederten sich der Winzergenossenschaft Wiesloch an. In früheren Jahren wurde schon Anfang oder Mitte September geherbstet. Heute geht das Bestreben dahin, die Lese der Edelsorten, des Rieslings, Ruländers, Sylvaners möglichst weit hinauszuschieben zugunsten einer hervorragenden Qualität. In den Wochen der Weinlese herrscht in den Kelteranlagen reger Betrieb. Überall ist eine frohe Stimmung anzutreffen. Die Arbeiten an der Traubenmühle und Kelter vergehen nur zu rasch. Und zeigt der „Neue" um die 80 oder gar 90 Grad, dann ist die Freude besonders groß, denn ein köstlicher Wein ist die Frucht der vielfältigen Mühe eines langen Jahres.

Die Beschaffenheit der ehemaligen bischöflichen bzw. Gemeindekelter dürfte zum größten Teil der heutigen Bevölkerung unbekannt sein. In unserer Gegend sind die alten Weinkeltern (am Bodensee „Torkel" genannt) nach und nach alle verschwunden. Es dürften nur noch sehr wenige im Land vorhanden sein. Diese Keltern waren ganz gewaltige Bauwerke, die ein besonderes Gebäude erforderten. In dem heute noch vorhandenen Kelterhaus in der Oberen Straße befanden sich drei Weinkeltern. Jede nahm die ganze Breitseite des Gebäudes ein. Die aus Eichenholz erbauten Keltern waren hier zugleich die einzigen ihrer Art. Zu jeder Kelter gehörte das Traubenbett, „Biete" genannt, das etwa drei Meter lang und breit im Geviert war. In diese Biete wurde die Traubenmaische hineingeschüttet und dann ähnlich wie bei jeder Weinpresse zugedeckt. Mitten über die Biete war nun ein gewaltiger Eichbaum quer übergelegt. Er hatte eine Länge von ungefähr sechs bis acht Meter und einen Durchmesser von oftmals einem Meter. Mitunter wurden auch zwei schwere Eichenstämme miteinander verbunden. Auf der einen Seite der Biete ging so ein Kantholz nicht weit, höchstens einen halben Meter, über die Biete hinaus. Auf der anderen Seite dagegen ragte es schon ziemlich weit darüber, denn die Biete war nur etwa drei Meter breit, während das quergelegte Holz eine Länge von etwa acht Meter besaß. Der Eichbaum wurde in seiner Lage festgehalten durch vier senkrechte mächtige Balken. Je zwei dieser Balken erhoben sich rechts und links von der Biete. Zwischen diesen senkrechten Hölzern nun bewegte sich der Eichbaum auf und ab. Es wurde aber nur das eine Ende in Bewegung gebracht, das andere kürzere war durch einen übergelegten Querbalken daran gehindert.

Wurde die Kelter nun in Betrieb genommen, so mußte der lange Eichbaum am äußersten Ende in die Höhe gehoben werden. Dies geschah durch eine senkrechte Spindel von etwa 25 bis 30 Zentimeter Durchmesser und etwa drei bis vier Meter Länge, die mit ihrem einen Ende eine Verbindung mit dem Eichbaum herstellte. Etwa in Brusthöhe wurde eine starke Holzstange durch die Spindel hindurchgesteckt. Mit dieser Stange konnte so gedreht werden, daß der Eichbaum je nach Wunsch in die Höhe oder Tiefe ging. Diese Vorrichtung bzw. dieser Vorgang erwirkte einen ungeheueren Druck. Die Trauben konnten so fest ausgepreßt werden, daß der Trester fast steinhart wurde. In diesen Weinkeltern wurde Tag und Nacht ohne Unterbrechung gekeltert. Es waren eigene Keltermeister angestellt, die das Keltern besorgten, für die richtige Abgabe des Weines verantwortlich waren und die Reihenfolge im Keltern bestimmten. Schade, daß diese gewaltigen Werke der Ungunst der Zeit weichen mußten. Es lag etwas Poetisches über einem solchen Kelterbetrieb. Jene Zeit aber ist unwiderruflich vorbei.

K. S.

Bruchsaler Rundschau Nr. 75 vom 1. April 1959

Warme Salzwasserquelle

Heute Bürgerversammlung wegen des Gewannes „Erle"

Ubstadt. Die Bürger wurden kürzlich von der Gemeindeverwaltung in den „Löwen" eingeladen, um über die Verwertung brachliegender, für landwirtschaftliche Nutzung ungeeigneter Flächen, zu entscheiden. In der Versammlung sollte die Frage geklärt werden, ob das betreffende Gelände im Gewann „Erle" zur Aufforstung herangezogen werden kann oder das Gelände einem Interessenten zum Kauf angeboten wird. Das Thema fand bei den Bürgern großes Interesse. Es entwickelte sich eine lebhafte Aussprache. Infolge der Bedeutung und Wichtigkeit des Versammlungspunktes wurde kein endgültiger Beschluß gefaßt. Im Hinblick auf die gegebene Möglichkeit, das Gelände günstig verkaufen zu können, wurde dem Antrag auf Vertagung stattgegeben. Um die Angelegenheit nun endgültig zu klären, wurde von der Gemeindeverwaltung auf heute abend, 20 Uhr, in den „Löwen" eine erneute Bürgerversammlung einberufen. In Anbetracht der Wichtigkeit der Tagesordnung wird um pünktliches und vollzähliges Erscheinen gebeten. Die Bürger haben es nun in der Hand, ob das Gewann „Erle" aufgeforstet oder an einen Bruchsaler Interessenten verkauft wird.

Man konnte bis heute wohl zu jeder Zeit ein Salzwasserbad nehmen; dem Ort brachte dies aber keinen nennenswerten Aufschwung. In Zukunft dürfte dies eine Änderung erfahren. Unweit des heutigen Salzbades, etwa 100 Meter östlich, wurde eine neue Salzwasserquelle gefunden, die bis zu 30 l/sec. in der Minute ausschüttet. Entscheidend ist, daß es sich um eine Warmwasserquelle handelt. Für Nordbaden ist diese Warmwassersolquelle einmalig. Die Quelle tritt auf gemeindeeigenem Gelände zutage. Für Ubstadt dürfte die Solquelle eine große Zukunft bedeuten. Eine Besichtigung ist möglich.

K. S.

Anmerkung:

Der Gemeinde gratulierte damals in gutem Glauben der Kurhaus-Direktor einer benachbarten Bädergemeinde. April! April!

Bruchsaler Rundschau vom 18. Oktober 1959

Obstbaumpflege vor Wintereinbruch

Nicht bis zum Frühjahr warten — Baumwarte erteilen Rat

Ubstadt. Viele Baumbesitzer lassen erst im Frühjahr, meistens kurz vor dem Austrieb, die Kronen ihrer Obstbäume in Ordnung bringen. Die hierbei geleistete Arbeit kann vielfach nicht als sachgemäße Kronenpflege angesprochen werden. Die Zeit ist vorangeschritten, Eile tut not, und so wird nach eigenem Ermessen mit Schere und Baumsäge rasch alles „Überflüssige" entfernt. Der Ertrag dieser so behandelten Bäume muß naturgemäß weit unter dem Durchschnitt bleiben. Kein Wunder, wenn die Freude an dem Ernteergebnis dann ebenfalls ausbleibt. Ferner ist dadurch eine Verkrüppelung des Baumes im Bereich des Möglichen und somit besteht die Gefahr, daß der Baum mit der Zeit langsam eingeht oder aber der Ernteertrag künftig in keinem Verhältnis zur Rentabilität steht.

Um die Gewähr nach gesundem Obst auf gepflegten Bäumen zu erhalten, empfiehlt es sich, die Pflege der Bäume nicht erst im Frühjahr, sondern vor Einbruch der großen Winterkälte im Spätjahr durchzuführen. In den kommenden Wochen dürfte jeder Baumbesitzer ausreichende Gelegenheit haben, diese Arbeiten verantwortungsbewußt in Ruhe zu erledigen. Wenn ein Baumbesitzer von dieser Arbeit keine Ahnung hat, sollte er diese einem geprüften Baumwart übertragen. Baumwarte gibt es heute dank der intensiven Schulung und Arbeit der Obstbauinspektion Bruchsal in jedem Ort des Kreises. Zum geeigneten Zeitpunkt wird der Baumwart die Pflege der Bäume vornehmen. Und der Baumbesitzer hat damit die Gewißheit, daß sein Obstbaumbestand einer sachgemäßen Behandlung unterzogen wird. Der Lohn wird nicht ausbleiben, denn gesunde Bäume bringen gesundes Obst. K. S.

Bruchsaler Rundschau Nr. 293 vom 17. Dezember 1959

Unter Mithilfe der Pfarrgemeinde:

Kirchliche Bauvorhaben realisiert

Innerhalb fünf Jahren erfolgte Innenrenovierung des Gotteshauses und Beschaffung eines neuen Geläutes
Politische Gemeinde besorgte Kirchenuhr mit Kopenhagener Schlag

Ubstadt. Seit Jahren befindet sich die Gemeinde in einer aufstrebenden Entwicklung. Jedes Jahr bedeutet einen erfolgreichen Abschnitt auf dem Weg nach oben. Eine Fülle von Projekten und Vorhaben fanden ihre Verwirklichung. Die verantwortlichen Männer in der kommunalen Politik bemühen sich tatkräftig, die Geschicke der Gemeinde so zu lenken, daß sie dem Ansehen des Dorfes und dem Wohle der Bevölkerung dienen. Der Wille der Bewohner zur Mitarbeit kommt dabei zugute. Unermüdlichem Wirken und der Weitsicht ist es zu danken, daß Ubstadt unter den Landkreisgemeinden einen Platz einnimmt, um den es da und dort beneidet wird. Auch im religiösen Geschehen der Gemeinde ist eine erfreuliche Tätigkeit zu verzeichnen. Dies bewies eindrucksvoll der Pfarrfamilienabend im „Löwen".

Der Familienabend der katholischen Pfarrgemeinde wurde für alle Anwesenden zu einem schönen Erlebnis. Bis auf den letzten Platz war der Saal besetzt. Für das Zustandekommen gebührt Pfarrer Eisele herzlicher Dank. Pfarrer Eisele gab einen Überblick über alle Begebenheiten. Das glückliche Zusammenwirken der Einwohnerschaft und der örtlichen Instanzen schufen die Grundlage für die Bewältigung zahlreicher Projekte. Die Opferbereitschaft und der tiefe Gemeinschaftssinn wirkten belebend und trugen wesentlich zur raschen Lösung der Aufgaben bei. Ein Farblichtbildervortrag ergänzte die Worte von Pfarrer Eisele und ließ nochmals teilhaben am Glockenguß und an der Weihe des neuen Kirchengeläutes. Die Wiedergabe einer Tonbandaufnahme von der Glockenweihe mit der Ansprache von Sr. Exzellenz Bischoff Olbert und der Rede von Bürgermeister Hagenmeister riefen die weihevollen Stunden in die Erinnerung zurück. Karl Beyerle erläuterte die Lichtbilder in anschaulicher Art. Durch die Beifügung zahlreicher Bilder mit örtlichen Motiven bekam der Vortrag einen heimatkundlichen Charakter. Seltene Aufnahmen aus Wald und Flur begeisterten. Gut gelungen auch die Bilder über die Fronleichnamsprozession. Die Tonbandaufnahmen brachte Schulleiter Schmider zu Gehör. Interessant für alle Anwesenden war das nochmalige Hören der alten Glocken und die Gegenüberstellung des alten und neuen Geläutes.

Die stattliche Liste der geleisteten Arbeit führt als erstes großes Projekt 1954/55 die Innenrenovation der Kirche auf. Dieses Bauvorhaben hatte in Pfarrer Eisele seinen Initiator.

Neben einer neuen Innenausmalung erfolgte im gleichen Zug die Instandsetzung und Ausbesserung des mit Schiefer gedeckten Kirchendaches. Das aus der Regierungszeit Schönborns stammende prächtige barocke Gotteshaus der Ubstadter, nach einem Entwurf des Baumeisters Stahl gebaut und am 26. 4. 1739 feierlich konsekriert, besitzt jetzt ein schmuckes Innere. Bei dieser Gelegenheit wurden die ganz aus Holz geschnitzten Kreuzwegstationen restauriert. 1900 in den Werkstätten der Gebrüder Metzger, Überlingen, angefertigt, zählen sie zu den schönsten, die jemals geschaffen wurden, und besitzen hohen künstlerischen Wert. Vier Jahre später konnte eine weitere bedeutende Aufgabe durch Pfarrer Eisele gelöst werden, die Anschaffung eines neuen Geläutes. Die Anregung wurde 1958 von Bürgermeister Hagenmeier gegeben, der seine ganze Kraft für die Erfüllung dieses langgehegten Wunsches der Bevölkerung einsetzte. Durch die Gemeindebehörde fand dieses Projekt in großzügiger Weise eine dankenswerte finanzielle Förderung. Die Glocken kamen aus der Heidelberger Glockengießerei F. W. Schilling. Der Guß erfolgte im Juli und August, die festliche Überführung nach Ubstadt am 19. 8. 59. In der Geschichte der Pfarrgemeinde nimmt die Glokkenweihe am 23. 8. einen Ehrenplatz ein. Eine besondere Auszeichnung erhielt der denkwürdige Festtag dadurch, daß Missionsbischof Augustin Olbert die Weihe der Glocken vornahm. Das neue Geläute setzt sich aus fünf Bronzeglocken mit einem Gesamtgewicht von 80 Zentnern zusammen. Die größte, St. Michael geweihte Glocke wiegt 1660 kg und weist folgende Inschrift auf: „St. Michael mach uns im Glauben stark und rein, laß stets im Lande Frieden sein; zum Gedächtnis der gefallenen, verstorbenen und vermißten Krieger. — Die Gemeinde." Die nächstkleinere Glocke, St. Maria, hat ein Gewicht von 900 kg und trägt die Aufschrift: „Sankta Maria mit dem Kinde lieb, uns allen deinen Segen gib." Die dritte Glocke ist dem Schutzpatron der Ubstadter Kirche, dem heiligen Andreas, geweiht, und hat nachstehende Schrift als Mahnung: „St. Andreas hilf uns in Jesu Namen, heimwärts woher wir kamen." Diese Glocke hat ein Gewicht von 600 kg, während die vierte Glocke, die dem hl. Sebastian geweiht ist, 480 kg wiegt und die Gebetsworte verkündet: „Hl. Sebastian zu Schmerz und Qual allzeit bereit, in Krankheit, Not steh' uns zu Seit". Die fünfte und kleinste Glocke wiegt 360 kg und ist dem Schutzengel gesegnet. Sie trägt die Inschrift: „Schutzengel, seid Wahrer unserer Jugend in Reinheit, Glaube, Tugend".

Mit den Glocken erfolgte die Anschaffung einer neuen Kirchturmuhr. Es ist eine moderne, vollautomatische Konstruktion mit dem Kopenhagener Schlag. Im Landkreis ist diese Uhr nicht mehr anzutreffen. Es gibt im badischen Land nur drei Uhren mit diesem Mechanismus. Sie kostete rund 7000 Mark und wurde von der Firma Gebrüder Schneider, Schonach/Schwarzwald, geliefert und montiert. Die Uhr gehört der politischen Gemeinde. Mit dem Entschluß, eine neue Kirchturmuhr anzuschaffen, haben sich die Gemeindeväter ein bleibendes Denkmal gesetzt. Der Aufwand für diese Anschaffungen im kirchlichen Bereich ist gedeckt. Die Bilanz dürfte zum Jahresende ausgeglichen sein. Als nächste große Aufgabe steht die Außenrenovierung der Kirche auf dem Plan. Der Außenverputz ist ein vordringliches Anliegen. Es ist damit zu rechnen, daß bei der seither entwickelten Tatkraft, 1964, zum 225-jährigen Bestehen der Kirche, diese Arbeiten ausgeführt und vollendet sind.

Pfarrer Eisele sprach allen herzlichen Dank aus, die durch Mithilfe zum Gelingen aller Planungen und Vorhaben beigetragen haben. Sein Dank galt ganz besonders den armen und alten Leuten, die nicht müde wurden, einen Beitrag für die Anschaffungen zu leisten. Für die neuen Glocken hatte ein altes Mütterlein mühselig 100 Mark zusammengespart. Der Kirchenchor verschönte die Feier mit Liedvorträgen, die allgemein sehr gut gefielen. Schulleiter Schmider, Karl Beyerle und Kurt Dick, die das Programm des Abends gestalteten, gebührt Anerkennung. K. S.

Ein Blick auf die barocke Ubstadter Kirche. Sie wurde vor 220 Jahren am 26. April 1739 konsekriert. Sie ist der beherrschende Mittelpunkt der Gemeinde.

Bilanz über Geschäftsjahr 1960:

Raiffeisenkasse auf gesunder Basis

Genossenschaftliche Idee breitet sich aus – Acht Millionen Umsatz

Ubstadt. Es dürfte heute wohl keine Landgemeinde mehr von Bedeutung geben, in der nicht irgend eine Genossenschaft wirkt. Das dörfliche Leben unterliegt dem Gesetz der Gemeinschaft. Obwohl jeder einzelne Dorfbewohner sein persönliches Eigenleben führt, ist er immer irgendwie an die Gemeinschaft gebunden und auch von ihrem Verhalten abhängig. Erst in der Gemeinschaft mit dem Nachbarn ist es dem einzelnen oft nur möglich, ein auch in seinem persönlichen Interesse liegendes Werk zu vollenden. Nicht nur, daß die eigene körperliche oder wirtschaftliche Kraft oft allein nicht ausreicht, eine Aufgabe zu meistern, viele Pläne können überhaupt erst dann verwirklicht werden, wenn die Nachbarn sich damit einverstanden erklären. Das setzt aber oft nicht allein den Willen, sondern auch das Verständnis für Gemeinschaftsaufgaben voraus.

Die Verhältnisse auf diesem Gebiet lassen für Ubstadt vieles erhoffen. In immer stärkerem Maße breitet sich die genossenschaftliche Idee bei den Ubstadtern aus. So vielschichtig die Gemeinde in ihren Zellen gegliedert ist, das Gedankengut von Raiffeisen wandelt das eigennützige Bestreben immer mehr in die Bahnen einer gemeinnützigen Vereinigung. Das ist nicht nur bei den in der Landwirtschaft tätigen Einwohnern, sondern auch bei den in der Industrie beschäftigten Leuten der Fall. Seitens des Handels und Gewerbes ist ebenfalls eine erfreuliche Förderung in dieser Richtung zu erkennen. Im heutigen Wirtschaftsleben droht der kleine dörfliche Betrieb mit seinen Nöten übersehen zu werden. Nur im Zusammenschluß mit den Nachbarn zu einem größeren Gebilde, das den Verhältnissen des modernen Wirtschaftslebens angepaßt ist, kann sich der einzelne auf dem Dorf wirtschaftliche Geltung verschaffen. Raiffeisen verlangte von den Mitgliedern seiner Genossenschaften in erster Linie Selbsthilfe. Zur Verwirklichung des Selbsthilfegedankens gehört Steigerung des Selbstbewußtseins, gehört Belebung und der starke Wille, alle eigenen Angelegenheiten in die eigenen Hände bzw. in die Hände eigener Organisationen zu nehmen und sie auch darin zu halten, gleich ob es sich um die Vorsorge durch Bildung von Sparrücklagen handelt, um eine Steigerung und Verbesserung der Erzeugung, die bestmögliche Verwertung der landwirtschaftlichen Erzeugnisse, um die Sicherung des Arbeitsertrages oder um den zweckmäßigsten Einsatz von Maschinen und technischen Einrichtungen. Vor mehr als 100 Jahren schon sagte Raiffeisen: „Die Selbsthilfe ist das einzige Mittel, die Erschlaffung zu beseitigen, den Mut zu heben, die Kräfte der Bevölkerung und des Bodens auszunutzen und so die landwirtschaftliche Produktion bis zum höchsten Maße zu steigern." Diese Worte haben heute noch vollste Gültigkeit. Nur wer sich selbst aufgibt, ist verloren. Der einzelne mag, auf sich allein gestellt, angesichts der auf ihn hereinstürmenden Schwierigkeiten einmal verzagen und schwach werden. In der organisierten Gemeinschaft wird er aber nicht untergehen.

Genossenschaft 1913 gegründet

Diese Erkenntnis der Stärke durch eine Arbeits- und Lebensgemeinschaft und in der Vorsorge durch organisierte Nachbarschaftshilfe führte 1913 weitsichtige Bürger zur Gründung der Ubstadter Genossenschaft. 1958 wurde das Unternehmen, das bis dahin als Spar- und Darlehenskasse eingetragen war, in Raiffeisenkasse umbenannt. Gemessen an der örtlichen Struktur, ist die Entwicklung der Raiffeisenkasse Ubstadt sehr günstig. Das Jahr 1960 wurde zu einem Jahr des absoluten Erfolges. Es brachte nicht nur den bisher höchsten Umsatz von rund acht Millionen gegenüber nur sechs Millionen von 1959 und eine Steigerung der Bilanzsumme von 225 000 Mark auf 913 770 Mark, sondern mit dem modernen und zweckmäßigen Neubau eines Kassen- und Verwaltungsgebäudes auf dem geräumigen Hof- und Lagerareal, die Verwirklichung eines Projektes, das besser als Worte den Aufschwung der Genossenschaft unterstreicht. Der Warenumsatz erfuhr im Berichtsjahr gegenüber 1959 eine Steigerung um 7000 Mark. Das Warengeschäft umfaßt neben Saatgut, Futter- und Düngemittel, auch Maschinen, Brennstoffe und Bekämpfungsmittel. Es ergab sich aus diesem Geschäftszweig ein Gewinn von 4234.69 DM. In der Milchanlieferung dagegen ist die Tendenz rückläufig. Von 71 Erzeugern mit 169 Kühen wurden 267 987 Liter Milch angeliefert. Auch der Trinkmilchverkauf blieb gegenüber dem Vorjahr mit 57 400 Liter um etwas mehr als 8000 Liter zurück. Diese Rückentwicklung beruht auf einem natürlichen Verhalten der Bevölkerung, denn bei Gemeinden in unmittelbarer Stadtnähe wird auf Landesebene immer mehr die Feststellung getroffen, daß sich der Verbraucher von der offenen Milch lossagt und zur Konserven- bzw. Flaschenmilch übergeht. Die Verkaufszahlen der Molkereierzeugnisse, die im Berichtsjahr einen wesentlichen Sprung nach oben und zwar auf 74 300 DM machten, bringen am besten zum Ausdruck, daß es sich hierbei um eine allgemeine Erscheinung der Gegenwart handelt. So betrachtet, darf das Ergebnis in der Milchabteilung als zufriedenstellend bezeichnet werden.

754 000 DM Spareinlagen

In der Erfassung des Getreides bewegt sich die Skala wesentlich nach oben. Der für 1960 genannte Betrag von 45 000 DM ist fast um das Doppelte gegenüber 1959 angestiegen. Als örtliche Kreditgenossenschaft hat die Raiffeisenkasse heute eine hohe Aufgabe zu erfüllen. Das Eigenkapital erfuhr eine beachtliche Stärkung. Die Entwicklung der Kapitalbildung war außerordentlich gut. Die Spareinlagen stiegen 1960 auf 754 337,29 DM. Diese Summe wurde von 748 Sparern aufgebracht. An Darlehen wurden 283 953 DM gewährt. Dieser Betrag erscheint gegenüber den Einlagen jedoch etwas niedrig. Für die Rentabilität der Kasse ist es vorteilhafter, wenn von der Möglichkeit einer Darlehensaufnahme seitens der Bevölkerung in stärkerem Maße Gebrauch gemacht wird. Die Zahlungsbereitschaft der Genossenschaft ist garantiert. Das Vertrauen der Mitglieder ist gerechtfertigt.

Brücke und Bindeglied

Die Dorfgenossenschaft ist heute Brücke und Bindeglied von der Einzelwirtschaft zur Volkswirtschaft. Sie muß einerseits die Interessen der Einzelmitglieder untereinander abzustimmen und andererseits die Interessen der Gesamtheit der Einzelmitglieder des Dorfes mit den volkswirtschaftlichen Interessen in Einklang bringen. Es gibt keinen Zweig dörflicher Arbeit mehr, in den die Dorfgenossenschaften nicht helfend und fördernd eingreifen. Mögen die Wogen des Wirtschaftslebens in der Zukunft auch noch so hoch schlagen und den einzelnen zu verschlingen drohen, die Dorfgenossenschaft wird ihm immer Zuflucht und Stütze sein können, wenn er sich ihrer Einrichtungen bedient und ihr seine Mitarbeit nicht versagt.

K. S.

Bruchsaler Rundschau, Samstag, 3. Juni 1961

Stärkung der Aktivität

Musik- und Gesangvereine brauchen Nachwuchs

Ubstadt. Die Sommermonate bringen dem Vereinsleben auf dem Lande vielseitige Aufgaben. Vor allem stehen Besuche in der näheren und weiteren Umgebung auf dem Programm. Es gilt, die Freundschaftsbande zu festigen und neue zu knüpfen. In die Zeit des Sommers fallen auch die Vereinsausflüge. Diese sind stets ein frohes Erlebnis. So ein Tag der Freude, an dem die ganze Mitgliedschaft teilnimmt, ist auch ein Tag der Sammlung neuer Kräfte für die künftige Arbeit.

Auf dem Gebiet des Sports haben sich vorwiegend Fußball, Turnen und Handball ausgebreitet. Andere Sportarten wie Leichtathletik, Ringen, Boxen oder Tischtennis folgen. Das ländliche Sportgeschehen ist, auch was die Vielseitigkeit anbetrifft, in einer Entwicklung, die für die Zukunft viel Gutes erhoffen läßt. Für das Kulturelle läßt sich dies nicht ohne weiteres sagen. Wären nicht die Musik- und Gesangvereine, die hier wertvolle Arbeit leisten, würde es bedenklich aussehen. Die deutsche Volksmusik und das deutsche Volkslied besitzen Ewigkeitswert. Diese Werte zu erhalten und zu pflegen sollte im Interesse eines jeden Einzelnen liegen. An die Erwachsenen und Jugend ergeht der Appell, sich in den Reihen der Musik- und Gesangvereine aktiv oder passiv zu betätigen. Für die Pflege des Volklieds treten heute in einem Dorf nur noch die Gesangvereine ein. Auch in Ubstadt ist dies der Fall. Es ist ein besonderes Verdienst des MGV „Freundschaft" und Musikvereins „Echo" für die Erhaltung dieses unschätzbaren Volksguts zu wirken. Den Vereinsleitungen wie auch den Sängern und Musikern gebührt Lob und Anerkennung für ihre Bemühungen. Es ist zu wünschen, daß die Vereine in ihrer Entwicklung weiterkommen und sich der Mitgliederstand verstärkt, in erster Linie in den Reihen der Aktivität.

K. S.

Bruchsaler Rundschau vom 7. August 1961

Dreschmaschinen haben ausgedient

Mähdrescher vermehren sich von Jahr zu Jahr — Unterschiedliche Ernten

Ubstadt. Mit den sonnigen Tagen ausgangs Juli setzte allgemein die Ernte ein. Die Frucht reifte in diesem Jahre gut aus. Wenn das Wetter noch einige Tage schön bleibt, dürften die Bauern und Landwirte das Getreide restlos eingebracht haben. Der in den letzten Tagen vereinzelt niedergegangene Regen wirkte sich nicht allzu nachteilig aus, da die ausgereifte Gerste schon geerntet war, der Weizen dagegen noch einige Tage zur Reife benötigte. In diesem Jahr verstärkte sich noch der Einsatz von Mähdreschern. Für die Landwirtschaft bedeutet dies eine wesentliche Erleichterung und schnellere Abwicklung der Erntearbeiten. Das trifft besonders auf die Leute zu, die sich nach Feierabend landwirtschaftlich betätigen, d. h. als Nebenerwerb Getreide anbauen und die bisher wegen Fuhrleistungen auf die Mithilfe der landwirtschaftlichen Bevölkerung angewiesen waren. Klein- und Großbetriebe gehen immer mehr dazu über, den Mähbinder daheim zu lassen und die Frucht mit dem Mähdrescher zu ernten. Da viele landwirtschaftliche Erzeugnisse während ihres Wachstums gespritzt werden müssen, wenn eine gute Ernte eingebracht werden soll, ist der Bauer auf die Zeiteinsparung, die eine Benützung des Mähdreschers bringt, angewiesen, damit die anderen laufenden betrieblichen Arbeiten nicht zu sehr in Rückstand kommen.

Als Folge dieser Entwicklung kam es hier vor zwei Jahren zur Stillegung einer der zwei örtlichen Dreschmaschinen. Das monotone Lied der anderen Dreschmaschine wird in diesem Jahr ebenfalls verstummen. Zum letztenmal wird sie in Betrieb sein. Nur noch wenige Tage, dann steht das Räderwerk für immer still. Der Vormarsch der Mähdrescher verringert immer mehr die Rentabilität der alten Dreschmaschinen. Damit geht ein Stück Romantik verloren. Das geschäftige Leben und Treiben beim Dreschen, die staubige heiße Luft, die den Schweiß aus allen Poren trieb, wird nur noch in der Erinnerung weiterleben.

Das Ergebnis der Ernte erfüllt in diesem Jahr nicht alle Erwartungen, obwohl bei der Aussaat durchweg hochwertiges Saatgut verwendet wurde. Die Dreschergebnisse bei der Gerste fielen allgemein mäßig aus. Der Weizen und auch das Korn dagegen bringen befriedigendere Resultate. Beim Hafer läßt sich noch nichts Bestimmtes sagen, doch lassen die Schätzungen kein Rekordergebnis erwarten. Das schlechte, regnerische Wetter der vergangenen Wochen ist die Hauptursache für diese uneinheitliche Erntebilanz. Natürlich wirken sich bis zu einem gewissen Grade auch die Bodenverhältnisse aus. Auf besonders feuchten Anbauflächen läßt das Ernteergebnis merklich zu wünschen übrig.

K.S.

Brettener Nachrichten Nr. 245, Freitag, 20. Oktober 1961

Der „grüne Dom":

Paradies für Mensch und Tier

Wald liefert wichtigen Rohstoff Holz und regelt Wasserhaushalt der Natur

In der Ebene auf der Hardt und landeinwärts auf den Hügeln und in den Tälern des Kraichgaus wird das fruchtbare Wiesen- und Ackergelände von ausgedehnten Waldgebieten unterbrochen. Sie sind grüne Inseln in der weiten Landschaft, ein Paradies für Vögel und Tiere. Für das Land und dessen Bewohner ist der Wald von unschätzbarem Wert. Durch forstliche Planbewirtschaftung und Pflege, die einheitlich den staatlichen, kommunalen wie privaten Waldbesitz umfaßt, werden diese Wälder nicht nur erhalten, sondern auch vermehrt. Diese erfüllen bedeutende Aufgaben. Neben der Erzeugung von Holz als wichtigste Funktion bieten sie den Menschen Erholung und Entspannung und regeln den Wasserhaushalt der Natur und wirken so belebend auf das Wachstum der Fluren. Der „grüne Dom Gottes", der über Jahrtausende unter Sonne und Regen gedieh, der Wind und Sturm, Eis und Schnee trotzte, ist ein Symbol ewiger Natur und ein Geschenk des Schöpfers an die Menschheit.

Jährlich gelangen in den Wäldern der engeren Heimat gewaltige Mengen des Rohstoffes Holz, die den Bedarf der heimischen Handwerksbetriebe decken und zur Versorgung der Industrie beitragen, zum Einschlag. Rotbuchen, Eichen und Kiefern sind die drei Holzarten, die mit Abstand das große Feld der diversen Hölzer anführen. Eine gewisse Rolle spielen noch Eschen und Pappeln. Die holzverarbeitende Industrie legt heute stärker denn je Wert auf qualitativ einwandfreie Ware. Diese muß im Rahmen des florierenden Wirtschaftslebens so rasch wie möglich in den Verarbeitungsprozeß geführt werden. Im Interesse des Waldbesitzers wie des Käufers müssen deshalb günstige Abfuhrverhältnisse geschaffen werden. Zum Verkauf kommendes Stammholz sollte nicht mehr am Stock liegen, denn ungerücktes Holz in abfuhrmäßig schlechter Standortlage erfordert für den Käufer zeitraubende Rückungsmaßnahmen.

Einst Pferdegepanne, heute Motorfahrzeuge

Vor Jahrzehnten wurde das Stammholz fast ausnahmslos mit Pferdegespannen den Sägewerken zugefahren. Nur bei größeren Entfernungen wurde das Holz zu der nächstgelegenen, dafür eingerichteten Bahnstation gebracht und hier auf Waggons verladen. Der technische Fortschritt brachte es mit sich, daß auch im Wald die Motorfahrzeuge weitgehendst in den Vordergrund traten und an Stelle der Pferdegespanne bzw. Waggonverfrachtung den Abtransport übernahmen. Ein Zuwarten mit dem Rücken bis zur Abwicklung der Verkaufsgeschäfte ist dem Käufer nicht zumutbar, da die Verzögerung erhebliche Verluste zur Folge hat. Bis der Käufer die Abfuhrgenehmigung in den Händen hält, wird es oft Frühjahr, der Boden ist um diese Zeit feucht, die Waldwege sind aufgeweicht und auf Wochen hinaus ist fast jede Möglichkeit der Holzabfuhr unterbunden, zumal die forstlichen Bestimmungen nur diese bei trockenen Wegen bzw. Wetter erlauben. In der Regel wird es Sommer, bis endlich Voraussetzungen bestehen, um das Holz abzufahren. Die Waldbesitzer sollen künftig ihr Nutzholz so lagern, daß der Käufer bei jeder Witterung sein Gut holen kann, denn speziell das in Masse anfallende Buchenstammholz muß bis Ende Juli spätestens eingeschnitten sein, um empfindliche Wertverluste (Verstockung) zu vermeiden. Wo kein Weganschluß vorhanden ist, sollen Einschläge unterbleiben. Auf der gleichen Linie liegen Hiebe, bei denen das geschlagene Holz über sumpfiges Gelände, Bachläufe oder unwegsame Steilhänge nur unter Schwierigkeiten gebracht werden kann. Solche ungünstige Hiebe sollten möglichst zurückgestellt werden, bis das Gelände durch Wegbau erschlossen ist. Vor Beginn eines jeden Holzeinschlages ist nicht nur zu prüfen, ob das Holz gebracht werden kann, sondern auch wie es zu fällen ist. Die Einhaltung einer geordneten Fällrichtung erleichtert Abfuhr und Aufarbeitung, da auch die anfallenden Reisholzmassen der Kronenregionen flächenmäßig geordneter aufgeräumt werden können. Immer wieder stellt man fest, daß kreuz und quer zum Hang oder Abfuhrweg gefällt wird. Die Schrumpfung des Fuhrmannsgewerbes auf der einen Seite und die Verlademöglichkeiten auf der anderen Seite zwingen dazu den Zusammenhang zwischen Fäll- und Abfuhrrichtung mehr als bisher zu beachten. Selbstverständlich muß das Holzfällen so durchgeführt werden, daß keine Voraussetzungen für Windfälle und eventuelle Sturmschäden gegeben sind.

Freie Bahn für Holzabfuhr

Die im Kraichgau in den vergangenen Jahrzehnten unterlassenen Weg- und Straßeninvestierungen, und zwar vorwiegend beim kom-

DIE RICHTIGE LAGERUNG des Stammholzes ist für die Holzabfuhr sehr wichtig.

munalen und privaten Waldbesitz, schlagen sich einnahmemäßig negativ zu Buch. Die schon vielfach vom Waldbesitzer angewandte Form des waldgerechten Rückens, indem die Stämme meist mit dem Stammfuß voraus senkrecht oder in leichter Verbesserung schräg zum Waldweg gezogen werden, muß als Übergang zur Lkw-fähigen Lagerung des Stammholzes gelten. Das waldgerechte Rücken brachte für den Forst den Vorteil der bequemeren Numeration durch den Betriebsbeamten und für den Käufer eine leichtere Kontrolle bei der Übernahme und der Abfuhrüberwachung. Schlecht liegende ungerückte Stücke werden von den Fuhrleuten gerne liegen gelassen. Für die Abfuhr bedeutet dieses Rücken keine wesentliche Verbesserung, weil jeder Stamm vor dem Laden erst aus dem Bestand und vielfach den Weg entlang gezogen werden muß, damit eine Fuhre geladen werden kann. Fortschrittlicher und vorteilhafter ist das Herausziehen der Stämme mit Längslagerung entlang der Wege. Werden dabei die Stämme einzeln wegslängs gelagert, ist für den Fuhrmann mit Pferdegespann nicht viel und für den Fahrer des Großtransportes noch weniger gewonnen, da sie die Einzelstücke erst zu einer Ladung zusammenziehen müssen. Dieses Zusammenziehen geschieht dann meistens wenig wegpfleglich. Es sollte deshalb bei der Weglängslagerung die Zusammenlage mehrerer Stämme angestrebt werden. Der Fuhrmann bzw. Lkw-Transporteur muß dann zwar mehrmals sein Ladegerät umstellen, braucht aber nicht mehr zusammen zu schleifen. Die befriedigende Lösung für die Zukunft wird in jedem Fall nur die autoverladbare Lagerung sein. Bei unmittelbarem Forststraßenanschluß wird das Holz nebeneinander gelagert — die Stammfüße in die Abfuhrrichtung weisend — weglängs gezogen und zwar in Mengengrößen, die als Untergrenze die Normalmenge ein Lkw-Ladung erreichen sollte. Fehlen unmittelbare Forststraßen oder lassen die vorhandenen Erdwege einen Lkw-Abtransport nicht oder nur zeitweise zu, muß das Holz an autobefahrbare Straßen, Wege oder Lagerplätze vorgefahren werden. Bei wertvollem Holz, das vom Käufer zwecks Qualitätskontrolle vor dem Verkauf besichtigt wird, ist die Polterung nicht möglich, sondern muß die Nebeneinanderlagerung Platz greifen.

K. S.

Bruchsaler Rundschau Nr. 256 vom 3. November 1961

Ubstadter Verkehrsprobleme:

Straßenbauprogramm wird realisiert

Gesamtes Ortsnetz in der Planung – Vorhaben auch zur Verschönerung des Dorfbildes

Ubstadt. Die Verkehrsmahnung „Straßenbauarbeiten — Langsam fahren" ist den Ubstadtern wohl bekannt. Seit Wochen gehört dieser Hinweis zum gewohnten Bild im örtlichen Verkehrsschilderwald. Für die aufstrebende Gemeinde vor den Toren Bruchsals ist das ein Beweis eines tatkräftigen Aufbauwillens. Die für das Jahr 1961 aufgebrachten Investierungen für den Straßenbau sind beträchtlich. Da der Zustand vieler Straßen im Hinblick auf die Verkehrssicherheit manche Wünsche offen läßt, können die für diesen Zweck bereitgestellten Mittel nie zu hoch sein. Von erfreulichem Ausmaß war hier die auf diesem Gebiet in den vergangenen Monaten erkennbare Initiative. Das geplante Straßenbauprogramm umfaßt die gesamte Anlage des örtlichen Straßennetzes.

Unter dem Leitgedanken „Verkehrssicherheit für alle" wurde bis jetzt Beachtliches geleistet. Die mit diesen Baumaßnahmen angestrebte Verschönerung des Dorfbildes ließ sich ebenfalls erreichen. Die Bilanz der bis jetzt verwirklichten Aufgaben ist günstig und berechtigt zu der Annahme, daß das aufgestellte Programm eine termingerechte Erledigung erfährt. Alle in Aussicht genommenen Veränderungen im Straßennetz konnten teilweise bereits zum Abschluß gebracht werden bzw. befinden sich in der Ausführung. Die auf Orts-, Kreis- und Landesebene geplanten Vorhaben sind soweit verwirklicht. Als letztes Projekt dieser für das laufende Jahr vorgesehenen Arbeiten wird gegenwärtig der auf Bundesplanung ausgeschriebene Ausbau der Bruchsaler Straße, Teilabschnitt der Bundesstraße 3, realisiert. Nach städtebaulichen Erkenntnissen werden hier neue Gehwege angelegt. Ferner wird die Straße mit Randsteinen begrenzt und die Kurve zwischen Schulhaus und Kirche, soweit technisch möglich, verkehrssicher ausgebaut. Weiter wird die Brücke über den Kraichbach verbreitert und die Straßenabzweigung nach Unteröwisheim übersichtlich gestaltet.

Die von der Gemeinde zu betreuenden Ortsstraßen erhielten in den zurückliegenden Wochen, sofern es sich nicht um Straßen handelte, die erst in den letzten Jahren im Zug der Erschließung bzw. Erstellung von Neubaugebieten angelegt und ausgebaut wurden, durchweg neue Teerdecken. Neben der Instandsetzung der gemeindeeigenen Straßen erfolgte auch der Ausbau der Weiherer Straße. Diese wurde verbreitert und durchgehend mit einem geteerten Gehsteig versehen. Die Kurve beim Sportplatz erhielt eine geschwungene Führung und diese Stelle ist nun weniger gefährlich für den Verkehr. Die vorhandenen Unebenheiten wurden ausgeglichen und die Straße auf beiden Seiten mit Randsteinen gesäumt. In der Länge ihrer Führung durch die Siedlung, dem neuen Wohnbaugebiet beim Hauptbahnhof, wurde die Straße außerdem auf der nördlichen Seite so ausgespart, daß zwischen Straßenführung und Gehweg ein Parkstreifen entstand.

Die vom Land in Auftrag gegebene Instandsetzung der Landstraße Ubstadt—Unteröwisheim ist in ihrem für 1961 geplanten ersten Abschnitt bald fertig. Um eine möglichst sichere Verkehrsabwicklung zu erlangen, war es beim Ausbau dieser Straße erforderlich, diese teilweise zu begradigen. In ihrem alten Zustand war die Straße abschüssig und in ihrem Verlauf sehr wellig und unregelmäßig. Zur Einschränkung der Gefahrenzone wurde die Straße teilweise über einen Meter höhergelegt und mit weißen Begrenzungssteinen versehen. Um den hier starken Verkehr einerseits durch landwirtschaftliche Fahrzeuge nicht einschneidend zu behindern und andererseits einen Zugang zu dem angrenzenden Ackergelände zu erhalten, wird parallel zur ausgebauten Strecke ein weiterer Weg für die Landwirtschaft gebaut. Dies wäre allerdings zu vermeiden gewesen, wenn die ursprünglichen Erhöhungen der Straße abgehoben worden wären. Die Kosten für die Aufschüttung hätte man sparen können. Ohne Schwierigkeiten hätte die Linienführung so vorgenommen werden können, daß die Straße in ihrer gesamten Länge auf gleiche Höhe mit den angrenzenden Feldgrundstücken zu liegen gekommen wäre. Auf jeden Fall wäre es zweckmäßiger gewesen, die Straße nicht nur auszubauen, sondern auch wesentlich zu verbreitern. Durch den zusätzlichen Feldweg wurde mehr Land benötigt als für eine breitere Fahrbahn, die den Verkehrsanforderungen mehr entsprochen hätte. Zu bemängeln ist auch der Ausbau der Kurve beim Feldkreuz an der Abzweigung des Heidelsheimer Wegs. Es wäre ein leichtes gewesen, die Straße hier ganz zu begradigen.

In diesem Zusammenhang sei erwähnt, daß die uralte Straße des Kraichbachtals 1871 zur Landstraße erhoben wurde. Das hierzu erforderliche Gelände stellten damals die Gemeinden Ubstadt, Unteröwisheim, Münzesheim, Oberacker, Gochsheim und Flehingen unentgeltlich zur Verfügung. Die Baukosten beliefen sich seinerzeit auf 5000 Gulden, die zu einem Viertel von den Gemeinden aufgebracht werden mußten. K. S.

Bruchsaler Rundschau vom 11. November 1961

Die Post ist angesprochen

Ubstadter Bevölkerung wünscht in Bälde öffentliche Fernsprechstelle

Ubstadt. Mit der Hebung des Lebensstandardes stiegen auch die Ansprüche. Vieles, was früher bei der dörflichen Gemeinschaft wohl erwünscht, aber nicht unbedingt erforderlich war, ist heute unerläßlich. Bei einer so bedeutsamen Umschichtung in der Gegenwart sind im Anfangsstadium Mängel nicht zu vermeiden. Alle Erfordernisse und Wünsche lassen sich nicht immer gleich berücksichtigen. Im Interesse aller Beteiligten muß es aber liegen, sobald die Verhältnisse es erlauben, unverzüglich Abhilfe zu schaffen. In örtlicher Sicht ist ein unzeitgemäßes Übel zu vermerken.

Dringend notwendig ist die Beseitigung eines postalischen Mißstandes, der hier besteht. Es fehlt an einer Möglichkeit, auch dann Telefongespräche zu führen, wenn die Poststelle geschlossen ist, ohne Ubstadter Privatpersonen, die über einen Anschluß verfügen, belästigen zu müssen. Die Einrichtung einer Fernsprechzelle, die bei Tag und Nacht benützt werden kann, entspricht einem allgemeinen Wunsch der Einwohnerschaft. Für eine Gemeinde in der Größe von Ubstadt mit rund 2200 Einwohnern ist die Anlage einer öffentlichen Fernsprechzelle im Ortsgebiet fürwahr kein Luxus. Die Erfüllung dieses Wunsches der Ubstadter Bevölkerung sollte möglichst bald erfolgen. Wie oft wurde von einer Familie nachts ein Arzt benötigt, und mancher Einwohner verdankt seine Gesundung nur dem glücklichen Umstand, daß er umgehend ärztliche Hilfe erhielt. Auch mancher Bauer mußte nachts schon überraschend den Veterinär anrufen, da dieser für das kranke Vieh die letzte Rettung ist. Die Frage, an welchem Platz die öffentliche Fernsprechzelle errichtet werden soll, kann in Zusammenarbeit von Post und Gemeinde geklärt werden. K. S.

Zum Nutzen der Dorfgemeinschaft:

Ubstadt nahm erfreuliche Entwicklung

In der Landwirtschaft ist die Flurbereinigung nicht aufzuhalten – Gebot der Stunde

Ubstadt. Seit einem Jahrzehnt steht Ubstadt in einem beachtlichen Entwicklungsprozeß. Der rein landwirtschaftliche Charakter früherer Zeit ging Stufe um Stufe zurück. Mit dem Einzug der Industrie ergaben sich neue Möglichkeiten zur Entfaltung des Schaffensdranges der Bevölkerung. Der Strukturwandel wirkte sich auf die Belange der dörflichen Gemeinschaft belebend aus und die günstige Verkehrslage von Ubstadt kam der wirtschaftlichen Expansion entgegen. Das harmonische Zusammenwirken der gestalterischen Kräfte förderte zudem die Erstarkung auf breiter Ebene. Handel und Gewerbe sind heute gut fundamentiert, und die sozialen Verhältnisse der Einwohner sind unserer Zeit angepaßt. Innerhalb des Kreisgebietes nimmt Ubstadt nun einen bedeutenden Platz ein, was auch im kulturellen und sportlichen Bereich seinen Niederschlag fand.

Das Herauswachsen aus der Agrarwirtschaft der Vergangenheit führte nicht zur Erlahmung des bodenständigen Gedankens, sondern zur Straffung auf diesem Gebiet. Die existenzbedingte Erneuerung, das ständige Bemühen um eine produktive Eigenständigkeit, ließ die bäuerliche Substanz in neuer Form wieder zu einem wesentlichen Faktor des örtlichen Gefüges werden. Ein zeitnaher Geist hielt Einzug. Noch ist aber die Umschichtung nicht beendet. Durch die Parzellenwirtschaft sind Schranken aufgerichtet, die einer Rentabilität nur geringen Vorschub leisten. Die Umstellung auf moderne Bodenbestellung und die damit verbundene maschinelle Erweiterung des Geräteparks ist zwar ein Fortschritt, der dem Ziel einer konkurrenzfähigen Leistung und Unabhängigkeit bedeutend näherkommt, auf die Dauer hält aber dieser augenblickliche Zustand, einer Krise, die von der Lage des Weltmarktes möglicherweise verursacht und beeinflußt werden könnte, nicht stand. Die hohe Aufgabe der Zukunft auf dem landwirtschaftlichen Sektor ist daher die Flurbereinigung. Jeder Landwirt wird gezwungen sein, wenn im dörflichen Leben und darüber hinaus der bäuerliche Stand auf gesunder Basis sich erhalten soll, die Zusammenlegung der von ihm bewirtschafteten Flächen anzustreben. Mit der Anschaffung von Zugmaschinen, Mähdreschern usw. hat der einzelne bereits unbewußt in diesem Sinne gehandelt. Die noch vorherrschenden veralterten Anschauungen wie z. B. gute Äcker gegen schlechte Grundstücke eingetauscht zu bekommen, dürfen im Interesse der Gesunderhaltung der Betriebe und der Volksernährung keine unüberbrückbare Schwierigkeiten mehr darstellen. Die Gemeinde ist neben dem Forcieren aller Wirtschaftszweige besonders tatkräftig für Ausbau und Anhebung der Landwirtschaft eingetreten. Die heutige Zeit stellt an Volk und Staat Forderungen, die eine Diskordanz der dörflichen Gemeinschaft nicht zuläßt. Das Wirken innerhalb der gesellschaftlichen Ordnung vollzieht sich unter der Voraussetzung, daß das schöpferische Element keine Unterdrückung erfährt. Ein Stillstand im produzierenden Ablauf würde den jahrelangen Aufbau einer Belastung aussetzen, die das durch Fleiß und Arbeitsfreudigkeit mühevoll Erreichte wieder zunichte machen könnte.

Feldwegausbau hat Vorrang

In der tiefen Verbundenheit zu Volk und Heimat wurzelt die Anteilnahme der Bürger am dörflichen Geschehen. Aus dieser Verbundenheit heraus sehen Mann und Frau ihre Aufgabe darin, eine gesunde Entwicklung der Gemeinde zu erstreben. Auf dieser Tendenz beruht der Anlaß zur Aufforstung von für landwirtschaftliche Nutzung ungeeigneter Flächen wie auch die Zuführung unrentablen Geländes in eine für den Gemeindehaushalt positive Privatbewirtschaftung. So entstand im vergangenen Jahrzehnt im Gewann Bruch der Hof „Marienau“ und auf der Gemarkung Erle der „Erlenhof“. Die von der Bevölkerung mitgetragene Verantwortung für das Wohl der Gemeinde und ihrer Wirtschafts- und Kulturträger brachte als Vorstufe der landwirtschaftlichen Neugestaltung, die in der noch ausstehenden Flurbereinigung ihre Vervollkommnung sieht, die Erkenntnis, daß rationelle Feldbewirtschaftung meist auch eine Frage des Zustandes der Zufahrtswege ist. Zur Zeit, als überwiegend Pferde- oder Kuhgespanne die Feldarbeit verrichteten, konnte das herkömmliche, mit Schotter eingedeckte Feldwegnetz seiner Aufgabe wohl genügen. Heute, im Zeitalter der Technik, die auch von der Landwirtschaft Besitz ergriffen hat, sind solche Feldwege dem motorisierten landwirtschaftlichen Verkehr nicht mehr gewachsen. Sie werden mehr oder weniger zuschanden gefahren, ihre schwache Schotterdecke hält die Belastung der starken Zugmaschinen nicht aus und es passiert oft genug, daß ein Traktor in dem Morast aufgeweichter Wege steckenbleibt, Deshalb fordert die zunehmende Motorisierung ein Wegenetz, das den maschinellen Einsatz voll wirksam werden läßt und die Voraussetzung für die Rationalisierung der bäuerlichen Betriebe schafft. Die ideale Lösung stellen die Betonstraßen dar. Von den zuständigen Körperschaften wird deshalb immer mehr zur Anlage von betonierten Feldwegen übergegangen, da sich diese am zweckmäßigsten erwiesen haben. Auch in Ubstadt ist man mit der Zeit gegangen und hat bereits zwei durch die Feldmark führende Hauptwege nach diesen Erfahrungen ausgebaut. Der Heidelsheimer Weg, der als erster befestigt wurde, erhielt eine Teerdecke. Das zweite Projekt, der zum Wald führende Oberzeuterner Weg, wurde dagegen betoniert. Den Gemeinden würde der Entschluß zum Bau von betonierten Feldwegen sicher leichter fallen, wenn staatlicherseits die Mittel reichlicher fließen würden. Die im Rahmen des „Grünen Plans" für diesen Zweck bereitgestellten Finanzen reichen lange nicht aus, um in absehbarer Zeit ein lückenloses Feldwegnetz zu schaffen, das allen Anforderungen gerecht wird. Nur die Flurbereinigung schafft eine beschleunigte Beseitigung dieses Problems, da im Zuge dieser Maßnahme auch alle Feldwege neu angelegt, verbreitert und befestigt werden. Bedenkt man den Nutzen der Flurbereinigung für die Landwirtschaft, so kann man nur hoffen und wünschen, daß dieses Vorhaben auch bald in Ubstadt verwirklicht wird. Die Gegner derselben werden schon eines Besseren belehrt, wenn ihnen die Vorteile greifbar vor Augen geführt werden.

Für die Zukunft muß die Verbesserung der ökonomischen Verhältnisse weiter vordringlich bleiben. Die maßgebenden Männer des Dorfes dürfen aber daneben die fortschrittliche Gestaltung und die aufstrebende Entwicklung nicht behindern. Das in Einklang bringen der pulsierenden Kräfte einer Industrie-, Arbeiter- und Bauernsiedlung zum Wohle der Allgemeinheit ist die ehregebührende Tätigkeit jedes verantwortungsbewußten Ubstadter Gemeindeparlaments. Die Männer, die heute an der Spitze der Gemeinde stehen, sind dieser Aufgabe gewachsen. Weitsicht und Entschlußkraft sind mit die hervorragendsten Merkmale, die sie auszeichnen.

K.S.

Bruchsaler Rundschau Nr. 121 vom 25. Mai 1962

Nistplätze für die Vogelwelt

Bei Flurbereinigungen Bäume, Hecken und Sträucher erhalten

Ubstadt. Die schönen Frühlingstage laden zu Wanderungen ein. Auf den Gemarkungen zeigten sich bei der Pflanzenwelt die ersten jungen Triebe, und die Bäume setzten Knospen an. Ein emsiges Getue herrscht in der Vogelwelt. Die wärmenden Sonnenstrahlen weckten die übermütige Lebensfreude der gefiederten Sänger. Aus dem fernen Süden, wohin sie sich vor dem Winter flüchteten, kehrten sie in die vertrauten Gefilde der heimischen Wälder und Fluren zurück. Die Natur befindet sich wieder im Aufbruch.

Der naturverbundene Spaziergänger empfindet bei einem erholsamen Gang durch die Fluren die ganze Schönheit der Landschaft. Der Wanderer ist tiefbeeindruckt von dem Hauch der Arbeit, der über den Fluren liegt. Aber die Weite ohne Baum und Strauch stimmt bedenklich; er denkt an Flurbereinigung. Diese, ein Segen für die Landwirtschaft, ist eine Maßnahme, die allgemein befürwortet werden sollte. Die Art ihrer Verwirklichung erzeugt nicht selten ein bitteres Gefühl, da nach der Umlegung die Gewanne oft einen trostlosen Anblick bieten. Wie ein Teppich breitet sich danach das Land aus. Vorher lockerte ein reicher Baumbestand die Fluren auf, und da und dort war zur Belebung ein mit Hecken und Sträuchern bewachsener Rain zu sehen. Wo früher ein munteres Vogellied zu hören war und die gefiederten Sänger Jagd auf Insekten machten, herrscht nun Ruhe. Der maschinellen Bearbeitung des Bodens kommt dieses baum- und strauchlose Gelände entgegen. Es darf allerdings nicht dazu führen, daß ganze Gewanne vom Baum- und Strauchbestand kahlgeschlagen werden. Die bisherigen Grundstückszusammenlegungen bestätigen vielfach diese Feststellung. In diesen Revieren wird so der Vogelwelt jede Nistgelegenheit genommen. In den Gärten am Rand des Dorfes oder draußen auf den Hügeln stehen noch viele Kirsch- und Nußbäume. Auch entlang der Straßen, wo alte Veteranen von Birn- und Apfelbäumen ihren Standort haben, und entlang des Bachlaufes, der von Weiden, Erlen und Pappeln besäumt ist, finden sich die für Meisen und Finken beglückenden Tummelplätze. Die durch fremde Einflüsse hervorgerufenen Veränderungen im Haushalt der Natur gehen letzten Endes auf Kosten der Menschen. Immer mehr Schädlinge und Krankheiten treten auf.

Ein Gebot der Stunde ist es, an geeigneten Plätzen der Gemarkung Vogelhecken anzulegen und entlang der Feldwege Bäume zu pflanzen. Ein geringerer Ertrag von dem schmalen Streifen Gelände entlang des Weges, an dem die Bäume stehen, wird durch die Aufsicht über die anderen Flächen, die die natür-

Sträucher und Bäume an den Bachufern sind für die Vogelwelt wahre Paradiese. Am idyllischen Plätzchen an der Kraichbachschleuse bei der ehemaligen Hammerschmiede in Ubstadt ist im Frühjahr und Sommer der fröhliche Gesang der gefiederten Sänger bis in die Nacht hinein zu hören. Foto: K. Serden

lichen Feinde aller Schädlinge, die Vögel, ausüben, ausgeglichen. Im Kampf gegen die Schädlinge haben wir dadurch nicht nur im vermehrten Maße Verbündete, die selbstlos mithelfen, sondern auch ungetrübte Freude an dem fröhlichen Treiben dieser dankbarsten Freunde der Menschen. Ein nicht zu verkennender weiterer Vorzug eines im Felde stehenden Baumes ist der Schatten, den dieser im Sommer an heißen Tagen spendet. Wer auf dem Feld tagsüber arbeitet und zur Essenszeit die Kühle unter einer Baumkrone aufsuchen kann, der findet dies wohltuend und erholend.

Eine Wanderung ins Grüne wirft Probleme auf. Als Fazit der Betrachtung ergibt sich, die Schönheit der Landschaft zu erhalten, eine Aufgabe, die jeden einzelnen anspricht. K. S.

Bruchsaler Rundschau Nr. 175, Montag, 30. Juli 1962

Unbekannte schöne Heimat:

Der Kraichgau — landschaftliches Juwel

Das üppige Wachstum mutet wie ein „wahrer Gottesgarten" an – Fülle von Erholungsmöglichkeiten

Es gibt Landschaften, mit denen es die Schöpfung besonders gut meinte. Ein solches Juwel von reizvoller, malerischer, unaufdringlicher Schönheit ist der Kraichgau. Wie ein riesiger Park dehnt sich das reiche und gesegnete Land, dessen Untergrund aus Buntsandstein, Muschelkalk und verschiedenen Keuperformationen besteht, mit seinen Hügeln und Tälern zwischen Schwarzwald und Odenwald aus. Der Wechsel der Fluren offenbart eine wohltuende Harmonie. Bewaldete Hügelkuppen, farbige Ackerbreiten an den Hängen und satte Wiesengründe geben diesem Gebiet das besondere Gepräge.

Die Landschaft der sanft gerundeten Hügel ist des Kennenlernens wert. In den windgeschützten Mulden, die einen reichen Baumbestand aufweisen, reifen herrliche Früchte und an den Südhängen und auf den Höhen am Übergang in die Rheinebene dehnen sich sonnige Weinberge, die den königlichen Riesling, den mannhaften Ruländer, den edlen Burgunder, den bekömmlichen Müller-Thurgau und den erlesenen Muskateller tragen und dem Kraichgau heute wie früher, als die Römer hier siedelten, einen bevorzugten Ruf geben, ja ihn quasi adeln.

Reminiszenzen berühmter Männer

Die Reize des Kraichgaues, schon vor Jahrhunderten gepriesen, wurden erst in neuerer Zeit richtig entdeckt. Weitgereiste Männer sind entzückt von der Lieblichkeit dieses Terrains, dessen milder Zauber nach dem Historiker Willy Andreas „so leicht gegenüber der kraftvolleren, herberen Schönheit des Schwarzwaldes oder des Odenwaldes unterschätzt werde". Der bedeutende Reformator David Chyträus (gestorben 25. 6. 1600) erklärte 1555 im fernen Rostock in einer Rede über „Das Kraichgau und seine Bewohner" vor einer aufmerksamen Zuhörerschaft: „Außerdem ist der Kraichgau mit Weinbergen, Äckern, Wiesen und Wäldern so reich gesegnet, daß es nicht nur den Menschen und Tieren zu ihrem Leben das Notwendige darreicht, sondern daß auch die Gegend, im großen und ganzen, wie ein lieblicher Garten dem Beschauer viel Genuß und Ergötzen bereitet."

Ein toskanisches Land

Die Reiseschriftsteller früherer Generationen behandelten den Kraichgau ziemlich oberflächlich. Erst mit der Epoche der Verkehrserschließung und des Bahnbaues trat dann eine nennenswerte Wandlung ein, denn nun war damit zu rechnen, daß von den jetzt zahlreicher gewordenen Reisenden die Angaben kritisiert und korrigiert werden konnten. Ein 1857 neu aufgelegter Reiseführer (Heunisch/Baden) behandelt entgegen früherer Einstufung den Kraichgau weit intensiver. Ohne jedoch die Seele der Landschaft zu erfassen, bemerkt der Herausgeber über die Kraichgauhügel: „Sie bieten Interessantes, als die Löss- und Keuper- und Muschelkalkformationen viele Gebilde der Urzeit einschließen. Sie gehören zu einem gesegneten Landstrich, haben einen eigentümlichen Reiz und viel Liebliches, ohne großartige Partien zu bieten ..." Gewichtig dagegen sind die Worte des modernen Geographen Friedrich Metz, dessen Urteil stellvertretend für alle weiteren Äußerungen über den Kraichgau gelten möge: „Wenn sich im August die hellen, oft mit Reben bestandenen Lösswände vom blauen, wolkenlosen Himmel scharf abheben, möchte man fast geneigt sein, diese Landschaft mit einer toskanischen zu vergleichen".

Lösshohlwege typisches Merkmal

Der Quellenreichtum ist mit die Voraussetzung für die Fruchtbarkeit des Landes. Aus „felsigem Keller" steigt so manches Labsal bringendes Brünnlein empor und am Fuße der Hügel eilt nicht selten ein Wässerlein murmelnd den Bächen zu, die in jeder größeren Talsenke bedächtig dahin meandrieren. Einer dieser Bäche trägt den Namen des Landes, der Kraichbach. Und wie der Kraichgau ein „Lehmgau", so ist der Kraichbach ein „Lehmbach". Dies erklären die Sprachforscher, die sich mit der Herkunft der Bezeichnung befaßten. Nach Regentagen ist das Wasser des Kraichbaches immer braungelb getönt. Die Farbe kommt von dem lehmigen Löss, den er auf seiner Reise vom Kraichsee bei Derdingen bis in die Rheinebene mitnimmt. Die Hohlwege verdanken ihre Entstehung zum größten Teil der nagenden und schwemmenden Kraft des Wassers. Bei jedem starken Regenguß wurde ein Teil der meterhohen Lössdecke fortgerissen. Das übrige besorgten die Räder der Karren und Fuhrwerke, die sich von Jahrhundert zu Jahrhundert immer tiefer einfraßen. Nicht selten gibt es Steilwände, die bis zu zehn Meter zu beiden Seiten solcher Hohlwege heute emporragen.

Der Kraichgau ist ein Dorado vieler idyllischer Winkel und Plätze. Wer dieses Land durchfährt, wird beeindruckt sein von dem, was sich dem Auge darbietet, obwohl die Struktur mit seiner der Ebene verhafteten Eigenart im allgemeinen keinerlei Aufhebens macht. Und wer etwas abseits geht, die Straßen verläßt und auf Schusters Rappen umsattelt, um sich auf stillen Pfaden Gesundheit und echte Lebensfreude zu erwandern, der wird dieses Land lieben lernen. Er findet eine friedvolle, ursprüngliche Natur, in der Vergangenes und Gegenwärtiges erhaben nebeneinander regiert; und er erkennt, daß diese Landschaft, die aus ihrer Zugehörigkeit zu einem Flachland kennzeichnende Züge gewinnt, geradezu sprichwörtlich reizvoll ist. Allerdings ist auch die Tektonik der vom Rhein und Neckar begrenzenden Bodenfläche an dem Reichtum der wechselnden Eindrücke beteiligt, die einem da zuteil werden. Der Steinsberg bei Sinsheim oder die Ravensburg unweit von Eppingen, um aus einer Vielheit der Aspekte nur diese beiden zu nennen, machen landschaftliche Szenerien von zauberhafter Beredtheit aus. K.S.

Ans Vaterland, ans teure, schließ dich an,
das halte fest mit deinem ganzen Herzen.
Hier sind die starken Wurzeln deiner Kraft.

Schiller (1759–1805)

Bruchsaler Rundschau vom 6. Oktober 1962

Ein Stück Heimatgeschichte:

„Hochzeitsfeier" auf Schloß Dilsberg

Das Schicksal der Kraichgau-Grafentochter – Sage vom Kloster Wigoldsberg

Odenheim. Die reiche Historie Odenheims, das 769 erstmals urkundlich erwähnt wird, findet beim kommenden Heimatfest eine repräsentative Würdigung. Aus diesem Anlaß steht auch das ehemalige Benediktinerkloster Wigoldsberg im Mittelpunkt. Die wechselvolle Geschichte des Stiftes Odenheim reicht bis in die Glanzzeit der Salier zurück, die auch für Bruchsals Königshöfe eine entscheidende Rolle spielten.

Die deutschen Kaiser wie Karl der Große (768—814) setzten für größere Gebiete (Kammergüter) Statthalter ein, die zu Grafen und danach zu Herzögen erhoben wurden. Diesen königlichen Statthaltern unterstanden die Gaugrafen, die oftmals zu gleicher Zeit verschiedenen Gauen vorstanden. Im Jahrhundert der Gründung des Klosters Odenheim besaßen die Grafen von Lauffen die Kastenvogtei des Kraich-, Elsenz- und Enzgaues. Um das Jahr 1100 wird ein Graf Bruno von Lauffen als Vorstand genannt. Ursprünglich war Lauffen am Neckar der Stammsitz dieses Adelsgeschlechts, später residierten sie auf dem Dilsberg (Dilighesberg) bei Neckargemünd. Die Linie starb im Mannesgeschlecht 1219 aus. Ein Enkel von Graf Bruno, Poppo III. von Lauffen, Nachfolger seines Oheims in der Kraichgaugrafenwürde — bekannt auch als Graf von Bredeheim (Bretten) — gründete mit seinem Bruder Bruno II., der erst Domprobst zu Trier und Speyer und zuletzt Erzbischof von Trier (1102—1124) war, um 1120 im Todesjahr seiner Mutter Adelheid, am südwestlichen Höhenauslauf des Wigoldsberges, wie der Eichelberg mit dem Kapellenberg damals benannt wurde, etwa zwei Kilometer nordöstlich von dem Marktflecken Odenheim, die Benediktinerabtei Wigoldsberg. Kaiser Heinrich V. bestätigte am 5. März 1122 die Klostergründung. An die Gründung des Klosters knüpft sich eine eigenartige Sage. Derzufolge verdankt die Abtei ihre Stiftung einem trauernden Vater. In einer längst vergessenen Romanze wird dieses aufwühlende Schicksal besungen.

Vielumworbene Ritterbu..

„Auf Schloß Dilsberg bei Neckargemünd war Graf Bruno von Lauffen Burgherr. Er stand dem Kraich-, Enz- und Elsenzgau vor, galt als ein mächtiger Herr, und seine Burg wurde viel umworben, auch von jungen Rittern, denn der Gaugraf besaß ein schönes, sanftes Töchterlein, des Vaters Stolz und Freude. De gefiel ein edler Herzog vor allen, und der Vater war zufrieden, daß sich die beiden Treue gelobten. Doch der Herzog mußte zu Krieg und Fehde ziehen und vergaß, was er dem Fräulein geschworen. Des Grafen Töchterlein netzte den Spinnrocken mit mancher Zähre, es wurde blässer und blässer und legte sich hin zum Sterben. Der Graf befahl nun den Herzog zur Hochzeit der jungen Gräfin zu laden. Und wie der Bote dem Herzog die Einladung überbrachte, staunte ihn dieser an und antwortete: „Ich werde kommen."

„Miserere nobis" erklang es

In der dritten Nacht erglänzt das Schloß im Fackelschein und der Herzog erschien hoch zu Roß als Hochzeitsgast. Der Burgherr empfängt ihn feierlich, führte ihn zum Saale. o viele schwarzgekleidete Männer stumm die Eintretenden begrüßten. Befremdet fragte der Herzog um die Ursache des sonderbaren Gebarens, doch bevor er Antwort erhielt, schlug die Mitternachtsstunde. Ein Grabgesang von Frauenlippen ertönte, die Türe öffnete sich, Frauen traten paarweise herein, eine Bahre mit sich führend. Auf derselben lag bräutlich geschmückt das bleiche Grafenkind. Männer und Frauen streuten ihr Blumen. So bleich wie sie, mit gesträubtem Haare, stand der Treulose, das Blut gerann ihm in den Adern.

Der Graf ergriff ihn mit eiserner Faust:

„Nun Herzog, auf zum Tanze!
Siehst du die Braut im Festgewand,
In ihrem Hochzeitskranze?
Spielt auf, ihr Leute, nun beginnt
Der frohste Hochzeitsreigen:
Der Bräut'gam wird mit meinem Kind
Ins kühle Brautbett steigen."

Wilder Wahnsinn umfing den Herzog, wie von Furien verfolgt eilte er aus dem Saal. Bis zur Zinne des Bergfriedes gelangte er unbewußt in eiligem Lauf. Die Sterbelieder drangen zu ihm hinauf, er stand, bis die Bahre in der Kapelle verschwand, vom Sturme umbraust auf der höchsten Zinne. Jetzt stürzte er sich in die Tiefe, sein Leib zerschellte im Abgrund. „Miserere nobis" klang es aus der Kapelle — „Miserere nobis" klang es auch in der folgenden Nacht, als man den Bräutigam zur Braut ins kühle Brautbett senkte. Graf Bruno von Lauffen barg seinen Gram im selbstgestifteten Kloster Odenheim. Die Grafschaft ging an seinen Bruder über. Im ewigen Wechsel von Leid und Lust, anvertraut den Lüften aus geheimnisvoller Vorzeit, blieb die Erzählung von der schönen Grafentochter der heutigen Umwelt erhalten.

Turm einziges Klosterrelikt

Dem Zug der Zeit folgend, wohl auch zur Erweiterung der Annehmlichkeiten ihrer Lebensweise und in Erkenntnis bevorstehender schwerer kriegerischer Ereignisse, ließen die Mönche das Kloster in ein unmittelbares freies Reichsritterstift, ein weltliches Kollegiat umwandeln. 1507 siedelten die „freiadeligen Chorherren“ von ihrem einsamen Kloster nach Bruchsal über. Die verlassene Abtei wurde verpachtet, jedoch bereits wenige Jahre später im Bauernkrieg teilweise und im Dreißigjährigen Krieg zu einem erheblichen Teil niedergebrannt. Mit der Verweltlichung des geistlichen Besitztums zu Beginn des 19. Jahrhunderts findet das Ritterstift sein Ende. Es verblieben das vom badischen Staat verpachtete Hofgut Stifterhof, ein Flankierungsturm als letzte Relikt des Klosters Wigoldsberg und die Flurnamen, die auch späteren Generationen darüber Kunde geben werden. K. S.

Bruchsaler Rundschau Nr. 41, Montag, 18. Februar 1963

Ein Dorf wandelte sein Gesicht:

Ubstadt — fortschrittliche Landgemeinde

Schulhausneubau begonnen – Ortskanalisation zur Hälfte fertig – Gute Entwicklung der Wirtschaft

Ubstadt. Auf traditionsreichem Boden erbaut steht Ubstadt, dessen Bewohner von einem fortschrittlichen Geist und tiefer Heimatliebe erfüllt sind, heute im Kreis der Landgemeinden mit an vorderster Stelle. Die Bilanz über die geleistete Arbeit in der zurückliegenden Zeit weist eine respektable Entwicklung auf. Arbeiten und Maßnahmen im Auf- und Ausbau des Ortes dienten der Verbesserung der Lebensverhältnisse und der Dorfverschönerung und entsprechen der Würde einer modernen Wohngemeinschaft. Die enormen Leistungen geben aber auch Zeugnis von der Verantwortung der von der Bürgerschaft ins Gemeindeparlament gewählten Vertreter.

Im Vordergrund der vielschichtigen Gemeindeaufgaben steht der Bau eines neuen Schulhauses im Gewann „Hofäcker“. Nach gründlicher und sorgfältiger Vorbereitung trat die Planung im vergangenen Jahr in das Stadium der Verwirklichung. Im Juli 1962 erfolgte der erste Spatenstich. Es ist das bedeutungsvollste und kostspieligste Projekt, das die Gemeinde nach 1945 neben der bereits abgeschlossenen Wasserversorgung und der zur Zeit in der Ausführung befindenden Kanalisation in Angriff nahm. Der Bau wird von dem Eppinger Unternehmen Willi Zaiß ausgeführt. Die Bauleitung hat Architekt Kaufmann, Karlsruhe, nach dessen Entwurf, der bei einem ausgeschriebenen Wettbewerb 1961 den ersten Preis erhielt, die neue Schulanlage erstellt wird. Die Arbeiten sind schon weit vorangeschritten. Das Mauerwerk wächst empor, und die ersten Konturen des Gebäudes lassen sich bereits erkennen. Mit der Fertigstellung ist jedoch nicht vor 1964 zu rechnen.

Der barocke Turm der Ubstadter Kirche gibt der westlichen Dorfeinfahrt den Akzent. Foto: Serden

Die ehemalige Marienkapelle
an der Straße nach Unteröwisheim; sie mußte 1961 dem Verkehr weichen.
Schultheiß Johann Hagner und dessen Ehefrau Anna Katharina
erbauten Anno 1713 diese Kapelle.

Kanalisation dient Wohnkultur

In Fortführung der Ortskanalisation wurden 1962 die Stettfelder- und die Hauptstraße kanalisiert und damit eine weitere wichtige Etappe für Sauberkeit und Wohnkultur bewältigt. 1963 wird das Bauprogramm fortgeführt und in wenigen Jahren kann die tatkräftige Gemeindeführung auch diese Akten als erledigt zur Seite legen. Für die Kanalisation der Siedlung war der Bau eines Pumpwerkes erforderlich, um die anfallenden Abwässer in die höhergelegene Kraichbach zu pumpen. Die Pumpstation wurde im Herbst 1962 in Betrieb genommen.

Fußgängerweg nach Bruchsal

Auf dem Sektor „Straßenverbesserung" erhielt im Zug des Um- und Ausbaus der B 3 die südliche Ubstadter Ortseinfahrt mit der Straßenabzweigung nach Unteröwisheim ein neues Gesicht. Beide Straßen wurden in den Ortseinfahrten verbreitert, um einen zügigen Verlauf des immer stärker werdenden Kraftfahrzeugverkehrs zu gewährleisten. Die Bruchsaler Straße wurde beim Übergang an der Nebenbahn bis nahezu einen Meter höher gelegt. Damit verbunden war eine neue Brückenüberführung über den Entwässerungskanal, der parallel zur Kraichbach verläuft. In naher Zukunft werden die ebenfalls zur B 3 zählende Haupt- und Stettfelder Straße nach modernen Straßenbauerfahrungen instandgesetzt, mit seitlichen Begrenzungssteinen versehen und vorschriftsmäßige Gehwege, wie an der Bruchsaler- und Weiherer Straße bereits ausgeführt, angelegt. Bis auf den Hochstattweg und einigen erst erschlossenen Straßen im neuen Wohnbaugelände, sind die Ortsstraßen durchweg geteert und in gutem Zustand. Die B 3 bekommt zwischen Ubstadt und Bruchsal nicht zuletzt auf den guten Rat der BNN vom 16. 6. 1962 hin, einen Gehweg. Die Arbeiten werden gegenwärtig ausgeführt. Der Gehweg wird etwa von der Gemarkungsgrenze ab bis ungefähr zum Ortsetter mit einem eisernen Geländer versehen, da hier auf der äußeren Seite eine starke Böschung vorhanden ist. Im Hinblick auf eine bestmöglichste Verkehrssicherheit für alle, wäre es vielleicht zweckmäßig, diesen Bürgersteig als kombinierten Fußgänger-Radfahrweg zur Benützung freizugeben.

Neuer Standort für Marienkapelle

Als Folge der umfassenden Straßenbaumaßnahmen mußten sich die Ubstadter im vergangenen Jahr schweren Herzens von einem jahrhundertelang gewohnten Anblick trennen. Die alte Kapelle, die 250 Jahre an der Straßenabzweigung nach Unteröwisheim stand, mußte der Spitzhacke weichen. Es war selbstverständlich, ihr einen anderen Ort zuzuweisen. Einen würdigen Platz fand man bei der Einmündung des heute bentonierten Oberzeuterner Wegs in den Wald nördlich des Dorfes. An dieser Stätte unterhielten die Ubstadter Bewohner sowie die Bevölkerung der umliegenden Orte vor mehr als 200 Jahren eine illegale Wallfahrt. Wohl wurde die äußere Ansicht der Marienkapelle neuzeitlich gestaltet, doch blieb das Charakteristische der alten Verehrungsstätte erhalten, ebenso das kunstvolle Vesperbild eines unbekannten Meisters. Die erforderlichen Maurerarbeiten wurden von Leopold Schrag und Johann Paxian I vorbildlich und liebevoll ausgeführt. Am Sonntag, 7. 10. 1962, fand unter großer Beteiligung der Einwohnerschaft die feierliche Weihe dieses neuen, aber in der Geschichte des Ortes traditionsreichen Marienkleinodes durch Pfarrer Albert Eisele statt. Diese Stätte der Einkehr und Besinnung ist ein gern aufgesuchter Ort bei abendlichen und sonntäglichen Spaziergängen. Am Samstag, dem

Zwischen Ubstadt und Bruchsal erhält die B 3 einen Randstreifen, der möglicherweise für Fußgänger und Radfahrer nach Fertigstellung zur Benützung freigegeben wird.

14. 7. 1962, läuteten die hiesigen Glocken im Südwestfunk den Sonntag ein. Ein weiteres erwähnenswertes Ergebnis für die katholische Pfarrgemeinde war die Volksmission. Zu den Predigten luden zwei Patres aus dem Redemptoristenorden.

Leistungswille und Schaffensdrang

Auf kulturellem und sportlichem Gebiet ist ebenfalls ein aufwärtsführender Entwicklungsprozeß im Gange. Die Veranstaltungen des VBW weckten durchweg ein freudiges Echo. Ein guter Beweis, daß der örtliche Vertrauensmann, Schulleiter Gustav Schulz, bei der Auswahl der Themen das Interesse weiter Bevölkerungskreise traf. Auch die örtlichen Vereine legten mit ihrem Wirken Ehre ein. Beim Musikertreffen in Helmsheim erspielte sich der Musikverein in seiner Klasse einen hervorragenden ersten Platz. Eine Würdigung seiner Leistung erfährt der Verein durch die Übertragung und Ausrichtung des Bezirksmusikfestes 1963 am 14. Juli. Die Sänger belegten bei Wertungssingen in Zeutern und Kronau sehr beachtliche Plätze. Die Feuerwehr beeindruckte beim Feuerwehrfest in Wiesental mit ihrer gut ausgebildeten Mannschaft und das Rote Kreuz steht mit seiner dem Gemeinwohl selbstlos verpflichteten Organisation mit an der Spitze im Kreisgebiet. Die Fußballer feierten im Rahmen einer erfolgreichen Sportveranstaltung ihr 35. Gründungsfest. Neue Impulse erhielt der Turnverein durch die ihm angegliederte Faustballabteilung. Im Vorjahr konnten die Turner auf ihr 60jähriges Vereinsbestehen blicken. Ein erfolgreiches Geschäftsjahr verbuchte auch die Raiffeisenkasse. Die genossenschaftliche Idee ist in der dörflichen Gemeinschaft stark verankert. Handel und Gewerbe sind ebenfalls gut fundamentiert. Die Gründung eines Ortsvereins des Deutschen Siedlerbundes ist ein weiteres Zeichen des Leistungswillens und der Schaffenskraft. Das pädagogische Element ist von Verantwortungsbewußtsein getragen.

Rebanlage im Gewann „Weinheck"

In wirtschaftlicher Hinsicht brachte 1962 der Gemeinde eine weitere Stärkung und die Voraussetzungen für die erfolgreiche Bewältigung künftiger Aufgaben. Das Ergebnis bezüglich der Landwirtschaft ist zufriedenstellend. Eine Verbesserung der Verhältnisse dürfte die noch ausstehende Flurbereinigung bringen. Im Gewann „Weinheck" ist eine neue große Rebanlage geplant. Diese soll noch in diesem Jahr in Angriff genommen werden. Da auf Ubstadter Boden ein ausgezeichneter Wein wächst, ist es zu begrüßen, daß die Sonderkultur Weinbau noch mehr als bisher forciert wird. Der bäuerliche Berufsstand muß lebens- und existenzfähig bleiben. Im Kraichgau liegt das Schwergewicht der Produktion bei der Veredlungswirtschaft und den Sonderkulturen. Landwirtschaftsminister Leibfried, der auf einer Landvolkversammlung referierte, räumte den Sonderkulturen eine reelle Verdienstchance in der EWG ein. Auf dem Erlenhof fand der Kreisentscheid für das Leistungspflügen statt. Die Ubstadter Jungbauern Herbert Weiler und Alban Brecht bewiesen dabei, daß sie die Kunst des Pflügens ausgezeichnet beherrschen und sich im Zeitalter der Technik ihrem Berufsstand fest verbunden fühlen.

Der seit Kriegsende im Ubstadt stationierte Landespolizeiposten wurden durch die Neuorganisation des Landespolizeikreiskommissariats Bruchsal aufgelöst. Künftig ist hier lediglich nur noch ein Bezirksdienst eingerichtet. Bei den kleineren und größeren „Gesetzesübertretern" war der Ubstadter Posten landauf, landab durch seine Wachsamkeit und Tüchtigkeit gefürchtet. Der letzte große Erfolg war die Festnahme des aus der Landesstrafanstalt Bruchsal entflohene Willi Rosenträger am 21. 8. 1962.

Die Marienkapelle, die 250 Jahre an der Straßenabzweigung nach Unteröwisheim stand, mußte dem wachsenden Verkehr weichen und erhielt im Wald nordöstlich des Dorfes ein neues, ideales Plätzchen. Fotos: Serden

Geschäftsgebäude im Dorfzentrum

Bürgermeister Hagenmeier und die Gemeinderäte können stolz auf den Ablauf des dörflichen Lebens sein. Die Gestaltung des Orts wird von zwei wesentlichen Faktoren bestimmt. Das ist einmal die Aufgeschlossenheit gegenüber der modernen Zeit und zum anderen das noch tief verwurzelte Gefühl der Verbundenheit zur heimatlichen Scholle und zur geschichtlichen Tradition. Dem Bemühen der Gemeindeväter das Dorf weiter aufwärts zu führen, die Lebensbedingungen zu verbessern und auch das Dorfbild zu verschönern, findet weitgehendst die Unterstützung und Förderung der örtlichen Gemeinschaft. Die Bereitschaft der Bürger, die nicht unwesentlichen finanziellen Belastungen wie Erhebungen und Anliegerbeiträge aufzubringen und termingerecht abzuführen, verdient einmal hervorgehoben zu werden. Der Bogen der erfolgreich bewältigten Gemeindeprobleme ist weit gespannt. Erinnert sei nur an die Erschließung von Baugelände. Auch die Bautätigkeit im Zentrum des Ortes verlangte das Zusammenwirken aller gestalterischen Kräfte. Es tat sich 1962 gerade in diesem Punkt sehr viel, Das beweist die bauliche Veränderung der westlich und nördlich zur Kirche gelegenen Häuserfront. Ein neues großes Geschäftsgebäude wurde erbaut, ein bisher schon vorhandenes Landengeschäft großzügig erweitert und ein weiteres Geschäftshaus repräsentativ vollendet. Die Erneuerung der Straßenflucht und somit die Hinführung zu einer modernen Umgestaltung des Platzes vor der Kirche gibt Ubstadt ein fast städtisches Gepräge.

Zum Abschluß noch etwas Statistik: Im vergangenen Jahr erfolgten 21 Geburten im Ort und 26 auswärts. Im gleichen Zeitabschnitt fanden 19 Eheschließungen statt. 36 Mitbürger wurden aus dem Leben abberufen. K. S.

Bruchsaler Rundschau Nr. 163 vom 16. Juli 1963

Ubstadt erlebte 9. Bezirksmusikfest

Bezirksverband Bruchsal im deutschen Volksmusikerbund besteht 10 Jahre – Hervorragende Darbietungen

Ubstadt. Zu einem machtvollen Bekenntnis zur deutschen Volksmusik wurde das 9. Bezirksmusikfest, das drei Tage lang das dörfliche Geschehen in Ubstadt bestimmte. Die überaus starke Resonanz, die das Fest bei der Bevölkerung in nah und fern fand, bewies eindrucksvoll, daß im Volk die Liebe zur Musik tief verankert ist. Der Musikverein „Echo" Ubstadt war ein würdiger Repräsentant der großen Bezirksmusikerfamilie. Persönlichkeiten des politischen und kulturellen Lebens, die dem Fest als Gäste beiwohnten, waren von dem Erlebten und Gebotenen begeistert. Die Veranstaltung war ein würdiger Rahmen zum gleichzeitigen 10jährigen Bestehen des Bezirksverbandes Bruchsal im deutschen Volksmusikerbund.

Einen absoluten Höhepunkt des Bezirksmusikfestes war das Auftreten der holländischen Gastkapelle „Königliche Harmonie St. Cäcilia, Schiyndel" am Samstagabend. Bereits bei der Begrüßung und dem Empfang zu Ehren der Gäste auf dem oberen Kirchplatz am späten Nachmittag spürte der Musikfreund, daß diese 92 Mann starke Kapelle, bestehend aus 64 Musikern und 28 Trommlern und Pfeifern, mit ausgezeichneten, musikalischen Darbietungen beim Festkonzert aufwarten wird. Die Erwartung erfüllte sich. Die Gäste aus Holland zauberten einen Melodienstrauß, der die vielen Zuhörer im gefüllten Festzelt zu überwältigendem Beifall hinriß. Das Musizieren der Königlichen Harmonie St. Cäcilia, Schiyndel, machte das Konzert zu einem einmaligen Erlebnis.

Bürgermeister Friedrich Hagenmeier hielt in seiner markanten Art zu Beginn die Begrüßungsansprache. Neben den anwesenden Musikern galt sein besonderer Gruß den hohen Ehrengästen des Abends, und zwar Landtagspräsident Dr. Gurk, Dr. Bieringer, MdB Landrat Dr. Müller MdL, dem Schirmherr des Bezirksmusikfestes, dem stellvertretenden Präsidenten im DVB Ernst Kuhn, Bruchsal, Bezirksvorsitzendem Otto Bauer, Oberöwisheim, Bezirksdirigent Eugen Wiedemann, den Musikdirektoren van Teuten, Holland, Kühmstedt, Uhm, Rometsch, Nagold, sowie dem Ortsgeistlichen Pfarrer Albert Eisele. Die Gestaltung und das Programm des Abends waren sehr ansprechend. Neben den musikalischen Beiträgen, die zu einem Großteil die Kapelle des „Echo" bestritt, und von denen besonders die Ouvertüre von G. Lotterer „Die Namenlose" und das Intermezzo von Krüger-Hanschmann „Fliegerkurven" das hohe musikalische Können des Gastgebers verrieten, der sich unter Stabführung von Bernhard Bender, Forst, in vielen Musikproben einen Klangkörper von exakter und reiner Fülle erarbeitete, kam auch das gesprochene Wort zu Würde und Ehre.

Landrat Dr. Müller MdL hielt zündende Festansprache

Musikfeste sind Höhepunkte im kulturellen Leben einer Gemeinde, eines Landes und eines Volkes. Die Volksmusik ist das Fundament auf dem die musikalische Entwicklung in ihrer Gesamtheit beruht. Sie ist ein heilsamer Lebensquell, aus dem sich Kostbares entwickelt. Musikalische Menschen sind freudige Menschen. Unter dem Jubel der zahlreichen Musikfreunde betonte Landrat Dr. Müller, daß durch die kulturellen Veranstaltungen, wie es das 9. Bezirksmusikfest darstellt, der Ewigkeitswert besitzenden deutschen Volksmusik lobenswerte Huldigung zuteil wird. Die Blasmusik weckt die Liebe zu Heimat und Vaterland. Es mag profan klingen, die Volksmusik als Gebrauchsmusik zu bezeichnen, aber die Blasmusik ist die legitime Nachfolge der mittelalterlichen Stadtpfeifer. Aus dem öffentlichen Leben ist sie heute nicht mehr wegzudenken. Von der Familienfeier bis zur Gemeinschaftsfeier, von kirchlichen bis staatlichen Anlässen, der musikalische „Gebrauchsbogen“ der Volksmusik umspannt das völkische Leben von der Einzelzelle bis zur Gesamtheit. Die mit dem Bezirksmusikfest verbundene Feier des zehnjährigen Bestehens findet in Ubstadt eine verdiente und ehrenvolle Abhaltung. Mit welcher Liebe und Begeisterung und mit welchem erhabenem Ernst die Volksmusiker sich den ihnen gestellten Aufgaben unterziehen, darüber gibt das 9. Bezirksmusikerfest untrüglich Auskunft. „Die Töne verhallen“ meinte Landrat Dr. Müller, „aber die Kameradschaft, die Harmonie sollte bzw. muß bleiben, denn die Harmonie schuf die Voraussetzung des heutigen Festes“. Im kosmischen Geschehen sind zehn Jahre eine winzige Kleinigkeit, im menschlichen Leben aber eine lange Zeit — es sind für einen Verein viele Jahre des kulturellen Wirkens. Für den Bezirksverband Bruchsal war diese Zeitspanne sehr erfolgreich. Mit Stolz und Freude feiert daher der Musikfreund in Ubstadts Mauern.

Landtagspräsident Dr. Gurk zollte Loblied

Das Ideal der Musik verbindet die Menschen nicht nur im heimatlichen Kreise, auch über die Landesgrenzen hinauf finden sich die Liebhaber der Musik zum geselligen Beisammensein, wie das 9. Bezirksmusikfest anschaulich beweist. Er rief allen Musikfreunden ein herzliches „Glückauf“ zu. Seine Bewunderung gegenüber der Aktivität sei sehr groß, denn nach anstrengender Tagesarbeit noch Liebe und Lust zu haben für oft mühsame Musikproben am Abend, dazu gehöre ein Idealismus, den nur aufrechte und fleißige Menschen besitzen würden. Die Zusammenarbeit im Bezirksverband, die mit Froher und beglückender Hingabe betrieben wird und zu großartigen Leistungen seit dem 10jährigen Bestehen führte, stellte der stellvertr. Präsident im DVB, Ernst Kuhn, hervor. Den politischen Repräsentanten des Landkreises dankte er ferner mit aufrichtigem Herzen dafür, daß sie die „Möglichkeiten“ gegeben haben, die Ziele, die dem Volksmusikerbund im Bezirk vorstreben, zu erreichen. Sein besonderer Dank galt dem Musikverein „Echo“, für die hervorragende Gestaltung des Festes. Sein Dank galt auch allen Vereinen, den Vorständen und Dirigenten für die gegenseitige Unterstützung und Zusammenarbeit. Mit dem Appell „Kameraden zu sein“ und eine „gute Harmonie zu pflegen“ erhoffte er abschließend für den Musikkreis Bruchsal eine weitere aufstrebende Entwicklung.

Austausch von Erinnerungsgaben

Bevor der Musikverein Forst mit schmissigen Weisen zur Unterhaltung der Anwesenden aufspielte, gab es noch ein gegenseitiges Austauschen schöner Erinnerungsgaben. So erfreuten die holländischen Gäste die Ubstadter mit einer Riesenkerze auf einem handgeschmiedeten Ständer, den sie Bürgermeister Hagenmeier überreichten. Landrat Dr. Müller durfte einen echt holländischen Wandteller mit der Aufschrift Ubstadt in Empfang nehmen. Umgekehrt erhielten die Gäste aus Holland das Buch „Der Kreis Bruchsal“, ferner den Ubstadter Ortswappen in Kupfer gehämmert sowie ein von Karl Beyerle gemaltes Bild nach einem örtlichen Motiv. Bei diesem gegenseitigen Beschenken kam das völkerverbindende der Musik besonders schön zum Ausdruck. Die Musik ist eine Brücke der Verständigung zwischen den Nationen und nur Musik allein ist die einzige Weltsprache, denn sie braucht nicht übersetzt zu werden, da spricht Seele zu Seele.

Hervorragendes Wertungsspiel

Das Festprogramm des Sonntags war gegliedert in ein vormittägliches Wertungsspiel und ein freundschaftliches Musizieren am Nachmittag. Auf dem Sportgelände der „Viktorianer“, in dem hier errichteten Festzelt, wickelte sich das musische Geschehen ab. Das Wertungsspiel ergab folgende Resultate: Anfängerstufe: Musikverein Büchig, Dirigent Josef Schneider, Rang 2/108 Punkte; Musikverein Neuthard, Dirigent Josef Brecht (1/113); MV Wiesental, Dirigent Manfred Keller (1/110); Unterstufe: MV Langenbrücken, Dirigent Willi Bender (1/111); MV Unteröwisheim, Dirigent Walter Bob (2/108); Mittelstufe: MV Gondelsheim, Dirigent Kurt Brüggemann (1/114); MV Kirrlach, Dirigent Valentin Heiler (1/117); MV Oberöwisheim, Dirigent Walter Bob (1/111); MV Östringen, Dirigent Helmut Burkard (1/114) und Oberstufe: MV Münzesheim, Dirigent Musikdirektor Hans Martini (1/116). Die Tagesbestleistung erspielte sich somit der Musikverein Kirrlach, der als Wahlstück „Toxandrie“ v. P. B. Bissellink zu Gehör brachte.

Großartiger Massenchor

Bezirksdirigent Eugen Wiedemann leitete denselben auf dem oberen Kirchplatz. Es hatten sich Hunderte von Zuhörern eingefunden. Von hieraus begaben sich die Musiker mit klingendem Spiel zum Festzelt, um für die zahlreichen Festbesucher ab 14 Uhr in freundschaftlichem Spiel ihr Können zu demonstrieren. Proben gaben die Musikvereine Ubstadt, Kirrlach, Münzesheim, Östringen, Gondelsheim, Oberöwisheim, Neuthard, Neudorf, Oberhausen, Neibsheim, Langenbrücken, Unteröwisheim, Zeutern, Bauerbach, Stettfeld, Hambrücken, Kronau, Helmsheim und Wiesental. Der Abend gehörte der Unterhaltung. Das Tanz- und Unterhaltungsorchester der Stadtkapelle Bruchsal, der Musikverein Weiher und die Kapelle der „Echoaner“ unterhielten am laufenden Band mit flotten Melodien.

Ausklang mit buntem Abend

Den Ausklang des Festes brachte am Montag ein großer Bunter Abend, der nochmals die Musikfreunde aus nah und fern nach Ubstadt zum Bezirksmusikfest lockte. Bezirksvorsitzender Otto Bauer, Oberöwisheim, dankte dem Musikverein „Echo" für die vorbildliche Organisation des Musikfestes, das wie noch nie in der bisherigen Geschichte, zu einem nachhaltigen Erlebnis wurde. Er dankte Ubstadt und seinen Bewohnern für ihr Verständnis und ihre durch das Schmücken und Beflaggen der Häuser zum Ausdruck gebrachte Verbundenheit mit der Volksmusik. Dem Organisator des Festes, Gemeinderat Karl Beyerle, gebührt lobende Anerkennung. Die hervorragende Gestaltung der Bühne im Festzelt, das Schmükken mit den Wappen der am Wertungsspiel beteiligten Vereine sowie ein großes Ubstadter Motivbild im Hintergrund, durch ein buntes Farbenlicht wirksam beleuchtet, war ebenfalls sein Werk.

Vorstand Paul Rath und alle Verantwortlichen des Vereins wie auch die Vorstandschaft des Bezirkes, können mit dem Verlauf des Festes zufrieden sein. Die Musiktage in Ubstadt werden allen Beteiligten in bester Erinnerung bleiben. K. S.

Bruchsaler Rundschau Nr. 198, Montag, 26. August 1963

Im Zeichen des „Klosterbergers":

Bruchsaler Winzerfest am „Bergfried"

Samstag und Sonntag erlebten viele Besucher frohe Stunden – Heute beschwingter Ausklang

Vor der historischen Kulisse des Bergfrieds trafen sich am Samstag und am gestrigen Sonntag die Jünger von Gott Bacchus zu fröhlichem Erleben. Das große Festzelt war zeitweise überfüllt. Dem Ruf der Bruchsaler Winzer folgte das Volk willig, und wenn am heutigen Montag die Feierlichkeiten auf dem Festgelände mit Witz und Humor ausklingen, wenn nochmals die Wogen der Stimmung hochgehen, dann findet ein Kapitel Frohsinn und Geselligkeit seinen Abschluß, das auf der urwüchsigen Kraft eines echten, alt Brusler Bürgersinnes beruht.

Jung und alt kennt die Verse vom „Brusler Dorscht" und die trinkfrohe Gestalt des Grafen Kuno. „Das war der Graf vom Kraichgauland / Graf Kuno war's der Held / Der hatte einen Höllenbrand ..." In Wahrung dieser „Lokalhymne" schien es, daß zum Auftakt des Festes am Samstagnachmittag, als die Fanfarenbläser in der Stadt den Beginn verkündeten, lächelnd die hehre Gestalt des Grafen aus dem Dunkel der Vergangenheit hervortrat und die Landeskinder an sein Vermächtnis erinnerte. Beim Winzerfest ist alles, was Magen und Gaumen begehrt, zu haben. Vergnügungspark und ein Zelt zum Verweilen tun das übrige.

Einzug der Winzerinnen

Der Aufmarsch der Winzermädchen, begleitet von dem klingenden Spiel des Fanfarenzuges, steigerte die erwartungsvolle Spannung der Festbesucher. Die Mädchen waren hübsch gekleidet — weißes Kleid mit blauer Schürze – und trugen am Arm einen Korb mit den Symbolen des Herbstes und Winzers. Sie lächelten freundlich und ließen an die Arbeit der Winzer denken, die den edlen Tropfen mit ihrem Fleiß zum Gedeihen bringen. Beifall brandete auf, der auch der Trachtenkapelle Erich Erber galt, die einen schmissigen Eröffnungsmarsch intonierte. Das Barometer der Stimmung stieg. Der im geschmückten Festzelt mit großen Lettern angebrachte Spruch: „Jeden Kummer, jeden Ärger — rasch vertreibt der Klosterberger", bewahrheitete sich im wahrsten Sinne des Wortes. Der 1. Vorsitzende des Obst- und Weinbauvereins, Karl Megerle, entbot bei der offiziellen Eröffnung am Samstagabend ein herzliches Willkommen. Sein Gruß galt der Stadtverwaltung, den Stadträten und den Vertretern der Weinwirtschaft. Der Sprecher übermittelte die besten Wünsche von OB Prof. Bläsi. Sein Dank galt der Standortkommandantur. Der Wettergott hatte mit den Winzern ein Einsehen und bescherte ihnen günstiges Wetter. Es herrschte fröhliche Laune, als die Attraktionen des „Bunten Abends" über die Bühne gingen. Das Programm bot gute Unterhaltung und wurde jedem Geschmack gerecht.

Akrobatik der Sonderklasse

Die „2 Adonis" zeigten Parterre-Akrobatik par excellence, und ihr Auftreten als „Knix und Knox" in der urkomischen Turnerparodie „Um die Jahrhundertwende" rief stürmische Lachsalven hervor. „Rollety", der komische Jongleur im Ultralicht, zauberte gekonnt mit Tellern und Tüchern. „Tim Sasso" dagegen, machte Musik aus der Pfanne, er glänzte mit musikalischen Improvisationen. Pfannen, Flaschen und sonstigen Geräten entlockte er die tollsten Töne und zwang die Besucher zu viel Beifall. Souverän wie immer, erfreute Kurt Kotterer, der weinfrohe Sänger aus der Pfalz, mit heiteren Liedern zur Laute, die den Rebensaft, die Liebe und das Trinken verherrlichten. „Komm' Alte, heut ist Winzerfest" bzw. „Die Mädchen mit zwanzig ..." sind Lieder, die jeden Griesgr--m zum Lachen bringen. Die Kapelle Erber brachte aus „Feuerwerk" über das Lied „Oh mein Papa" gelungene Variationen sowie ein großes Potpourri bekannter Seemannsweisen „Entlang der Waterkant". Durch das Programm führte der als „Weingartener Fritzle" bekannte Fritz Hauswirth. Seine Conférence kam gegen die weinselige Stimmung im Festzelt nicht wie gewohnt zur Geltung. Er fiel außerdem der Tücke des Objekts zum Opfer, denn die Lautsprecheranlage war nicht intakt.

Unterhaltung und Humor

Der Sonntag begann für die Ahnherren Graf Kunos mit einem Frühschoppenkonzert um 11 Uhr im Festzelt. Bekannte Weisen aus dem unerschöpflichen Melodienreichtum servierte die Stimmungskapelle Erber. Ab 14 Uhr begann die Volksbelustigung im Zelt. Witz und Humor waren Trumpf. Viele lustige Einlagen lockerten das festliche Geschehen auf und vermittelten den Besuchern einen gemütlichen Nachmittag. Das Kinderblasorchester „Jung-Heidelberg" und die Trachtenkapelle Erber gestalteten das Abendprogramm, bei dem Tanz großgeschrieben wurde. Wie bereits am Vorabend erwies sich erneut die Fläche für die Tanzlustigen zu klein. Diese nahmen das aber nicht tragisch. Eng aneinandergeschmiegt, gestärkt vom „Eichholzwein", der jung und alt Mut macht, huldigten sie diesem Gesellschaftssport und schwangen im Schweiße ihres Angesichtes das Tanzbein. Das gesellige Geschehen findet heute im Festzelt seinen stimmungsvollen Abschluß.

Winzerfest Wiesloch acht Tage später

Die Winzergenossenschaften der südlichen Bergstraße und des Kraichgaues, zu denen auch die Bruchsaler Winzer gehören, treffen sich über das kommende Wochenende zu dem überregionalen Winzerfest des heimatlichen Raumes in Wiesloch. Die neue kurpfälzische Weinkönigin, Irmgard I. Nachfolgerin von Gudrun I. und Elfriede I. (die in Bruchsal gekürt wurde), wurde dieser Tage in Kürnbach feierlich inthronisiert. Sie ist ein Kind der Weinbaugemeinde Sulzfeld, die ebenfalls dem Verkaufsverein kurpfälzischer Winzergenossenschaften (Winzerkeller Wiesloch) angegliedert ist. Zu ihren Prinzessinnen wählte die Wahlkommission bei Stimmengleichheit Inge Becker aus Obergrombach und Hannelore Boes aus Malsch bei Wiesloch. Das Programm dieses größten Weinfestes Nordbadens sieht am Freitag, 30. 8., den Empfang der Kurpfälzischen (unterbadischen) Weinkönigin vor. Weiter vorgesehen sind am Samstag, 31. 8., ein „Weinseliges Wochenende", am Sonntag, 1. 9., der traditionelle historische Festzug mit vielen Gruppen aus der Geschichte der Stadt Wiesloch und ihrer Landschaft, d. h. vom gesamten unterbadischen Weinbau; am Montag, 2. 9., die Weintaufe des Jahrganges 1963, am Dienstag, 3. 9., ein Sängerabend mit Lampionzug durch die Straßen der

Kurt Kotterer, der weinfrohe Sänger aus der Pfalz erwies in heiteren Liedern zur Laute dem heimischen Rebensaft seine Reverenz.

benachbarten Weinstadt; am Mittwoch, 4. 9., ein „Bunter Abend"; am Donnerstag, 5. 9., die Winzerfestmodenschau des Wieslocher Einzelhandels; am Freitag, 6. 9., ein Konzert; Samstag, 7. 9., ein weiteres „weinseliges Wochenende" und am Sonntag, 8. 9., zum Abschluß ein Feuerwerk.

Köstliche einheimische Rebengewächse

Allen Fremden, die es noch nicht wissen, sei kundgetan, daß die im Winzerkeller Wiesloch zusammengeschlossenen Winzergenossenschaften der heimatlichen Landschaft den unterbadischen Weinbau nicht nur wieder aus der Stagnation, die mit Beginn dieses Jahrhunderts bedauerlicherweise ihren Anfang nahm, herausführte, sondern ihm auch im großen bundesdeutschen Element bereits einen ersten Platz eroberte. Wer daher beim „Klosterberger" oder beim „Eichholz" zu philosophieren beginnt, der lasse sich sagen: ob Weißwein oder Rotwein, jede Sorte hat ihren Liebhaber, dem auch heute noch wie im 16. Jahrhundert gelten die Worte: „Den besten Buhlen den ich han, der liegt beim Wirt im Keller". Und wenn auch der „Klosterberger" knapp ist, der „Brusler Dorscht" dagegen bekanntlich sehr groß, so gibt es dank der Initiative aufgeweckter heimischer Winzer den „Eichholz", einen köstlichen Ruländer, der verwöhnten Gaumen gerecht wird. Die Erzeugnisse der heimischen Winzer, gepflegt im Winzerkeller Wiesloch, sind wie das Land, in dem wir leben: Ein Juwel unter den Gauen, über das Friedrich Metz sagte „Es ist ein toskanisches Land". Das ist eine Feststellung, die auch dem Wein des Kraichgaus zum Ruhm gereicht. K. S.

Bruchsaler Rundschau Nr. 200, Mittwoch, 28. August 1963

Nachlese zum Winzerfest:

Weinfrohe Bruchsaler Festtage

Rebensaft vom Kraichgau besitzt viele Freunde – Guten Tropfen schätzte man schon im Mittelalter – Am Wochenende Winzerfest Wiesloch

Die weinfrohen Tage des Bruchsaler Winzerfestes 1963 gehören der Vergangenheit an. Zurück blieb die Erinnerung an weinselige und unterhaltende Stunden, wie sie nicht alle Jahre gefeiert werden. Der Ruf nach den heimischen Weinen, wie sie an gesegneten Hängen des Kraichgauer Hügellandes wachsen, fand bei der Bevölkerung starke Resonanz. Die Zugkraft des „Klosterbergers" und des „Eichholz" lockte viele Brusler und viele benachbarte Dörfler aus ihrer häuslichen Zurückgezogenheit. Graf Kuno hätte sicherlich seine helle Freude an dem fröhlichen Treiben gehabt.

Bruchsal versteht Feste zu feiern. Die Bürger der Stadt erwiesen über die Festtage den köstlichen heimischen Gewächsen nicht nur ihre Reverenz, sie erbrachten auch den Beweis, daß sie fröhlich und lustig sein können und dem gemeinschaftlichen Vergnügen ebenso aufgeschlossen gegenüberstehen. Die Verantwortlichen des Festes, der Obst- und Weinbauverein bzw. die Winzergenossenschaft, können beruhigt und mit Stolz die Akten über dieses Fest schließen, über ein Fest, das von seiten des Besucherzuspruches wie auch der Organisation einen wirklich gelungenen Verlauf nahm.

Beschwingter Ausklang am Montag

Das Festgeschehen fand am Montag seinen frohen Ausklang. Erneut schlugen die Wogen der Stimmung hoch und die Festesfreude blieb gegen die Vortage in keiner Weise zurück. Viele der Festbesucher entdeckten ihr Herz nicht nur für den Wein, sondern auch für den Gesang. Es war daher selbstverständlich, daß sich an den Tischen im vollbesetzten Zelt sangesfreudige Gruppen bildeten, die zünftige Loblieder auf den Wein und auf die Geselligkeit zum besten gaben. Die Stimmungskapelle Erich Erber, im schmucken Trachtenkostüm, trug wesentlich hierzu bei. Ihre Musik holte bei alt und jung die letzten Reserven an Lebensfreude heraus. Auch am Montag war Tanz wiederum Trumpf. Auf der Tanzfläche herrschte ein dichtes Gedränge. Die in die Beine gehende Musik der Stimmungskapelle ließ die Tanzlustigen mit diesem Problem aber fertig werden, denn „wo viele sind, da gehen auch noch andere hin." Ob „Twist", „Madison" oder „Bossanova", das Tanzvergnügen kennt keine Grenzen.

Zu einem Viertele Rebensaft gehört auch ein gutes Vesper. Natürlich war dem Festbesucher alles geboten. Hähnchen und heiße Würstchen wurden in „rauhen Mengen' verzehrt. Im Zelt herrschte ein verführerischer Bratenduft, der ebenso wie die zum Ausschank gelangenden Getränke den Besucher zum Verweilen animierte. Waren die Preise auch „gepfeffert", was an und für sich der Verpflichtung eines Winzerfestes nicht entspricht, die Tatsache eines echten Brusler Festes ließ die Besucher verständnisvoll darüber hinwegsehen.

Steigende Nachfrage nach heimischen Weinen

Die Weine des Kraichgaus und der südlichen Bergstraße, deren Pflegestätte der Winzerkeller Wiesloch ist, befanden sich im großen Angebot der Weine an vorderster Stelle. Ihr Vormarsch in den letzten Jahren ist besonders beachtlich. Für den Kenner ist dies nicht verwunderlich, denn er weiß, daß es sich um köstliche und sehr geschmackreiche Produkte handelt. Der Bruchsaler Rebensaft nimmt dabei einen bevorzugten Platz ein. Die Nachfrage nach den heimischen Tropfen steigt ständig. Leider ist die 13 ha große Gemeinschaftsrebanlage im Gewann „Eichholz" zu klein, um die allzeit durstigen Kehlen entsprechend zu versorgen. Es ist deshalb eine weitere Anlage im Gewann „Weiherberg" von etwa 15 ha geplant, die im Zuge einer Flurbereinigung erstellt werden soll. Obwohl auf der Gemarkung Bruchsal noch insgesamt 55 ha Reben stehen, bedarf es großer Anstrengungen, um die Bedeutung des alten Brusler Weinbaus wieder zu erlangen. Vor 100 Jahren wurden auf der Gemarkung Bruchsal etwa 300 ha Reben gebaut. Der quantitative und der qualitative Vergleich zu früher fällt aber heute nicht wesentlich schlechter aus, denn man muß berücksichtigen, daß der neuzeitliche Weinbau mit seinen Erkenntnissen und Erfahrungen bessere und reichere Flächenerträge bringt als früher.

Der auf Pfropfreben aufgebaute Weinbau der Gegenwart übertrifft weit die Ergebnisse der herkömmlichen Stecklingsanlagen. Hinzu kommt, daß die Forschung neue Rebsorten hervorgebracht hat, die mit ihren Erträgen und ihrer ausgezeichneten Qualität die Ahnen der heutigen Winzer in Erstaunen setzen würden.

Auch die Vorfahren huldigten dem Wein

Die Freunde eines guten Tropfens fanden sich auch früher schon zusammen, denn zu den zahllosen Einrichtungen, die den politischen Stürmen der napoleonischen Ära zum Opfer fielen, gehörten auch Zech- und Trinkstuben-Gesellschaften, wie sie hier und da in deutschen Weinorten bestanden. Das Wort Zeche bedeutete früher soviel wie Zunft oder geschlossene Bruderschaft. Die Zech- und Trinkstuben-Gesellschaften bildeten eine nach ganz bestimmten Verordnungen lebende Gemeinschaft. Ihr Zweck war Belustigung und Erheiterung nach einer gewissen, alt überlieferten Ordnung und dabei Pflege einer brüderlichen Verbundenheit, eines intimen Vertrautseins, das nach außen hin schon in Gruß und Anrede kenntlich war. Ihr Entstehen ging vermutlich auf die im Lande wohnenden Edelleute und Ritter zurück. Die wirtschaftliche Grundlage der „Zechen" wurde durch Stiftungen wohlhabender Familien geschaffen.

Die Inhaber der Burgen und Herrenhäuser gründeten die Zechen zur Erhaltung guter nachbarlicher Beziehungen und der Pflege fröhlicher Geselligkeit. Mit der Zeit wurden auch Bürgerliche in diese Vereinigungen aufgenommen, denn bei ihrer Auflösung bestanden die meisten Bruderschaften nur aus Vertretern des Bürgerstandes.

Die Zechgesellschaften oder Zechburgen hielten regelmäßige Gastereien ab, deren Kosten sie aus den Erträgnissen ihrer Güter bestritten. Nicht selten waren die Güter in Lehen an Bauleute vergeben. Zur Zeit der Lese wurden die Weingärten besichtigt, um festzustellen, ob der Baumann (Weingärtner) auch alle Arbeit gehörig verrichtet habe. Je nach Übereinkommen mußte der Bewirtschafter einen gewissen Teil seiner Kreszenz als Pacht in den Keller der Zechburgerschaft abführen. Hatte die Zeche, wie es vom Ende des 16. Jahrhunderts ab vielfach geschah, das rebenbestandene Zechenland als vererbliches Lehen ausgegeben, so durfte die Baufamilie in männlicher und weiblicher Linie das Land vererben, jedoch den Zechenbesitz nicht mehr als zur Hälfte unter sich teilen. Nach der Überlieferung war jeder Zechburger ein ehrlicher Biedermann von gutem „Gerücht und Herkommen", ein sittsamer und verträglicher Mann und nach Verstand, Vermögen und Person zur Zechburgerschaft qualifiziert. Ein neuer Zechbruder hatte einen Imbiß zu geben, an dem auch die „Burgfrauen" teilnahmen. Sonst hatte das weibliche Geschlecht keinen Zutritt zu den Zusammenkünften der Bruderschaft.

Die „Zechen" waren eine Art geheimer Gesellschaften, die um ihre fröhlichen Sitzungen den Wall unverbrüchlichen Schweigens schufen. Aus diesem Grunde ist fast nichts vom Brauchtum und fröhlichen Zeremonien der Zechgesellschaften überliefert. Sie wollten Erheiterung und Belustigung bei fröhlichem Trunk und hielten sich deshalb jede Störung und die Einflüsse des Philistertums weit vom Leibe.

Die Weinfeste in der heutigen Form lassen kaum ahnen, welche Belustigung und Heiterkeit einstens in den Zechburgen zu Hause war. Heute wie früher aber geben „Weinfeste" Erquickung von der Hast und der Nüchternheit des Alltags. Die Winzer und die Bewohner des heimischen Raumes schauen daher bereits nach Wiesloch, wo die Festlichkeiten um die heimatlichen Rebengewächse ihren unbestreitbaren Höhepunkt mit dem am kommenden Wochenende beginnenden achttägigen kurpfälzischen (unterbadischen) Winzerfest erreichen. K. S.

Wein macht munter geistreichen Mann;
Weihrauch ohne Feuer man nicht riechen kann.

Goethe (1749–1832)

Bruchsaler Rundschau Nr. 249 vom 24. Oktober 1963

Der Kraichgau — gesegnetes Weinland

Vom „Klosterberg" ins „Himmelreich" – Über den „Kapellenpfad" zum „Schloßberg"
Vom „Bergwäldle" auf den „Spitzenberg" – „Kochmändel" und „Götzer"

Das Land zwischen Rhein und Neckar ist ein geschichtsreiches und paradiesisches Land. Es war bevorzugtes Dekumatenland der Römer; hier bauten die Vornehmen ihre Villen und siedelten ausgediente Soldaten an. Die germanischen Völker der Alemannen und Franken kämpften um diesen Flecken Erde und ließen sich hier nieder. Seine Landkarte glich bis zur Entstehung Badens 1803 einem Mosaik weltlicher und kirchlicher Territorien. Aber so parzelliert das Land früher auch war, seine Fruchtbarkeit und ein üppiges Wachstum legitimierten es zu allen Zeiten als einen „Garten Gottes".

Der Kraichgau ist ein anmutiges Hügelland und fesselt durch seinen Reichtum an romantischen Idyllen. Alles ist abgewandelt in zarte Pastelltöne. Auf seinem fruchtbaren Boden gedeihen vorzügliche Weine. Unter fast südländischer Sonne reift die edle Gabe des Weinstocks, den schon die Römer mitbrachten.

Auf den Spuren vielversprechender Etiketten

Wenn die Farbspiele des Herbstes das Land in ein „buntes Bilderbuch" verwandeln, lockt das Bukett des Weines zu einer Herbstreise. Als Wegweiser dienen dem Kenner vielsagende Namen wie „Klosterberger", „Eichholz", „Altenberg", „Weinhecke", „Himmelreich", „Letten", „Kapellenpfad", „Schloßberg", „Burggraben", „Götzer", „Spiegelberg", „Herrenwäldlein", „Kochmändel", „Bergwäldle" und „Spitzenberg".

Die Fahrt geht zunächst landeinwärts, das Salbachtal hinauf, zu der ehemaligen freien Reichsstadt der rechtsrheinischen Kurpfalz Heidelsheim. Die verhältnismäßig junge Weinbaugemeinde hat sich in ihren Stadttoren, Patrizierhäusern und dem geschlossenen Marktplatz einen guten Kern einstigen Glanzes bewahrt. In vielen Krümmungen und Steigungen windet sich ab Heidelsheim die „Weinstraße" durch einen herrlichen Buchen- und Eichenwald nach Gochsheim. Auf der Höhe bei Oberacker bietet sich dem Auge ein malerischer Blick in das Tal der Kraich und auf das „Fachwerkdorf des Kraichgaues" Münzesheim.

Winzerzentrum zu Füßen der Ravensburg

Über Flehingen führt die Straße in das Rebland des östlichen Kraichgaues. Derdingen, Kürnbach und Sulzfeld sind berühmte Etappenziele der Weinreise. Im Stromberggebiet ist der Weinbau seit vielen Jahrhunderten zu Hause. Vom Weinbau in Derdingen kündet die altehrwürdige Anlage eines ehemaligen Pfleghofes des Klosters Herrenalb. Unweit von Derdingen befindet sich inmitten einer idyllischen Naturzone auch der Kraichsee, das Quellgebiet des Kraichbachs. Reich an Fachwerkbauten und prachtvollen schmiedeeisernen Wirtshausschildern aller Kunstepochen ist das Winzerdorf Kürnbach. Zu den Sehenswürdigkeiten gehört neben einem Epitaph in der Kirche ein wohlerhaltenes Wasserschloß der einstigen „Herren von Sternenvels" mit einer Madonna aus der Schule Tilmann Riemenschneiders. Das durch seinen Weinbau berühmte Sulzfeld liegt zu Füßen der weingesegneten Ravensburg, die weithin als Markierungspunkt erkennbar ist. Die mittelalterliche Burganlage, heute ein beliebtes Ausflugsziel, erhebt sich inmitten ausgedehnter Weingüter.

Sonnige Steillagen im waldreichen Katzbachtal

Von Sulzfeld führt die Weinroute an Eppingen vorbei über Rohrbach a. G. nach Landshausen. Eine urwüchsige bäuerliche Bevölkerung gibt dem Ort ein heimeliges Gepräge. Menzingen tritt als nächster Reisepunkt geschichtlich hervor. Mit seinem oberen Schloß, der zweiflügligen „Schwanenburg" (1568/69) und den Relikten eines Wasserschlosses, gibt es Zeugnis von der Feudalherrschaft des Mittelalters.

In das Weinbaugelände im oberen Katzbachtal führt von Menzingen aus eine gut ausgebaute Straße, die auch die Schönheiten der Landschaft erschließt. Schon aus der Ferne grüßt das Winzerdorf Tiefenbach. Neben Eichelberg und Hilsbach gehört es zu den berühmten Weinbaugemeinden der engeren Heimat. Auf Keuperformation an steilen Südhängen reift an dieser Ecke des Kraichgaus ein erlesener Tropfen. Tiefenbach führt im Ortswappen die Weintraube. In Eichelberg läßt sich der Weinbau sehr frühe nachweisen. Schon Kaiser Heinrich II. schenkte um 1002 der Domkirche in Speyer mehrere „Weinberge auf Eichelberger Gemarkung". Das ehemals befestigte Hilsbach erhielt 1325 von Kaiser Ludwig die Stadtrechte. Zu seinem Ruf als Weinort kommt noch die schmückende Bezeichnung „Rothenburg des Kraichgaues".

Weinparadies vorderer Kraichgau

Auf landschaftlich schöner Strecke geht die Fahrt über Waldangelloch und Michelfeld nach Eichtersheim, das ein Wasserschloß mit Naturschutzpark aufweist. Der Duft des Weines führt über sanfte Hügelkuppen westwärts nach Östringen, durch das von fruchtbarer Flur umgebene Rettingheim nach Malsch, dem weitbekannten Wein- und Wallfahrtsort. Das an den Letzenberg sich anschmiegende Dorf betreibt nachweisbar seit 784 Weinbau. Die Verbindung mit der Winzergemeinde Rotenberg ist durch eine nach Mühlhausen führende Straße gegeben. Rotenberg liegt im Angelbachtal und war einst mit städtischen Privilegien ausgestattet. Von der Höhe grüßt majestätisch Schloß Reichenau auf das frühere „fürstbischöflich speyerische Rentamt“ herab.

Wiesloch — Pflegestätte des Rebensaftes

Herz und Mittelpunkt des unterbadischen Weinlandes ist Wiesloch. In dem freundlichen Städtchen ist die „Kraftzentrale“ der heimatlichen Weinwirtschaft. Hier fließt nach dem Herbst der Weinstrom fast aller weinbautreibenden Gemeinden des Bezirkes zusammen. Hier werden die Weine unter der Obhut und Fürsorge des Winzerkellers ausgebaut und vertrieben. Die Skala der auf den Markt gelangenden Erzeugnisse umfaßt eine Fülle edler Sorten: Riesling, Ruländer, Gewürztraminer, Weißburgunder, Auxerrois, Sylvaner, Müller-Thurgau, Schwarzriesling, Burgunder und St. Laurent wetteifern u. a. um die Gunst der Genießer.

Die Luft ist würzig in diesem Weinparadies. An mäßig hohen Bergen ziehen sich die wohlausgerichteten Zeilen der zahlreichen Weinberge hinan. Auf großen Flächen wächst ein köstlicher und vorzüglicher Wein. Ein Gang durch die Rebanlagen Wieslochs beeindruckt und man staunt über das dem Auge sich darbietende Bild.

Gesegnetes Weinland vor Bruchsals Toren

Die Bäderecke des Kraichgaues, Mingolsheim, Langenbrücken und Ubstadt, an der von Wiesloch aus südwärts führenden „Bergstraße“ gelegen, erschließt einen weiteren Schwerpunkt alter Weinbautradition.

Die Weinbauzone „Kraichbach“ liefert einen Qualitätswein von besonders ausgereifter Güte. Das aufstrebende Schwefel-Heilbad Mingolsheim überrascht durch seine Kuranlagen. Eine lange Weinbautradition hat Langenbrücken, altberühmtes Schwefelbad, wo vor Jahrzehnten im verträumten Park russische Großfürsten Hof hielten. In Stettfeld, dem früheren Knotenpunkt im römischen Straßennetz, zweigt die „Weinstraße“ nach Zeutern ab. Den alten Ruf als Weinort eroberte sich die Gemeinde in der Gegenwart wieder zurück. Manches mittelalterliche Baudenkmal weist auf eine reiche Geschichte hin.

Schöne Ausblicke vermittelt die Fahrt durch das unter Katzbachtal. Als gastliches Dorf empfiehlt sich Odenheim. Der im Nibelungenlied erwähnte Ort ist von ausgedehnten Laubwäldern umgeben. Auf windungsreicher Straße wird Neuenbürg erreicht. In den letzten Jahren erweiterte der Ort seinen bäuerlichen Erwerbszweig durch eine Wein- und Obstanlage.

Als letzte Einkehrstätte der herbstlichen Weinreise durch den Kraichgau wirbt das an der Pforte zum Kraichbachtal gelegene Ubstadt. Auf Muschelkalkboden und sonnigen Südlößlehmlagen reift ein vorzüglicher Tropfen. Schon vor Jahrhunderten schwangen die „Herren von Ubstadt“ in dickbauchigen Krügen den edlen einheimischen Rebensaft und in den Klöstern Odenheim und Maulbronn, zu deren Gönner die „Edlen von Ubstadt“ gehörten, leerten die Mönche ebenso wie die in Kampfspielen sich erprobenden Ritter genüßlich volle Humpen des belebenden Getränkes. Das Dorf, dessen Geschichte in die römische Ära zurückreicht, wurde durch seine Salzwasserquelle auch als Badeort berühmt.

Neben Bruchsal gehört auch Obergrombach zu den ältesten Weinbaugemeinden. Es ist ein mittelalterlicher Marktflecken mit reizenden Partien, romantischer Burganlage und teilweise erhaltener Stadtbefestigung.

Der Kraichgau ist ein stilles Land. Er bietet sich nicht an, er will entdeckt werden. Himmel und Erde — im Wein dieser Landschaft verbinden sie sich. Der Wein ist das Blut und darin spiegelt sich die Sonne. Im Menschen kommt der Rebensaft zu voller Reife, so sagen die Winzer. Deshalb soll den Wein studieren, wer die Menschen erkennen will. In der Kelter der Zeit reifen Mensch, Traube und Jahr.

K. S.

Bruchsaler Rundschau vom 2. November 1963

Kraichbach wurde gesäubert

Einsatz von chemischen Mitteln zur Unkrautbeseitigung

Ubstadt. Neben der Dorfverschönerung widmet die Gemeindeverwaltung auch der Reinhaltung der Wasserläufe ein besonderes Augenmerk. In den letzten Jahren wurde mancherlei unternommen, um für Sauberkeit zu sorgen.

Die Gemarkung der Gemeinde weist rund 18 Hektar Wasserfläche auf. Neben dem Baggersee (8 ha) im Hochallmend an der Straße nach Weiher ist das größte fließende Gewässer der Gemeinde der Kraichbach. Vor wenigen Jahrzehnten noch bildete der Wasserlauf der Kraich die südliche und westliche Begrenzung des Ortes. Der bauliche Aufschwung brachte es aber mit sich, daß der Bach heute „durch den Baukern des Ortes“ fließt und somit ein verunreinigtes Bett nicht nur einem schönen Dorfbild abträglich wäre, sondern auch in hygienischer Sicht eine große Gefahrenquelle für die Gesunderhaltung der Bevölkerung darstellen würde.

Der Wasserlauf der Kraichbach verwilderte in den vergangenen Jahren zusehends. Im Verlauf der Jahre 1962 und 1963 erreichte die Verwilderung einen Höhepunkt, der zu Besorgnis Anlaß gab. Nie zuvor wiesen das Bachbett und die Ufer der Kraich eine solche Menge von Unkraut auf. Das plötzliche starke Auftreten wild wuchernder Wasserpflanzen war mit der herkömmlichen Methode des Ausputzens nicht mehr zu beseitigen. Als Ausweg blieb nur die chemische Bekämpfung übrig. Die Hochgräser an den Ufern wurden 1962 mit einem wirksamen Mittel gespritzt.

Schilf und andere Gewächse mit zum Teil schwertartigen Blättern (Wasserschwalm) verunstalteten aber weiterhin das Landschaftsbild. Auch das reichliche Vorkommen der Brennessel auf der westlichen Bachseite bot einen unschönen Anblick. Im Frühjahr 1963 rückte man diesen Pflanzen ebenfalls mit einer Giftspritzung zu Leibe. Der Aktion war ein guter Erfolg beschieden und der Bachdamm blieb auf seiner ganzen Länge sauber.

Unerläßlich war die Spritzaktion für die Reinhaltung des Bachbettes selbst. Die Wasserpest, eine Pflanze mit dichten, langen Armen, die auf der Oberfläche liegen, verfilzte den Bach, so daß der Lauf des Wassers gehemmt war. Von der Hummelwiese bis zur Gemarkungsgrenze gegen Stettfeld erstreckte sich das Geflecht dieses Wasserschmarotzers. Die chemische Bekämpfung in diesem Falle erfolgte mit einem Mittel, das über die Blätter bis zu den Wurzeln wirkte. Das Wasser plätschert nun wie eh und je gemächlich dem Vater Rhein zu.

Zum Programm der Sauberhaltung gehörte nach dem Bau der Kanalisation auch die Beseitigung alter Wassergräben, die seither das Abwasser der Wohngebäude aufnahmen. Solche Gräben befanden sich in der Bruchsaler Straße, in der Siedlung entlang der Weiherer Straße und als Zulauf zur Berz unterhalb des Hühnerberges bei den Grolsgärten. Diese Gräben bildeten mehr oder weniger Brutstätten für Ungeziefer und Insekten. Nach dem in naher Zukunft zu erwartenden Kanalisationsabschluß wird dieses Problem nicht mehr bestehen.

In diesem Zusammenhang ergibt sich allerdings die Frage, ob der Wassergraben in der Hinterwiese, der sich an den Häusergärten entlangzieht, nicht auch zugeschüttet werden sollte. Wird dieser Plan erst zu einem späteren Zeitpunkt ins Auge gefaßt, so sollte der Graben in Bälde gereinigt werden. Der augenblickliche Zustand macht nicht gerade den besten Eindruck. K. S.

Bruchsaler Rundschau Nr. 278 vom 29. November 1963

Altbürgermeister Serden †

Ubstadt. Altbürgermeister und Bäckermeister Andreas Serden starb im Alter von 78 Jahren in Stetten bei Meersburg. Der Verstorbene erfreute sich großer Beliebtheit und Wertschätzung. Ehrende Nachrufe am Grabe zeichneten nochmals das arbeitsreiche Leben des Verstorbenen auf. Andreas Serden war in den Nachkriegsjahren Bürgermeister der Gemeinde Stetten.

Der Farblichtbildervortrag des VBW „Finnland — Land der tausend Seen" wies einen guten Besuch auf. Der Redner, Oberlehrer Schild, Heidelsheim, zeigte eindrucksvolle Aufnahmen, die besonders das Charakteristische dieses nordeuropäischen Landes hervorhoben.

Der nächste Vortrag des VBW findet am 9. Dez. statt. Auf dem Programm steht ein Referat von Dr. habil. Hans Endres, Saarbrücken, über das Thema „Liebe — leiblich — seelisch — geistig"

Die Jugendmannschaft des FV „Viktoria" gastiert am 8. Dezember in Pforzheim. Sie bestreitet mit der A Jugendelf des 1. FC Pforzheim das Vorspiel zur Regionalligabegegnung Pforzheim gegen Ulm. Die Rückfahrt erfolgt erst nach Beendigung des Ligaspieles. Interessenten mögen sich bei der Vorstandschaft des Fußballvereins oder bei Jugendleiter Erwin Hagenmeier bis zum Wochenende anmelden. K. S.

Andreas Serden
1885 - 1963

Bruchsaler Rundschau Nr. 292 vom 16. Dezember 1963

Ortseinfahrt Ubstadt — ein Sorgenkind

Neue Probleme bei der Einmündung der Unteröwisheimer Landstraße in die B 3

Ubstadt. Auch eine in guter Absicht ausgeführte Handlung kann unter Umständen böse Geister auf den Plan rufen. Das beweiskräftige Beispiel stellt die Straßenabzweigung nach Unteröwisheim dar.

Hier stand rund 250 Jahre lang eine Marienkapelle, überschattet von der dichten Laubkrone einer mächtigen Linde. Das Ganze bildete eine Verkehrsinsel, um die der von Jahr zu Jahr stärker werdende Straßenverkehr brandete. Es dauerte nicht lange bis die Kapelle, so alt wie das Bruchsaler Schloß, mit einem Vesperbild, das vermutlich ein Künstler schuf, der beim Bau des Bruchsaler Schlosses mitwirkte, zum Diskussionsobjekt der Verkehrsexperten wurde. Das altehrwürdige „Glaubensdenkmal" beeinträchtigte den Verkehr, die Frequenz der Straße verlange eine Erweiterung der um die Kapelle führenden Ein- und Ausfahrt, so wurde gesagt.

Das Argument der Sichtbehinderung erwies sich stärker als alle pietätvollen Bedenken und Einwendungen der historischen Denkmalspflege. So wurde die Kapelle ein Opfer der Straßen- und Städteplaner, man riß sie ab, erstellte sie aber wieder an einem anderen, nach heutigen Begriffen geeigneteren Platz, schöner und weihevoller als vorher.

Mit dem Abbruch der Kapelle verschwand ein Wahrzeichen des Dorfes. Der eindrucksvolle Anblick der südlichen Ortseinfahrt war verloren. Bald aber erkannten die zuständigen Behörden, daß durch die Verlegung der Kapelle die Situation sich nicht wesentlich verbessert hatte. Als der alte Kapellenplatz in eine nur randsteinhohe Verkehrsinsel umgestaltet war, drang diese Erkenntnis allgemein durch. Die neuangelegte Insel präsentierte sich dann auch wochen- und monatelang im halbfertigen Zustand.

Die Bürger, über diesen Anblick zuerst ungehalten, dann aber verwundert, staunten nicht schlecht, als vor wenigen Wochen wiederum ein Bautrupp aufkreuzte. Durch Heranziehung privaten Vorgartengeländes wurde auf der nördlichen Seite die Straße erweitert, die vorhandene Insel beseitigt, und eine neugeformte Mittenbegrenzung angelegt. Das Problem schien gelöst, aber die Freude war nur von kurzer Dauer, es stellte sich nämlich heraus, daß trotz Straßenerweiterung die eigentliche Fahrbahn schmäler als vorher ausgefallen war. Die geschwungene Form der Insel fügt sich zwar gut ins Straßenbild ein, ihre Größe aber, besser gesagt ihre Länge, macht sie zu einem prächtigen Gefahrenpunkt.

Eine kürzliche Überprüfung durch behördliche Dienststellen ließ erkennen, daß das letzte Wort noch nicht gesprochen ist. Eine nochmalige Erweiterung der Straße, aber auf der südlichen Seite, würde das ganze Dilemma beheben. Die Verkehrsinsel sollte man erhalten, doch müßte sie um zwei bis drei Meter in ihrer östlichen Spitze verkürzt werden. So würde die Dorfeinfahrt immer noch einen schönen Anblick bieten. Wünschenswert wäre schließlich noch die Anlage eines Gehweges auf der südlichen Seite der Straße. K. S.

Bruchsaler Rundschau vom 31. Dezember 1963

Eiserne Hochzeit in Ubstadt

Ehepaar Johann Ambros und Gertrud Eiser fünfundsechzig Jahre verheiratet

Ubstadt. Die Bevölkerung erlebte in den letzten Tagen des Jahres ein Ereignis, das seit vielen Generationen in der Gemeinde ohne Parallele ist. Das diesjährige Weihnachtsfest wurde für die Eheleute Johann Ambros Eiser und Frau Gertrud, geb. Strobel, zu einem Fest der Gnade, denn vor 65 Jahren schlossen beide den Bund fürs Leben. An der eisernen Hochzeit nahm die ganze Einwohnerschaft herzlichen Anteil.

Zu den Gratulationen und Ehrengaben der weltlichen und kirchlichen Behörden des Landes, Kreises und der örtlichen Stellen und Vereinigungen konnte das „eiserne" Paar auch zahlreiche Beweise aufrichtiger Freude und Anteilnahme von den Mitbürgern entgegennehmen. Bei der Bevölkerung erfreut sich das Jubelpaar großer Wertschätzung und Beliebtheit. Beide Ehepartner sind noch von einer erstaunlich geistigen und körperlichen Rüstigkeit. Johann Eiser wurde am 6. 4. 1867 in Ubstadt geboren, seine treue Lebensgefährtin Gertrud am 25. 11. 1877 in Konstanz. Nach der aktiven Militärzeit 1887 bei der Kavallerie (Schwarze Dragoner) in Schwetzingen war der Jubilar in jungen Jahren an der Schweizer

Grenze als Zollbeamter tätig. Während dieser Zeit lernte er in Konstanz seine Frau kennen. Am 24. 12. 1898 begannen sie den gemeinsamen Lebensweg. Bald darauf kehrte das junge Ehepaar nach Ubstadt zurück. Johann Eiser übernahm hier die Steuererhebungsstelle, die er viele Jahrzehnte verantwortungsbewußt verwaltete. Er kaufte sich 1910 ein Haus in der Mühlwiesenstraße, wo er heute noch mit seiner Frau wohnt.

Mit einer hl. Messe zur Erneuerung des Ehebundes begann das Jubelpaar seinen Ehrentag. Pfarrer Albert Eisele hielt die Predigt. Ein Erlebnis dieser Art sei ein hoher Gnadenbeweis der Allmacht Gottes. Die 65. Wiederkehr des Hochzeitstages feierte das Jubelpaar dann im Rahmen eines schönen Familienfestes. Zwei Söhne und zwei Töchter, die alle noch leben, gingen aus der Ehe des Jubelpaars hervor. Dem engeren Familienkreis gehören ferner sieben Enkelkinder und sieben Urenkel an. Ein Enkelkind und zwei Urenkel wohnen in den USA. Eine Tochter des Jubelpaares ist mit Bürgermeister Fritz Hagenmeier verheiratet. Bei der diamantenen Hochzeit vor fünf Jahren konnte das Ortsoberhaupt sein 25jähriges Ehejubiläum feiern. Das Jubiläum steht täglich früh auf und führen beide allein noch ihren Haushalt. An Sonntagen geht es fast immer in die Frühmesse. Johann Eiser ist der älteste Einwohner der Gemeinde und gleichzeitig auch der älteste lebende „Akziser" (Steuereinnehmer) Deutschlands. Den Beruf des Akzisers gibt es heute nicht mehr. Der Akziser bestimmte als der vom Gesetz legitimierte Vertreter früher in seinem Bezirk die Höhe der von den Steuerpflichtigen zu zahlenden Abgaben. In den zwanziger Jahren wurde diese Form abgelöst.

Trotz seines hohen Alters von nahezu 97 Jahren verrichtet Johann Eiser heute noch kleinere landwirtschaftliche Arbeiten. Und wenn in der nahen Kreisstadt Bruchsal etwas zu besorgen ist, erledigt er dies nicht selten ganz allein. Eine gute Zigarre lehnt er nicht ab. Wenn man raucht, schmeckt erst das „Viertele" richtig. Am lokalen und politischen Geschehen nimmt Johann Eiser ebenfalls lebhaften Anteil. Besonders dem örtlichen Vereinsleben schenkt er viel Aufmerksamkeit. Seine Liebe gilt der Musik und dem Gesang. Beide Vereine würdigten schon vor Jahren die Verdienste des Jubilars, indem sie ihn zum Ehrenmitglied ernannten. Sein Interesse gilt auch dem Fußballsport. Bei schönem Wetter ist Johann Eiser mit seiner Frau am Sonntagnachmittag auf dem Sportplatz anzutreffen. Mit zum gewohnten Alltag für das Jubelpaar gehören bei günstiger Witterung gemeinsame Spaziergänge. Kurz vor dem Herbst besichtigte er mit seiner Gattin in Wiesloch den Winzerkeller und die dortigen Rebanlagen.

Wir wünschen Johann Eiser, der ein eifriger Leser seiner Heimatzeitung „Bruchsaler Rundschau" ist, und seiner Frau Gertrud zum „eisernen" Lebensbund alles Gute: viel Glück, Gesundheit und Gottes Segen für einen noch recht langen, gemeinsamen und sonnigen Lebensabend. K. S.

Bruchsaler Rundschau Nr. 160 vom 13. Juli 1964

Im Ubstadter „Wiesental"

Vorratskammer der Bauern zu Füßen des Kraichgauer Hügellandes

Ubstadt. Ein grüner Teppich erstreckt sich westlich des Dorfes, — das Wiesengelände der Gemeinde, die Vorratskammer des Bauern für die winterliche Stallfütterung. Saftig steht das Gras auf dieser nahezu 800 Schritt breiten und etwa 2500 Schritt langen Wiesenzone. Westlich wird diese begrenzt vom Bahnkörper der Bundesbahn Heidelberg — Karlsruhe und östlich von der den vorderen Kraichgau erschließenden Nebenbahnlinie Bruchsal — Menzingen/Tiefenbach. Von der Höhe des Dorfes beim Bahnhof der Nebenbahn nimmt auch die Kraichbach nach ihrem Austritt aus dem Hügelland in nördlicher Richtung ihren Lauf entlang am Rande dieser Rasenfläche.

Eben wie die norddeutsche Heidelandschaft so breitet sich das Gelände zu Füßen der ansteigenden Kraichgauhügel aus, die unweit an der östlichen Gemarkungsgrenze Ubstadts mit dem Eisenhut (221 m) ihren höchsten Punkt in diesem Landabschnitt erreichen. Die südliche Grenze bildet das Bruchgelände mit dem dort 1956 erbauten Hof „Marienau“, während nördlich die jetzt mit Erlen aufgeforstete Brachfläche im „Roßhäußer“, die vordem mit Schilf bewachsen war, die Wiesenzone abschließt.

1938 für den Wohnungsbau erschlossen

Die nach Weiher führende Landstraße trennt das Wiesental in zwei Hälften. Die Grundstücke beiderseits der Straße wurden seit 1938 für den Wohnungsbau erschlossen. Durch die rege Bauinitiative der Nachkriegsjahre begünstigt, entstand im vergangenen Jahrzehnt an dieser Stelle ein ausgedehntes Neubaugebiet der Gemeinde. Der ursprüngliche Reiz des weit überschaubaren Wiesentales wurde durch die Besiedelung nur wenig beeinträchtigt. In der Ausdehnung wohl beschnitten, büßte es von seiner landschaftlichen Schönheit nichts ein. Die Bautätigkeit dehnte sich besonders auf den nördlichen Teil des Tales aus. Hier befindet sich auch die von Kastanien und Pappeln umsäumte Sportanlage der Fußballer. Unmittelbar neben der den Kraichbach überführenden Brücke befand sich vor Jahren an der nordöstlichen Ecke der südlichen Hälfte die ehemalige „Gänsweide“. Im Zuge der für die Gemeinde aufgestellten neuen Bauordnung wurde dieser Platz neuerdings als Schulsportplatz ausgebaut und seitlich mit Linden bepflanzt.

Meer der Stauden und Blumen

Ein warmer Sommertag offenbart dem Betrachter bei einem Gang durch das Wiesental eine Fülle zauberhafter und geschäftiger Eindrücke. Das grüne Kleid der Wiesenpflanzen nuanciert die Farbe der Hoffnung in vielerlei Schattierungen. Ein wohltuender Anblick für das Auge. In leichter Bewegung befindet sich das Meer der Stauden und Halme, denn fast immer streicht ein sanfter Windhauch über die unzähligen Blüten und Blättchen, über die Spitzen der haarwuchs-dichten Grasnarbe. Das vom Wind verursachte Spiel läßt ahnen von dem tiefen Geheimnis des Lebens. Die blumenbestickte Rasenfläche gleicht in ihrer Weite dem Miniaturbild einer nordamerikanischen Prärie. Im Bereich der Bodenregion, zwischen dem vielfältigen Grün, findet sich eine Welt kleiner und kleinster Lebewesen. Ameisen und Käfer führen hier ein beschauliches Dasein. Heuschrecken hüpfen hin und her und auch Grillen zirpen rechts und links des Weges. In schneidigem Flug tummeln sich Insekten über dem wogenden Meer der Grashalme, zwischen denen nicht selten auch Spinnen auf Beute lauern. Die mit hauchfeinen Fäden kunstvoll gesponnenen Fangnetze verführen die Fliegen zu einer oft tödlichen Rast. Bienen kreuzen über den Dolden und Blütenkelchen in eifriger Suche nach Nektar. Der über dem Tal liegende honigsüße Ozon belebt und erfrischt den in das Schöpfungswunder der Natur vertieften Wanderer. Behäbig brummt die Hummel ebenfalls auf Entdeckungsflug nach süßer Kost. Eine Ringelnatter gleitet über den Boden und stört den gleichmäßigen Rhythmus des feingliedrigen Graswaldes. Auf einem kleinen, vom Maulwurf aufgestoßenen Erdhügel, sonnt sich eine Eidechse. Sie beobachtet dabei eine Blindschleiche, die sich unweit von ihr durch das Gras schlängelt. Aufgeschreckt holpert ein Hase den Weg entlang und vertreibt eine in der Sonne spielende Mausfamilie in das Erdinnere.

Reiche Ernte für den Schnitter

Zur Heuernte geht es im Ubstadter Wiesental geschäftig zu. Leicht und sommerlich angezogen mit Strohhüten auf dem Kopf, verrichten Bauer und Bäuerin die Erntearbeiten. In aller Frühe geht es hinunter ins Tal. Das Mähen des Grases geschieht heute maschinell. Ein schwacher, knirschender Laut begleitet den Messerbalken, der am Traktor angebracht ist, wenn die scharf geschliffenen Messer das satte Gras kurz über der Erde abtrennen. Nur noch selten sieht man eine Mähmaschine, von einem Pferd gezogen, im Wiesental. Auch der Anblick des Schnitters gehört einer vergangenen Epoche an, obwohl die Sense auch heute noch zum unentbehrlichen Hofgerät des Bauern gehört. Der Landmann hält sie ständig bereit, um die Wiesen auszumähen oder um drüben an den Rainen und Hängen, wo der Maschine natürliche Grenzen gesetzt sind, mit ihr den Schnitt zu machen. In der Sonne dörrt das geschnittene Gras rasch. Bevor der Bauer das Heu nach Hause in die Scheune fährt, wird es auf der Wiese zuerst nochmals gewendet, damit es gleichmäßig trocknen kann. Das Aufladen und Einbringen ist eine harte Sache. Mancher Schweißtropfen wird hierbei vergossen. Kräftige Männer schwingen das verdorrte Gras mit der langstieligen Heugabel auf die Wagen, wo es von geschickten Händen fachgerecht verstaut wird, so daß von den hoch beladenen Wagen das Heu selbst auf den holprigsten Wegen nicht herunterfällt. Hinter dem Bauernfahrzeug gehen die Frauen mit großen Rechen einher, um die von der Gabel nicht erfaßten Reste beim Aufladen des Heues zu sammeln. Über die Zeit der Heuernte gibt es für den Landmann an den sonnigen Tagen kein Verweilen, denn das Heu darf nur trocken in die Scheune gebracht werden, da neben der Qualitätsminderung auch eine verstärkte Gefahr der Selbstentzündung gegeben wäre.

Ideales Zuhause der Vogelwelt

Nach der Heuernte liegt das Wiesental vorübergehend wie „ausgeplündert“ da. Doch dieser Anblick täuscht. Nur wenige Tage und Wochen wird es dauern, und neues junges Grün belebt wieder die Wiesenfläche. Die Vogelwelt erfreut auch nach der Heuernte den Wanderer. Die Lerche erhebt sich trillernd in die Lüfte und die Grasmücke hält bereits Ausschau nach neuer Nistgelegenheit. Der Bussard zieht nach wie vor seine Bahn am wolkenlosen Himmel, um beim Erspähen einer vorwitzigen Maus sofort herunterstoßen zu können. Auch Gevatter Storch schreitet nicht selten über die abgemähte Rasendecke, da er weiß, daß viele fette Frösche hier zu finden sind. Bis 1946 befand sich im Wiesental, zuerst auf einer Pappel, später auf einem Mast, das Nest einer Storchenfamilie. Leider wurde durch Besatzungssoldaten in jener Zeit, und zwar von einem vorbeifahrenden Zuge aus, die brütende Storchenmutter herabgeschossen. Von dieser Stunde an hatten die Storchenväter kein Vertrauen mehr, hier zu nisten.

Neigt der Tag sich seinem Ende zu, verfließt alles zur Ouvertüre einer süßen Melancholie. Farben und Konturen verschwimmen. Letztmals grüßt die Silhouette der schieferbedeckten barocken Kirche vom nahen Dorfe herüber. Ein Zeigefinger zur Ewigkeit, verleiht sie dem Ort einen majestätischen Akzent.

K. S.

Bruchsaler Rundschau Nr. 202 vom 31. August 1964

Unter Fürstbischof Schönborn gebaut:

Ubstadts Kirche vor 225 Jahren konsekriert

Das barocke Bauwerk ist dem hl. Apostel Andreas geweiht 1252 erstmals Erwähnung einer Basilika

Zierde und Kleinod zugleich ist den Ubstadtern ihre barocke Kirche. Im Zentrum auf einem erhöhten Platz stehend beherrscht sie das Dorf. Unter der Ära Schönborns erbaut und von diesem kunstverständigen Kirchenfürsten besonders gefördert, ist das ehrwürdige Gotteshaus eines der schönsten seiner Zeit. Zur Erinnerung an das 225jährige Jubiläum sei nachstehender Geschichts-Abriß gegeben.

Die Furien des Krieges jagten im 17. Jahrhundert besonders hart über das Gebiet am Oberrhein. In der Kurpfalz, im Hochstift Speyer und somit im Kraichgau herrschte überall großes Elend. Der 30jährige Krieg (1618—1648), die Pestilenz (1666) und die Kriege des Franzosenkönigs Ludwig XIV. (1643—1715) gegen Kaiser und Reich verwandelten das Land in eine Wüste. Anno 1689 tat sich die Hölle auf. Dörfer und Städte sanken in Schutt und Asche. „Brûlez le Palatinat" — Verbrennt die Pfalz —, hieß die schreckliche Parole.

Das traurige Geschick dieser furchtbaren Zeit teilte auch Ubstadt. Die Felder waren verwüstet und die Bevölkerung stark dezimiert. So wohnten 1683 nur 54 Familien im Dorf. Nach einem Visitationsbericht des gleichen Jahres war das Pfarrhaus abgebrannt und das Turmdach der Kirche schwer beschädigt. In derselben befanden sich ein Hauptaltar (St. Andreas) und ein Nebenaltar zu Ehren der hl. Anna.

Neues Leben aus den Trümmern

Die Brandjahre des Pfälzischen Erbfolgekrieges (1688—1697) und des Spanischen Erbfolgestreites (1701—1714) überstanden nur wenige Gebäude des Dorfel unbeschädigt. Die meisten Häuser waren eingeäschert oder doch so demoliert, daß ihre Instandsetzung nur provisorischer Natur sein konnte. Von den heil gebliebenen Gebäuden stehen heute leider nur noch zwei und zwar das Wohnhaus Weiherer Straße 1 und die ehemalige Bannkelter in der Oberen Straße. Das aus dem 12./13. Jahrhundert stammende Gotteshaus wurde ebenfalls ein Opfer der Zerstörung.

Im zweiten Jahrzehnt des 18. Jahrhunderts kehrte dann endlich eine Periode der langersehnten Ruhe in das Hochstift ein. Unter der glücklichen Regierung des Fürstbischofs und Kardinals Damian Hugo von Schönborn (1719 bis 1743) lebte mit dem ganzen Land auch Ubstadt wieder auf. Die Kriegswunden vernarbten allmählich und mehr und mehr wurde bei der Bevölkerung der Wunsch nach einer neuen Pfarrkirche laut.

Beginn der Bauarbeiten 1729

Die Planung der neuen Kirche war dem Bruchsaler Baumeister Johann Georg Stahl übertragen. Ende der 1720er Jahre waren die Vorarbeiten soweit gediehen, daß 1729 mit dem Kirchenneubau begonnen werden konnte. Das ruinöse Langwerk des alten Baues wurde abgerissen, nur der Turm blieb vorerst stehen.

Die Gemeinde besaß damals in Johann Karl Walter (1722—1755) einen tüchtigen Schultheißen, der energisch für das Gelingen des Werkes eintrat. Er hatte über die Bauzeit „manchen Span" auszufechten, denn das Prozessieren mit dem mitbaupflichtigen St.-German-Stift in Speyer, dem Zehntherrn des Dorfes, nahm kein Ende. Das Stift wollte oder konnte für den Kirchenneubau nur spärliche Mittel zuschießen. Schulheiß Walter beschlagnahmte daraufhin kurzerhand das Zehnterträgnis und führte den Erlös dem Baufond zu. Fürstbischof Schönborn billigte dieses Vorgehen und untersagte dem Stift alle Regreßmaßnahmen.

Nur schleppender Kirchenbau

Das gespannte Verhältnis mit dem Zehntherren bewirkte daß die Arbeiten an dem Kirchenbau nur schleppend vorangingen. Ein Visitationsbericht vom 23. Juli 1733 vermerkt die Notwendigkeit eines baldigen Bauabschlusses. Es heißt da: „Die Ubstadter seufzen Tag und Nacht nach nichts anderem, als daß doch endlich der Gottesdienst in ihrer neuen Kirche möchte abgehalten werden, denn es sei schwer, so viele Jahre dem Gottesdienst unter freiem Himmel, in Regen, Schnee und Wind beiwohnen zu müssen". Der Regent kommentierte diesen Bericht mit der Randnotiz: „Der Pfarrer und die, so die Kirche bauen, sind schuld; die Kirche ist noch nicht fertig und wenn der Gottesdienst gestattet wird, wird sie nicht fertig. Er, der Bischof, ist jeden Tag bereit zur Weihe." Der Pfarrer, den Schönborn hier anklagt, hieß Johann Christopf Hertsberg. Er war wohl ein kranker Mann, denn er starb am 22. Mai 1734 erst 36 Jahre alt, wahrscheinlich das Opfer der traurigen Lage.

Erneute Kriegswirren verhindern Weihe

Ungewollte Ereignisse verzögerten die Konsekration. Der Polnische Erfolgekrieg (1734 bis 1737) brachte neuen Kriegslärm ins Land und Fürstbischof Schönborn mußte drei Jahre in der Ferne weilen. Die Franzosen hausten während dieser Schreckensjahre auch in Ubstadt. In dem bereits überdachten Rohbau der Kirche richteten sie ein Fourage-Depot ein. So verging bis zum Tag der glücklichen Einweihung ein volles Jahrzehnt, denn erst am 26. April 1739 erlebte die Bevölkerug dieses feierliche Ereignis. Die Weihe nahm der Landesvater in Anwesenheit des ganzen Hofstaates selbst vor und auch damals erfolgte die Einsegnung, bevor der Innenausbau zu der vom Bischof gewünschten Vollendung gelangt war.

Gotteshaus erhält auch neuen Turm

Als die Zeitverhältnisse wieder friedlich und normal waren, wünschten sich die Ubstadter auch einen zur Kirche passenden neuen Turm. Der fürstbischöfliche Baumeister Stahl regte an, um die Kosten des Abbruchs zu sparen, den alten Turm stehen zu lassen und ihm gegenüber auf der Ostseite einen neuen zu bauen. Schulheiß Walter lehnte diesen Vorschlag ab, denn auf diese Weise würde der neue Turm „wohl gegen Bruchsal in schönen, gegen den Ort aber etwas außer Prospekt" kommen. So wurde der alte Turm abgerissen und auf seinen Fundamenten 1741 der heute noch stehende Turm mit kreuzgewölbtem Untergeschoß als Sakristei gebaut. Die allzu lokalpatriotische Einstellung von Schultheiß Walter beraubte damals Ubstadt um die große Chance, heute noch ein historisches Wahrzeichen des frühen Mittelalters zu besitzen.

Erweiterung der Kirche im 19. Jahrhundert

Nach Vollendung des Turmes wurde allmählich auch das Provisorium des Innenausbaues einem harmonierenden Abschluß entgegengeführt. Weihbischof Andreas Seelmann konsekrierte am 7. November 1773 die inzwischen neu erworbenen beiden Seitenaltäre. Der 1739 erstellte Hochaltar, damals der hl. Dreifaltigkeit gewidmet, „sei geblieben" wie Pfarrer Lehne im Pfarrbuch bemerkte, aber „unter dem Titel des hl. Andreas".

Im 19. Jahrhundert wurde die Vervollkommnung des Ubstadter Gotteshauses fortgesetzt. Auf der nördlichen Seite des Hauptchores baute man 1813 eine neue Sakristei an. Eine bedeutende Erweiterung erfuhr die Kirche in den Jahren 1879/1881. Das Langhaus wurde um eine Fensterachse verlängert und neben einer Gesamtrenovation auch außerhalb das den erhöhten Platz gegen die Straße abstützende Mauerwerk und die Treppenaufgänge ausgeführt. Die ganz aus Holz geschnitzten Kreuzwegstationen, eine Besonderheit der Ubstadter Kirche, lieferte im Jahre 1900 Bildhauer Joseph Eberle in Überlingen für rund 6000 Mark.

Das an der südöstlichen Front hart neben der Kirche stehende „imposante" Pfarrhaus wurde 1913/14 erbaut. Die technischen Erneuerungen der letzten 50 Jahre, die Innenrenovation 1954/55 und die Weihe eines neuen Glokkengeläutes am 23. 8. 1959 durch Missionsbischof Olbert sind noch in guter Erinnerung und bedürfen keiner ausführlichen Erörterung. Lediglich auf die Altargemälde sei noch hingewiesen. Dieselben lieferte Hofmaler Wilhelm Dürr in Freiburg zwischen 1854 und 1861 für 2490 Gulden. K. S.

Sich vom Bösen befreien,
ist das Schwerste, was es gibt,
öffnet aber die Seligkeit.

Karl May (1842-1912)

Bruchsaler Rundschau Nr. 261 vom 7. November 1964

Ubstadter „Martini"-Kirchweih

Fröhliches Fest der Gastfreundschaft — Besucher aus nah und fern

Ubstadt. Über das Wochenende feiert Ubstadt die traditionelle „Martini-Kirchweih". Schon seit Wochen freut sich alt und jung auf die „Kerwe", dem dörflichen Volksfest für groß und klein. Nach Einbringung der Spätjahrsernte, an der Schwelle zur kalten Jahreszeit, führt dieser alte Volksbrauch noch einmal das ganze Dorf zu einem fröhlichen Fest der Gastfreundschaft zusammen.

Die Vorbereitungen hierzu werden bereits seit Tagen getroffen. Überall ist eine emsige Tätigkeit zu erkennen. Die Männer sind um einen saftigen Festbraten bemüht, während die Frauen ausgiebig Kuchen backen. In den Bäkkereien herrscht geschäftiges Kommen und Gehen. Von den Kindern werden die leckeren Backerzeugnisse bevorzugt. Sie können kaum erwarten, bis der Sonntag da ist, damit sie sich an den schmackhaften Dingen gütlich tun können. Die Erwachsenen dagegen finden die richtige Festfreude bei „kräftigeren Sachen". So lieben die Männer vorwiegend einen guten Tropfen des Ubstadter Rebensafts, aber auch dem Festgetränk der Frauen, einer duftenden „starken" Tasse Kaffee sind sie nicht abgeneigt. Die alljährliche „Kerwe", ein schöner ländlicher Brauch, der sich, wenn auch nicht mehr ganz in der ursprünglichen Form, bis in unsere Zeit erhalten hat, ist für die Dorfbevölkerung nach getaner Arbeit im Sommer und Herbst ein verdienter Lohn, ein Tag der Entspannung und unbeschwerter Freude.

An „Kerwe" herrschen Stimmung und Humor. Die Tage der Kirchweih sind nicht nur ein Volks-, sondern auch ein Familienfest. Aus nah und fern kommen die Verwandten und Bekannten zu Besuch. Nicht selten bringt dieses Ereignis nach wochen- oder monatelanger Abwesenheit wieder ein vollzähliges Beisammensein der Angehörigen. Die Geschehnisse des Jahres werden dann ausführlich erzählt, die bestehenden Beziehungen erneuert und die Freundschaftsbande vertieft. Aus Küche und Keller wird das Beste aufgeboten. Alles, was man zum Feiern braucht, ist vorhanden Auch die Gastwirtschaften sind für die Kirchweih gut gerüstet, bedeuten doch die „Kerwetage" das Hauptgeschäft des Jahres. Die Metzger schlachten auf „Kerwe" das Doppelte oder Dreifache des üblichen Quantums, und die Wirte wissen, was sie an diesen Tagen ihren Gästen schuldig sind.

Es gehört zur Sitte der dörflichen Gemeinschaft, daß man mit seinen Besuchern und Nachbarn an diesem Fest zu einem gemütlichen Umtrunk in den Lokalen Einkehr hält. In froher Tischrunde darf die leibliche Stärkung nicht fehlen. Wild, Geflügel oder etwas vom Schwein mit Nudeln oder Sauerkraut, dies alles ist über die Kirchweihtage zu haben. Für jeden Gaumen und Geschmack findet sich das Richtige. Die Tanzlustigen haben reichlich Gelegenheit, das Tanzbein zu schwingen. Die Bevölkerung der näheren und weiteren Umgebung ist über die Kerwetage zu einem Besuch nach Ubstadt herzlich eingeladen. K. S.

Bruchsaler Rundschau Nr. 14 vom 19. Januar 1965

Baufreudiges Ubstadt / Runddorf-Baustil bleibt erhalten

Ubstadt. Die bauliche Erweiterung des Ortes vollzieht sich in einem für das Dorf respektablen Umfang. Vom kleinen, verträumten Bauerndorf der Vorkriegszeit ist heute nur noch wenig spürbar. Der allgemeine wirtschaftliche und soziale Aufschwung, der nach der Währungsreform 1948 einsetzte, erfaßte auch die Gemeinde und ihre Bewohner. Die verkehrsgünstige Lage, das landschaftlich schöne Panorama der Gemarkung sowie die nur wenige Kilometer entfernt liegende Kreisstadt Bruchsal erwiesen sich als weitere vorteilhafte Faktoren einer fortschrittlichen Entwicklung.

Im Zentrum des Ortes erfolgte in diesem Zeitraum manche Veränderung. Alte Wohngebäude wurden abgerissen und an deren Stelle neue errichtet. Wo sich einst eine bescheidene dörfliche Wohnstätte befand, stehen heute geräumige Häuser und Ladengeschäfte, und wo vor Jahrzehnten der Landmann hinter dem Pflug herschritt, auf den an den Ortskern stoßenden Gewannen entstanden neue Wohngebiete. Die Gemeinde vergrößerte sich gleichmäßig nach allen Seiten. Im Süden wurden die Gewanne „Hochstatt" und „Sternen" bebaut; im Osten das Gewann „Überrück" erschlossen, im Norden das Gewann „Hofäcker" und im Westen die „Allmend"-Grundstücke zwischen Kraichbach und Bundesbahnlinie. Nach wie vor ist Ubstadt in seiner Bauweise ein „Runddorf", im Gegensatz zu den Langdörfern in der Hardt.

Mittelpunkt der Gemeinde bildet die erhöht stehende Kirche. Um diesen Platz gruppieren sich auch die anderen örtlichen Institutionen. Das derzeitige Verwaltungsgebäude der Gemeinde in der Hauptstraße wird im Laufe des Jahres aufgegeben, da das alte Schulgebäude an der Bruchsaler Straße nach Abschluß des gegenwärtig in Ausführung befindlichen zweckdienlichen Umbaues als Rathaus weiter benützt wird. Die Inbetriebnahme der neuen Schule am 24. August 1964 war nicht nur ein stolzer Tag für die Gemeinde und deren Bewohner, sondern auch der krönende Höhepunkt unermüdlichen Schaffens. Die zu Ende gegangene Bausaison 1964 ist durch eine verstärkte Initiative gekennzeichnet. Ein Anhalten der Baukonjunktur ist für die kommenden Monate sicher, denn viele private Baulustige des Ortes warten auf die warmen Tage des Frühjahrs, damit sie den Bau eines Eigenheimes beginnen können. Die Zahl der Neubauwohnungen hat bereits den Stand der Altbauwohnungen erreicht. Die im letzten Jahrzehnt innerhalb des Ortsetters entstandenen Siedlungen sind eine Zierde der baulustigen Gemeinde. Die Lebensordnung der Bewohner fügt sich harmonisch in die aufstrebende Entwicklung.

Die strukturelle Verschiebung ist auch in der Motorisierung des Dorfes zu erkennen. Der landwirtschaftliche Bevölkerungsteil, der sich um ein vielfaches verringerte, in seinem jetzigen Bestand aber auf einem gesunden und festen Fundament steht, hat sich weitgehend die Erfahrungen und Erkenntnisse der Neuzeit zu eigen gemacht und die Betriebe maschinell und arbeitsmäßig modernisiert. Die in der Industrie beschäftigten Bewohner haben sich der heimatlichen Scholle nicht entfremdet, denn viele von ihnen bauen noch nach „Feierabend" ein Grundstück ein. Trotz Umwandlung der bürgerlichen Epoche bleiben die Vergangenheitswerte und das Überlieferungsgut der „liebgewordenen alten Zeit" auch für die Zukunft nach Möglichkeit erhalten, denn der reiche und fruchtbare heimatliche Boden besitzt nach wie vor unsagbar viel Charme. Die Ubstadter können stolz auf ihren Ort sein. Jeder Fremde findet sich hier wohl und heimisch. K. S.

Bruchsaler Rundschau Nr. 39 vom 17. Februar 1965

Einmütig für Riesling entschieden

Gemeinde Ubstadt besinnt sich auf ihre Weinbautradition

Ubstadt. Auf Einladung von Bürgermeister Fritz Hagenmeier sprach Geschäftsführer Ludwig Schüttler vom Winzerkeller Wiesloch im „Ritter" zur Ubstadter Winzerschaft. Die im Gewann „Weinhecke" geplante Rebanlage war Anlaß der Zusammenkunft. Mit dem Aufbau soll noch in diesem Jahr begonnen werden. Bepflanzt wird die Anlage mit Rieslingreben.

Zur Winzerversammlung hatte sich eine stattliche Zahl junger und alter Weinbauern des Dorfes eingefunden, die mit großer Aufmerksamkeit den lehrreichen Ausführungen des Redners lauschten. Direktor Ludwig Schüttler referierte zunächst über die deutsche und europäische Marktlage im Weinbau. Für die Weine aus dem Einzugsgebiet des Winzerkellers Wiesloch ist die Situation befriedigend und auch die weitere Entfaltung verspricht erfolgverheißend zu bleiben. Man ist sich heute wieder bewußt, daß Unterbaden schon früher qualitativ hochstehende Weine lieferte, daß in Baden überhaupt mit die besten Weine wachsen.

Die Europäische Wirtschaftsgemeinschaft öffnet viele Schleusen, denn die EWG wird reich sein an Weinangeboten, betonte Schüttler. Französischen und auch die italienischen Weine werden den deutschen Markt überschwemmen. Der deutsche Weinbau braucht vor dieser Entwicklung jedoch nicht zurückschrecken, da die deutschen Weine vielfach eine Ergänzung zum fremdländischen Angebot darstellen. Besonders Baden-Württemberg mit seinen straffen Winzerorganisationen besitzt diese Weine, die auch im Ausland mehr und mehr Eingang finden. Die Losung des Winzers heißt für die Zukunft: Qualitätsweinbau. Spitzenweine sind das Faustpfand des Erfolges, Qualität ist das Gütezeichen für Sicherheit. Die billigen Importweine werden für einen ausgereiften Riesling, Ruländer oder Burgunder zu keiner Gefahr. Der Müller-Thurgau dagegen könnte zu kämpfen haben. Es wird jeder Wein schwer haben, der zu früh geerntet wird, der keine hohen Grade aufweist, denn nur der natürliche Süßgehalt der Trauben führt zum Qualitätswein, betonte der Referent.

Der Riesling aus Ubstadt

Die Sortenfrage für die geplante Rebanlage in der „Weinhecke" war ein weiterer Punkt, zu dem Direktor Schüttler Stellung nahm. Ausgehend von der künftigen europäischen Marktsituation dürfte es für die Ubstadter Weinbauern nicht schwer sein, sich für die richtige Sorte zu entschließen. Die Bodenbeschaffenheit der Umlegungsfläche eignet sich hervorragend zum Anbau von Burgunder- und Rieslingreben. Schon früher wurde in Ubstadt Wein gebaut und der Riesling aus Ubstadt erlangte eine gewisse Berühmtheit von den Weinen des Kraichgaues, die heute noch nachklingt. Die Rieslingrebe als Edelgewächs, die Muschelkalk-Bodenformation und die Gewißheit einer vorzüglichen Reife sind Faktoren, die bejahend für das Unternehmen der Neuanlage sind.

Zum Abschluß seines Referates gab Direktor Schüttler fachliche Hinweise über die Arbeit im Rebgelände. Die Pflegemaßnahmen des Weinbauern bergen die Voraussetzungen zu einem guten Ertrag, soweit sie nicht wetterbedingt sind. Der Winzer möge folgende Regel beherzigen: „Sorgsam pflegen, richtig düngen, schwefeln, spritzen und verjüngen". Für die Behandlung seines Wingerts muß der Weinbauer ein gewisses Maß an Fingerspitzengefühl mitbringen. Hat er diese Eigenschaft und dazu noch den Mut, im Herbst seine Trauben hängen zu lassen bis zur vollen Reife, dann wird er ein Ernteergebnis erzielen, das ihn und die Winzergenossenschaft gleichermaßen befriedigt.

Nachzahlung für 1963

Ohne Gegenstimme erklärte sich die Versammlung für den Anbau der Rieslingrebe. Die Klärung dieser Angelegenheit war hinsichtlich der Bestellung des Pflanzenmaterials von wesentlicher Bedeutung. Die Abrechnung für 1963 bringt für das abgelieferte Traubengut mit hohen Öchsle-Graden noch eine nennenswerte Nachzahlung. Künftig wird sich das Verhältnis der Bewertung von zu früh gelesenen Trauben zu ausgereiftem Behang noch weiter auseinanderziehen. Ein eventueller Mindererertrag wird durch die bessere Entschädigung ausgeglichen.

Mit Bedacht haben sich die Ubstadter für die Schaffung der neuen Rebanlage entschlossen, bemerkte Bürgermeister Hagenmeier im Schlußwort. „Gut Ding geht seine Weile", der Aufbau der Anlage wird unverzüglich vorangetrieben. Es ist zu hoffen, daß die Umlegungsarbeiten vom Flurbereinigungsamt rasch und glatt über die Bühne gehen. Vor Jahrzehnten besaß der „Ubstadter Riesling" einen guten Namen. Das Bestreben der Winzer zielt darauf ab, diesem Vermächtnis nach Generationen wieder gerecht zu werden und den klangvollen Ruf neu aufleben zu lassen. K.S.

Bruchsaler Rundschau Nr. 86 vom 13. April 1965

Ubstadt verabschiedete „Haushalt der Vernunft"

Starkes Interesse der Einwohnerschaft am Kommunalgeschehen — Haushaltvolumen fast 800 000 DM

Ubstadt. Die Bevölkerung nimmt an dem Geschehen der Gemeinde regen Anteil. Der außerordentlich gute Besuch einer in den Bürgersaal anberaumten öffentlichen Gemeinderatssitzung, bei der Bürgermeister Friedrich Hagenmeier den Haushaltsplan der Gemeinde für das Rechnungsjahr 1965 erläuterte, bewies wieder einmal das große Interesse der Einwohner an der kommunalpolitischen Arbeit. Bis auf' den letzten Platz war der Saal besetzt. Viele Einwohner sahen sich wegen Platzmangel zur Umkehr gezwungen.

Die Aufgaben der Gemeinde sind vielfältig. Seit einem Jahrzehnt befindet sich der Ort in einer wirtschaftlichen und sozialen Umschichtung. Innerhalb weniger Jahre mußte sich die Gemeinde mit Anliegen befassen, die früher einem ganzen Jahrhundert vorbehalten waren. Die Liste der bis heute abgeschlossenen Arbeiten ist sehr umfangreich. Sie ist eine Dokumentation für die Nachwelt über einen ehrenvollen Aufbau-Abschnitt. Die Bewältigung der Aufgaben ist ein stolzes Ruhmesblatt für die Gemeinde und ihre Bewohner.

Der Ursprung des gewaltigen Aufbruches liegt in der dörflichen Expansion. Am 17. 5. 1939 hatte Ubstadt 1298 Einwohner, am 13. 9. 1950 waren es 1785 Seelen und am 30. 6. 1964 wohnten 2338 Personen in der Gemeinde. Von dem Bevölkerungszuwachs sind etwa 50 Prozent Heimatvertriebene und Flüchtlinge, die das Schicksal in den ersten Nachkriegsjahren nach Ubstadt führte.

Feldzug Wohnungsbau

Mit Beginn des wirtschaftlichen Aufstieges nach der Währungsreform 1948 setzte auch die Umwandlung in der Gemeinde ein. Vordringlich war der Wohnungsbau. Die beengten Wohnverhältnisse für Alt- und Neubürger verlangten umgehend nach Beseitigung. So lebte in starkem Maße die Bautätigkeit in Ubstadt auf. Die zur Verfügung stehenden Bauplätze waren im Handumdrehen verbaut, so daß sich die Gemeinde bald mit der Erschließung von Baugelände auseinanderzusetzen hatte. Neue Wohnbaugebiete brachten den Bau neuer Straßen mit sich. Die Erneuerung der Straßenbeleuchtung und die Erweiterung der Ortsrufanlage waren weitere Aufgaben.

Die bauliche Ausdehnung des Ortes und die im Gefolge damit auftretenden Ansprüche einer ansteigenden Wohnkultur blieben auf die Entwicklung der Gemeinde nicht ohne entscheidenden Einfluß. Der Entwicklungsprozeß stellte die Kommunalvertreter vor immer größere Aufgaben. Der Bau der Wasserleitung erfolgte 1957 im Rahmen des Zweckverbandes „Wasserversorgung Kraichbachgruppe". Dem Verband gehören außer Ubstadt die Gemeinden Forst, Weiher, Stettfeld und Zeutern an.

Von außerordentlicher Bedeutung ist die Abwasserbeseitigung. Bis jetzt sind ungefähr 70 Prozent des örtlichen Straßennetzes kanalisiert. Die Gemeinde ist um einen baldigen Abschluß dieses Kapitels bemüht. Mit Weiher, Stettfeld und Zeutern bildet sie einen Abwasserzweckverband. Die gemeinsame Kläranlage für die zum Zweckverband gehörenden Ortschaften befindet sich bereits im Bau und zwar zwischen Weiher und Stettfeld.

Schulhausbau — Krönung der Bauinitiative

Der Bau einer neuen Volksschule im Ortsteil „Hofäcker" ist der krönende Höhepunkt der bis jetzt durchgeführten Baumaßnahmen. Die Räumlichkeiten des alten Schulhauses waren zu klein. Jahrelang sah sich die örtliche Schulbehörde genötigt, die Unterrichtung der Kinder schichtweise vorzunehmen. Während der Bauzeit mußten mancherlei Schwierigkeiten gemeistert werden. Überhaupt bewiesen die Verantwortlichen der Gemeinde Mut und Tatkraft, als sie an diese Aufgabe herangingen, denn das Steueraufkommen der Gemeinde steht zu der Bausumme des Projektes (über 2 Mill. Mark) in einem bescheidenen Verhältnis. Das Ausnützen aller verfügbaren Finanzquellen ließ das Werk gelingen. Ubstadt besitzt heute eine repräsentative Erziehungsstätte, die den schulischen Erfordernissen gerecht wird und die die dörflichen Ansprüche auf viele Jahrzehnte hinaus befriedigt. Zu den nennenswerten Aufwendungen der vergangenen Jahre gehören auch der Bau einer neuen Brückenwaage in der Weiherer Straße, die Anschaffung einer neuen Kirchturmuhr sowie Maßnahmen zur Sauberhaltung der Wasserläufe und zur Verschönerung des Dorfbildes.

Neues Rathaus — Schmuckstück im Ortskern

Die Entscheidungen der Gemeinderäte sind verständlich und bringen das gesunde bürgerliche Empfinden in guten Einklang mit den von allzu viel Modernität angehauchten Gefühlswallungen. So wurde der Ausbau bzw. Umbau der alten Schule zum künftigen Verwaltungsbau der Gemeinde beschlossen. Der Platz liegt zentral und das gut erhaltene Gebäude ist in einem markanten Baustil errichtet. Die Inbetriebnahme des neuen Rathauses dürfte im Mai zu erwarten sein. Für den Umbau stellte die Gemeinde im Vorjahre 70 000 DM und für das laufende Jahr 60 000 DM bereit.

Die Verwendung des alten Rathauses ist bereits verfügt. Das Erdgeschoß beherbergt nach wie vor die Polizeistation und den Bürgersaal, der den Vereinen künftig vorbehalten bleibt. Im Obergeschoß erhalten die Vereine ebenfalls einen Raum, während die restlichen Amtszimmer eine Wohnung geben. Das Haus wurde 1761 erbaut. Damals war neben dem Schultheißenamt auch die Schule darin untergebracht und zwar bis 1898. Die Bevölkerung kann mit Genugtuung die Neugestaltung akzeptieren. Noch nicht fertiggestellt, besticht das Ganze schon jetzt durch die zweckmäßige Raumeinteilung und die Außenansicht.

Haushalt der Vernunft

Die in der Vergangenheit ausgeführten Baumaßnahmen haben das Finanzwesen der Gemeinde stark belastet. Klug ist daher, auf den arbeitsreichen Abschnitt einmal eine ruhigere Epoche folgen zu lassen, damit sich die Grundpfeiler des dörflichen Geschehens festigen und das Haushaltsvolumen sich stärken kann. Aus diesem Grunde nimmt sich der Haushaltsetat 1965 im Vergleich zu den Voranschlägen früherer Jahre sehr bescheiden aus. Man kann ihn als „Haushalt der Vernunft" bezeichnen. Das Planen und Rüsten, das Vorarbeiten zu neuem Beginnen, bleibt davon natürlich unberührt. Der Etat beziffert sich im ordentlichen Haushalt auf 735 980 DM und im außerordentlichen Haushalt auf 47 000 DM. Die Hebesätze für die Gemeindesteuern sind im Rechnungsjahr bei Grundsteuer A und B auf je 200 vH festgesetzt. Bei der Gewerbesteuer beträgt der Hebesatz 290 vH; als Mindeststeuer werden für Gewerbebetriebe 12 DM und für Hausgewerbetreibende 6 DM erhoben.

In den Einzelplänen des Etats, und zwar in der „Allgemeinen Verwaltung", „Öffentlichen Sicherung und Ordnung", im „Schulwesen", für „Kulturbelange" sowie „Sozialer Angelegenheiten und Gesundheitspflege", haben sich die Ansätze gegenüber 1964 nur geringfügig geändert. Im „Bau- und Wohnungswesen" liegen die Ausgaben um 125 000 DM niedriger, bei den „Öffentlichen Einrichtungen" (Wirtschaftsförderung) sind es 40 000 DM unter dem Vorjahresbetrag. In der Rubrik „Wirtschaftliche Unternehmen" deckt sich der Ansatz mit der Summe des alten Rechnungsjahres, während bei der Sparte „Finanzen und Steuern" das Volumen bei den Einnahmen um etwa 135 000 DM anstieg, in der Ausgabespalte allerdings gegenüber dem Vorjahre um zirka 8000 DM zurückging.

Sportförderung der Jugend

Die Summe im außerordentlichen Etat ist für die Schulsportplatzanlage und für die Löschwasserversorgung im „Erlenhof" und im Hof „Marienau" eingestellt. Für den Ausbau des Schulsportplatzes waren im Vorjahre bereits 11 000 DM aufgebracht worden, im Rechnungsjahr 1965 sind nochmals 34 000 DM vorgesehen. Der Schulsport ist heute aus gesundheitlichen und aus erzieherischen Gründen von eminenter Wichtigkeit. Die Spiel- und Sportanlage der Schule entsteht an der Weiherer Straße auf der Höhe der Kraichbach bei der Brückenüberführung. Unaufschiebbar ist die Versorgung der auf der Gemarkung liegenden Höfe Marienau und Erlenhof mit ausreichendem Löschwasser. Das Eigentum und das Leben der Bewohner muß gesichert sein.

In der Diskussion wurde der vorgelegte Haushaltsplan von den Gemeindevätern gutgeheißen und verabschiedet. Von der CDU sprachen Alfred Breining und Karl Beyerle, von der SPD Karl Hagenmeier, Josef Kohn und Emil Schöninger. Bürgermeister Fritz Hagenmeier dankte seinem Parlament für die sachliche Argumentation, sein besonderer Dank galt den Bürgern, die durch ihr Erscheinen bekundeten, daß die den dörflichen Bereich berührenden Lebensfragen die gesamte Allgemeinheit ansprechen. Für die Ortsgemeinschaft ein schöner Beweis innerer Verbundenheit.

K. S.

Bruchsaler Rundschau Nr. 88 vom 15. April 1965

Der Himmel spie Tod und Verderben

Ubstadt im Beschuß der Tiefflieger — Erinnerung an den Karfreitag 1945

Ubstadt. Spuren des Lebens und des Todes finden sich an allen Pfaden, auf denen die Menschheit wandelt. Kreuz und Schwert sind Symbole, die in Vergangenheit und Gegenwart ihre Zeichen hinterlassen. Oft liegen Glück und Leid dicht beisammen, Freude und Not — die Ostertage 1945 hielten beides bereit.

Die Endphase des Krieges wurde auch für Ubstadt und seine Bewohner kritisch. Die Front rückte unaufhaltsam näher. Auf den in das Landesinnere führenden Straßen herrschte ein beispielloses Chaos. Das Durcheinander verursachten zurückweichende Truppeneinheiten, versprengte Soldaten und vor dem anrückenden Feind fliehende Zivilisten, meist Frauen und Kinder. In der Karwoche erreichte das Martyrium seinen Höhepunkt. Die aus der Luft geführten Angriffe des Gegners waren so wirkungsvoll, daß es für die nachrückenden Einheiten des „motorisierten" Fußvolkes nicht mehr viel zum „kämpfen" gab. Der Karfreitag besiegelte das harte Geschehen, — am 30. 3. 45 begann das dunkelste Kapitel des zweiten Weltkrieges für die Gemeinde.

Am frühen Morgen schon Alarm

Der erwachende Tag ließ noch nicht vermuten, daß die kommenden Stunden die furchtbaren Schrecken des schon lange aussichtslos gewordenen Krieges für die Ubstadter sehr bald Wirklichkeit werden lassen würde. Die stille Hoffnung auf eine vorübergehende Einstellung der Fliegerangriffe wegen Christis Kreuzestod erwies sich als ein voreiliger Trugschluß, denn auch dieser Tag sollte, wie die vorhergegangenen, mit dem allmählich zur Gewohnheit gewordenen „Sirenengeheul" beginnen. In den Stuben der Häuser beteten die Familien, fast alle blieben zuhause. Die wenigen Kirchgänger, einige beherzte Frauen und ältere Männer, die sich nicht abhalten ließen durch Fliegergefahr und eventuellen Beschuß, den schon vor Tagesgrauen angesetzten Gottesdienst zu besuchen, waren gerade zurückgekehrt, als die ersten Staffeln der „Jabos" am Himmel auftauchten.

Bomben auf durchfahrende Züge

Düstere Karfreitagsstimmung beseelte die Herzen der Bewohner. Schwerer noch als der von Tag zu Tag näher kommende Donner der Geschütze, der Lärm des Krieges, wirkten die pausenlos geführten Jaboangriffe auf die Gemüter der Bevölkerung. Das Geschehen strapazierte besonders die Nerven der Siedlungsbewohner beim Bahnhof. Die Eisenbahner hatten sich freiwillig evakuiert, da die Lage für sie nicht nur viele, sondern auch große Gefahrenmomente bereithielt. Seit zwei Tagen hämmerten die Bordwaffen der mit ohrenbetäubendem Geheul sich stürzenden Tiefflieger auf das Bahnhofsgelände und auf die nahegelegene Verladestelle der Internationalen Tiefbohr AG „Itag", Celle.

Die Bahnanlagen befanden sich unaufhörlich im Bombenhagel. Auf den Lokomotiven leuchtete in weißer Schrift: „Räder müssen rollen für den Sieg!" Es war ein Wunder, daß der Zugverkehr nicht längst zum Erliegen kam. Das Beschießen der Personen- und Schnellzüge war grausam und voller Tragik. Grauenhafte Szenen spielten sich ab. Das gellende Geschrei der Reisenden, die panikartig die zum Halt gezwungenen Züge verließen, hallte schaurig durch das Tal. Das Geknatter der Bordwaffen übertönte die markerschütternden Hilferufe der Verletzten. Hunderte von Bomben wurden auf das kleine Ziel auf engstem Raume abgeworfen; Tausende von Geschossen hagelten und prasselten hernieder und es hatte den Anschein, als ob auch die Heimstätten des Dorfes der totalen Vernichtung anheimfallen sollten.

Im Kugelhagel der Tiefflieger

Östlich des Dorfes im nahen Walde hatten sich deutsche Truppen verschanzt. Der Feind bemerkte dies bald. Dem Truppenlager galt der erste Angriff des Tages. Eine zweite Welle „graste" die Straße nach Stettfeld — Langenbrücken ab und nahm die zurückflutenden deutschen Truppen und Kolonnen unter Beschuß. Nach einer Flugschleife über die Autobahn flogen sie von Weiher kommend Ubstadt an.

Die Einwohner ließen sich auf den Straßen nicht mehr blicken. Sie suchten Schutz in den Kellern, denn schon brausten neue Staffeln der Jagdflieger heran. Angriffsobjekt wurde zur Abwechslung wieder einmal die wie ein Sieb durchlöcherten, am Bahnhof abgestellten 30 Öltankwagen. Pfeifend und zischend gingen die Bordwaffengeschosse über die Dächer der Siedlungshäuser hinweg. Dieser Angriff am frühen Morgen des Karfreitags vergrößerte die Verwüstungen gewaltig. Die Gleisanlagen wurden aufgerissen, der Bahnkörper wurde zerpflügt. Haushohe Erdfontänen, Staub und Dreck beraubten jegliche Sicht; gewaltige Erschütterungen gleich einem Erdbeben folgten als Begleiterscheinungen. Gähnende Trichter von beachtlicher Tiefe, die später den Fröschen als Tummelplatz dienten, waren jahrelange Überbleibsel des Angriffes.

Die außerhalb des Dorfes in den Bunkern auf dem Höhenzug nach Bruchsal stationierten Flaksoldaten nahmen die angreifenden Tiefflieger immer wieder unter Feuer. Der Erfolg eines Abschusses blieb ihnen jedoch versagt. Bei der Abwehr des Angriffes auf den Bahnhof zum Beispiel fielen die Splitter der detonierenden Flakgranaten „prasselnd“ auf die Dächer nieder. Zum Glück verschonten die Fliegerangriffe — wie auch die zehn weiteren des Tages — den Ort und die Siedlung vor Schutt und Asche, wenn auch die Umgebung des Bahnhofes übersät war von verbogenen und zerrissenen Eisenbahnschienen sowie zerfetzten Schwellen.

Öltanks in Flammen

Inzwischen hatten sich die Keller beängstigend überfüllt, da zurückgehende deutsche Landser darin Unterschlupf suchten. Plötzlich ließ eine gewaltige Detonation alle verstummen. Die am Bahnhof aufgestellten Öltanks der „Itag“ waren getroffen. Flammen schlugen hoch, undurchsichtige schwarze Rauchschwaden wälzten sich empor, den Himmel verdeckend. Die Sonne verfinsterte sich zusehendst — Karfreitag! Der sich neigende Tag brachte endlich etwas Erleichterung. Die durchstandenen Stunden des Grauens und der Vernichtung, erschütterte selbst die kampfgewohnten Soldaten. Die am Abend entzündeten Kerzen erhellten die abgehärmten Gesichter der Frauen und Mütter; das flackernde Licht erhellte auch die angsterfüllten Augen der Kinder. Karl Serden

Bruchsaler Rundschau Nr. 122, Mittwoch, 26. Mai 1965

„Ein lustig Lied in frei' Natur ...“

Am Himmelfahrtstag Waldfest der Feuerwehr / Sänger feierten im „Sperbel“

Ubstadt. Die Abhaltung von Waldfesten liegt den Ubstadtern im Blut. Veranstaltungen dieser Art gehören zum dörflichen Brauchtum. Schon vor Jahrzehnten traf man sich im „Weihbett“, „Sperbel“ oder im „Kallenberg“ zum geselligen Beisammensein. In frischer Waldesluft, beim Rauschen der Blätter, in den Baumkronen lustiger Vogelsang, da ließ es sich immer für ein paar Stunden froh und heiter sein. Ein guter Tropfen heimischen Rebensaftes, ein knuspriger Weck, ein saftiges Würstchen, Beigaben zur Festesfreude, sind bei solchen Anlässen immer reichhaltig.

Ein Frühjahrswaldfest gehört zur Tradition der Feuerwehr und des Gesangvereines. Die Sänger veranstalten ihre „Feier im grünen Dom Gottes“ in der Regel am 1. Mai. Durch das unbeständige Wetter der vergangenen Wochen ließ sich jedoch der turnusmäßige Termin heuer nicht einhalten. Das Waldfest der Sänger fand nun am Sonntag statt. Der Verein hatte es überraschend angesetzt. Erst am Freitagabend entschied sich die Vorstandschaft zu diesem Schritt. Eiligst wurden die Einladungen an die befreundeten Vereine Unteröwisheim und Oberhausen überbracht und die für die Bewirtung der Festbesucher notwendigen Vorbereitungen getroffen. Es klappte alles wunderbar. Trotz der kurzfristigen Ansetzung kamen viele Besucher zum Festplatz in der Waldabteilung „Sperbel“. Auf dem Betonweg, der vom Dorf zu diesem Waldstück führt, herrschte ein ständiges Kommen und Gehen. Die Sängerkameraden aus Unteröwisheim und Oberhausen waren stark vertreten. Die Oberhausener erschienen mit einem Omnibus, während die benachbarten Unteröwisheimer einen „Spaziergang“ unternahmen.

Der Festbetrieb setzte schon in der Frühe des Sonntages ein. An den Tischen unter den hohen, schattenspenden Rotbuchen kam eine vergnügte Stimmung auf. Ein fröhliches Liedersingen am Nachmittag steigerte noch die Laune der Festbesucher. In freundschaftlicher Verbundenheit wetteiferten die Sänger aus Unteröwisheim, Oberhausen und Ubstadt um den reichgespendeten Beifall. „Ein lustig Lied in frei' Natur, stolz von der Lippe schwinget...“, das Festgeschehen im Walde begeisterte jung und alt. Und legten einmal die Sänger eine Pause ein, dann unterhielt die Kapelle des Musikvereines „Echo“ unter der Stabführung ihres Dirigenten Bernhard Bender, Forst, die zahlreichen Besucher mit flotten und schmissigen Weisen. Die guten Geister des Festes, die „diensthabenden“ Vereinsmitglieder, verdienen Anerkennung. Mit aufgewickelten Ärmeln, eine große Schürze vorgebunden, mußten sie den ganzen Tag über schwer wirken; immer wieder waren Weingläser neu zu füllen, volle Bierkästen heranzuholen und der Kessel mit den „Heißen“ auf Temperatur zu halten. Lob gebührt auch der Vorstandschaft für die gute Organisation. Bei der schnellen Entschließung zu der Durchführung des Festes am vergangenen Sonntag eine erstaunliche Tatsache.

Das Waldfest der Feuerwehr wird bei günstigem Wetter wie alljährlich am Himmelfahrtstag durchgeführt. Die Bevölkerung freut sich auf diesen Tag schon sehr lange, denn die „Väter“ machen mit ihren Angehörigen einen Waldspaziergang und bei der Feuerwehr wird dann Rast eingelegt, um sich ausgiebig und kräftig zu stärken. Mit ihrem Fest verknüpft die Wehr immer eine Schauübung zur Bekämpfung eines Waldbrandes. Die Bewohner bringen dieser Darbietung reges Interesse entgegen, da sie auch allgemein unterhaltend wirkt. Zu der Veranstaltung der Feuerwehr ist die Einwohnerschaft freundlichst eingeladen. An dem Waldfest beteiligen sich auch Wehren aus Nachbarorten sowie der Musikverein „Echo“, der wie bei den Sängern auch hier mit zündenden und gern gehörten Melodien die Herzen der Festbesucher erfreut. K. S.

Ein Festtag der Ubstadter Christen

Feierliche Grundsteinlegung der neuen evangelischen Kirche

Ubstadt. Für das Dorf und seine Bewohner wurde die Grundsteinlegung der evang. Kirche zu einem denkwürdigen Ereignis. In brüderlicher Verbundenheit nahm die katholische Pfarrgemeinde an dem Fest ihrer evangelischen Mitbrüder teil. Das ganze Dorf war auf den Beinen, um die Feierstunde zu erleben und um den anschließend an die Grundsteinlegung veranstalteten Kirchenbasar auf der Festwiese beim „Salzbad" zu besuchen.

Auch sehr viele Evangelische aus Bruchsal und den Nachbarorten erschienen, um dem Fest der Ubstadter Diaspora-Gemeinde beizuwohnen. Der harmonische Verlauf der Feier beeindruckte alle Besucher. Die Festesfreude und Brüderlichkeit der Gläubigen beider Konfessionen versinnbildlichte hervorragend das Christuswort „Ich bin der gute Hirt, und ihr alle seid meine Schafe".

Die Grundsteinurkunde

Die Feierlichkeiten auf der mit grünen Zweigen geschmückten Baustelle, auf der eine Bühne aus Baudielen errichtet worden war, wurden mit dem Lied „Herr, Deine Güte reicht so weit", vorgetragen vom Gesangverein Ubstadt, eingeleitet. Posaunenbläser aus Bruchsal, Unteröwisheim, Graben und Liedolsheim brachten sodann ein kurzes Vorspiel. Die versammelte Gemeinde und die zahlreichen Besucher stimmten gemeinsam ein in das Lied „Lobe den Herren, den mächtigen König".

Pfarrer Bartsch von der Mutterkirche in Bruchsal begrüßte die Anwesenden. Er sprach ein Gebet zum Dank für das Verwirklichen und Gelingen des Kirchenbaues. Sein Dank galt auch der politischen Gemeinde und der katholischen Pfarrgemeinde für das Verständnis und Wohlwollen, das dem Anliegen der evangelischen Minderheit entgegengebracht wird. Vor der Verlesung der Grundsteinurkunde und Namensgebung sangen der Kirchenchor Bruchsal den Choral „Wohlauf, wohlauf mit heller Stimm" und die Gemeinde das Lied „Allein Gott in der Höh sei Ehr". Pfarrer Bartsch entrollte das Dokument der Grundsteinlegung und gab den auf Pergament geschriebenen Text der versammelten Christgemeinde bekannt.

Das Dokument hat folgenden Wortlaut: „Im Namen des Vaters und des Sohnes und des heiligen Geistes! Am 3. Sonntag nach Trinitatis, den 4. Juli 1965, wurde der Grundstein zu diesem Gotteshaus gelegt. Die Evangelischen von Ubstadt sowie die Pfarrer, Ältesten, Kirchenchorsänger, Posaunenbläser und viele Gemeindeglieder aus der Muttergemeinde Bruchsal und den Nachbarorten hatten sich versammelt, sie alle lobten Gott in Liedern, Chören und mit Posaunen. Zur Ehre Gottes allein ist diese Kirche erbaut; Gottes Name soll mit Fleiß und Glauben in guten und bösen Zeiten in diesem Hause angerufen, Gottes Wort allezeit rein und lauter verkündigt, und die heiligen Sakramente nach Christi Einsetzung dargereicht werden. Sie grüßen die kommenden Generationen und erbitten für sie, daß ihnen hier Gemeinschaft in Glaube und Liebe, Mahnung, Trost und Ergriffenheit durch Gottes heiligen Geist geschenkt werden.

„Evangelische Gnadenkirche"

Über 35 Jahre kommen die Evangelischen von Ubstadt zum Gottesdienst zusammen, erst im „Salzbad" bei Familie Zimmerer, die Mittel- und Sammelpunkt unserer evangelischen Diaspora-Gemeinde ist und ab 1962 in Schulzimmern der alten und dann der neuen Schule, zuletzt im Rathaus. Alle 14 Tage war zuletzt Gottesdienst. Heute sind 178 Evangelische unter 2290 Katholiken.

Die politische Gemeinde Ubstadt schenkte uns am 25. Juli 1962 auf der Hummelwiese den Bauplatz von 16,63 Ar. Der Weg und die Wasserfläche bleiben im Besitz der politischen Gemeinde. Auf dem Grundstück wird ein Kirchlein (105 Sitzplätze) mit Turm, einem Gemeindesaal (35 Sitzplätze) und einer Kirchendienerwohnung erstellt. Die Baupläne entwarf das Architektenbüro Dipl.-Ing. Hauß und Richter, Heidelberg, die Kosten für diesen Bau sind mit 288 000 DM veranschlagt. Das Gustav-Adolf-Werk Baden half uns mit 10 000 DM für die Inneneinrichtung. Den Rohbau erstellte die Bauunternehmung Willi Oberst, Bruchsal.

Diese Kirche soll allen, die hier einkehren, eine Stätte werden, da Seele und Leib sich erquicken in Gott, da unter Gottes Wort und Gebet der Glaube wächst, die Liebe erstarkt und die Hoffnung fest bleibt. Wir haben viel Gnade erfahren, darum soll nach Beschluß des Ältestenkreises Ubstadt vom 6. 6. 65 dieses Bethaus „Ev. Gnadenkirche Ubstadt" heißen. Die Welt ist friedlos, unser Vaterland ist seit dem Zusammenbruch 1945 in zwei Teile zertrennt."

Des weiteren ist in der Urkunde zu lesen: „Wir sind Bürger der Bundesrepublik Deutschland, deren Präsident Dr. Heinrich Lübke ist, Bundeskanzler ist Prof. Dr. Ludwig Erhard. Gott schenke uns aus Gnaden die Wiedervereinigung in Frieden und Freiheit. Bürgermeister von Ubstadt ist Friedrich Hagenmeier, der mit seinem Gemeinderat freundlich und hilfreich uns begegnet. Präses Dr. Kurt Scharf ist der Vorsitzende des Rates der Evangelischen Kirche in Deutschland, Prof. Dr. Hans-Wolfgang Heidland Landesbischof der Evang. Kirche in Baden und Pfr. Feil, Dekan des Kirchenbezirks Bretten.

In Bruchsal amtieren: Pfarrer Herbert Bartsch, Nordpfarrei, Forst und Ubstadt; Pfarrer Dr. August Scheuerpflug, Südpfarrei und Karlsdorf; Pfarrer Reinhard Ehmann, Paul-Gerhardt-Pfarrei und Untergrombach; Pfarrer Günther Schmidt, als Religionslehrer am Justus-Knecht-Gymnasium und Pfarrer Friedrich Karl Scheel als Militärseelsorger. Dem Ältestenkreis in Ubstadt gehören an: Fräulein Irma Zimmerer, Ubstadt, Salzbad; Herr Theodor Kratz, Ubstadt, Obere Straße; Herr Otto Kreuzinger, Ubstadt, Salzbrunnenstraße; und Herr Helmut Ludwig, Ubstadt, Hindenburgstraße. Der Grundstein trägt das Zeichen des Kreuzes. Die Gnade unseres Herrn Jesus Christus und die Liebe Gottes und die Gemeinschaft des Heiligen Geistes sei mit uns allen. Amen. Ubstadt, den 4. Juli 1965. Der Ältestenkreis Ubstadt".

Nach der Verlesung der Grundsteinurkunde durch Pfarrer Bartsch wurde diese in eine rohrförmige Kupferkassette geschoben. Beigegeben wurden Münzen, Briefmarken und lokale Tageszeitungen. Installateur Norbert Eiser schweißte die Kassette luftdicht zu, worauf Helmut Gertig den Rohrbehälter an dem dafür vorgesehenen Platz am Fundament einmauerte. Während des Einmauerns sang der Kirchenchor den Choral „Nun laßt uns Gott dem Herrn danksagen", und die Gemeinde ließ das Lied „Ein feste Burg ist unser Gott" erschallen.

Die zum Brauch der Grundsteinlegung gehörenden Weihesprüche und Hammerschläge wurden ausgesprochen bzw. ausgeführt von Pfarrer Bartsch, Pfarrer Dr. Scheuerpflug, Pfarrer Ehmann, Pfarrer Schmidt, Pfarrer Eisele von der kath. Kirchengemeinde Ubstadt, Bürgermeister Hagenmeier, Ubstadt; Bauunternehmer Oberst, Bruchsal; Architekt Hauß-Richter, Heidelberg, sowie den Ältesten Bernhard, Nordpfarrei Bruchsal; Richter, Südpfarrei; Freiwald, Paul-Gerhardt-Pfarrei; Schöckel, Forst; Frl. Baumann, Karlsdorf; Frau Petermann, Untergrombach; Frl. Zimmerer, Ubstadt; Kratz, Ubstadt; Kreuzinger, Ubstadt; Ludwig, Ubstadt, und als Kirchenchorobmann Ältester Bürstner.

Gut besuchter Basar

Die Grundsteinlegung weckte bei den Anwesenden ein erhebendes Gefühl. Machtvoll sang die Gemeinde das Bekenntnis „Großer Gott, wir loben dich" und betete das „Vater unser". Vor dem Schlußspiel der Posaunen übermittelte Pfarrer Bartsch die herzliche Einladung zum Basarbesuch. Das am Schluß der Feierstunde „eingesammelte" Opfer wird für die Beschaffung der Glocken verwendet.

Auf der Festwiese beim Salzbad saßen die Gäste bis zu den Abendstunden froh und wohlgemut beisammen. Kaffee und Kuchen waren stark gefragt, ebenso ein gutes Viertele und ein schmackhaftes Vesper. Der Musikverein „Echo" unterhielt mit volkstümlichen Weisen. Die Turnerjugend des TSV Ubstadt erfreute mit Spielen und Reigen auf dem Rasen. Vertreter auf dem Basar waren auch die Feuerwehr und das Rote Kreuz.

Das Erlebnis der Grundsteinlegung wird in der Erinnerung lange nachklingen. Möge der Bau des Kirchleins programmgemäß und ohne nennenswerte Schwierigkeiten durchgeführt werden können, das war der Wunsch aller Festbesucher und das ist auch der Wunsch der ganzen Gemeinde. Der Titel des neuen Gotteshauses, Evangelische Gnadenkirche, möge symbolisch sein und die Gläubigen mahnen zur Liebe und zum aufrechten Christsein. K. S.

Bruchsaler Rundschau Nr. 10 vom 14. Januar 1966

Fußballer sind mit 1965 zufrieden

Auch Bürgermeister Hagenmeier und Pfarrer König bei der Jahresversammlung

Ubstadt. Die Fußballer trafen sich im „Löwen" zur Jahresversammlung. Vorstand Franz Rieth konnte eine stattliche Zahl Sportkameraden willkommen heißen. Sein besonderer Gruß galt Pfarrer Franz König, Bürgermeister Friedrich Hagenmeier, den Ehrenmitgliedern Emil Appel und Max Niederbühl sowie dem Gründungsmitglied Albert Brecht.

Vorstand Rieth stellte eingangs fest, daß im Berichtszeitraum die Fußballer-Familie glücklicherweise von einem Sterbefall verschont blieb. Mit dem Sportjahr 1965 könne der Verein durchaus zufrieden sein. Die Erwartungen hätten sich zwar nicht immer erfüllt, mit dem Erreichten könnten sich Verein und Spieler jedoch sehen lassen. Im Ergebnis sehr bescheiden war das vorjährige Sportfest Die Vorstandschaft richtete ihr Augenmerk besonders darauf, die Platzanlage in Ordnung zu halten. Nach reiflichem Überlegen kam es zur Anschaffung eines Rasenmähers. Bauliche Maßnahmen am Clubhaus wurden ebenfalls vorgenommen, dabei wurden über 1000 DM investiert. Die Arbeiten erfolgten teilweise auf freiwilliger Basis.

Das alte Jahr brachte auch einen Trainerwechsel. Als neuen Ausbilder verpflichtete der Verein Trainer Weber, Wiesental. Der Aktivität zollte Vorstand Rieth herzlichen Dank für ihre Spielfreude und ihr Bemühen um Fairneß. Anerkennung sprach der Vorstand auch Ehrenmitglied Emil Appel für seine uneigennützige Arbeit im Interesse des Vereines aus sowie dem

Ortsverein des Roten Kreuzes für die Sanitäts-Betreuung und der Freiwilligen Feuerwehr mit Feuerwehrkamerad Fritz Frevele für die mehrmalige „Entwässerung“ des Sportplatzes. Wer Schiedsrichter werden möchte, möge es der Vorstandschaft mitteilen.

Der Kassenbericht von August Serden war übersichtlich, der Verein hat sparsam gewirtschaftet. Erstmals in der Nachkriegsgeschichte erscheint in der Abschlußbilanz eine rote Zahl. Zu hoffen ist, daß das neue Sportjahr sich für den Verein günstig gestaltet, damit das Defizit ausgeglichen werden kann. Der Bericht des Schriftführers Alfred Fuchs ließ nochmals bemerkenswerte Stationen des Vorjahres aufleben. Die dem Verein angegliederte Tischtennis-Abteilung kann schöne Erfolge melden. Die Schülermannschaften behaupteten sich hervorragend auf der „grünen Platte“. Den Tischtennissport üben 36 Sportkameraden aus, die von Schriftführer Fuchs betreut werden. Spielausschußvorsitzender Gerhard Plattner gab Erläuterungen über den Spielbetrieb, ebenso Jugendleiter Erwin Hagenmeier, der über die Arbeit der Jugendbetreuung referierte. Verdienste um die Jugendbetreuung erwarb sich auch Otto Appel, was anerkennend vermerkt wurde.

Die Neuwahlen brachten keine nennenswerten Änderungen. Die Versammlung bestätigte u. a. 1. Vorstand Franz Rieth, 2. Vorstand Kurt Niederbühl, Kassier August Serden, Schriftführer Alfred Fuchs, Jugendleiter Erwin Hagenmeier und Otto Appel, Spielausschuß Gerhard Plattner, Rudolf Schrag, Otto Appel und Günther Leuser, Beisitzer passiv Karl Schenk sen. und Franz Fischer sen., Beisitzer aktiv Heinz Niederbühl und Walter Hagenmeier, Vergnügungsausschuß Kurt Niederbühl, Karl Serden und Erwin Hagenmeier.

Pfarrer Franz König richtete an die Sportfreunde einige besinnliche Worte. Sport und Religion sollten in Harmonie zueinander stehen. Ein gesunder Geist solle in einem gesunden Körper wohnen. Der Sport sei ein Teil des 4. und 5. Gebotes. Jeder möge sich befleißigen, ein anständiger Sportler zu sein, bei dem das Irdische und das Ewige in gutem Einklang steht.

Bürgermeister Hagenmeier äußerte sich zu der Versammlung der „Viktorianer“ positiv. Zu dem Problem der Platzentwässerung, das in der Diskussion angeschnitten wurde, gab er einige wertvolle Anregungen. — Für Trainer Weber hielt der Verein ein nettes Präsent bereit. K.S.

Bruchsaler Rundschau Nr. 20 vom 26. Januar 1966

Ubstadter Wochenspiegel

Winterfeier der Sänger / Verdienter Schulmann ausgezeichnet

Ubstadt. Die Sänger veranstalten am Samstag, 29. Januar, im „Löwen“ ihre Winterfeier. Die Vorstandschaft scheute keine Mühen und Kosten, um den Besuchern einen unterhaltsamen Abend zu bieten. Unter der Stabführung von Dirigent Fritz Barth, Bruchsal, wird der Verein mehrere Lieder vortragen. Neben dem Männerchor gibt der Gemischte Chor der „Freundschaft“ Proben seines Könnens. Im Mittelpunkt steht eine bunte Unterhaltungs-Revue der „Fred Stech-Bühnenkunst“. Fred Stech wird als Ansager, Humorist und Zauberkünstler die Sangesfreunde in Stimmung halten; K. H. Vehmann als Komiker für gute Laune sorgen, und Gesangs-Star Franki wird mit Liedern zur Gitarre den Frohsinn wecken. Die Winterfeier beginnt um 20 Uhr.

Aus dem Schulwesen: In einer schlichten Feierstunde in der neuen Schule erhielt Hauptlehrer Otto Hornung die Ernennungsurkunde zum Konrektor der Ubstadter Hauptschule überreicht. Oberschulrat Schärff, Bruchsal, Rektor Gustav Schulz und Bürgermeister Hagenmeier beglückwünschten den allseits geschätzten Pädagogen zu dieser Ernennung. Der Gratulation schloß sich auch das Lehrerkollegium an.

Bücherausgabe: Morgen, Donnerstag, 18 Uhr, ist in der Pfarrbibliothek Bücherausgabe. Es wäre zu begrüßen, wenn die Einwohnerschaft von der Möglichkeit, ein gutes Buch lesen zu können, über die Wintermonate regen Gebrauch machen würde.

Christenlehre: Für die Mädchen ist heute, Mittwoch, 19.30 Uhr, in der Schule Christenlehre.

Sterbefälle: Wenige Wochen nach dem Hinscheiden von Johann Ambros Eiser, dem ältesten Einwohner der Gemeinde, der im Frühjahr 99 Jahre alt geworden wäre, starb auch seine treue Lebensgefährtin Gertrud, geb. Strobel, im Alter von 88 Jahren. Die Eheleute Eiser waren über 65 Jahre miteinander verheiratet; 1963 feierten sie das Fest der eisernen Hochzeit. Im Alter von 63 Jahren starb Frau Anna Weiler, geb. Weiler, Röhringstraße 10, Frau Maria Antoni, Altersheim, wurde im Alter von 74 Jahren in die Ewigkeit abberufen, und Neubürger Johann Strecker segnete 85jährig das Zeitliche.

Beerdigung: Der im Alter von 64 Jahren verstorbene Herrenschneider Roman Brecht, Bergstraße 10, wird heute, Mittwoch, 16 Uhr, zur letzten Ruhe gebettet. Der Verstorbene erfreute sich bei der Einwohnerschaft großer Wertschätzung. Er ist ein Bruder von Pater Bonaventura vom Orden der hl. Dominikaner, der bis vor wenigen Jahren in der Mission China tätig war. K. S.

Bruchsaler Rundschau Nr. 114, Dienstag, 17. Mai 1966

Zwanzig Jahre nach Spielaufnahme

Alte Kämpen der „Viktoria" Ubstadt in froher Runde

Ubstadt. Einen schönen Beweis der Kameradschaft lieferten die Fußballer, die nach dem Zusammenbruch 1945 den Spielbetrieb aufnahmen. Im Sporthaus der „Viktorianer" traf man sich nach einem zeitlichen Abstand von 20 Jahren seit der Spielaufnahme zu einem frohgestimmten Kameradschaftsabend.

Im Kreise ihrer Frauen erlebten die alten Aktiven, heute Männer, die meist im 5. und 6. Lebensjahrzehnt stehen, einige gesellige Stunden. Das Zustandekommen des Beisammenseins ging auf die Initiative von Franz Jerabeck zurück. Der „Wiener Franzl", wie Jerabeck allgemein von den Fußballfreunden und der Einwohnerschaft genannt wird, war ein profilierter Fußballer, dessen Können weit über die lokalen Grenzen strahlte. Nach Beendigung des Krieges in Ubstadt seßhaft geworden, war er für die heimkehrenden und heranwachsenden Sportler in spielerischer Hinsicht ein Meister auf dem grünen Rasen. Seine Mitwirkung verlieh der Sportgemeinschaft jener Tage belebende Impulse. Der glücklich überstandene Krieg, die harten Entbehrungen und die Trostlosigkeit der wirtschaftlichen und politischen Lage schweißte damals die Spieler zu einer Gemeinschaft zusammen, auf die das Wort „Elf Freunde müßt ihr sein, um Siege zu erringen" vorbehaltlos zutraf.

Fast alle eingeladenen Spieler waren zu dem Kameradschaftstreffen erschienen. Die ehemals schlanken Jünglinge präsentierten sich heute zum Teil als „vollschlanke" Männer, die aber ihren Humor und ihre alte Lebensfreude nicht eingebüßt haben. In wehmütiger Erinnerung wurden die alten Sport- und Kampflieder gesungen. Das Fußballspielen der Nachkriegszeit war oftmals mit Schwierigkeiten verbunden, die man heute nicht mehr kennt. Gerade die Transportmöglichkeiten waren sehr eingeschränkt. Spielte man in einem Nachbarort, machte man sich nicht selten mit dem Fahrrad und auch zu Fuß auf den Weg. Die Auslagen hatte jeder Spieler selbst zu tragen. Beim angeregten Gespräch sah man die Alt-Aktiven und Fußballfreunde Albert Brecht, Otto Appel, Otto Baumann, Julius Bergmann, Walter Dewald, Josef Dusek, Leopold Harlacher, Karl Harlacher, Karl Keller, Karl Leipold, Oskar Schrag, Rudolf Schrag, Kurt Grande, Emil Appel, Karl August Hagenmeier, Gustav Harlacher, Franz Erbrecht, Otto Straus, August Serden, Alois Harlacher und den Initiator Franz Jerabeck. Das Treffen der alten Sportfreunde wurde gerade für die auswärts wohnhaften zu einem besonderen Erlebnis. Für Unterhaltung und Musik war bestens gesorgt. Otto Baumann gab einen mit viel Interesse und Beifall aufgenommenen Stimmungsbericht aus „alten Fußballertagen", das „Harlacher-Quartett" erfreute mit einem Lied, die Sportfreunde Gustav Harlacher und Karl Keller begrüßten sich mit einem Vortragsstück und Emil Appel sang das Scherzlied „Es gibt kein schönres Tierchen ...".

Vorstand Franz Rieth äußerte sich erfreut über den guten Geist, der heute nach 20 Jahren allen ehemaligen Sportfreunden noch innewohnt. Möge die Gemeinschaft aus vergangenen Tagen auch in Zukunft bestehen, war sein Wunsch. K. S.

Bruchsaler Rundschau Nr. 195, Dienstag, 23. August 1966

Neue Stützmauer kostet 700 000 DM

Ortsdurchfahrt Ubstadt der Bundesstraße 3 wird jetzt verbessert / Vielbeachtete Baustelle

Ubstadt. Der Startschuß zur Beseitigung einer vieldiskutierten Verkehrsbehinderung ist gefallen. Seit einigen Tagen beherrscht am „Kirchenbuckel" eine interessante Baustelle das dörfliche Straßenbild. Die lang geplante Verbesserung der Ortsdurchfahrt, die Straßenverbreiterung bei der Kirche, wurde endlich in Angriff genommen. Die hohe Mauer, die den erhöhten Kirchenvorplatz gegen die bis zu vier Meter tiefer liegenden Straße abstützt, wird erheblich zurückversetzt. Für Ubstadt ist die Zurücknahme der „Kirchenmauer" ein Unterfangen von bedeutsamer Auswirkung. Das Weichbild der Gemeinde, mit dem barocken Gotteshaus als imposanten Mittelpunkt, erhält ein völlig neues Gesicht.

Das Projekt wird in einem Spezialverfahren verwirklicht, die Bauausführung liegt in den Händen der Bauunternehmung Franz Grötz KG, Gaggenau, und der Spezialtiefbau-Firma Ferdinand Aufschläger, Simbach bei München. Um Schäden an der Kirche vorzubeugen und um die Gefahr eines Turmeinsturzes abzuwenden, wird nach dem Benoto-System gearbeitet. Die Bauverhältnisse ließen einen Abbruch der Mauer nach üblicher Methode nicht verantworten. Das

Risiko des einfachen Abbaggerns war zu groß, da das verbleibende Erdreich den mächtigen Kirchenbau gegen ein Nachgeben nicht ausreichend absicherte. Das gewählte Benoto-Verfahren schaltet diese Besorgnis aus. Die Beseitigung der Engstelle im Ortskern ist eine die

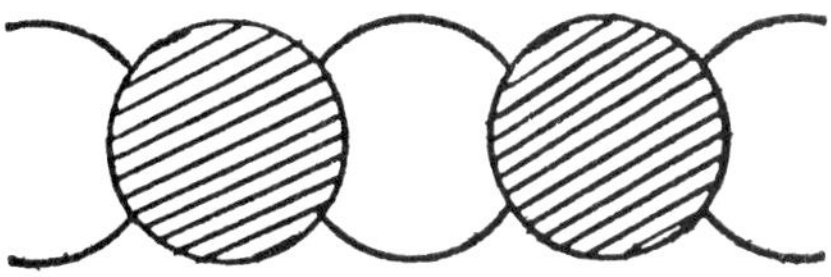

Draufsicht der Bohrpfahlwand mit überschneidenden Pfählen, schraffiert sind die armierten Pfähle.

Gemeinde, die Bewohner und das überörtliche Verkehrswesen betreffende und bewegende Maßnahme. Oberinspektor Hinkel vom Straßenbauamt Karlsruhe ist der verantwortliche Leiter dieser Bauausführung.

Alte Stützmauer erneuerungsbedürftig

Die altgewohnte Anlage des Kirchenvorplatzes mit Mauer und Freitreppe wurde nach der Kirchenerweiterung 1879/80 — unter teilweiser Einbeziehung und Neuverwendung übriggebliebener Teile der bei dem Bau des Gotteshauses um 1730/40 errichteten Stützmauer — erbaut. Für die damalige Zeit war die Mauer ein stabiler Schutz, für die Gegenwart dagegen wurde sie zu einem Problem. Sie war ein unschöner und schadhafter Fleck in der Straßenfront. Das ständige Erschüttern von Grund und Boden durch schwere Motorfahrzeuge des Frachtverkehrs und militärischer Einheiten, die auf der B 3 ihr Ziel anfahren, ließ das Mauerwerk schon vor einem Jahrzehnt brüchig werden. Die Instandsetzung der alten Mauer hätte daher so oder so in die Wege geleitet werden müssen, denn die Bruchstellen wurden immer mehr zu einem mahnenden Fingerzeig einer akuten Einsturzgefahr.

Verkehr vorerst nicht behindert

Die neue Stützmauer an der Kirche wird eine Bohrpfahlwand mit überschneidenden Pfählen. Wie der zuständige Bauleiter der Firma Grötz, Dipl.-Ing. Klausnitzer, erklärte, handelt es sich hierbei um eine moderne, bautechnische Errungenschaft. Die Spezial-Bohrmaschine Benoto ist französischer Bauart. Sie hat ein Arbeitsgewicht von etwa 40 Tonnen. Die Maschine ist beweglich, während der Bohrung jedoch ruht sie auf „Füßen", dadurch wird das Vibrieren und das Erschüttern des Untergrundes weitgehendst ausgeschaltet. Ihr Normalgewicht beträgt 32 Tonnen, sie wurde 1965 gebaut. Die Bauarbeiten können vorerst ohne Beeinträchtigung des Verkehrs auf der B 3 ausgeführt werden. Das ganze Geschehen wickelt sich bis auf weiteres auf dem erhöhten Kirchenvorplatz ab. Von der Oberen Straße aus wurde ein befahrbarer Aufgang zu demselben geschaffen. Über diesen Zugang rollt der gesamte Baustellenverkehr.

Pfahlmauer eine kompakte Einheit

Die neue Kirchenmauer wird gegenüber der alten bis zu 6 Meter und mehr abweichen. Der neue Verlauf schmälert natürlich beachtlich den oberen Vorplatz der Kirche. In der Praxis wird sich das aber nicht nachteilig auswirken. Die Betonpfähle, die als „kompakte Einheit" die neue Stützmauer bilden, haben im einzelnen eine Stärke von 90 cm Durchmesser. Auf den laufenden Meter eines Pfahles werden 0,65 cbm Beton benötigt. Für die Mauer sind 130 Bohrungen erforderlich. Der Arbeitsvorgang kennt also keine vorgefertigten Teile, die gerammt werden. Die Benoto-Maschine bohrt in das Erdreich ein Loch im entsprechenden Ausmaß und entsprechender Tiefe und drückt dabei gleichzeitig ein Stahlrohr mit ein. Der Aushub wird auf einen Lkw zum sofortigen Abtransport geschüttet. Die Bohröffnung wird mit Beton gefüllt, der mit dem Lkw angefahren wird. Nach der Betonfüllung wird der Stahlmantel wieder herausgezogen. Die Bohrung wird so ausgeführt, daß die Pfähle überschneiden, also fest miteinander verbunden sind. Jeder zweite Betonpfahl ist armiert, das bedingt, daß zunächst in der Reihenfolge 1 — 3 — 5 gebohrt wird. Die bewehrten Zwischenpfähle 2 — 4 usw. werden in einem zweiten Arbeitsgang niedergebracht.

Sandstein-Verkleidung für neue Mauer

Im Turmbereich wird die Mauer besonders tief gegründet. Sie geht bis zu 8 Meter tief unter die Straßenoberfläche. Da die Mauer an ihrer höchsten Stelle bis zu 4,50 Meter aufragt, beträgt die Bohrung bzw. die Länge der Pfähle bis zu 12,50 Meter. Die Mauer schließt oben mit dem Gelände ab. Zur Verhütung von Unfällen wird ein Stahlgeländer darauf errichtet. Erst wenn Pfahl an Pfahl steht und somit die neue Stützmauer fertig ist, wird die alte Mauer abgebrochen und die überzähligen Erdmassen dazwischen abtransportiert. An Erdreich müssen ca. 1500 cbm abgetragen werden. Die Beton-Pfahlwand erhält auf der Straßenseite eine Natursteinverkleidung aus gelbem Sandstein. Dieser Stein wurde gewählt, weil die Kirchenfassade aus solchen Massivsteinen besteht. Man hofft, damit eine schöne Harmonie zwischen Mauer und Gotteshaus zu erreichen.

Auch Neugestaltung der Treppen

Mit dem Bau der neuen Stützmauer sind zwangsläufig auch die alten Aufgänge hinfällig geworden. Die südliche Freitreppe, die nach halber Höhe in barocker Rundung rechts und links aufmündete, wird weiter nach rechts zur Mühlgasse hin verlegt. Die Stelle des neuen Aufganges gewährt mehr Übersicht und Orientierung und ist ungefährdeter durch die B 3, so daß der Kirchgänger ungehindert durch den Verkehr auf- und abgehen kann. Die neue Treppe ist, wie die alte, 2,90 Meter breit. Bei zwei Zwischenpodesten hat sie 3 mal 9 = also 27 Stufen; sie führt parallel zur Straße und im Gegensatz zu der alten Treppe in einem Lauf nach oben. Der andere Hauptaufgang zur Kirche, der oberhalb des Kirchenbuckels ebenfalls einen von der B 3 aus gefährdeten Zugang darstellte, wird von seiner Ecklage seitwärts etwa 3 bis 4 Meter in die Obere Straße hinein verlegt. Die Ausmaße der neuen Treppe stimmen mit der alten überein, sie wird 2,15 Meter breit und hat bei einem Zwischenpodest 15 Stufen.

Mehr Sicherheit für Fußgänger

Der Kirchenbuckel ist das Herzstück der Gemeinde und der Platz an seinem oberen Ende eine Drehscheibe im pulsierendem Strom dörflicher Geschäftigkeit. Die Verbreiterung der Straße an dieser Stelle im Herzen des Dorfes ist im Interesse der Verkehrssicherheit von eminenter Dringlichkeit. Der starke Durchgangsverkehr auf der B 3, vereint mit einem lebhaften örtlichen Treiben, führte hier des öfteren mehrmals am Tage zu beängstigenden Situationen. Die Einheit der dörflichen Anlage wird von der hindurchführenden B 3 bei der heutigen Verkehrsdichte praktisch durchschnitten. Die Straße ist im Ortsbereich (Bruchsaler, Haupt- und Stettfelder Straße) für die Bewohner eine störende Linie, die besonders Kinder und alte Leute immer wieder in Gefahr bringt. Der Ausbau der Straße auf eine Fahrbahnbreite von 8 Meter und die Anlegung eines zwei Meter breiten Gehweges auf der Kirchenseite, entlang der Mauer, ist daher eine segensreiche Maßnahme. Auf der verengten Straße des Kirchenbuckels war der Fußgänger für die Autofahrer Freiwild.

Straßenbauamt ist Bauherr

Auf die Bauarbeiten, Versetzung der Stützmauer und Neugestaltung der Treppen, die im Zuge der Verbreiterung der B 3 notwendig sind, hat die Pfarrei keinen Einfluß. Bauherr ist das Straßenbauamt und Baulastenträger der Bund, doch besteht in der Kostenbeteiligung ein Partnerschaftsverhältnis, denn auch Gemeinde und Kirche sind mitveranlagt. Das Projekt wird auf 700 000 DM beziffert. In den nächsten Wochen hat der Kirchenbesucher manche Unannehmlichkeit durch die Baustelle in Kauf zu nehmen. Mit Verständnis und gutem Willen läßt sich diese Zeit aber überstehen. Das Positive der Baumaßnahme versöhnt auch damit, daß der Kirchenvorplatz stark beschnitten wurde und daß künftig vermutlich auch keine Möglichkeit der Baum- bzw. Strauchbepflanzung desselben mehr besteht. Die Freude, daß für die Sicherheit aller etwas Entscheidendes getan wurde, sollte und hat über allem zu stehen.

Bis 1878 befand sich übrigens auf dem Gelände um die Kirche der Friedhof des Dorfes. Neben dem unteren Aufgang, links wo ehemals die große Esche stand, wurde nach den Revolutionswirren 1849 ein Massengrab mit gefallenen Freischärlern angelegt. Im Verlauf der Bauarbeiten werden sicher viele Knochenfunde an das einstige Vorhandensein eines Totenackers erinnern. Die Spuren werden pietätvoll beseitigt. K.S.

Bruchsaler Rundschau Nr. 238, Mittwoch, 12. Oktober 1966

„Eine Tür wird aufgetan . . .“

Evangelische Gnadenkirche Ubstadt feierlich in Dienst gestellt

Ubstadt. Die Einweihung der neuen evangelischen Gnadenkirche vereinte am Sonntag in brüderlicher Verbundenheit die Christen beider Konfessionen. Das ganze Dorf war auf den Beinen. Aus der Umgebung hatten sich ebenfalls zahlreiche Gläubige eingefunden, so von der Muttergemeinde in Bruchsal und aus dem benachbarten Unteröwisheim, um die Kirchweihe mitzufeiern, die Oberkirchenrat Prof. D. Hof, Karlsruhe, vornahm. Mit der Indienststellung des Gotteshauses erfüllte sich ein lang gehegter Wunsch der evangelischen Diaspora-Gemeinde.

Der Neubau einer Kirche ist für ein Dorf eine Besonderheit, auf die eine dörfliche Gemeinschaft stolz sein kann. In schöner Eintracht mit den Protestanten freuen sich auch die Katholiken über das gelungene Werk. Der Jubeltag der evangelischen Mitbürger wurde eingeleitet mit einem Festgeläute der katholischen Pfarrkirche St. Andreas. Als gegen 9 Uhr die Glocken ertönten und ihren Schall hinaus ins Land trugen, fanden sich die evangelischen Gemeindeglieder mit ihren Gästen auf dem Platz vor dem Rathaus zu einer kurzen Feier zusammen, die von Darbietungen der Musiker und Sänger verschönt wurde. In Dankbarkeit nahm man Abschied von den alten Gottesdienststätten. Pfarrer Bartsch erinnerte an das Entgegenkommen der politischen Gemeinde, die der Diaspora-Seelsorge keinen Weg verschlossen hielt. Als mit dem Umbau des „Salzbades“ in den Fünfziger Jahren der bis dahin zum Gottesdienst benützte Saal aufgegeben werden mußte, stellte die Gemeinde stets einen entsprechenden Raum in ihren Kommunalgebäuden zur Verfügung.

Die Schlüsselübergabe

Auf die Bedeutung des Tages eingehend, sagte Pfarrer Bartsch „Eine Tür wird aufgetan, eine Tür in einen Raum, in dem wir Wärme, Liebe und Bruderschaft finden“. In Freude sang die Gemeinde „Großer Gott, wir loben dich, Herr, wir preisen deine Stärke“. Nach diesem eindrucksvollen Bekenntnis formierte sich die große Schar der Gläubigen zu einem feierlichen

Oberkirchenrat D. Hof bei der Indienststellung der Gnadenkirche. Rechts neben ihm Pfarrer Bartsch und Architekt Richter, Heidelberg.

Zug zur neuen Gnadenkirche. Mit frohem Spiel führte der Musikverein „Echo" den Zug an. Nach einem Liedvortrag des Gesangvereins und der von der Kirchengemeinde frohen Herzens ausgesprochenen Bitte „Tut mir auf die schöne Pforte, führt in Gottes Haus mich ein", übergab Architekt Hauss, der mit Architekt Richter (beide Heidelberg) gemeinsam das Gotteshaus plante und baute, Oberkirchenrat Prof. D. Hof die Schlüssel zu der Kirche, der sie Pfarrer Bartsch mit den besten Segenswünschen aushändigte. Dem Einzug in die Kirche schloß sich ein festlicher Gottesdienst mit den Weihegebeten an. Die Predigt wurde von Oberkirchenrat Prof. D. Hof gehalten. Sie war ein tiefes, glühendes Bekennen und beinhaltete den Dank an Gott für die Gnade, die „uns hier zusammenführt". Der Bruchsaler Lutherkirchenchor und ein Posaunenchor bereicherten die Feierlichkeit der Einweihung und des Gebetes.

Empfang und Besichtigung

Unter den Ehrengästen sah man viel Prominenz. Angeführt wurde die Liste von Landrat Dr. Müller MdL. Die Bundeswehr war vertreten durch Oberfeldarzt Heinz H. Cohrs. Unter den Gästen sah man ferner Bürgermeister Hagenmaier, Ubstadt, Gemeinderäte, Rektor Gustav Schulz und das Lehrerkollegium, Fabrikant Renz, Bad Langenbrücken, Dr. Schmitt, Weiher und die Vereinsvorstände. Nicht zu vergessen Pfarrer i. R. Dr. Scheuerpflug. Um 11 Uhr war ein Empfang für geladene Gäste in der Gnadenkirche. Hierzu durfte auch der kath. Ortsgeistliche Pfarrer Franz König begrüßt werden. Pfarrer Bartsch und Prof. Arnold, Karlsruhe, der die Wandgemälde schuf, erklärten bei diesem Anlaß Thematik und Gestaltung der Malerei. Der Themenkreis der Bilder sieht die Kirche als Schiff Christi. Ein Motiv, das durchweg positiv bewertet ist und das eine hervorragende künstlerische Darstelllung erfuhr.

Bei der Ausmalung des Kirchenraumes war vieles zu beachten. Die Bilder durften nicht Dekoration sein, sie sollten nicht aggressiv und nicht zu laut im Raume stehen. Die Farben und die Tonwerte waren so abzustimmen, daß das Innere der Kirche eine gewisse Ruhe und Weite erhielt und damit eine Behaglichkeit geschaffen wurde. Die Bilder sind auf Gips gemalt und zwar in der uralten Technik der Wachsmalerei. Die Bevölkerung hatte nachmittags Gelegenheit, das Bauwerk zu besichtigen. Die Möglichkeit wurde reichlich ausgenützt. Alle Besucher waren von dem Kirchlein beeindruckt und spendeten viel Lob.

„Ein Haus in treuer Bürgermitte"

Die Feierstunde, die sich um 15 Uhr in der Kirche anschloß, war ein weiterer Höhepunkt. Im Mittelpunkt standen Grußworte und Botschaften weltlicher und kirchlicher Würdenträger. An diesem Gottesdienst nahm die Geistlichkeit des Kirchenbezirkes Bretten teil. Nach einem Eingangsgebet der Gläubigen überbrachte zunächst Landrat Dr. Müller die Glückwünsche des Landratsamtes und des Landkreises Bruchsal. Auch im Namen der Beschlußgremien des Landkreises, Kreistags u. Kreisrats, gratulierte er herzlich. „Die Kirche ist Zeugnis des Glau-

Ein denkwürdiger Tag für die ganze Gemeinde Ubstadt war die Weihe der evangelischen Gnadenkirche, die Oberkirchenrat D. Hof, Karlsruhe vornahm. Unser Bild zeigt von links nach rechts Pfarrer Bartsch, Oberkirchenrat D. Hof und Pfarrer i. R. Scheuerpflug auf dem Weg zur neuen Kirche vor dem Rathaus.

Fotos (2): Serden

bens der Menschen" sagte er, „wir wollen von Herzen froh sein, daß es in einer Zeit, die weithin dem Materialismus huldigt, noch möglich ist, Kirchen zu bauen." Für die Gemeinde Ubstadt sei der gelungene Kirchenbau eine Bereicherung. Da wo Schulen, Rathäuser, neue Wohnsiedlungen und Industriebauten entstehen, dort müßten auch Kirchen gebaut werden. In unserer zerrissenen Welt seien Kirchen so nötig wie die anderen Bauwerke. Der Landrat betonte abschließend: die Gnadenkirche Ubstadt, erbaut zur Ehre Gottes und zur Zierde des Dorfes, sei ein Haus in treuer Bürgermitte. Möge in ihr allezeit das Wort Gottes verkündet werden und unser Gebet zum Himmel emporsteigen, damit uns Gnade werde.

„Ein Schmuckstück für die Gemeinde"

Bürgermeister Hagenmeier übermittelte namens der ganzen Gemeinde und im Auftrage des Gemeinderates den evangelischen Mitbürgern zu ihrem Festtage die besten Wünsche. Die neue Gnadenkirche sei ein Schmuckstück für das Dorf. In freier Natur, und doch im räumlichen Beisammensein zum Rathaus und der kath. Pfarrkirche, stehe sie wie eine Burg Gottes im Grünen. Sie füge sich harmonisch in das Ortsbild. Für das Dorf sei die Weihe der Kirche ein denkwürdiges Ereignis. Vorläufig werde damit eine Entwicklung abgeschlossen, die der verantwortlichen Generation bestes Zeugnis ausstelle. In der Geschichte des Dorfes finde sich hierzu keine Parallele: 1964 wurde eine neue Schule eingeweiht, 1965 das Rathaus bezogen und 1966 ein Gotteshaus gebaut.

Pfarrer König wies in seinem Grußwort auf die Bedeutung hin, die die Kirche als Haus Gottes besitze. Möge das neu erstandene Gotteshaus der evangelischen Brüder und Schwestern eine Stätte der Verehrung Gottes und des Segens für die Menschen werden, die hinführe zum Ziel des Christen, die ewige Gemeinschaft mit Gott zu erreichen, erklärte er. Dekan Feil, Bretten, brachte ebenfalls seine Mitfreunde an dem neuen Gotteshaus zum Ausdruck. Er dankte den Verantwortlichen für den Mut, den sie aufbrachten, die Mühen eines Kirchenbaues auf sich zu nehmen. Den Gläubigen rief er zu: Lebt in der Gewißheit, Gott ist da! Das Evangelium solle auf den Leuchter gestellt werden. Der Dekan erinnerte an das Lutherwort: „Fraget nach dem Herrn und seiner Macht". Dem heutigen Mensch fehle die Bestimmung seines Lebens, wenn er Gott nicht suche.

„Kein Schlußpunkt"

Pfarrer i. R. Dr. Scheuerpflug fand als Vertreter des Gustav-Adolf-Werkes ebenfalls einige frohe Worte des Beglückwünschens. Er mahnte die Gläubigen: „Kirchweihe ist kein Schlußpunkt, Kirchweihe ist Anfang". Im Auftrag des Gustav-Adolf-Werkes überreichte er Pfarrer Bartsch eine Spende. In einem Schlußwort dankte Pfarrer Bartsch allen, die mitgeholfen haben am Gelingen des Werkes, die gebetet und freudig mitgearbeitet hätten. Er dankte für die Unterstützung der Gemeinde. Der Bevölkerung des Dorfes und den Vereinen galt ebenso sein Dank wie den Frauen und Männern, die unverdrossen ans Werk gingen, als es in den letzten Tagen vor der Einweihung hieß, kräftig Hand anzulegen, damit das Gotteshaus wie vorgesehen seiner Bestimmung übergeben werden konnte. Wie Pfarrer Bartsch den Teilnehmern an der Feierstunde mitteilte, stehen für die noch ausstehenden Glocken bis jetzt 7700 DM zur Verfügung; weitere 4000 DM für Geräte. Beim vormittäglichen Gottesdienst seien 5000 DM an Spenden eingegangen. Pfarrer Bartsch überbrachte noch die Grüße von Landtagspräsident Dr. Gurk, der leider verhindert war zu kommen. Von den Mitbrüdern der Diaspora-Gemeinden Bad Langenbrücken und Philippsburg konnte er ebenfalls Grüße bestellen. K. S.

Bruchsaler Rundschau Nr. 264 vom 12. November 1966

227 neue Häuser in Ubstadt

Ausdehnung heute doppelt so groß wie vor zwanzig Jahren

Ubstadt. Das Gesicht der Gemeinde hat sich gegenüber früher stark geändert. Ubstadt erlebte seit den Nachkriegsjahren eine Periode des Wachsens und der Neugestaltung. Die Bevölkerung verzeichnete eine Zuwachsquote von etwa 90 Prozent und die Ausdehnung der Gemeinde erforderte eine neue Abgrenzung des Ortsetters. Um die Peripherie des alten Ortskernes entstanden ganze Wohnviertel. Das Dorf erstreckt sich heute auf einer sdoppelt so großen Fläche wie vor zwanzig Jahren. Die neu erschlossenen Baugebiete stehen im gefälligen Einklang mit dem alten Wohnzentrum.

Interessante Baustatistik

Der Aufbau der Gemeinde ist auch nach der Baustatistik 1945 bis 1965 eindrucksvoll. Insgesamt wurden 227 Häuser gebaut und zwar 209 Häuser auf neu erschlossenem Bauland, zwei Häuser auf innerdörflichen Baulücken und ebenfalls im Ortskern 16 Häuser für alte, zuvor abgerissene Wohnbauten. Ferner wurden 29 Häuser wesentlich umgebaut bzw. aufgestockt. Am stärksten in Erscheinung trat die Bautätigkeit auf der westlichen Dorfseite. In diesem Neubaugebiet, das identisch ist mit dem

Wohnviertel „Siedlung“, also der verlängerten Weiherer Straße, dem Allmendweg und der Bahnhofstraße, wurden 72 Wohngebäude errichtet. Im Neubaugebiet Süd entstanden in diesem Zeitraum 67 Häuser. Dieselben stehen in der Bruchsaler Straße, am Hochstattweg, in der Hinterwiese, in der Mühlgasse, in der Salzbrunnenstraße, am Sternenweg und in der Unteröwisheimer Straße.

Die Ostseite des Dorfes weist mit 28 Gebäuden die geringste Zahl an Neubauten auf. Das Bauvolumen wird sich aber künftig auch hier den anderen Wohnbezirken angleichen, da das Gewann Überrück zur Bebauung ansteht. Die Baulandumlegung Überrück brachte an neuen Straßen den „Überrückweg“, die „Waldstraße“, die „Seegrabenstraße“ und „An der Hammerschmiede“. Die im östlichen Wohnviertel gebauten 28 Häuser verteilen sich auf diese neuen Straßen sowie auf die Obere Straße (oberhalb) und die Hindenburgstraße. Das Neubaugebiet Nord weist 42 neue Wohngebäude auf. Der Baumarkt wurde hier durch die Erschließung des Gewannes Hofäcker belebt. Zum nördlichen Wohnbezirk zählt die obere Stettfelder Straße, die Dorfgrabenstraße, sowie die neuangelegte Schillerstraße, Goethestraße, Uhlandstraße und Schulstraße.

Dorf-Charakter blieb erhalten

Die für Ubstadt typische Grundriß-Anlage eines „Runddorfes“ blieb trotz der enormen Aufwärtsentwicklung bestehen. Der Ort dehnte sich nach jeder Himmelsrichtung aus. Um den Kern der alten Wohnstätten und Gehöfte entstand ein Gürtel neuer Gebäude, die ein behagliches Wohnen ermöglichen. Die verkehrsgünstige Lage und der landschaftliche Reiz der „Kraichtalpforte“ Ubstadt verfehlte auf die Baulustigen ihre Wirkung nicht. Die jährliche Übersicht der Bautätigkeit weist für 1950 den Bau von 22 Wohnhäusern mit 40 Wohnungen auf und eine zusätzliche Wohnraumbeschaffung von drei Wohnungen in Altbauten. 19151 waren es 16 Häuser mit 31 Wohnungen plus eine Altbauwohnung. 1952 wurden acht Häuser mit 14 Wohnungen und fünf Altbauwohnungen fertiggestellt. 1953 konnten 10 Häuser mit 17 Wohnungen und vier Altbauwohnungen bezogen werden. 1954 stieg die Zahl der Neubauten auf 23 mit 31 Wohnungen; zusätzlich wurden drei Altbauwohnungen geschaffen. 1955 waren es acht Häuser mit 14 Wohnungen und neun Wohnungen in Altbauten. 1956 wurden 18 neue Häuser mit einem Wohnraum für 33 Familien gebaut; desweiteren wurden zwei Altbauwohnungen bezugsfertig. 1957 brachte ein Ansteigen auf 21 Neubauten mit 36 Wohnungen und sieben Altbauunterkünfte. Das folgende Jahr nimmt sich dagegen schwach aus. Es stehen 1958 neben einer Altbauwohnung nur acht Häuser mit 15 Wohnungen als Zugang verzeichnet. 1959 waren es elf neue Gebäude mit 19 Wohnungen, hinzu kommen drei Altbauwohnungen. 1960 betrug die Neubauquote ebenfalls elf Häuser, diesmal aber mit 20 Wohnungen; zusätzlich gab es vier Altbauwohnungen. Ebenfalls vier neue Altbauwohnungen wurden 1961 bezogen. An Neubauten wurden sechs Häuser mit 10 Wohnungen errichtet.

Die dörfliche Aufbautätigkeit liegt auch in der Bodenständigkeit der Bewohner, in der Liebe und Verbundenheit zur heimatlichen Scholle, mitbegründet. K. S.

Bruchsaler Rundschau Nr. 73 vom 29. März 1967

Ubstadt mit Sparhaushalt

Auch 1967 Baulandumlegung mit Straßenausbau / Noch günstige Finanzlage

Ubstadt. Viele Bürger nehmen an dem kommunalen Geschehen regen Anteil. Die jüngst im Sitzungssaal des Rathauses abgehaltene öffentliche Gemeinderatssitzung war gut besucht. Im Mittelpunkt stand die Beschlußfassung über Haushaltsplan und Haushaltssatzung. Es gehört zur Aufgabe einer Gemeinde, am Beginn eines Rechnungsjahres einen Etat aufzustellen. Er bildet die Grundlage zur Wirtschaftsführung im laufenden Geschäftsjahr.

1967 bringt merkbare Einschränkungen. In sachlicher Beurteilung der wirtschaftlichen Konjunktur haben die Gemeindeväter auf alle Maßnahmen verzichtet, die einen Aufschub vertrugen. Der Etat umfaßt in Einnahmen und Ausgaben 847 870 DM. Der außerordentliche Haushalt fiel dem Rotstift zum Opfer. Es ist seit vielen Jahren das erste Mal, daß der Voranschlag nur mit dem ordentlichen Haushalt abschließt.

Mehr Steuern — weniger Zuweisungen

Der Etat wurde von Bürgermeister Hagenmeier ausführlich erläutert. Es bereitete viel Kopfzerbrechen, wie die zur Verfügung stehenden Mittel am zweckdienlichsten ausgegeben werden. Bei allen Überlegungen galt es, das Wohl der Bürger im Auge zu behalten. Ein Ausgleich in den Einnahmen und Ausgaben ließ sich nur unter Ausnützung aller Finanzquellen erreichen. Die allgemein ruhige Finanzlage wirft auf örtlicher Ebene noch keine Schatten. Für die Gemeinde ergibt sich die erfreuliche Tatsache eines ansteigenden Steueraufkommens. Dies wirkt sich jedoch auf den Finanzausgleich ungünstig aus, denn wegen der höheren Steuereinnahmen verringern sich für die Gemeinde die Finanzzuweisungen erheblich. Ein weiterer Minuspunkt ist das enorme Anwachsen der Landkreis- und Schulumlage. Eine große Belastung stellen für die Gemeinde auch Zins und Tilgung für aufgenommene Darlehen dar. Mit diesen Geldern wurden so bedeutende Aufgaben wie Ortsentwässerung, Schulhausneubau und Ausbau von Straßen und Feldwegen finanziert. In der Wasserversorgung und beim Bau einer Kläranlage ist die Gemeinde an Zweckverbänden angeschlossen.

Neben den laufenden Kapitalzuschüssen sind hier ständig Rückzahlungen für Darlehen zu leisten. Diese Faktoren bestimmten schon von vornherein ein Sparprogramm. Nimmt man die festen Kosten für die Verwaltung und der öffentlichen Einrichtungen hinzu, so standen am Ende der Haushaltsplanaufstellung dem Gemeinderat keine großen Mittel mehr zur Verfügung, um außergewöhnliche Aufgaben ins Auge zu fassen.

Ausbau der Ortsdurchfahrt

Auf dem Hochbausektor ist außer der Renovierung des Lehrerwohngebäudes keine Baumaßnahme vorgesehen. Die zur Verplanung stehenden Gelder wurden hauptsächlich für den Ausbau der Ortsdurchfahrt eingestellt. Im Zuge der Fahrbahnerneuerung der B 3, die mitten durch das Dorf führt, ist die Gemeinde genötigt, Gelder zum Anlegen von Gehwegen bereitzuhalten. Es werden die Haupt- und Stettfelder Straße ausgebaut. Die Arbeiten an der Stützmauer bei der Kirche gehen im zweiten Jahresquartal zu Ende, anschließend erfolgt der Ausbau der B 3 von der Kirche bis zum Ortsende nach Stettfeld. Das Teilstück der Oberen Straße entlang der Kirche bis zur Abzweigung der Bergstraße wird ebenfalls ausgebaut. Eine bedeutende Summe ist auch für die Baulandumlegung im Gewann „Häuser" freigehalten. Mit der Fertigung des Bebauungsplanes ist bald zu rechnen. Ein beachtlicher Betrag wird für die Anlage eines Schuttplatzes benötigt. Der Anfall von Schutt und Müll nimmt in der Gemeinde ständig zu. Die Unterbringung dieser Abfallstoffe ist ein Problem. Die vorgesehene Lösung, die den Bewohnern und der Gemeinde gerecht wird, läßt sich leider nur mit einem größeren Aufwand herbeiführen.

Etat im Zahlenspiegel

Der Haushaltsplan besteht aus einer Vielzahl von Positionen. Er ist gegliedert in Einzelpläne und zeigt folgendes Bild: Einzelplan „Allgemeine Verwaltung": Einnahmen 1740 DM, Ausgaben 104 480 DM. Einzelplan „Öffentliche Sicherheit und Ordnung": Einnahmen 400 DM, Ausgaben 2930 DM. Einzelplan „Schulen": Einnahmen 100 DM, Ausgaben 179 230 DM. Der Betrag auf der Ausgabenseite gliedert sich auf in Löhne und sächliche Verwaltungs- und Zweckausgaben mit 39 000 DM, für Zins und Tilgung 66 000 DM, Anschaffung von beweglichem Vermögen 2000 DM, und für Schulumlage 72 000 Mark. Einzelplan „Kultur und Gemeinschaftspflege": Einnahmen 50 DM Ausgaben 1100 DM. Im Einzelplan „Soziale Angelegenheiten" sind Ausgaben in Höhe von 8750 DM verbucht. Zu erwähnen ist hier die Zuweisung an den Kindergarten mit 6500 DM und eine weitere Summe von 2000 DM für die Befestigung des Spielplatzes im Kindergarten. Einzelplan „Gesundheitspflege": Einnahmen 5120 DM, Ausgaben 6080 DM.

Wasserversorgung und Kanalisation

Einzelplan „Bau- und Wohnungswesen" Einnahmen 102 910 DM, Ausgaben 77 470 DM. Die Einnahmen setzen sich aus Zuweisungen und aus Erschließungsbeiträgen zusammen. Die Ausgaben betragen für Straßenbau einschließlich Zins und Tilgungen 60 000 DM und für Baulandumlegung 17 000 DM. Einzelplan „Öffentliche Einrichtungen": Einnahmen 64 960 DM, Ausgaben 131 710 DM. Bei den Einnahmen sind für Müllabfuhrgebühren 7000 DM, für Anliegerbeiträge 24 500 DM und für Kanalbenutzungsgebühren 22 000 DM eingestellt. Die Ausgaben verteilen sich für Feuerwehr 1600 DM, Straßenbeleuchtung und Straßenreinigung 12 000 DM, für Abwasserbeseitigung 53 000 DM, für Friedhof 12 000 DM, für Förderung der Land- und Forstwirtschaft 30 000 DM und für die Schaffung eines Schuttplatzes 20 000 DM. Einzelplan „Wirtschaftliche Unternehmen": Einnahmen 74 440 DM, Ausgaben 154 700 DM. Die Einnahmen errechnen sich aus Wasserzinsgebühren in Höhe von 44 000 DM, aus Holzgeldern und sonstigen Versorgungsunternehmen mit zusammen 30 000 DM. Der Aufwand für die Wasserversorgung mit 119 000 DM ist der größte Ausgabenposten. Für das forstwirtschaftliche Unternehmen sind in dieser Spalte 35 000 DM vorgesehen.

Steuerhebesätze unverändert

Das größte laufende Einnahmenvolumen weist der Einzelplan „Finanzen und Steuern" auf. Einnahmen 598 150 DM, Ausgaben 181 410 Mark. Bei den Einnahmen ist besonders zu erwähnen das Aufkommen an Grundsteuer mit 57 000 DM, Gewerbesteuer 301 000 DM, Gewerbesteuerausgleichszuschüsse mit 55 000 DM, die Jagdpachteinnahmen mit 8500 DM und die Zuweisungen vom Land in Höhe von 161 000 DM. Die Hebesätze für die Gemeindesteuern sind dieselben wie im Vorjahr. Sie betragen für die Grundsteuer A und B 200 Prozent und für die Gewerbesteuer 290 Prozent; als Mindeststeuer wird für Gewerbebetriebe 12 DM und für Hausgewerbetreibende 6 DM erhoben. Die Ausgaben beziffern sich für die Position Finanz- und Steuerverwaltung auf 16 000 DM, für das allgemeine Grundvermögen auf 29 000 DM, für die Kreisumlage auf 94 000 DM und für die Gewerbesteuerausgleichszuschüsse an Wohngemeinden auf 8000 DM. Mit dem Einzelplan Finanzen und Steuern schließt der ordentliche Haushalt in den Einnahmen und in den Ausgaben mit 847 870 DM ab.

Der Gemeinderat stimmte der Verabschiedung des Haushaltsplanes einstimmig zu. Bürgermeister Hagenmeier dankte abschließend den erschienenen Bürgern für das Interesse an der Verwaltungsarbeit der Gemeinde. K. S.

Bruchsaler Rundschau Nr. 69 vom 23. März 1968

Wenn geeignete Räume fehlen ...

Politische Gemeinde und katholische Kirchengemeinde betroffen

Ubstadt. Ist das kulturelle Leben der Gemeinde gesund, so besteht auch ein echter Bürgersinn und eine lebensfähige Bürgergemeinschaft. Eine derartige Gemeinde hat um die eigenen kommunalen Probleme nicht zu bangen — sie kann sie mit Hilfe der Bürger lösen. Es hat daher im Interesse jeder Kommunalverwaltung zu liegen, die Voraussetzungen für ein kulturelles Leben zu schaffen und immer wieder „Motor" zu sein, um das Kulturleben anzuregen, wenn es zu erlahmen droht.

Das Problem der Kulturförderung steht auch in Ubstadt an. Seit Jahren sind die Verantwortlichen des Dorfes bemüht, diesen wichtigen Teil des Gemeindelebens auf eine andere Basis zu stellen. Mit dem Bau einer Mehrzweckhalle wäre ein großer Schritt in dieser Richtung getan. In Erkenntnis der Sachlage wird dieses Vorhaben als vorrangig bezeichnet. Die Errichtung der Mehrzweckhalle ist ein ernstes Anliegen der Gemeinde. Mit dem guten Willen allein läßt sich diese Aufgabe jedoch nicht meistern. Die Finanzen sind nach wie vor das Primäre. Die Gemeinde wird den Bau der Mehrzweckhalle sicher umgehend in Angriff nehmen, wenn die Zuweisungen wieder fließen.

Saalmangel hemmt Kulturarbeit

Ohne Festsaal sind die Vereine in ihrer Öffentlichkeitsarbeit gehemmt und ohne Sporthalle bleib die Erziehung und Körperertüchtigung der Jugend weit hinter den Erwartungen. Der Saalmangel macht sich in Ubstadt sehr stark bemerkbar. Die Gemeinde befindet sich in dieser Beziehung heute leider in einem Notstand. Der Bürgersaal eignet sich in keiner Weise zur Durchführung von Veranstaltungen und ein weiterer Saal ist nur bedingt zu benützen. Die bauliche Ausführung der beiden Säle setzt ihrer Verwendung und Benützung Grenzen.

Ähnliches gilt für den kirchlichen Bereich. Infolge Fehlens geeigneter Räumlichkeiten lassen sich die seelsorgerischen Belange der kath. Pfarrei nicht so umfassend vertreten, wie es die Größenordnung der Gemeinde verlangt. Es fehlt in der Gemeinde ein Pfarrheim, das für jung und alt eine Stätte der Einkehr und inneren Besinnung, eine Stätte der Freude und Beratung sein kann. Der seelsorgerische Bereich umfaßt viele Aufgaben. Ein Pfarrheim zur Bewältigung der vielschichtigen Arbeit ist unerläßlich.

Die Tür des Pfarrheimes steht allen Bewohnern offen. Es wäre ein Haus der Zuflucht und der Geborgenheit. Da ist die Jugend zu nennen, die vielleicht Räume brauchen könnte, sich zu treffen; da ist der Mütterverein, für dessen Zusammenkünfte die Kirche nicht immer der geeignete Ort ist; da sind die Versammlungen des Werkvolkes und da sind auch die alten Menschen der Pfarrei, für die ein Zusammenkommen nicht möglich ist, da ein geeigneter Raum fehlt. Es gibt außerdem so manches, was den Eltern unserer Kinder zu sagen ist oder mit anderen Gruppen und Kreisen der Pfarrei zu besprechen wäre und das sich nicht an einem bliebigen Ort abhalten läßt. Es sei in diesem Zusammenhang an die Besinnungstage erinnert.

Finanzierung aus Spenden möglich

Die Dringlichkeit eines Pfarrheimes ist unbestritten. Der Bau eines solchen Hauses käme der ganzen Pfarrgemeinde zugute. Die Seelsorge im modernen Zeitalter verlangt einfach eine solche Stätte. In der Dorfmitte neben der Kirche könnte das Gebäude erstellt werden, das erforderliche Gelände steht hier zur Verfügung. Ubstadts Katholiken, die 90 Prozent der Einwohnerschaft ausmachen, stehen in der Bewährung. Das Projekt ließe sich ohne Schwierigkeiten verwirklichen, wenn sie zusammenstehen. Der Voranschlag für das Pfarrheim beziffert sich auf etwa 100 000 DM. Mit gutem Willen und etwas Opferbereitschaft ließe sich diese Summe aufbringen. Auf einen Zeitraum von drei Jahren verteilt, würde das im Ort eine monatliche Spende von 5 DM je kath. Familie ausmachen. Wenn nur bei 50 Prozent der kath. Haushaltungen Interesse an dem Pfarrheim besteht, was der Zahl von etwa 300 Familien entspricht, wäre der zu entrichtende Obolus 10 DM im Monat. Das Vorhaben wird realisiert, wenn die Ubstadter mutig und entschlossen den Bau des Pfarrheimes fördern. Die evangelischen Mitbürger gaben im vergangenen Jahr ein schönes Beispiel. Unter viel Mühe und Opfer haben sie ein Gotteshaus gebaut und auch einen Gemeindesaal. K. S.

Die Kunst ist zwar nicht das Brot,
aber der Wein des Lebens.

Lebensweisheit

Der „Steinbrocken" war ein Mammutzahn

Aber auch eine Bombe wurde dieser Tage beim Baggersee Ubstadt/Weiher gefunden

Ubstadt. Der Baggersee an der Straße nach Weiher, der an heißen Sommertagen viel badelustiges Volk anlockt, gab in diesen Tagen aus seiner Tiefe zwei bemerkenswerte Funde frei. Zuerst förderte der Bagger den Backenzahn eines Mammuts zu Tage und dann eine Bombe als gefährliches Andenken an den zweiten Weltkrieg. Beide „Funde" wurden mit dem Tiefgreifer aus dem See geholt. Die moderne Anlage des Kieswerkes garantiert, daß größere Steinbrocken und dergleichen oben auf dem Rost, der den Trichter abdeckt, zurückbleiben. Dieser Rost wird täglich hydraulisch hochgehoben und abgekippt. Das auf dem Rost sich befindende Material fällt in ein Boot. Es wird hier gesichtet und dann beseitigt. Unter diesen Rückständen fiel dem Baggerführer Gill, Ubstadt, ein ungewöhnlicher „Steinbrocken" auf.

Seine Aufmerksamkeit ist zu loben, denn sie führte zu einem prähistorischen Fund. Der „Steinbrocken" entpuppte sich als ein stattlicher Mammutzahn. Der Zahn ist an den Seiten gerillt. Die Kaufläche ist sehr deutlich zu erkennen. Er ist 26 cm lang, 17 cm hoch und 8 cm stark und auf einer Seite abgeschrägt. Sportangler Karl Leibold, Weiherer Straße 8, der

DER MAMMUTZAHN ist 26 cm lang und stark gerillt.

bei der Auffindung zugegen war, hat den Zahn aufbewahrt. Es wäre ratsam, den Zahn bald zu präparieren, damit die Lufteinwirkung ihn nicht zum Verfall bringt. Der Fund ist ein wichtiger Hinweis auf die Vorzeit. Viele tausend Jahre liegt er schon im Boden. Er ist ein trefflicher Beweis, daß unsere Gemarkung während der Eiszeit teilweise zu den eisfreien Landstrichen gehörte und daß einst die riesigen Mammut-Herden auch über den heimatlichen Grund und Boden wanderten. Das Mammut (Elephas primigenius) ist die wichtigste und häufigste Art fossiler Elefanten aus dem Diluvium. Ihre Stoß- und Backenzähne und die kolossalen Knochen sind denen der lebenden Elefanten, besonders des ostindischen, sehr ähnlich. Der Stoßzahn war indes noch größer, bis 7 m lang und über 30 cm im Querschnitt, bis 80 kg schwer.

Frühere Funde

Das Bruchstück eines Stoßzahnes von etwa 1,50 m Länge konnte vor ungefähr 18 Monaten ebenfalls aus der Kiesgrube gebaggert werden. Ein Kiesfahrer hat diesen seltenen Fund damals leider mitgenommen, bevor er im Bild festgehalten werden konnte. In der Schule ließ sich ein Mammutzahn als praktisches Anschauungsstück gut verwenden. Im Besitz der Ubstadter Bürgerin Ottilie Wippel befindet sich ein weiterer Backenzahn, der Anfang der dreißiger Jahre von dem Kieswerk ausgebaggert wurde. Im Gegensatz zum heutigen Elefant, hatte das größere Mammut Haare.

Der älteste bekannte Fund der Welt datiert um das Jahr 1700. Den bedeutendsten Fund machte 1799 ein Tunguse, er entdeckte im Eis einen vollständig erhaltenen Kadaver, dessen Fleisch von Hunden gefressen wurde. Als der Forscher Adams ihn 1806 untersuchte, war er schon stark zerstört, aber Haut und Knochen noch erhalten, der Hals mit langer Mähne, der Körper mit steifen, schwarzen Grannen- und weichen, rötlichen Wollhaaren bedeckt. Der Kopf wog ohne Stoßzähne 200 kg. Das Tier war über 3 m hoch; sein Skelett kam damals in die Petersburger Sammlung. Später fanden sich sogar Tiere, die über 4 m hoch waren.

Die Knochen und Zähne des Mammuts finden sich fast überall mit denen eines Rhinozeros (Rhinoceros tichorrhinus), des noch lebenden nordischen Moschusochsen (Ovibos moschatus), des Höhlenbären und anderen Tiere über den ganzen Norden beider Hemisphären bis zu den Alpen und in Nordamerika bis in die mittleren Vereinigten Staaten verbreitet. Noch häufiger als in Nordsibirien und im polaren Amerika liegen sie im gefrorenen Boden mancher Insel des Nördlichen Eismeeres. Die Eingeborenen glaubten lange, das Tier lebe noch heute wie ein Maulwurf unter der Ede und sterbe an der Luft. Auch im mittleren Europa finden sich Mammutreste hier und da massenhaft; so sollen bei Cannstatt 1700 an 60 Stoßzähne ausgegraben worden sein. Wahrscheinlich hat das Mammut auch mit den ältesten, nur rohe Steinwaffen führenden, zumeist wohl Höhlen bewohnenden Menschen zuammengelebt.

Der Blindgänger

Der Tiefgreifer des Baggers, der aus 15 Meter Tiefe noch den Kies und Sand heraufholt, förderte nur wenige Tage später, nachmittags gegen 14.30 Uhr, einen wohl nicht so alten, aber um so gefährlicheren Fund zu Tage. Eine 50-kg-Bombe französischer Herkunft. Baggerführer Gärtner, Weiher, entdeckte als erster die Bombe, als sie am Greifer hing. Baggerführer Gill verständigte umgehend Geschäftsführer Walter Hagenmeier und Wiegemeister Emil Schöninger. Sofort wurde Polizeimeister Ludwig verständigt, der umgehend aus Karlsruhe Feuerwerker anforderte. Nach den Sicherheitsvorkehrungen wurde die Bombe von den Feuerwerkern entschärft. Der Sprengzünder ließ sich mit der Hand lösen. Die Bombe wog 50 kg und war 90 cm lang.

Der Abwurf der Bombe erfolgte mit anderen, vermutlich am 1. Juni 1940 mittags gegen 12.30 Uhr. Damals war ein einzelner französischer Bomber am Himmel erschienen. Sein Zielobjekt waren die Bohrtürme des Ölfelddreiecks Forst, Weiher und Ubstadt. Die Bomben fielen im Weiherer Gewann „Forlenäcker", das dem Ubstadter Gewann „Hochallmend" angrenzt, auf dem sich der Baggersee befindet. Bei der Erweiterung und Vergrößerung des Baggersees wird nun auch Gelände vom Gewann „Forlenäcker" ausgebaggert. Einige der Bomben explodierten damals, daß Blindgänger dabei waren, blieb unbekannt. Um eventuell weitere Fehlzünder auszumachen, wird das Vorfeld des Baggersees in nächster Zeit von einer Spezial-Feuerwerker-Suchtruppe abgesucht. Über 25 Jahre lag die Bombe in der Erde. Ein Glück, daß bei ihrem Auffinden nichts passierte. K. S.

30 000 bis 40 000 JAHRE blicken zu der Kleinen auf: Der Mammutzahn, der jetzt beim Baggersee zwischen Ubstadt und Weiher gefunden worden ist. Schon früher wurden an dieser Stelle Mammutzähne entdeckt, mehrere Funde sind auch aus dem Raume Kronau bekannt geworden. Fotos (2): Serden

Heimat entsteht im Umkreis der Orte,
an denen man beten und verehren kann.

Josef Kastein (1890–1946)

Bruchsaler Rundschau Nr. 195, Dienstag, 20. August 1968

„... lehrt mehr als alle Beschreibung"

Schon der Heimatforscher Feigenbutz lobte die Gemeinde Ubstadt

Ubstadt. Auf traditionsreichem Boden erbaut steht Ubstadt, dessen Bürger von fortschrittlichem Geist und Heimatliebe erfüllt sind, heute im Kreis der Landgemeinden mit an vorderster Stelle. Die Bilanz über die geleistete Arbeit in der zurückliegenden Zeit weist eine respektable Entwicklung auf. Arbeiten und Maßnahmen im Auf- und Ausbau des Ortes dienten der Verbesserung der Lebensverhältnisse und der Dorfverschönerung und entsprechen der Würde einer modernen Wohngemeinschaft. Die enormen Leistungen geben aber auch Zeugnis von der Verantwortung der von der Bürgerschaft ins Gemeindeparlament gewählten Vertreter.

Die Verschönerung des Dorfbildes ist für die Gemeinde und die Bevölkerung ein besonderes Anliegen. Der aufmerksame Beobachter findet in den Mauern des Dorfes viele Merkmale, die das bestätigen. Die Wohngebäude der Gemeinde nehmen sich durchweg freundlich und sauber aus. Jede Straße und jeder Winkel sind blank gefegt und alles ist ordentlich anzusehen. Die Häuser und Gebäude sind im guten Zustand und tragen einen gepflegten Außenverputz. Vielfach wurden nach 1945 alte Wohnungen abgerissen und an deren Stelle neue, schmucke Wohngebäude errichtet. Auch die älteren Gebäude des Dorfes wirken einladend; sind sie auch noch so klein und bescheiden. Alle privaten Wohnhäuser zeigen irgendwie Spuren einer sorgfältigen Behandlung. Jahr für Jahr zieren zahlreiche Bewohner ihre Wohnungen oder ihr Anwesen mit Blumen, auch noch im Herbst erkennt man auf Fensterbänken, Balkonen und in Vorgärten die pflegenden Hände der blumenliebenden Einwohnerinnen.

Einladende Siedlungen

Eine Zierde der baulustigen Gemeinde sind die im letzten und vorletzten Jahrzehnt innerhalb des Ortsetters entstandenen Neubau-Siedlungen. Inmitten von Blumen und Sträuchern stehen schmucke Häuser. Die Pflege der Vorgärten und Anlagen ist oft mit viel Mühe und Zeitaufwand verbunden. Die neuen Wohnviertel sind hübsch gestaltet, sie sind fortschrittlich und zweckmäßig angelegt und fügen sich harmonisch in den Rahmen der ein markantes und eigenwilliges Gepräge besitzenden Dorfsiedlung ein. Der Übergang von dem fränkischen Baucharakter des Ortskernes, dem alten Teil des Dorfes, mit den Neubaugebieten ist geglückt.

Seit Jahren führt die Gemeinde einen örtlichen Wettbewerb „Unser Dorf soll schöner werden" durch. Die Bevölkerung akzeptiert voll dieses Bestreben. Fast alle Bewohner beteiligen sich an dieser begrüßenswerten Maßnahme. Die durch eine neutrale Bewertungskommission ermittelten Preisträger erhalten von der Gemeinde jeweils einen Anerkennungspreis. Im Zentrum des Dorfes, bei der Kirche, wird das nachhaltige Bemühen zur Verschönerung des Dorfbildes am deutlichsten augenfällig. Ein Blick auf die den Ort erhaben beherrschende Kirche läßt erkennen, daß es sich hier nicht um eine Dorfkirche üblichen Stils handelt. Die barocke Ubstadter Kirche, mit das schönste Gotteshaus des Kreises Bruchsal, wurde von Meisterhänden geschaffen. Die Pläne stammen von dem Baumeister Damian Hugo von Schönborns, Leonhard Stahl, hinter ihm stand die kunstverständige Persönlichkeit des Kirchenfürsten. Der Kirchenbau und das benachbarte stattliche Pfarrhaus stehen im Glanz der Renovierung. Die neue Stützmauer mit den Sandstein-Blenden ist vorteilhaft gelungen. Mauer und Kirchenfassade bilden eine Einheit.

Fachwerk von 1688

Das neu hergerichtete Gemeindewohnhaus, der ehemalige „Schwanen", nimmt sich imposant aus, nicht minder das zum Rathaus umgebaute alte Schulgebäude mit seiner Grünanlage. Ein Schmuckstück ist das Wohnhaus Bruchsaler Str. Nr. 1, das auf der südlichen Seite der Kirche gegenübersteht. Es ist ein Fachwerkhaus, das vermutlich lt. eingeschnitzter Jahreszahl in einem Balken auf der Giebelseite des Hauses 1688 erbaut wurde. Das Gebäude wurde vor kurzem renoviert. Die Pracht des Fachwerkes ruft Bewunderung hervor. Die Romantik des Mittelalters zieht an diesem Platz auf; allein dieses Gebäude läßt verstehen, daß der Heimatforscher Feigenbutz zu der Feststellung gelangte: „Ubstadt sollte fleißig von Lehrern der Nachbarorte mit ihren Schülern besucht und betrachtet werden, das lehrt mehr als alle Beschreibung." Den Übergang zu der Modernität, die in diesem Bereich von Geschäftsgebäuden repräsentiert wird, bildet die ehemalige „Krone", das heutige Altersheim. Gerade das Areal um die Kirche beherbergt die charakteristischen Motive der Gemeinde.

Das von Rosen eingefaßte Kriegerdenkmal fügt sich ebenso harmonisch wie das alte Rathaus oder die Höfe, Wohn- und Wirtschaftsgebäude, die das Weichbild des Dorfes darstellen, ein in die heimelige und behagliche Atmosphäre, die der Ort vermittelt. Das Kirchlein der evangelischen Mitbürger auf der Hummelwiese neben der Kraichbach und das Salzbad mit seiner Parkanlage sind weitere, zur Dorfverschönerung beitragende Punkte. Auch im westlichen Dorfteil, bei der angesiedelten Industrie, ist ein freundlicher Anblick angestrebt. Ein Betrieb sticht durch seine saubere und gepflegte Anlage besonders hervor.

Die Gemeinde „zieht" mit

Die Lust und Liebe der Bewohner, ihr Dorf schön und sauber zu halten, setzt voraus, daß auch die Gemeinde die gleichen Interessen vertritt. Und das ist auch der Fall. So legt die Gemeinde erhöhten Wert auf gute Straßenverhältnisse. Mit Ausnahme weniger neu angelegter

Straßen in den Neubaugebieten befindet sich das örtliche Straßennetz in einem tadellosen Zustand. Entlang einiger Straßen pflanzte die Gemeinde Parkbäume. Zur Verschönerung der Landschaft trägt das Pflanzen von Bäumen wesentlich bei. Innerhalb des Dorfes und entlang der die Gemarkung erschließenden Feldwege sollte an geeigneten Stellen und Plätzen von privater oder gemeindlicher Seite Bäume gepflanzt werden. Und zwar deshalb, damit nicht in ein paar Jahren die Flur ohne Baum und Strauch dem Auge sich darbietet. An einer Weggabelung oder einem sonstigen markanten Punkt machen sich eine Linde, Kastanie, Platane oder ein Nußbaum stets gut aus. Wir schaffen durch solche Maßnahmen außerdem Nistgelegenheit für unsere Vogelwelt. Und das allein sollte jedem Bürger, jedem Bauer, das Pflanzen eines Hochstammes wert sein.

Die Wasserläufe sind nicht vergessen

Neben der Dorfverschönerung widmet die Gemeinde, an der Spitze Bürgermeister Friedrich Hagenmeier, auch der Reinhaltung der Wasserläufe ein besonderes Augenmerk. In den letzten Jahren wurde mancherlei unternommen, um für Sauberkeit zu sorgen. Das größte fließende Gewässer der Gemeinde ist der Kraichbach. Der bauliche Aufschwung brachte es mit sich, daß der Bach heute „durch den Baukern des Ortes" fließt und somit ein verunreinigtes Bett nicht nur dem Dorfbild abträglich wäre, sondern auch in hygienischer Sicht eine große Gefahrenquelle für die Gesunderhaltung der Bevölkerung darstellen würde. So wurde 1963 der Bach gründlich gereinigt; auch im laufenden Jahr rückte man der Verwilderung des Bachbettes zu Leibe. Die herkömmliche Art des Ausputzens wurde ebenso praktiziert wie die neuzeitliche, chemische Bekämpfung. Dem Graswuchs an den Ufern und im Bachbett rückte man mit einem wirksamen Spritzmittel zu Leibe. Bei dem Hochwasser der vergangenen Tage bewährte sich die Bachreinigung abermals. Wäre von der Gemeinde das Bachbett nicht sauber gehalten worden, das Wasser hätte unweigerlich die Ufer überflutet. Unterhalb der Gemarkung wurde der Wasserlauf der Kraich seit Jahrzehnten nicht gereinigt, ein Versäumnis, das sich bitter rächte. Die Kraich würde in Ubstadt nie soviel Wasser führen wie in der ersten Augustwoche, wenn es außerhalb der Gemarkung zügiger rheinwärts ziehen könnte. Die Alarmbereitschaft vieler Ubstadter Bürger würde dadurch bei starken Regenfällen hinfällig.

EIN FACHWERKHAUS AUS DEM JAHRE 1688 mit reichem Rankenwerk in Ubstadt, das jetzt stilvoll renoviert worden ist. Dieses fast 300 Jahre alte Haus gegenüber der Kirche zählt zu den schönsten im weiten Umkreis. Rundschau/-ard.

Zum Programm der Sauberhaltung gehörte nach dem Bau der Kanalisation auch die Beseitigung alter Wassergräben, die vormals das Abwasser der Wohngebäude aufnahmen. Solche Gräben befanden sich in der Bruchsaler Straße, in der Siedlung entlang der Weiherer Straße und als Zulauf zur Berz unterhalb des Hühnerberges bei den Grolsgärten. Diese Gräben bildeten mehr oder weniger Brutstätten für Ungeziefer und Insekten. Auch der „Dorfgraben" wurde verdolt und zugeschüttet; die Schillerstraße deckt sich mit seinem Verlauf.

Die Gemeinde leistet also viel zur Verschönerung des Dorfes. Die Bürger unterstützen dieses Bestreben und danken den Verantwortlichen, indem sie freudig die Anregungen zu einem freundlichen Dorfbild aufgreifen. Die Ubstadter können stolz auf ihren Ort sein. Jeder Fremde wird sich hier wohl und heimisch fühlen. K. S.

Bruchsaler Rundschau Nr. 3/4, Samstag, 4. Januar 1969

Für Ubstadt begann das Jahr 1201

Gelingt im 13. Jahrhundert des Bestehens der Aufstieg zum Badeort?

Ubstadt. Zu Beginn des Jahres 1969, dem Jahr, in dem sich zum 1200. Male die erste urkundliche Erwähnung der „hubestater marca" jährt, steht Ubstadt vor einer bedeutenden Entwicklungsstufe. Der Beginn des neuen Jahrhunderts traditionsreicher Geschichte leitet einen entscheidenden Abschnitt ein, der die Gemeinde vor Aufgaben stellt, deren Bewältigung für sie einen glanzvollen Aufstieg oder aber ein bescheidenes Schattendasein beinhaltet. Laut Landesentwicklungsplan, der auf regionaler Ebene das gesellschaftliche, kulturelle und wirtschaftliche Geschehen neu orientiert und fördert, im Hinblick auf die angestrebte Verwaltungsreform und der Bildung neuer Großgemeinden, hat Ubstadt beachtliche Chancen. Die Chance ist gegeben, sie zu erkennen und zu nützen liegt bei den Bewohnern, liegt in erster Linie bei dem gewählten Parlament. Das Fernziel aller Mitbürger sollte sein, ebenso wie Bad Mingolsheim und Bad Langenbrücken, aufgenommen zu werden in den Kreis der Badeorte.

Die Grundvoraussetzung ist gegeben. Eine Solquelle mit nachweisbar heilender Wirkung ist vorhanden. Das auf der Gemarkung aus der Erde sprudelnde Salzwasser war schon in alter Zeit bekannt. Es besitzt die gleichen Eigenschaften wie die Solquellen in Bad Rappenau oder Bad Dürrheim. Mit seinen Salzbädern steht Ubstadt in idealer Ergänzung zu den benachbarten Schwefelbädern Mingolsheim und Langenbrücken.

Dem Fortschritt nicht verschließen

Von heute auf morgen läßt sich eine solche Entwicklung natürlich nicht erzwingen, dazu gehört die Arbeit vieler Jahre, gehört ein fortschrittliches Denken und planerisches Können, gehört viel Geduld, Weitsicht und Unternehmungsgeist. Die geistige und gesellschaftliche Umschichtung ist auch im kommunalen Bereich unverkennbar. Manches Altgewohnte wird unbarmherzig über Bord geworfen. Hauptsächlich Landwirtschaft, Handwerk und Gewerbe unterliegen der Neuformung. Berufszweige wie Weber oder Tuchmacher sind längst vergessen, andere wie Wagner, Drechsler, Küfer oder Schmiede, Schneider und Schuhmacher laufen fast aus. An ihre Stelle tritt das Unternehmen, der Betrieb, der in Serienfertigung die Bedarfswünsche erfüllt. Die Werkstätte, die früher den Pflug oder das Wagenrad instandsetzte, muß heute den Traktor, den Mähdrescher reparieren.

Die Lebens- und Wohnverhältnisse unterliegen ebenfalls dieser Beeinflussung. Stadt und Land rücken nicht nur bildlich, sondern auch geistig einander näher. Ubstadt ist aus der Agrarwirtschaft der Vergangenheit herausgewachsen. Das Bauerndorf alten Stils ist vorbei. Nur noch in sehr bescheidenem Maße ist die Bevölkerung mit der Landwirtschaft verbunden. Der Strukturwandel führte das Dorf in eine neue Rangstufe. Die Denkart muß sich diesem Prozeß anpassen, ein konservatives, kleinbürgerliches Denken würde zur Stagnation führen. Bei dem Tempo der Entwicklung ließe sich verlorenes Terrain nur schwerlich zurückgewinnen.

Ubstadt im Zentrum des Kreises

Die Gemeinde ist geographisch und verkehrsmäßig Mittelpunkt der den Kreis Bruchsal bildenden Fläche. Am Eingang zum Tal der Kraich gelegen, ist Ubstadt eine natürliche Pforte zum Kraichgau. Für die Gemeinde heißt es zum 1200. Jubiläum, sich aufzuraffen und den Weg der Modernität zu beschreiten. Bürgersinn und Gemeinschaftsgeist müssen wirksam werden und die Voraussetzungen zur Expansion des Dorfes schaffen. Der geistigen Beweglichkeit der Jugend ist mehr als bisher Raum zu geben. Es gilt für die Gemeinde, sich in der Rangfolge der Kreisgemeinden so zu etablieren, wie es seiner Lage und Geschichte entspricht und wie es seiner Bedeutung als zentraler Verkehrsknotenpunkt, gelegen an der B 3 und der Nord-Süd-Achse der Bundesbahn, zukommt.

Die Voraussetzungen zur Aufnahme in den Kreis der Badeorte sind bei näherer Betrachtung günstig. In naher Zukunft wird das „Salzbad" durch einen größeren Umbau neu gestaltet und erweitert. Der geplante Umbau der Badeanstalt ist sicher geeignet, das erstrebte Ziel näher zu bringen. Zwei Bahnhöfe und gut ausgebaute Straßen im Ortsbereich und nach jeder Richtung unterstreichen verkehrsmäßig eine gewisse Vorrangstellung. Die landschaftliche Lage ist abwechslungsreich und sehenswert die Umgegend überrascht durch viele Idylle, die Ruhe und Erholung versprechen. Mit dem Bau einer Umgehungsstraße wird der Verkehrslärm weitgehend aus dem Weichbild des Dorfes verdrängt.

Ortskern mit modernen Zügen

Die Geschäftswelt ist erfreulicherweise im Begriff, sich der neuen Zeit anzupassen. Im Dorf sind eine Apotheke und eine Drogerie; ein prakt. Arzt und ein Zahnarzt, ebenso zwei Geldinstitute und ein kath. und evang. Gotteshaus. Die Gastronomie bietet freundliche Aufenthaltsräume, bietet Gelegenheit zum Kegelsport und nicht zuletzt eine zuvorkommende Bewirtung. Ein Ausbau der Übernachtungsmöglichkeiten auch bei Privat, könnte erfolgen und wäre zweckmäßig. Die Fluren der Gemarkung und der Gemeindewald bieten gefällige Spazierwege; mit geringem Aufwand ließe sich hier bei etwas Interesse noch vieles verbessern und erreichen.

Das Schulwesen ist ebenfalls zeitnah ausgerichtet. Die Gemeinde besitzt eine Grund-, Haupt- und Realschule. Die Vereinsarbeit ist breit gestreut und bietet allen Interessierten Gelegenheit zur Betätigung. Im Zusammenwirken aller Kräfte zeichnet sich ein kultureller, sportlicher und bildender Mittelpunkt ab, der durch die Arbeit des VBW begrüßenswert bereichert wird.

Aufgaben der Zukunft

Eine vornehme Aufgabe der Gemeinde besteht darin, den Bürgersinn, die Liebe zur Heimat und den Willen zum kommunalpolitischen Engagement der Bürger, zur Mitarbeit an gemeindlichen Problemen, zu fördern. Eine weitere, nicht unwesentliche Zukunftsaufgabe ist die Erarbeitung eines Sanierungsplanes für den Ortskern. Die Zeit dürfte nicht fern sein, da die Erkenntnis Platz gewinnt, das Weichbild des Dorfes aufzulichten.

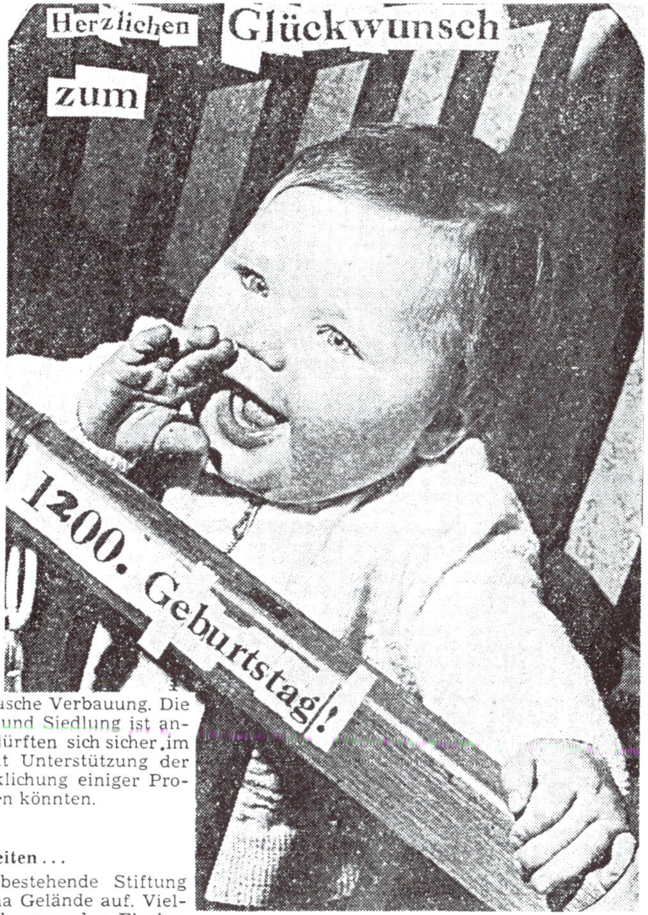

Das alte Rathaus und die damit verbundenen Gebäude sollten einmal im Interesse eines schönen Dorfbildes einer Grünanlage weichen. Wird der Namenszusatz „Bad“ erstrebt und soll das Attribut fortschrittlich Geltung bekommen, wird sich eine Auflockerung des Ortskernes nicht vermeiden lassen, ebenso die Maßnahme, einzelne Gebäude des Dorfes mit Baustopp zu belegen, da eine vorausschauende Ortsplanung erkennt, daß diese der Spitzhacke zum Opfer fallen müssen.

Die Baulanderschließung gilt es künftig zu forcieren. Das ehemalige Limit 100 Einwohner pro Jahr Zuwachsrate sollte wieder erreicht, wenn nicht gar überschritten werden. Erforlich wäre, die Hanglagen in der Gemeinde weiter zu erschließen. Diese Bauplätze garantieren zur Zeit am ehesten eine rasche Verbauung. Die bauliche Verbindung Dorf und Siedlung ist anzustreben. Bauinitiatoren dürften sich sicher im Orte finden, wenn sie mit Unterstützung der Gemeinde bei der Verwirklichung einiger Projekte des Hochbaues rechnen könnten.

Die Möglichkeiten ...

Die in der Gemeinde bestehende Stiftung Armenfonds weist über 6 ha Gelände auf. Vielleicht ließe sich bei einer kommenden Flurbereinigung dieser Grund und Boden in Ortsnähe zusammenlegen und zu der für Mutter und Kind dienlichen, für einen Badegast jedoch erforderlichen Park- und Spielplatzanlage umgestalten. Die Erhaltung der „Hinterwiese“ als Vogelparadies wäre ebenso ins Auge zu fassen. In diesen Bereich fällt auch die Anlegung von Spazierwegen oder eines Waldlehrpfades sowie das Bemühen, den Betonweg zur Kapelle im „Sperbel“ beiderseits wieder mit Bäumen zu bepflanzen, wenigstens soweit er auf der Seite von einem Rain begrenzt wird.

Der Aufgabenkreis für die kommenden Jahrzehnte ist groß. Der Ausbau des Baggersees an der Weiherer Straße zu einem Badezentrum des Landkreises ist ein weiterer Punkt, der das Gemeindeschiff flott durch die Wellen der Zukunft fahren lassen würde und dem Fernziel eines Badeortes sehr entgegen käme. Zur lebhaft diskutierten Verwaltungsreform, die Zusammenlegung von Gemeinden, ist festzustellen, daß Ubstadt nach Dr. Haselier die Muttergemeinde von Weiher und wahrscheinlich auch von Stettfeld ist. U. a. wäre das abendliche Anstrahlen der barocken St. Andreaskirche ein erster Schritt in das moderne, neue Gemeinde-Jahrhundert. Das Motto für Ubstadt und seine Bewohner im Jubiläumsjahr sollte lauten: Mit Liebe zur Heimat wachsam die Zukunft meistern und tatkräftig an dem Aufbau des Dorfes mitzuarbeiten! K. S.

Vor 1200 Jahren erstmals urkundlich erwähnt

Das Jahr 1969 für die Gemeinde Ubstadt von besonderer Bedeutung

Ubstadt. Das Jahr 1969 ist für Ubstadt ein Jahr von besonderer Bedeutung: Vor 1200 Jahren, genau am 1. November 769, wurde von einem Mönch im Kloster Lorsch eine Schenkung beurkundet, deren Notiz die älteste schriftliche Eintragung ist, die das Bestehen des Dorfes nachweist. Der Lorscher Codex ist für viele Dörfer unserer Gegend die älteste Namensquelle. Die Eintragung von Ubstadt findet sich sehr früh in diesem Güterverzeichnis, das heute ein einzigartiges Dokument darstellt, ein Dokument, das erstes Licht in das Dunkel der Anfangszeit vieler Gemeinden bringt. Auch Odenheim und Helmsheim wurden 769 erstmals erwähnt.

Der italienische Text, mit dem der Mönch die Schenkung an das Kloster beurkundete, lautet übersetzt: „Im Namen Christi, am ersten Tage des November, im zweiten Jahre der Regierung König Karls des Großen, mach ich Hildolf zum Heile meiner Seele eine Schenkung dem hl. Nazarius, dem Märtyrer, dessen körperliche Hülle im Kloster Lorsch ruht, woselbst er auch verehrt wird, und dem der Abt Gundelandus wie bekannt ist, vorsteht, und ich will, daß die Schenkung für alle Zeiten sei und bekräftige dies mit höchster Willensäußerung, nämlich was ich besitze im Enzgau, in der Ubstadter Mark, an Höfen, Wiesen, Wäldern, Wasserläufen. Dies wurde durch Handfestung bestätigt. Geschehen im Kloster Lorsch zum oben genannten Zeitpunkt."

Eine germanische Gründung

Es sind nur wenige Dörfer im Kraichgau, in unserer badischen Heimat, deren erste Erwähnung sich urkundlich so zeitig belegen läßt. Die Gründung des Dorfes dürfte allerdings schon Jahrzehnte vorher, wenn nicht sogar Jahrhunderte, erfolgt sein, denn aus dem Namen läßt sich zweifelsfrei schließen, daß Ubstadt einer sehr frühen Ausbaustufe zugehört.

In den 1200 Jahren ihres nachweisbaren Bestehens hat die Gemeinde eine wechselvolle Geschichte aufzuweisen. Sie kann auf eine reiche und interessante Historie blicken. Ubstadt spielte in den verschiedenen Zeitläufen immer wieder eine bedeutende Rolle. Im frühen Mittelalter trafen sich Grafen und Ritter hier zum Thing und im vorigen Jahrhundert lieferten sich 1849 während der Revolution Heckertruppen und Preußen ein blutiges Gefecht.

In den Annalen der Geschichte wird das Jahr 1969 auch deshalb eingehen, weil die Gemeinde einen Schritt vorbereitet, der mit überkommenen Vorstellungen, traditionellen Selbstverständlichkeiten und vielfältigen Emotionen bricht. Die Gemeinde ist bereit, gemeinsam mit dem benachbarten Dorf Weiher nach Zustimmung des Gemeinderates im nordbadischen Raum als erste die Verwaltungsreform in die Praxis umzusetzen. Beide Orte stellen sich den Erfordernissen der neuen Zeit und wollen als Partner fortan die Aufgaben der Zukunft gemeinsam meistern. Das Zusammengehen stärkt die kommunale Selbstverwaltung; sie aktiviert aber auch das gestalterische Moment.

Das Wohl der Bürger steht voran

Neue Gemeinde oder nur gemeinsame Bürgermeisterei, das ist die Frage, die Ubstadt und Weiher noch beschäftigen wird. Das laufende Jahr wird darauf noch eine Antwort geben. Ungeachtet dessen jedoch, ob beide Orte ihre Eigenständigkeit behalten oder ob sie sich zu einer Großgemeinde verschmelzen, in beiden Gemeinden geht es den Verantwortlichen in erster Linie um das Wohl der Bürger. Die Bewohner beider Orte kennen sich; vielfach bestehen verwandtschaftliche Beziehungen und auch von der Historie her haben Ubstadt und Weiher viel Gemeinsames. Die Geschichte verbindet untrennbar beide Siedlungen, denn die „hubestater marca" ist die Urgemarkung von Weiher. In dem Buch „Weiher am Bruhrain" wird dies von Dr. Günther Haselier urkundlich nachgewiesen. Ubstadt ist die Muttergemeinde; auf ihrer Gemarkung entstand vor etwa 1000 Jahren ein Weiler, aus dem sich das heutige Weiher entwickelte.

Das Gesicht hat sich gewandelt

Die Gegenwart setzt auf breiter Linie neue Aspekte. In der geistigen, gesellschaftlichen, wirtschaftlichen und kulturellen Entwicklung vollziehen sich ständige Umschichtungen, die zu neuen, oft noch ungewohnten Erkenntnissen führen. Im kommunalen Bereich prägt sich das ebenfalls aus. Die geplante Zusammenarbeit bietet im verstärkten Maße die Chance zu einer steilen Aufwärtsentwicklung. Die Strukturwandlung der Gemeinde ist auffallend. Vor dem Kriege besaß der Ort einen rein bäuerlichen Charakter, heute sind die Formen einer Wohngemeinde mit städtischen Einflüssen stark ausgeprägt.

Der zweite Weltkrieg brachte den totalen Zusammenbruch, aber auch die Überleitung zu neuen Maßstäben, zu neuen Lebensformen. Der beginnende Wiederaufbau leitete eine neue Epoche ein. Die zunehmende Industrialisierung trug ihre Wogen auch in das Dorf an der Pforte zum Tal der Kraich. Die bäuerliche Tradition wird immer stärker aufgelichtet. Mit der Zuweisung und Ansiedlung von Heimatvertriebenen und Flüchtlingen erfuhr das betont ländlich orientierte dörfliche Gefüge außerdem eine zusätzliche Belebung. Neue Gedanken, neue Ideen und neue Kräfte kamen mit den Neubürgern in das Dorf. Auf die Entfaltung der Gemeinde übten diese Faktoren einen günstigen Einfluß aus.

Stolze Bilanz respektabler Leistungen

Um den Aufbau des Dorfes haben sich Alt- und Neubürger redlich verdient gemacht. Die

Erschließung von Bauland war eine zwangsläufige Maßnahme der neuen Konstellation. Neue Wohnviertel entstanden, die Wasserversorgung wurde ausgebaut, es wurde kanalisiert, das Straßennetz modernisiert, Sanierungsmaßnahmen im Ortskern eingeleitet, ein neues Schulhaus gebaut, ein neuer Verwaltungsbau bezogen und die Bereinigung der Flur beantragt. Auf allgemeine Initiative wurde das Dorfbild von Jahr zu Jahr freundlicher gestaltet; alte Häuser wurden abgerissen und an deren Stelle neue errichtet; alte Bauwerke jedoch, die historisch gesehen das Ortsbild sehenswert machen, wurden renoviert.

Auf Initiative der evangelischen Mitbürger wurde eine evangelische Kirche gebaut. Man bemühte sich außerordentlich, einen Baustil zu finden, der trotz einer gewissen Modernität sich harmonisch in das Ortsbild einfügt. Eindrucksvoll sind auch die mit der katholischen Pfarrkirche St. Andreas im Zusammenhang stehenden Baumaßnahmen. Zur Innen- und Außenrenovation des Gotteshauses spendeten die Gläubigen stattliche Beträge.

In der Gemeinde ist tatsächlich viel geleistet worden. Die Geschäftswelt erkannte ebenfalls frühzeitig den einsetzenden Strukturwandel. Leistungsfähige und moderne Geschäftshäuser werben heute in den Mauern des Dorfes und halten für die Bevölkerung ein reichhaltiges Warenangebot bereit. Karl Serden

Bruchsaler Rundschau Nr. 27 vom 3. Februar 1970

... und es entflammte der Volkszorn!

Vor 100 Jahren Militär-Einsatz / Ruhe und Ordnung wegen Bürgermeisterwahl gefährdet

Ubstadt. Die seit dem Mittelalter bestehende Gesellschaftsordnung brach in den Stürmen der französischen Revolution endgültig zusammen. Diese Ordnung war besonders durch das Feudal- und Zunftwesen gekennzeichnet. Die Reste der alten Ordnung wurden in Deutschland nach 1800 auch rechtlich beseitigt: die Bauern aus der Leibeigenschaft entlassen, das Zunftwesen aufgehoben. So sehr die alte Ordnung schon innerlich ausgehöhlt war, so verpflichtete sie doch die Begüterten zur Sorge für die sozial Schwachen und Armen. Mit den Reformen entfiel diese Verpflichtung. Neue Formen der Vorsorge und Fürsorge entwickelten sich jedoch erst ein halbes Jahrhundert später. Dieser Entwicklungsprozeß fand in der Gemeinde in der folgenden Episode seinen Niederschlag.

Die Bürger der Gemeinde wurden 1870 zur Bürgermeisterwahl gerufen; die Geschicke des Dorfes lag von 1861 bis 1870 in den Händen von Jakob Hagenmeier, einem Sohn des Ackermannes Andreas Hagenmeier, der in der Stettfelder Straße wohnte. Die Unzufriedenheit ging auch in Ubstadt mit dem allgemeinen geistigen Umbruch und Aufbruch konform. Hochmut und ein unglückliches Standes- und Sippenbewußtsein stachelte im Dorf das Bürgertum auf. Ob ein Mensch gut oder schlecht war, richtete sich nach seinem Besitz; sein Charakter und sein Einfluß wurde nach Hektar bewertet und gemessen.

Die Volksseele „kochte"

Im Dorf herrschte damals eine gereizte Stimmung. Am Stammtisch im Gasthaus wurde heiß diskutiert. Die Gemüter schäumten über und die Köpfe „rauchten". Es ging nicht gerade zimperlich zu; auch zu Hause, in der guten Stube, im Stall oder unter dem Hoftor, gab es leidenschaftlich geführte Debatten. Die Bevölkerung spaltete sich in zwei Lager, in zwei politische Richtungen. Der Zeitpunkt zum Ausbruch der Gefühle war mit der Wahlvorbereitung für das neue Ortsoberhaupt gekommen.

In einer alten Schrift zur Geschichte von Ubstadt ist darüber zu lesen: „Die Amtstätigkeit des Bürgermeisters erweckte wenig Sympathie in Ubstadt. Er wurde sehr unpopulär. Bei Ablauf seiner Dienstzeit hatte er wenig Aussicht, daß man für seine Wiederwahl eintreten würde. Jede der bestehenden beiden „Parteien stellte neue Kandidaten auf. Die „Roten" den Landwirt Christian Schmitt, die „Schwarzen" Josef Thome, ehemaliger Wachtmeister bei den Dragonern. Beide Gruppen hatten den Sieg auf ihre Fahne geschrieben und dementsprechend heiß war der Kampf der politischen Kontrahenten. Der reichlich als Vorschuß gespendete Wein versteifte zusätzlich die Fronten bei dem hart geführten Wahlkampf. Es kam nicht nur zu Rededuellen, sondern auch zu tätlichen Ausschreitungen, die an der Tagesordnung waren."

Gendarmerie eingesetzt

Die Obrigkeit konnte dem bürgerkriegähnlichen Zustand im Dorfe nicht mehr länger tatenlos zusehen; sie entsandte Polizei nach Ubstadt. Als das Eingreifen der Gendarmerie jedoch erfolglos blieb, wurde schweres Geschütz aufgefahren. Von Bruchsal wurde eine Abteilung Dragoner nach Ubstadt beordert, zur Herstellung von Ruhe und Ordnung. Nach einigen Tagen hatten sich die Hitzköpfe einigermaßen beruhigt und die Wahl konnte stattfinden. Trotz einer zweimaligen Ansetzung kam es zu keinem Ergebnis. Die Meinungen waren so verbissen, daß es die Klugheit gebot, von Amtswegen auf zwei Jahre den damaligen Ratschreiber Andreas Boos mit der kommissarischen Führung des Bürgermeisteramtes zu beauftragen.

Wahl 1874 verlief ruhig

Als 1872 die Bürgerwahl wiederholt wurde, zeigte es sich, daß eine Ernüchterung der Wähler in der Zwischenzeit nicht erfolgte, denn erneut einigten sich die Wähler nicht auf einen Kandidaten. Zum zweitenmal war eine kommissarische Besetzung des Bürgermeisterstuhles erforderlich. Diesmal erhielt der Akziser Ferdinand Niederbühl auf zwei Jahre diesen Posten übertragen. Nach Ablauf seiner Verpflichtung konnte endlich 1874 mit Karl Speckert ein Bürgermeister ordnungsgemäß bestellt werden. Die Wahl verlief ruhig. Christian Schmitt veräußerte übrigens aus Ärger seinen bedeutenden Besitz in Ubstadt und verzog nach Bruchsal. Dort erwarb er das Gasthaus „Zum Rappen", wie man später hörte, nicht zu seinen Gunsten.

Seit jenen Ereignissen sind 100 Jahre vergangen. Erneut steht eine Bürgermeisterwahl bevor. Am 31. März 1970 endet die Amtszeit von Amtsverweser Friedrich Hagenmeier, der von 1951 bis 1969 Bürgermeister von Ubstadt war. Und heute, 1970, wie damals, 1870, kommt es zeitweise zu erregten Diskussionen. Ursache ist die geplante Gemeindefusion zwischen Ubstadt und Weiher. Die Entscheidung über die Zukunft der beiden Gemeinden liegt bei den Gemeinderäten.

Karl Serden

Bruchsaler Rundschau Nr. 72/73, Samstag, 28. März 1970

Vor 25 Jahren: Ubstadt am Karfreitag 1945

Schützengräben in den „Hofäckern" und in der „Hinterwiese"

Der Wehrmachtsbericht meldete am Karfreitag, 30. 3. 1945: „Schwere Kämpfe im Raum Bruchsal und Heidelberg". Der Krieg brachte damit in seiner Endphase unsere Heimat in den Strudel der Zerstörung und Vernichtung. Auch Ubstadt lag im Gebiet der Kampfhandlungen, denn die günstige Lage am Fuß der Kraichgauhügel, ließ den Ort für Freund und Feind zu einem strategisch wichtigen Platz werden.

Über den Dächern der Häuser hingen die schwarzen Rauchwolken der brennenden Ölwagen, die durch Jabo-Angriffe auf den Bahnhof Ubstadt-Weiher in Brand gerieten. Ständig war der Ölzug, der hier abgestellt war, willkommenes Zielobjekt der feindlichen Flugzeuge. Viele Einwohner vermieden es, auf die Straße zu gehen. Nur wenn es unbedingt erforderlich war, verließen sie das Haus. Die meiste Zeit saß man im Keller, Schutz suchend vor dem jederzeit möglichen Beschuß.

Die sich nach Westen erstreckende Feldflur zwischen Dorf und Kraichbach sollte befestigt werden. Der Volksturm, ein Haufen ergrauter Großväter, zu dem auch Ubstadter Einwohner kommandiert waren, hoben in der „Hinterwiese" und in den „Hofäcker'n" Schützengräben aus. In den Schützengräben lag deutsche Infanterie in Stellung. Bis zum letzten Blutstropfen, lautete der Führerbefehl, wird die Heimat verteidigt. Um ernsthaften Widerstand zu leisten, war die deutsche Wehrmacht aber schon zu stark geschwächt. Die Erkenntnis von der Sinnlosigkeit der kriegerischen Aktion war mittlerweile jedem aufgegangen.

Die im Dorf und in den Schützengräben liegenden deutschen Truppen standen unter dem Kommando eines Oberstleutnants. Mit ihm hatte der damalige Bürgermeister Otto Beyerle manch harten Strauß auszufechten. So war der Offizier darüber erbost, weil das Ortsoberhaupt den Befehl zur Errichtung von Barrikaden nicht ausgeführt hatte. Er verlangte von Beyerle darüber Rechenschaft. Beherzt und bündig antwortete ihm Beyerle: „Weshalb Straßensperren, damit unser Ort zusammengeschossen wird?" Mit dieser impulsiv gegebenen Antwort kam Beyerle in eine schwierige Situation aber er zog sich geschickt aus der Affäre. Er verkündete, das Dorf wird befestigt und verteidigt und veranlaßte sofort im Walde das Fällen von Bäumen. Sein Trick war, daß er den Anschein erweckte, die Stämme zum Errichten der obligatorischen Straßensperren verwenden zu wollen.

Etwa 80 Meter innerhalb des Waldes im „Weihbett", beim früheren Schießstand, befand sich ein deutscher Verbandsplatz. Viele Verwundete wurden hier „verarztet". Auf den Höhen südlich des Dorfes, bei den Bunkern, war Flak stationiert, ebenfalls am Ortsausgang nach Stettfeld in der Nähe des Feldkreuzes.

Am Südende des Nebenbahnhofes hatten die Deutschen einen Munitionsstollen angelegt. Der Tabakschuppen im Dorfgraben war mit begehrten Artikeln gefüllt, mit Textilien und sonstigen Gebrauchsgütern.

Zu den Vorbereitungen, das Dorf zu befestigen, gehörte auch das Vorhaben, die beiden Brücken über die Kraichbach zu sprengen. Die „Kuhbrücke" an der Straße nach Weiher war bereits hochgejagt. Ein junger Leutnant legte persönlich die Zündschnur. Danach sollte die Brücke an der Straße nach Bruchsal gesprengt werden. Die Schwester des nahen Kinderheimes erhielt hiervon Kunde. Sie machte sich sofort auf den Weg zum verantwortlichen Offizier. Mit dem Argument, das Kinderheim könne durch die Sprengung notleiden, bat sie, die Zerstörung der Brücke zu unterlassen. Der Offizier hatte zum Glück sein Herz auf dem rechten Fleck; er beugte sich dem Bitten der Schwester, obwohl bereits alles zur Sprengung vorbereitet war. Das mutige Eintreten der Oberin bewahrte das Dorf vor großem Schaden.

K. S.

Bruchsaler Rundschau Nr. 75, Mittwoch, 1. April 1970

Landkreis hat nur noch 37 Gemeinden

1. April 1970: Aus Ubstadt und Weiher wird Ubstadt-Weiher

Ubstadt. In der kommunalen Geschichte des Landkreises nimmt der heutige Tag, der 1. April 1970, einen besonderen Platz ein. Die 38 Gemeinden, aus denen sich der Landkreis bildet und zusammensetzt, haben sich auf 37 reduziert, denn die beiden Nachbarorte Ubstadt und Weiher werden fortan als ein Gemeinwesen fungieren. Die Fusion der beiden Dörfer wird mit dem heutigen Datum rechtskräftig. Die neue Gemeinde nördlich der Kreisstadt Bruchsal trägt mit sofortiger Wirkung den Namen Ubstadt-Weiher.

Der Zusammenschluß der beiden Dörfer erfolgte auf freiwilliger Basis. Er gibt Zeugnis von einem fortschrittlichen Geist, der in beiden Ortschaften die verantwortlichen Parlamentarier beflügelt. Die Männer, die von der Bevölkerung das Vertrauen ausgesprochen bekamen und in das örtliche Parlament gewählt wurden, der Gemeinderat, beschloß in Weiher und in Ubstadt mit je einer Stimme Mehrheit die Vereinigung der beiden Gemeinden.

Die Struktur von Ubstadt hat sich in dem Vierteljahrhundert nach 1945 grundlegend geändert. Vor dem Kriege besaß der Ort einen rein bäuerlichen Charakter, heute dagegen sind die Formen einer Wohngemeinde mit städtischen Einflüssen stark ausgeprägt. Von der Entwicklung und dem überregionalen Aufbau gezwungen, ist Ubstadt dank seiner verkehrsgünstigen Lage an der Pforte zum Kraichtal, an der Bundesstraße 3, an der Bundesbahn Heidelberg—Karlsruhe, an der Nebenbahnlinie Bruchsal—Menzingen/Odenheim sowie als Station verschiedener Omnibusverbindungen, ein aufstrebendes Gemeinwesen. Die „Ehe“ mit Weiher bietet im verstärkten Maße die Chance zu einer steilen Aufärtsentwicklung.

Ehe ohne Feierlichkeiten

Für die Bevölkerung beider Orte ist der 1. April ein bemerkenswerter Tag, denn die Hochzeit zweier Gemeinden ist bestimmt keine alltägliche Angelegenheit. Trotz der Seltenheit, die Feierlichkeiten bleiben aus. Es wurde von den Verantwortlichen des Zusammengehens bei der Information und Aufklärung der Einwohnerschaft eine mehr als zurückhaltende Position bezogen. Die Bewohner stellte man praktisch vor vollendete Tatsachen.

In Ubstadt gibt es viele Leute, die von einer Vergewaltigung sprechen. Sicher ist jedenfalls, daß die Vereinigung in beiden Ortschaften die Bevölkerung in zwei Lager spaltet. Von jubelnder Freude ist in Ubstadt und in Weiher keine Rede. Es ist bei solch einem Schritt auch kein Wunder, denn zu radikal erfolgte der Bruch mit der Tradition. Viele Jahre dürften vergehen, bis die geschlagenen Wunden vernarbt und wieder verheilt sind. Je harmonischer und erfolgreicher der Start der neuen Gemeinde Ubstadt-Weiher sein wird, je ausgewogener und rücksichtsvoller die gemeinsamen künftigen Probleme einer Lösung zugeführt werden können, desto friedlicher und verständnisvoller werden die beiden Blöcke Ubstadt und Weiher zu einer Gemeinschaft zusammenfinden.

Böllerschüsse werden also am heutigen Tage, dem Geburtstag von Ubstadt-Weiher, nicht abgefeuert. Für die Bevölkerung ist dieser Termin ein Tag wie jeder andere, ausgefüllt mit Arbeit und Leistung.

Ein Augenblick der Besinnung ist dieses Ereignis jedoch wert. Nicht wegen seiner Seltenheit, sondern wegen der Beherztheit, gründlich umzudenken, gewohnte Vorstellungen, gefühlsstarke Emotionen, preiszugeben.

Getrenntes wieder vereint

Beide Orte haben sich kühn den Erfordernissen der neuen Zeit gestellt; sie wollen als Partner fortan die Aufgaben der Zukunft gemeinsam meistern, zum Nutzen der Gemeinschaft, zum Wohle der Bürger. Die Bewohner von Ubstadt und Weiher kennen sich; vielfach bestehen verwandtschaftliche Bindungen undauch von der Historie her haben beide Dörfer viel gemeinsames. In dem Buch „Weiher am Bruhrain“ wird dies von dem Verfasser Dr. Günther Haselier urkundlich nachgewiesen. Ubstadt ist die Muttergemeinde, auf seiner Gemarkung entstand vor etwa 1000 Jahren ein Weiler, aus dem sich das spätere Dorf Weiher entwickelte. Die Vereinigung der beiden Dörfer ist damit letztlich nichts anderes als die Zusammenführung von ehemals getrenntem Land.

Der Ubstadter Raum war schon zur Römerzeit besiedelt. Im Jahre 1908 konnten auf der Gemarkung Überreste eines römischen Landhauses aufgedeckt werden. Das Kastell befindet sich im Gewann Hasenbühl, eine Anhöhe südlich der Kraichbach in östlicher Richtung vom Dorf. Die Aufwendungen und Mühen dieser Aktion waren erfolgreich. Unter den reichhaltigen Funden befand sich neben dem Relief der keltischen Pferdegöttin Epona auch eine römische Münze mit dem Bild des Kaisers Trajan, der von 98 nach Christi bis 117 regierte.

Die Siedlungsperiode des heutigen Ubstadt fällt in die germanische Zeit. Ein Zusammenhang mit der vorhergehenden römischen Besiedelung läßt sich nicht nachweisen; dagegen läßt sich aus dem Namen Ubstadt zweifelsfrei schließen, daß die Dorfgründung Ubstadt einer sehr frühen Ausbaustufe zugehört.

769 erste urkundliche Erwähnung

Viele Städte und Dörfer unserer Heimat haben in den Aufzeichnungen des Klosters Lorsch ihre erste Nachrichtenquelle. Der „Codex Laureshamensis“ liefert auch Ubstadt und Weiher den ersten und ältesten schriftlichen Nachweis ihrer Existenz. So findet sich die erste urkundliche Erwähnung der Gemeinde bereits 769 in diesem Codex. Es steht außer Zweifel, daß mit diesem Eintrag auch die Ansiedlung an der Mündung zum Kraichtal gemeint ist. Die Urkunde besagt, daß ein gewisser Hiltolf am 1. November 769 dem Kloster seinen Besitz auf „Hubestater marca“ im Enzgau schenkte. Am 29. Mai 772 folgte die Schenkung eines Hofplatzes, einer Hube und von zwanzig Jurnalien in „Villa Hubestat“ durch einen gewissen Hartger und am 12. Juni 815 übergeben Hiltolf und sein Bruder Frecolf dem hl. Nazarius, d. h. dem Kloster 1½ Mansus in dem Dorfe Hubestat und was dazu gehört an Feldern, Wiesen, Wäldern, Häusern, Gebäuden, Wassern, ausgenommen die Leibeigenen. Nach einer weiteren, aufschlußreichen Urkunde, übergibt am 8. Januar 863 Berchtrat für sein Seelenheil an das Kloster in Ubstadter Gemarkung einen Weiler (unus villaris) und was er dem Abgesandten des Klosters gezeigt hat an Feldern, Wiesen, Wäldern und Wassern. Weiler ist in diesem Sinne ein einzelnes Gehöft. Die letztere Urkunde ist der erste Hinweis auf das spätere „Weiher am Bruhrain“.

Schon früher bedeutend

Aus dem Text der Urkunden läßt sich unschwer erkennen, daß Ubstadt in früherer Zeit schon ein größeres und für die damaligen Verhältnisse auch bedeutendes Gemeinwesen war, das ausgedehnte Liegenschaften = Huben, umfaßte. Mansus ist so viel wie Hube, Mansus bedeutet soviel wie Mannsgut, ein Vollgut. Das lateinische Wort „villa“ ist die Bezeichnung für Dorf, es trifft aber auch zu für einen größeren Gutshof.

Am Anfang seiner Entstehung war Ubstadt flächenmäßig bedeutend größer als heute. Dr. Günther Haselier schreibt darüber: „Die Ausbausiedlung Hubenstätte (Ubstadt) bildete im 8. Jahrhundert eine eigene Markung, auf der noch mindestens eine, wenn nicht sogar noch eine zweite Nebensiedlung entstand. Die eine Nebensiedlung ist das Wilare, unser Weiher. Aber es ist auch durchaus möglich, daß das mittelalterliche Stettfeld in der Nähe des einstigen Vicus auf dem Felde der Hubenstätte entstanden ist. Herren von Stettfeld werden um das Jahr 1100 im Codex des Klosters Hirsau erwähnt, das Dorf Stettfeld aber erstmals um das Jahr 1250.

Der Zusammenhang zwischen Ubstadt und Weiher ist aber viel besser bezeugt als der zwischen Ubstadt und Stettfeld: nicht nur durch die Urkunde vom Jahr 863, sondern auch durch das Gemarkungsbild. Beide Gemarkungsflächen nach dem Stand vom Jahre 1885 ergeben, wenn man sie als eine Einheit nimmt, ein durchaus geschlossenes Bild. In einer Gesamtgemarkung Ubstadt—Weiher in den Gemarkungsgrenzen vom Jahre 1885 läge das Dorf Ubstadt nicht weniger zentral als in seiner heutigen Gemarkung. Einen zweiten Hinweis gibt die Lage der beiden Allmenden. Die Allmende von Ubstadt liegt im Nordwesten, die von Weiher im Südwesten der jeweiligen Gemarkung. Diese Lage zeigt aber an, daß die beiden Allmenden ursprünglich zusammengehört haben und erst nachträglich geteilt worden sind. Und die Art der Teilung offenbart dies noch ein weiteres Mal ganz besonders eindrucksvoll. Ein Stück „Hochallmend“ der Gemarkung Weiher ragt nämlich wie ein Finger in die Gemarkung Ubstadt hinein, und zwar unmittelbar südlich des Gewanns „Hochallmend“ der Ubstadter Gemarkung. Durch diese merkwürdige Teilung wurde erreicht, daß zu jeder der beiden Gemarkungen jeweils ein Stück Allmend und Hochallmend gehören. In den Jahrhunderten vor der Rheinkorrektion, als der Grundwasserspiegel noch erheblich höher lag als heute, dürfte die Hochallmend besseres Ackerland gewesen sein als die gewöhnliche Allmende, und darum diese Teilung, die jeden Dorfverband von beiden Arten ein Teil zuwies.

Damit dürfte feststehen, daß die Gemarkung Ubstadt in der Anfangszeit ihres Bestehens bis an die mit dem Ostrand der Lußhardt gegebene Siedlungsbarriere gereicht hat und daß schließlich in dem westlich der Kinzigmurg-Rinne gelegenen Teil dieser Gemarkung der Weiler erwachsen ist, der 863 dem Kloster Lorsch geschenkt wurde.“

Ein Jahr nach dem 1200jährigen Bestehen der Gemeinde Ubstadt, hat sich die „Hubestater marca“ wieder zur ursprünglichen Größe und Form vereinigt. Die Vereinbarung über die „Ehe“ mit Weiher sagt im § 1: „Die Gemeinden Ubstadt und Weiher vereinigen sich zu einer neuen Gemeinde. Die neue Gemeinde führt den Namen Ubstadt-Weiher. Die seitherigen Gemeindenamen werden als Ortsteilbezeichnungen beibehalten.“ Im § 3 heißt es weiter: „Die Eigenart der bisherigen Gemeinden soll erhalten bleiben das örtliche Brauchtum sowie das kulturelle und kirchliche Leben sollen sich weiterhin frei und ungehindert entfalten können.“ Im § 5, Abs. 3 steht: „Bis zur Errichtung eines neuen Gemeindezentrums wird die Hauptverwaltung der Gemeinde Ubstadt-Weiher vorläufig in der bisherigen Gemeinde Ubstadt eingerichtet.“

Die Bürger der Gemeinde Ubstadt-Weiher werden innerhalb von vier Monaten zur Wahlurne gerufen; gewählt wird ein neuer Gemeinderat und ein Bürgermeister. Für die Wahl des Gemeinderates ist die unechte Teilortswahl eingeführt. Den Gemeinderat bilden zehn Vertreter aus Ubstadt und zehn Vertreter aus Weiher. Bis zur Wahl des neuen Gemeinderates nimmt der alte Gemeinderat gemeinsam die Aufgaben wahr; derselbe ernennt aus seinen Reihen einen Bürgermeisterstellvertreter.

Mit dem 1. April, des Geburtstags von Ubstadt-Weiher, wird der Bürgermeister von Weiher in den Ruhsetand versetzt; die Zeit des Amtsverwesers von Ubstadt endete mit dem 31. 3. 1970. Die erste Sitzung des Gemeinderates wird von dem an Lebensjahren ältesten bisherigen ersten Stellvertreter der seitherigen Bürgermeister der Gemeinden Ubstadt und Weiher einberufen und bis zur Bestellung des Stellvertreters geleitet. K. S.

Bruchsaler Rundschau Nr. 78 vom 4. April 1970

Vor 25 Jahren: Ubstadt an Ostern 1945

Zuerst kamen die Panzer / Franzosen und Amerikaner im Ort

Der Ostersonntag 1945 fiel auf den 1. April. Es konnte sich nur noch um Stunden handeln, bis der Gegner zum Angriff auf das Dorf überging. Durch zurückweichende deutsche Landser wußte man, daß die Panzer schon drüben in der Lußhardt standen.

„In deine Hände, Allmächtiger, legen wir unser Schicksal" beteten in den Kellern die Frauen und Männer. Die Unerschrockenen wagten sich in der Frühe trotz Furcht vor dem Ungewissen zum Gottesdienst in die Kirche. Die Frühmesse war der erste und auch letzte Gottesdienst, denn das Hochamt hielt Dekan Alois Schell nicht mehr ab, weil das Risiko zu groß gewesen wäre. Auf den Straßen herrschte aufgeregter Verkehr, Soldaten in abgerissenen Uniformen mit müden und gleichgültigen Gesichtern zogen vorüber.

Gegen Mittag tauchten die Panzer auf und nahmen das Dorf unter Feuer. Der erste Schuß schlug im Anwesen von Hugo Knebel, Bruchsaler Straße 30, ein. In der Stettfelder Straße 29, bei Ernst Neithardt, riß eine Granate die halbe Dachseite des Hauses auf. Das Anwesen von Eduard Deutsch und das Haus von Eugen Brecht in der Dorfgrabenstraße wurden ebenfalls beschädigt.

In der Röhringstraße bei Konrad Küstner detonierte auf der Straße ein Geschoß. Umherfliegende Splitter verletzten Frau Amalia Weiler. Auch das Haus von Josef Beissmann wurde stark in Mitleidenschaft gezogen.

Im Zentrum des Dorfes schlugen ebenfalls viele Geschosse ein. Die Gebäude von Fritz Hagenmeier, von Friedrich Emendörfer und Emil Schaadt trugen deutliche Spuren. Dreck und Staub drangen durch Türen und Löcher in die überfüllten Keller und machten das Atmen beschwerlich.

Einige Pausen während des Beschusses verleiteten manch vorwitzigen Bewohner, kurz nach oben zu gehen, um frische Luft zu holen. In der Hauptstraße benutzten zwei junge Brüder solch eine Pause, um von der Nachbarschaft in den häuslichen Keller überzuwechseln. Vor dem Hause, Hauptstraße 13, wurde der eine Junge, Pius Wiedemann, von einem Splitter tödlich verletzt.

Am Abend zogen sich die amerikanischen Panzer nach mehrstündigem Feuer wieder zurück. Die Dunkelheit lag wie ein dichter Schleier über dem Dorf. Von den Häusern drang nur wenig Licht auf die Straßen; die Läden waren dicht verschlossen. Im Schutz der Nacht marschierten viele Abteilungen deutscher Truppen die Obere Straße hinaus, in Richtung Weihbett, das Kraichtal hinauf, Unteröwisheim zu.

Der neue Tag, der Ostermontag 1945, begann mit einem Feueralarm. Es war morgens gegen 5 Uhr. Der Schuppen des Hauses neben der Kraichbachbrücke, Bruchsaler Straße 4, stand in Flammen. Das Ortsoberhaupt Otto Beyerle eilte zu der Brandstelle. Der brennende Schuppen stellte keine Gefahr für das Dorf dar, er stand allein und isoliert.

Aber in der Oberen Straße gingen die Scheunen in Flammen auf. Sie gehörten zu den Anwesen von Fritz Neithardt, Otto Niederbühl und Josef Keller. Wenn es nicht gelang, den Brand zu lokalisieren, war zu befürchten, daß möglicherweise der halbe Ort verbrennen würde.

Bürgermeister Otto Beyerle, der die ganze Nacht auf den Füßen war, gab sofort Feueralarm. Er blies das Signal ununterbrochen auf dem Weg von der Oberen Straße bis zur Hauptstraße und trommelte alle verfügbaren Feuerwehrmänner herbei. Die Männer waren nicht mehr die jüngsten, sie wußten aber worauf es ankam; behende und flugs leiteten sie die Löscharbeiten ein.

Als das Feuer ausbrach, waren die Bewohner nicht anwesend; sie befanden sich in einem Stollen in der „Überrück", den sie zum Schutz vor der Beschießung aufgesucht hatten. Die Feuerwehr mußte die Tore aufbrechen. Das Vieh konnte rechtzeitig aus den Ställen gebracht und gerettet werden.

Am Nachmittag machte die Nachricht „Der Feind ist da" wie ein Lauffeuer die Runde durch das Dorf. Schon tauchten in den Häusern die farbigen Soldaten auf und durchstöberten die Gebäude nach deutschen Soldaten. Auf der Straße nach Unteröwisheim rollten mittlerweile die Panzer ostwärts, dem zurückflutenden deutschen Heer hart auf den Fersen.

Bei den Kampfhandlungen in Ubstadt und Umgebung gab es an die 100 Verwundete und Tote. Gemeindeforstwart Hugo Beyer und Josef Bergmann sammelten die Toten im Dorf, auf der Flur und im Wald. Die Deutschen wurden auf dem heimischen Friedhof bestattet, Franzosen und Amerikaner von ihren Einheiten. K. S.

Das Leben bringt genug Wolken. Schaffe dir nicht auch selbst noch welche! Sie enthalten den Blitzstoff, den du nicht beherrschen kannst.

Karl May (1842-1912)

Bruchsaler Rundschau Nr. 2, Dienstag, 4. Januar 1972

Schwerpunkt im vorderen Kraichgau

Großgemeinde Ubstadt — Weiher — Stettfeld — Zeutern zählt 10 000 Einwohner

UBSTADT-WEIHER. An der Schwelle eines neuen Jahres halten viele Bürger Rückschau und ziehen Bilanz. Im Mittelpunkt der Gespräche stehen die von der Verwaltung eines Gemeinwesens beschlossenen Maßnahmen und die örtlichen Begebenheiten des alten Jahres werden unter die Lupe genommen. Die Gemeinde Ubstadt-Weiher blickt auf ein erfolgreiches Jahr zurück. Die tatkräftige und weitblickende Politik der Gemeindeverantwortlichen, voran Bürgermeister Ludwig Simon, schuf die Voraussetzung, daß die Aufgaben der Zukunft von der Gemeinde verkraftet und bewältigt werden können. Im Hinblick auf die Erhaltung der Eigenständigkeit wurden die erforderlichen Schritte getan. Entsprechend der Zielplanung des Landes war die Gemeinde darauf bedacht, die aufgestellten Normen zu erfüllen und zu einem leistungsstarken Faktor im Verband der Gemeinden aufzusteigen.

Die Gemeinde Ubstadt-Weiher, am 1. April 1970 aus den beiden Dörfern Ubstadt und Weiher gebildet, zählte am 1. Januar 1971 etwas über 5600 Einwohner, und hat eine Gemarkungsfläche von 1951 Hektar. Am 1. September 1971 vergrößerte sich die aufstrebende Gemeinde an der Pforte zum Kraichtal durch die Eingliederung der Nachbargemeinde Stettfeld auf über 7200 Einwohner mit einer nunmehrigen Gesamtgemarkungsfläche von 2476 Hektar. Die Entwicklung der Gemeinde zu einem neuen Schwerpunkt im vorderen Kraichgau, nördlich der Kreisstadt Bruchsal, war damit jedoch noch nicht abgeschlossen. Der alte Weinort Zeutern, zu dem schon immer enge verwandtschaftliche, wirtschaftliche, gesellschaftliche und auch kommunalpolitische Beziehungen bestanden und der wie Ubstadt auf eine 1200jährige Tradition blicken kann, entschied sich ebenfalls zum Anschluß an die Gemeinde Ubstadt-Weiher. Der Ort gab mit dem 31. 12. 1971 seine Selbständigkeit auf. Die neue Schwerpunktgemeinde Ubstadt-Weiher, die sich übrigens in einem überschaubaren Zeitraum einen neuen Namen geben wird, nennt nunmehr eine Fläche von 3646 Hektar ihr eigen und zählt nahezu 10 000 Einwohner. Von der Einwohnerschaft wie auch von der Gemarkung her bildet die Gemeinde eine homogene Einheit. Von der Struktur der Landschaft, der sozialen und wirtschaftlichen Beschaffenheit der Ortsteile Ubstadt, Weiher, Stettfeld und Zeutern wie auch von der Wesensart der hier wohnhaften Menschen, von ihrer Religiosität, von Sitte und Brauchtum und ihrer charakterlichen Veranlagung, passen die Bewohner der vier Ortschaften gut zusammen. So wie sich innerhalb kurzer Zeit nach dem Zusammenschluß von Ubstadt und Weiher bereits das Bürgerbewußtsein in positiver Richtung entfaltete, wird bei der jetzigen Großgemeinde Ubstadt-Weiher ebenfalls der Bürgersinn in neue Formen und Vorstellungen übergehen und sich zu einem neuen Gefühl der Zusammengehörigkeit vereinen. Zum Wohle aller Bürger und zum Nutzen der Gemeinde.

Gemeinderat mit Initiative

Der Gemeinde gebührt für ihre Initiative, ihren Unternehmungsgeist und ihren gezeigten Weitblick bezüglich des anstehenden kommunalen Aufgabenkataloges uneingeschränktes Lob und volle Anerkennung. Für den Ortsteil Ubstadt sind bemerkenswerte Maßnahmen zu registrieren. Die Bevölkerung hat dankbar das Geschehen zur Kenntnis genommen, im Bewußtsein, durch richtige Stimmabgabe bei den vergangenen Kommunalwahlen, zum Erfolg mit beigetragen zu haben. Die Liste der begonnenen und durchgeführten Projekte ist beachtlich. Ein Wunsch, der schon länger als ein Jahrzehnt im Raume stand, erfüllte sich im alten Jahr für Ubstadt. Dieser Wunsch, der von Eltern immer wieder vorgebracht wurde, bezog sich auf die Anlage eines Kinderspielplatzes. Dieser ist nunmehr Tatsache. Nördlich des Sportplatzes an der Weiherer Straße, an der Ecke Kraichgaustraße/Häuserweg, entstand ein idealer Tummelplatz für die Jugend. Um ein Blockhaus gruppieren sich Schaukel, Kletterturm, Rutschbahn und Wippe. Die Anlage ist mit einem Jägerzaun umgeben. Dieser Kinderspielplatz ist das schönste Geschenk, das die Gemeinde ihren heranwachsenden Bürgern im Ortsteil Ubstadt gab. Nach Beendigung der Erschließungsarbeiten im angrenzenden Neubaugebiet Kraichbach-Sportplatz und der Fertigstellung des Wohnungsbaues wird dieser Platz zu einer Stätte der Entspannung für jung und alt. Nach erfolgter Eingrünung trägt er erheblich zur Steigerung des Wohnwertes in diesem Bereich bei.

Neue Turn- und Sporthalle

Vordringlich war auch eine Turn- und Sporthalle. Als 1964 die neue Ubstadter Schule ihre Pforten öffnete, hoffte man, die geplante Turnhalle im Anschluß erstehen lassen zu können. Das um so mehr, weil in der Gemeinde kein größerer Raum mehr zur Abhaltung von Veranstaltungen zur Verfügung stand. Die Initiative der alten Gemeinde beseitigte jedoch leider nicht dieses Problem. Viele Jahre mußte sich das kulturelle Leben im Dorf bezüglich Raumfragen mit Provisorien abgeben. Die neue Gemeinde erkannte das auf die Dauer Unerträgliche an diesem Zustand und schritt tatkräftig ein. Im Frühjahr wird die Turn- und Sporthalle fertiggestellt sein. Damit hat endlich die Grund-, Haupt- und Realschule ihre längst notwendigen Räume für den geordneten Turn- und Sportunterricht. Auch die Vereine des Dorfes erhalten damit eine längst herbei gesehnte Stätte zur

Durchführung von Veranstaltungen, denn die Halle ist in zweigeschossiger Bauweise erstellt, wobei der Saal und die Räumlichkeiten des Erdgeschosses den Vereinen zur Benützung übergeben werden sollen. Die Halle entsteht aus Fertigbauelementen unmittelbar neben der neuen Schule.

Ausgebaute Straßennetze

Auf dem Sektor des Straßenbaus wurde ebenfalls Enormes geleistet. Die Neubaugebiete Überrück und Sternen erhielten ein ordentliches, sauber ausgebautes Straßennetz. Im einzelnen wurden folgende Straßen befestigt und mit Randsteinen versehen: An der Hammerschmiede, Überrückweg, Waldstraße, Seegrabenstraße, Am Steinbruch, im Neubaugebiet Hofäcker, die Karl-Walter-Straße sowie die Parallelstraße zur B 3, das obere Drittel der Schulstraße, in der Siedlung ein Abschnitt der Allmendstraße, als Zufahrt zu der Werkshalle der Firma Gebr. Engler und der Schlosserei Freier sowie als Neuinstandsetzung die Hindenburgstraße.

Schöneres Ortsbild geschaffen

Die Verschönerung des Ortsbildes war ein weiteres Anliegen, das die Gemeindeväter beschäftigte. Das Haus Bergstraße 1 wurde käuflich erworben und, um die Straße „An der Hammerschmiede" an das alte Straßennetz des Dorfes, an die Obere Straße bzw. an die Bergstraße anschließen zu können, abgetragen und über den Platz die Straße gebaut. Die beim Rathaus stehenden alten Nebengebäude, so die alte Abortanlage der ehemaligen Schule, seit mehr als 20 Jahren unbenützt, wurden ebenfalls abgetragen und der Platz eingeebnet. Es wurde damit eine große geräumige Fläche gewonnen, die sich zumindest vorerst sicher als Parkplatz anbietet. Zur Verschönerung des Dorfbildes gehört auch die Einrichtung einer neuen Straßenbeleuchtung in den einzelnen Neubaugebieten rings um den alten Ortskern. Durch die modernen Standleuchten, in einem Abstand von etwa 40 Meter angeordnet, herrscht bei Dunkelheit überall gute Sicht. Die Wohngebiete erhalten mehr und mehr einen städtischen Außenanblick.

Augenmerk auf Ortssanierung

Die Aufzählung erfolgreich durchgeführter Maßnahmen ist noch nicht erschöpft. Die Friedhofskapelle wurde renoviert, ferner die Erweiterung des Friedhofes in Angriff genommen. Im Neubaugebiet Kraichbach-Sportplatz erfolgte die Kanalisation; der Ausbau des Straßennetzes schließt sich an. Auf dem künftigen Programm steht erneut der Abbruch alter Gebäude als ein Teil der Ortssanierung. Zu wünschen wäre hier, daß sich der Gemeinderat zu der Aufstellung eines Gesamtsanierungsplanes für den Ortsteil Ubstadt entscheidet. In unserer schnellebigen Zeit ist es für die Entwicklung eines Dorfes von Bedeutung, daß die baulichen und verkehrstechnischen Verhältnisse stets fortschrittliche Züge aufweisen.

Die Ubstadter können stolz auf die Bilanz, auf die geleistete Arbeit sein. Sie vertrauen weiterhin der Tatkraft und der Weitsicht der Gemeindeführung, die bestrebt ist, den Bürgern und Einwohnern in den einzelnen Ortsteilen das Wohnen schön und angenehm zu machen, ihnen den bestmöglichsten Service in der Betreuung zu bieten, das setzt aber bei den Bürgern die Bereitschaft zur Mitarbeit voraus. K. S.

Bruchsaler Rundschau Nr. 129 vom 5. Juli 1972

Ubstadt-Weiher-Stettfeld-Zeutern:

Auf der Suche nach einem Namen

Muß es unbedingt ein neuer sein? / Ubstadt böte sich an

Ubstadt-Weiher. Die Diskussion um den künftigen Namen der Großgemeinde Ubstadt-Weiher-Stettfeld-Zeutern ist im Gange. Die Bürger unterhalten sich; sie zeigten Interesse an dem gemeindlichen Geschehen. Man erwartet darüber mit Spannung den Entscheid der Verantwortlichen. In der Vorschlagsliste sind bereits eine stattliche Anzahl von Namen aufgeführt. Sie beruhen teilweise auf gründlichen Sachstudien und verdienen eine ernsthafte Prüfung. Aber, muß es unbedingt ein neuer Name sein?

Es wurden historische und geographische Wortschöpfungen in Vorschlag gebracht, ebenso auch kulturelle und strukturelle Deutungen. Einen erklärten Namens-Favoriten gibt es zur Stunde allerdings noch nicht. Von den vorgeschlagenen Namen und Begriffen empfiehlt sich keiner für eine vorbehaltlose, der Sache dienenden Befürwortung. Natürlich läßt sich der eine oder andere Vorschlag akzeptieren, doch bleibt jeder Name im Vergleich mit den seitherigen Ortsbezeichnungen eine unbefriedigende Neuschöpfung. Die folgende Abhandlung ist ein weiterer Beitrag zur Konkretisierung dieser Frage.

Der Name repräsentiert

Die Wahl eines neuen Ortsnamens ist eine Handlung, die nicht nur für Jahre, sondern in der Regel für alle Zeiten, zumindest aber für Jahrhunderte gedacht ist. In den seitherigen Beiträgen zu diesem Thema sind die Kriterien, die an einen neuen Ortsnamen zu stellen sind, mehrfach klar herausgestellt worden. Der Name soll kurz und melodisch sein, er soll Leben haben und im Bewußtsein der Bevölkerung als Idealkomposition aufklingen und Zuneigung und Sympathie erwecken. Zu der Kurzform und dem sprachlichen Wohlklang soll sich auch die Einmaligkeit im Register der Städte- und Ortsnamen gesellen. Ein Ortsname ist das Aushängeschild einer Gemeinde. Der Name soll ein „Polaritätsprofil" sein; er wird gemessen nach Seriosität und Werbewirksamkeit, er hat für das Image einer Gemeinde zu stehen.

Die Großgemeinde Ubstadt-Weiher-Stettfeld-Zeutern steuert einen fortschrittlichen Kurs. Die städtebauliche und auch infrastrukturelle Entwicklung sind ein weiteres Argument für eine repräsentative Bestimmung.

Name mit Polaritätsprofil

Interessant ist, daß bei den bis jetzt angestellten Überlegungen die seither gewohnten, alten Ortsbezeichnungen nicht berücksichtigt wurden. Warum eigentlich? Alle vier Ortsteile haben doch Namen, die nicht übermäßig lang und nicht unschön sind. Im Gegenteil, sie sind fast alle von der Aussage, vom Klang und vom „Polaritätsprofil" durchaus würdig, ebenfalls ins Kalkül der Untersuchung miteinbezogen zu werden.

Bei der Maßgabe, nur einen Namen zu wählen, den es im Register der Ortsnamen noch nicht gibt, scheidet der Name „Weiher" allerdings infolge seiner Verbreitung als Hauptname für die Großgemeinde aus. Auch „Stettfeld" wäre aus diesem Grunde zu streichen. Übrig bleiben die beiden Begriffe „Ubstadt" und „Zeutern". Beide Wörter erscheinen als Gemeindenamen nur einmal im deutschen Ortsnamenregister, in Europa und auf der Welt. Beide Namen sind klangschön, kurz und auch von der Tradition her geeignet, auf die Großgemeinde übertragen zu werden. Besonders aussagestark und profiliert ist der Name Ubstadt, der ebenso wie Zeutern bereits vor 1200 Jahren, am 1. 11. 769 im Lorscher Codex als „hubestater marca" Erwähnung findet.

Für die Zukunft entscheiden

Der Name soll das Image der Gemeinde heben; er soll sie politisch und gesellschaftlich, kulturell und kommerziell attraktiv machen. Die Bezeichnung „Ubstadt" ist dieser Analyse in jeder Beziehung gewachsen. Außerdem kennzeichnet das Wort die tatsächliche Lage der Gemeinde, ihrer Gemarkung und auch ihrer Geschichte. Bekanntlich ist Ubstadt die Muttergemeinde von Weiher, nach Günther Haselier (Chronik von Weiher) vermutlich auch von Stettfeld.

Für den Namen „Ubstadt" spricht auch die Deutung von Maria Diemer in der Dissertation „Die Ortsnamen der Kreise Karlsruhe und Bruchsal", die Verfasserin, eine gebürtige Stettfelderin, begründet die Namen der einzelnen Ortsteile wie folgt: Ubstadt = Stätte am (Berg)abhang; Weiher = Auf der Gemarkung des Mutterortes Ubstadt entstandene Ausbausiedlung; Stettfeld = Feld mit ehemaliger Siedlung und Zeutern = Ort (Stätte), an dem das Vieh zum Weiden an einen in die Erde geschlagenen Pflock gebunden wurde.

Ein überregionaler Begriff

Da die Großgemeinde Ubstadt-Weiher mit ihrer Gemarkung Anteil nimmt am Hügelland und an der Ebene, wäre landschaftlich und geographisch gesehen die Bezeichnung Ubstadt zutreffend und korrekt. Das Wort trägt der frühgeschichtlichen Erwähnung Rechnung, es entspricht allen formalen und neuzeitlichen Kriterien und wird auch, was ebenfalls nicht unerheblich ist, der Historie gerecht. Aber auch die Gegenwart und die Zukunft würde bei dieser Namensfestlegung berücksichtigt. Erinnert sei nur an das Verkehrswesen. Der Name Ubstadt findet sich in allen Fahrplänen der Bundesbahn, die den nordbadischen Raum ausweisen; er ist in den Straßenkarten eingetragen und auch in sonstigen überregionalen Kartenwerken und Publikationen.

Bei der Wahl des Namens Ubstadt könnten die Bewohner der anderen Ortsteile dank der Kurzform von Ubstadt, der Einmaligkeit und eines überregionalen Bekanntheitsgrades im Verkehrsbereich, die seitherigen Gemeindenamen zumindest im privaten geschäftlichen und postalischen Verkehr offiziell beibehalten, denn es statt Ubstadt 1, (oder wie auch immer) Ubstadt 2, Ubstadt 3 oder Ubstadt 4 ließe sich bei der Anschrift oder Absenderangabe für die Bürger in Weiher schreiben: Ubstadt-Weiher; für die Bürger in Stettfeld: Ubstadt-Stettfeld und für die Bürger in Zeutern: Ubstadt-Zeutern. **Dadurch blieben die alten vertrauten Gemeindenamen erhalten und würden im Briefverkehr nach wie vor weiterleben.** Verwechslungen und Fehlleitungen wären aller Wahrscheinlichkeit nach ausgeschlossen.

Sachlichkeit vor Emotionen

Die Bewohner aller vier Dörfer sind vielfach durch verwandtschaftliche Beziehungen miteinander verbunden, sie kennen sich gegenseitig und sie haben sich in der Regel mit gleichen Problemen auseinanderzusetzen. Ihre Gemeinden bilden nunmehr in Zukunft eine geschlossene Einheit. Die Aufgaben der Zukunft sind gemeinsam zu meistern. Im Bemühen aller Kräfte steht das Wohl der Bürger an vorderster Stelle. Die Gemeinde bietet allen eine Heimat, sie bietet Geborgenheit, Entspannung vom beruflichen Leben; sie will der Erdenfleck sein, das der „Mensch zu seinem Glück“ nun einmal braucht.

Im Vertrauen auf ein gutes partnerschaftliches Verhältnis, in Freundschaft und nachbarlicher Verbundenheit, wird die Gemeinde sich einen neuen Namen geben. Ein Favorit könnte die Bezeichnung Ubstadt sein. Die Mehrheit der Bürger versteift zweifellos sich nicht auf emotionale Gefühle, sie scheint nicht unbedingt einen neuen Namen zu wünschen, da bei sachlicher Prüfung beispielsweise der alte Begriff Ubstadt gegen jede Neuschöpfung sich behauptet und sich als zweckmäßig erweist.

Bürger prägen die Gemeinde

Mit der Namenswahl „Ubstadt“ verbindet sich keine Bevorzugung des Ortsteils Ubstadt. Das Geschehen einer Gemeinde, das Leben in einem Ortsteil, wird von den Bürgern bestimmt. Der Name präsentiert!

Die Winzer vom Ortsteil Zeutern können beispielsweise ihren Göttertrank nach wie vor mit dem Werbeslogan „Zeuterner Himmelreich“ offerieren, die Bürger von Weiher ihre hochfeinen Spargel mit dem Prädikat „Qualitätserzeugnis aus Weiher“ versehen und die Stettfelder die Wahrung und Pflege des Brauchtums mit dem „Stettfelder Markt“ hochhalten und in lokale Attraktion bringen, während der Ubstadter Werbespruch „Pforte zum Kraichgau“ sich auch für die Gesamtgemeinde eignet und auf die landschaftlich reizvolle Lage, ihre städtebaulichen Anlagen, ihren Wohnkomfort und ihre sportlichen und kulturellen Einrichtungen (Schulzentrum, Sport- und Freizeitzentrum) aufmerksam macht.

Der Name der Gemeinde ist von Bedeutung. Entscheidend sind aber die Menschen. Der Geist und die Tatkraft der in einem Gemeinwesen wohnenden Personen. So wie diese ihre Wohnstätte formen und prägen, so wie sie Impulse geben, so wird das Gemeinwesen im Bewußtsein der Bevölkerung leben und existieren, so wird die Gemeinde den Rang und die Stelle zugeteilt bekommen, die sich mit dieser Wertung verbindet.

Für die Großgemeinde an der „Pforte zum Kraichgau“ an der Kraichtal- und Katzbachtalmündung, ist die Ausgangsbasis gegeben. Das weitere Geschick liegt in den Händen ihrer Bürger, es kommt nun auf die von den Verantwortlichen gesetzten Akzente an.

Karl Serden

Bruchsaler Rundschau Nr. 194 vom 19. August 1972

Das neue Kreis-Wappenbuch:

Einst Kampfabzeichen – heute Wappenbilder

Repräsentation der staatlichen Gewalt durch heraldische Symbole

Eine ausgezeichnete Veröffentlichung auf Regionalebene ist das „Wappenbuch des Landkreises Bruchsal“. Die Publikation hat schon nach kurzer Zeit viele Freunde gefunden. Sie schließt endlich eine schmerzlich empfundene Lücke im Angebot der heimatkundlichen Literatur. Die Siegel- und Wappenkunde beruht auf einer reichen, geschichtlichen Tradition. Sie umspannt die Jahrhunderte wie eine vielgliedrige lange und schwere Kette. Gestern wie heute spiegelt sich die „Sphragistik“ und die „Heraldik“ in der öffentlichen und in der privaten Sphäre.

Die äußeren Zeichen der Eigenständigkeit der Gemeinden und der Zusammengehörigkeit ihrer Bürger sind die Ortswappen. Im lokalen amtlichen Schriftverkehr erscheinen regelmäßig die Symbole der Gemeinden als Siegelabdruck. Schon lange nicht mehr sind Ortswappen und Siegel nur Dekoration und Ausdruck der Zugehörigkeit zu einer Gemeinschaft. Für den historisch Interessierten sind die Wappen eine wertvolle Geschichtsquelle, während die Siegel einer gefertigten Urkunde Glaubwürdigkeit und öffentliche Kraft verleihen.

In der Wappenkunde bahnte sich in neuerer Zeit eine Reform an. Viele Gemeindewappen, im letzten Jahrhundert mit unzulässigem Beiwerk überladen und „verschönt“, sind durch neue Konzeptionen ersetzt worden, die sowohl den geschichtlichen Verhältnissen der Orte als auch den Anforderungen der Heraldik gerecht werden. Das Recht zur Führung eines Wappens wurde früher vom Landesherrn erteilt, heute ist für die Verleihung eines solchens das Innenministerium in Stuttgart zuständig. Nur wenn ernste und stichhaltige Gründe vorliegen, ist eine Änderung bzw. Neuverleihung eines Wappens auf dem gesetzlichen Wege möglich. Durch die Gemeindereform werden solche stichhaltigen Gründe nunmehr landauf und landab geschaffen. Manch geschichtliches Wappenbild wird durch eine Neukomposition ersetzt werden.

Rittertum begründet Wappenbildung

Die Entstehung der Wappen fällt in die Zeit der ritterlichen Kampfspiele. Im 12. Jahrhundert sind die Wappen als militärische Unterscheidungszeichen entstanden, als es galt, die in ihrer Rüstung völlig verhüllten Ritter durch farbige Abzeichen, meist auf dem Schild oder dem Helm, äußerlich weithin erkennbar zu machen. Aus diesen Kampfabzeichen entwickelten sich später die vererbbaren Familienwappen und auch die Territorialwappen gehen auf diesen Ursprung zurück.

Mitte des 13. Jahrhunderts sind die ersten Städtewappen nachweisbar. Nicht selten führten die Städte schon vorher Siegel, als Beglaubigungsmittel, die jedoch meist nicht mit dem Wappenschild übereinstimmten. Erst im Laufe der Zeit setzte sich das Wappen als Siegelbild durch. Heute sind die Begriffe „Wappen" und „Siegel" im volkstümlichen Gebrauch weithin identisch geworden. Während ursprünglich nur die Städte Siegel führten, erhielten im ausgehenden Mittelalter auch einzelne Dorfschaften das Recht hierzu. Zu diesen ein Signum aufweisenden Marktflecken gelangten dann im 18. und 19. Jahrhundert die meisten der bis dahin noch ohne ein eigenes Siegel verbliebenen Dörfer, die in der Regel dann das Siegelbild auch als Gemeindewappen übernahmen.

Geheimnis der farbigen Schnüre

Ein ausgefertigtes Urteil oder eine Urkunde schließt mit einem Siegel ab, wodurch meist das Schicksal einer Angelegenheit besiegelt ist. Normalerweise läuft durch solch ein Siegel ein farbiges Garn oder eine farbige Schnur. Diese unscheinbare Schnur, die leicht übersehen wird, besitzt wie das Siegel ebenfalls eine beachtliche Aussagekraft, denn auch hier wird die staatliche Gewalt erkennbar. An der Farbzusammensetzung läßt sich für den Kundigen die Geschichte des Staates und seine Wandlungen ablesen. Das Farbgarn der Urkundensiegel gibt erschöpfend Auskunft über Entwicklungsprozesse und registriert jede politische Neuordnung, deren Ausstrahlung auch das Gerichts- und Notariatswesen erfaßt, mit untrüglicher Genauigkeit. Die kleine farbige Siegelschnur ist dazu bestimmt, hoheitliche Tätigkeit des Staates zu demonstrieren.

Siegel vermitteln Völkergeschichte

In der Völker- und Staatenkunde nimmt die „Sphragistik" eine besondere Stellung ein. Die Siegelstempel oder Siegelstöcke, hergestellt aus Metall oder Stein, vielfach auch aus hornartigem Material oder aber auch aus Hartholz, sind sprechende Zeugen der Vergangenheit und der Gegenwart. Zum Versiegeln verwendete man ursprünglich Wachs, seit 1560 aber findet der heute allgemein gebräuchliche Siegellack Anwendung. Die Blei- oder Goldsiegel, sogenannte „Bullen", nehmen in der Siegelkunde einen bevorzugten Platz ein.

Früher benützten die Fürstenhäuser gerne einen zweiseitigen Siegel, d. h. Münzsiegel. Zum Gegenzeichen eines Hauptsiegels verwendete man die den Münzsiegel verwandte Art der Geheimsiegel. Welche Bedeutung dem Siegel früher beigemessen wurde, geht daraus hervor, daß eine sorgfältige und mitunter „streng geheime" Aufbewahrung derselben Pflicht war. Die englische Monarchie kennt den Geheimsiegelbewahrer, der das kleine Königliche Siegel verwaltet und verwahrt und der Lordkanzler (Großsiegelbewahrer), der die Anwendung des großen Siegels avisiert.

Private Siegel sind heute noch im Gebrauch zum sicheren Verschluß von Brief- und Wertsendungen. In der Rechtspflege haben die privaten Siegel ihren Wert verloren. Nur auf gesellschaftlicher Basis erfreut sich das Siegelbild in einer Druckform (Siegeloblaten) einer nennenswerten Verbreitung. Fälschungen von Dienstsiegeln wurden früher streng geahndet. So wurde nach alten Berichten nicht selten ein Siegelfälscher in einem Kessel „gesotten".

Dem Siegel artverwandt ist der Stempel. Es dürfte von Interesee sein, daß die Poststempel viel älteren Datums sind als die Briefmarken. Die Briefsendungen aus längst vergangenen Tagen, vor dem Jahr 1840, als die Briefmarke noch unbekannt war, weisen als Quittung für entrichtete Postgebühren einen Stempel auf. Zu jener Zeit benützte die Post in fast allen Ländern der Erde zwei Stempel. Der eine, irgendwo auf dem Briefumschlag angebracht, gab Auskunft über Versandtag und Versandort, der andere bekräftigte, daß die Zustellungskosten bezahlt waren.

Im Gegensatz zum Siegel hat der Stempel auf der Welt seinen Platz behauptet. Im staatlichen, privaten und geschäftlichen Bereich wäre ohne Stempel ein Arbeiten, ein Bestätigen oder Bekräftigen nicht denkbar. In jedem Büro und in jeder Wohnung findet man heute Stempel. Sie gehören zum Inventar des modernen Menschen.

Karl Serden

Das Völkerrecht ist nicht dazu da, den Menschen die Erlaubnis zu geben, in jedem anderen Lande Taten zu begehen, welche in ihrer Heimat bestraft werden.

Karl May (1842–1912)

Ein Kapitel Heimatkunde:

Im Ubstadter Raum schon um 500 herum erste Franken

1400 Jahre altes Grab einer fränkischen Edelfrau entdeckt

Von unserem Mitarbeiter Serden

Die frühgeschichtliche Besiedlung des Ubstadter Raumes wurde durch eine am Jahresanfang im Neubaugebiet „Sternen" entdeckte Grabstätte erneut bestätigt. Das aufgefundene Skelett ruhte über 1400 Jahre in der Erde. Bekannt ist, daß Ubstadt bereits zur Römerzeit besiedelt war, dagegen ließ sich eine frühe germanische Besiedlung durch Bodenfunde nicht nachweisen. Diese Lücke wird durch die neu entdeckte Grabstätte geschlossen. Die Germanen haben sich nach den Stürmen der Völkerwanderung auf der „hubestater marca" schon sehr früh niedergelassen.

Die sachkundige Prüfung der Fundgegenstände, u. a. von Teilen einer Kette, dem Relikt eines Schmuckstückes, ergab, daß es sich um ein germanisches Grab aus dem 5. / 6. Jahrhundert handelte, vermutlich um die Grabstätte einer fränkischen Edelfrau. Beim Auffinden war der Kopf noch gut markiert und die Schädeldecke wies keine Beschädigungen auf. Der Teil eines Unterkiefers mit einer gesunden Reihe gut erhaltener Zähne leistete wertvolle Hilfe für die exakte Einstufung.

Entscheidend blieb, daß eine genaue Datierung der Grabstätte möglich war. Gräberfunde an anderen Orten, die zeitlich genau festlagen, enthielten dieselben Beigaben wie das Ubstadter Grab. Bei Orten mit der Endsilbe „statt" wurde bisher ein ähnlicher Gräberfund noch nie gemacht. Damit ist auch mit der „Wissenschaft des Spatens" belegt, daß die Ubstadter Gegend schon sehr früh von den Germanen in Besitz genommen wurde; wahrscheinlich schon im 6. Jahrhundert.

769 erstmals urkundlich erwähnt

Die erste urkundliche Erwähnung von Ubstadt datiert vom 1. November 769. Im Namen Christi beurkundete ein Mönch im Kloster Lorsch die Schenkung eines gewissen Hiltolf zum Heile seiner Seele an den hl. Nazarius: „Alles, was ich besitze in der ‚hubestater marca', an Höfen, Wiesen, Wäldern und Wasserläufen, gehört dem Kloster Lorsch."

Ob die Pforte zum Kraichtal schon vor den Römern bewohnt war, läßt sich heute nicht mehr genau feststellen. Sicher ist nur, daß der Platz ein öfter aufgesuchtes Jagdrevier der damals lebenden Menschen war. Das älteste auf Ubstadter Gemarkung entdeckte Dokument der Vergangenheit besteht aus einer im Jahre 1841 gefundenen Lappenaxt der späten Bronzezeit (1000 v. Chr.). Bei dem Fund handelt es sich um eine sogenannte Queraxt, deren Lappen an der oberen Hälfte auf den Schmalseiten quer zur Schneide einander zugekehrt sind.

Viele römische Spuren

Die Überbleibsel der römischen Besiedlung wurden am genauesten erforscht. Römische Spuren finden sich beim „Kindlesberg" östlich des Dorfes in der Nähe des Waldes. Die hier gemachten Bodenfunde (Ziegelstücke) stellen Überreste einer römischen Villa dar. Außerdem fanden die ihre Felder bestellenden Ubstadter Bauern im vorigen Jahrhundert im Gewann Rußgraben auf der Anhöhe „Hasenbühl" immer wieder verstreute Tonscherben und Ziegelstücke.

Ein Bürger Ubstadts belegte seinerzeit den Boden seines Kellers mit quadratischen Ziegelplättchen, die bei Grabungen in den 1870er Jahren gefunden wurden. Daraufhin fand im April und Mai 1908 durch den Karlsruher Altertumsverein und die Städtische Sammlung in Bruchsal eine systematische Ausgrabung statt. Die Aufwendungen und Mühen dieser Aktion wurden reichlich belohnt, da noch ansehnliche römische Bautrümmer freigelegt werden konnten.

Eine keltische Epona

Unter den reichhaltigen Funden befand sich neben dem Relief der keltischen Pferdegöttin Epona auch eine römische Münze mit dem Bild des Kaisers Trajan, der von 98 bis 117 nach Christi regierte. Die freigelegte „Villa rusticana" war mit allem Komfort ausgestattet und besaß, wie alle römischen Landhäuser im kalten Norden, eine Hypokausten- oder Heizungsanlage mit Warmluft. Leider wurde das römische Baudenkmal wieder eingeebnet, so daß heute der Pflug wie eh und je über diese Stelle geht.

Im Gewann „Häuser" stieß man um 1850 bei Ausheben von Gräben etwa 50 Zentimeter unter der Erde auf eine alte, längst verschüttete Straße. Auf ihr lagen viele Maultierhufeisen römischer Herkunft. Die Straße selbst bestand aus so festem Material, daß man Pickel und Hacke gebrauchen mußte, um sie aufzugraben.

Die Waldabteilung „Zigeunerstock“ weist ebenfalls in die frühe Vorzeit. Der Heimatforscher Leopold Feigenbutz (1827—1904) bringt den Namen mit der römischen Epoche in Verbindung, weil die Zigeuner erst um 1400 herum in Europa erschienen. Zigeunergäßle, Zigeunergraben oder Zigeunerbrunnen sind aber bedeutend älter.

Die „Pforte zum Kraichtal“ war in früheren Zeiten ein besonders bevorzugter Platz. Es kann mit Sicherheit angenommen werden, daß dieser Landabschnitt im vorderen Kraichgau militärisch und strategisch eine starke Bedeutung hatte und zwar als Deckung für die Einmündung der uralten Heerstraße durch das Kraichtal in die Rheinebene.

Bruchsaler Rundschau Nr. 134/135, Samstag, 9. Juni 1973

Von der Sonne verwöhnt:

Ubstadt hat Weinbautradition

Bannkelter um 1600 vom Fürstbischof von Speyer errichtet

Von unserem Mitarbeiter Karl Serden

UBSTADT-WEIHER. Der Weinbau zählt zu den ältesten Erwerbszweigen der Landwirtschaft. Die Frucht des Weinstockes war früher wie heute gleichermaßen beliebt und begehrt. Der Kraichgau lockte schon seit eh und je durch seine Fruchtbarkeit Kolonisten und Siedler an; der gesegnete Boden wurde einst als „Gelobtes Land“ bezeichnet. Die hervorragenden Weinbergslagen, die der Kraichgau bietet, ließ auch in dieser Gegend den Weinbauer oder Winzer ansässig werden. Zu den vielen Klein-Weingärtnern, die als Nebenerwerb einen Rebacker bewirtschaften, gesellt sich heute mehr und mehr der Winzer, der sich ganz auf den Weinbau als bedeutendste Erwerbsquelle spezialisiert. Der Strukturwandel, der allgemein die Landwirtschaft erfaßte, setzte auch hier neue Merkmale.

In Vergangenheit und Gegenwart ist auch Ubstadt als Weinort bekannt geworden. Seine Weinbautradition dokumentiert das massive Gebäude der „Bannkelter“ in der Oberen Straße, das um 1600 durch den Fürstbischof von Speyer errichtet wurde. Die Gabe des Weinstokkes fand ihren Niederschlag auch in der Literatur. Karl Krieger nennt den „Ubstadter Riesling“ in seinem Werk „Kraichgauer Bauerntum“, Bühl 1933, „berühmt“ und Friedrich Metz berichtet in seiner Darstellung „Der Kraichgau“, daß 1921 in Ubstadt Mostgewichte nach Öchsle bis 120 Grad festgestellt wurden. Bei den Bundesweinprämiierungen, der Parade deutscher Weine und bei den Prämiierungen des Badischen Weinbauverbandes, finden die Ubstadter Erzeugnisse, sobald sie sich dem Wettbewerb stellen, höchste Anerkennung und Auszeichnung. So fielen mehrfach schon „Große Preise“ und Goldmedaillen auf die Weine „Ubstadter Altenberg“ und „Ubstadter Weinheck“. Unter dem Namen „Weinheck“ werden künftig alle Ubstadter Weine angeboten, insbesondere der Saft der Rieslingrebe. Die neue Lagebezeichnung erstreckt sich auch auf das Ruländer-Gewann Altenberg.

Rieslinganlage „Weinheck“

Die Rieslinganlage im Gewann „Weinheck“, die 1969 erstmals einen Vollertrag brachte, festigte enorm den Ruf des Ubstadter Weines. Auf Anhieb holte sich dieser Tropfen die höchsten Auszeichnungen. Die einheimischen Winzer intensivierten ihren Aufwand mit dem Ergebnis, daß im Juli 1972 die Rebaufbaugenossenschaft Bruchsal-Ubstadt gegründet wurde. Die bestehenden Anlagen auf der Gemarkung wünschte man durch eine Neuanlage zu vergrößern. Da das für die Ubstadter Winzer in Betracht kommende Gelände im Gewann „Glöcklesberg“ zur Bruchsaler Gemarkung gehört und die Bruchsaler Winzer im Gewann „Unterer“ und „Oberer Pflüger“ ebenfalls eine Erweiterung ihrer Rebfläche anstrebten, unternahm man die erforderlichen Maßnahmen gemeinsam. Die Bepflanzung der Neuanlage erfolgt in zwei Arbeitsgängen. Das „Ubstadter Gebiet“ im Gewann Weinheck und Glöcklesberg, eine Fläche von 12 Hektar, ist bereits bepflanzt. Verantwortlich für den Aufbau war hier der 2. Vorstand der Rebaufbaugenossenschaft, Hermann Brecht, Ubstadt. Für die Bepflanzung des Bruchsaler Teiles im „Pflüger“ zeichnet der 1. Vorstand Richard Schleicher, Bruchsal, verantwortlich. Diese Fläche ist 13 Hektar groß und wird im kommenden Jahr kultiviert; hier beteiligen sich übrigens auch Winzer, die in Forst wohnhaft sind.

Planierung begann im Februar

Die Planierungsarbeiten für die Gesamtanlage begannen im Februar; die Bruchsaler Baufirma Bacher hat das Gelände gerodet, dabei halfen ständig einzelne Winzer mit. Der Baumbestand, alte Weinberge, Unebenheiten des Bodens, Raine, das alles wurde geknickt, herausgerissen, weggeschoben und eingeebnet. Dickstämmige Kirschbäume, mächtige Nußbäume, grobrindige Birnbäume, weitkronige Apfelbäume und vereinzelte, angejahrte Pfirsichbäume, fielen der unbändigen Kraft der Rodungsmaschine zum Opfer. Der Vorgang: „Die Raupe schiebt sich stur auf den Stamm zu. Die Erde zittert. Das Beben überträgt sich auf das knorrige Geäst. Ein letztes Zittern des Veteranen, der Stürmen getrotzt, Fröste überstanden, Schneelasten und zentnerweise Früchte getragen hat. Nur wenige Minuten dauert die Prozedur, bis der Baum fällt, bis die Raupe an anderer Stelle ihr Spiel fortsetzt, im Sinne einer geordneten Reblandkultivierung." Mit einem Spezialgerät wurde die Fläche anschließend tief gepflügt. Die Raupe mußte den Rigolpflug ziehen, so schwer ist der Boden. Der Kenner freut sich über diese Tatsache. Er weiß, hier wird ein hervorragender Tropfen wachsen.

52 000 Pflanzen gesetzt

Die Ubstadter setzten 52 000 Pflanzen. Alle Winzer halfen mit. Die Männer hoben die Löcher aus, sie „buddelten" unermüdlich. Auf den Fuß folgten die Frauen, die die Setzlinge einpflanzten. Tagelang war das geschäftige Bild zu sehen. In gemeinsamer Arbeit wurde das große Werk vollendet. Die neue Weinbaufläche ist mit zehn ha Riesling und zwei ha Müller-Thurgau-Reben bepflanzt. Das Wetter war für die Pflanzzeit sehr günstig. Einige der Winzer nehmen das als gutes Vorzeichen, daß sich diese Anlage künftig der besonderen Gunst des Wettergottes erfreuen dürfte. In der Tat, klimatische Sorgen bestehen nur wenige für die Winzer in dieser Raumschaft.

Kelterhaus hat genügend Kapazität

Der Etrag der neuen Rebanlage kommt über die Winzergenossenschaft Ubstadt zur Ablieferung und über den Winzerkeller Wiesloch zur Vermarktung. Das Kelterhaus der Ubstadter in der Oberen Straße ist gut ausgerüstet; es kann ohne weiteres die Mehranlieferung von Trauben aufnehmen. Die Kapazität des Kelterhauses reicht aus, um gegebenenfalls auch die Trauben der Bruchsaler Winzer aufzunehmen; die 12-ha-Anlage, „Weinheck-Glöcklesberg" wird in Ubstadt gekeltert, die Siedler aus Bruchsal, die ebenfalls Weinbau betreiben und die ihre Gehöfte in unmittelbarer Nachbarschaft haben, werden sich teilweise wohl auch für die Kelterung in Ubstadt entscheiden.

Riesling König der Weine

Der Riesling ist immer noch König unter den Weinen, die Rieslingrebe liefert nach wie vor den besten Qualitätswein. Die Sorte soll übrigens schon 1490 in Worms vorhanden gewesen sein. Woher der Riesling kommt ist umstritten. Beim Weinbau ist die Sortenkunde eine Wissenschaft für sich. Öfters wechseln die Namen einer und derselben Sorte. In der Blattform, der Farbe und der Gestalt der Beeren und anderen Merkmalen unterscheiden sich die Sorten mehr oder weniger deutlich. Rotweinreben weisen bei der herbstlichen Laubverfärbung häufig rote, Weißweinreben meist gelbe Blätter auf. Die Sorteneigentümlichkeiten kommen auch in der Widerstandsfähigkeit gegen ungünstige Einflüsse der Umwelt sowie Krankheitserreger zum Ausdruck. Die Erfahrung lehrt, welche Rebensorte sich für das eine oder andere Weinbaugebiet am besten eignet. Freilich darf die Tradition nicht allein walten, der Fortschritt wissenschaftlicher Erkenntnis, Züchtungsergebnisse u. a. beachtet der weitblickende Winzer. Für die Anlage „Weinheck-Glöcklesberg" erwies sich die Rieslingrebe als die geeignetste Sorte, damit den traditionellen Ruf Ubstadts als „Riesling-Ort" erneut bewahrend und mit neuem Glanz versehend. Ein „Weinheck-Riesling" ausgebaut im Winzerkeller Wiesloch, geherbstet von Ubstadter und Bruchsaler Winzern, auf Südhängen der „Vorberge" zwischen Bruchsal und Ubstadt, ist ein Gewächs, auf das der Badische Werbe-Slogan „Von der Sonne verwöhnt" voll und ganz zutrifft.

Das Rebgelände wird gegenwärtig von den Winzern mit einem Schutzzaun gegen Wildverbiß der Jungpflanzen eingezäunt. Es erfordert noch viel Arbeit und Sorgfalt, bis die jungen Reben hochgezogen sind und der Weinstock dann endlich im dritten Jahr im Ertrag steht, zur Freude des Erzeugers und Genießers! Mit der Rebflurbereinigung wurden auch viele Brachgrundstücke der Nutzung wieder zugeführt. Das Flurbereinigungsverfahren erstreckt sich übrigens auf das gesamte Gelände zwischen Bruchsal und Ubstadt. Ein neues Wegenetz ist im Entstehen, das Land wird neu kultiviert. Das Landschaftsbild soll nicht vergewaltigt werden, die landschaftspflegerische Aufgabe nimmt Rücksicht auf die Vogel- und Tierwelt. Die Gewanne werde nicht zu baumlosen Flächen eingeebnet und die Rebanlagen tragen mit dazu bei, den Zauber dieser Landschaft zu erhalten.

Es blinken drei freundliche Sterne
ins Dunkel des Lebens hinein,
die Sterne, sie funkeln so traulich;
sie heißen Lied, Liebe und Wein.

Theodor Körner (1791–1813)

Bruchsaler Rundschau Nr. 191 vom 16. August 1974

Straßenbau und Bachkorrektion in Ubstadt

Neue Akzente wandeln das gewohnte dörfliche Bild

Leider mußten nicht selten Bäume den Planungen weichen
Die Großgemeinde bewältigt souverän ihre Aufgaben

UBSTADT-WEIHER. Im Aufbau und Fortschritt der Gegenwart bestätigt sich immer wieder, daß auf dieser Welt alles einem Wandel unterworfen ist. Das zeigt sich nicht nur in der Folge von Geschlechter-Zyklen, das zeigt sich auch bei den steinernen Zeugen der Zivilisation, den Bauwerken und Wohnsiedlungen der Menschen. Ubstadt bietet dafür ein aktuelles Beispiel, denn das Bild der Gemeinde erfuhr in jüngster Zeit beträchtliche Retuschen. So mancher altvertraute Anblick verschwand aus dem Gesichtskreis. Der für das Dorf und seine Bewohner bemerkenswerte Entwicklungsprozeß bewirkte einige bedeutende Veränderungen, die nicht nur bauliche, sondern auch formgebende Kriterien beinhalten. Aus dem beschaulichen Ort mit bäuerlicher Struktur wurde ein pulsierendes Gemeinwesen mit städtischer Prägung. Und der Vorgang ist noch nicht beendet. Das Schnellbahnprojekt wird neue Impulse bringen, es wird aber auch entscheidend die Umwelt beeinflussen. Durch den Bahnkörper wird die Landschaft neu modelliert.

Die Umgestaltung wurde mit dem Bau der neuen Straße nach Weiher augenfällig. Diese Veränderung ist bis jetzt der spektakulärste Eingriff in die altgewohnte Konzeption. Die neue Straße mündet bei der evangelischen Gnadenkirche in die B 3 ein. Die Straße, nicht unwichtig für den überörtlichen Verkehr, bindet den Ort noch fester an die Verkehrsadern des Kraichgaues, wobei die gemeindliche Priorität wesentlich gestärkt wird. Mit der Straße wurde ein Zeichen gesetzt, das die Bedeutung der Großgemeinde dokumentiert. Die beiden Ortsteile Ubstadt und Weiher sind durch die neue Verbindung, die mit einem großen Brückenwerk die Bahnlinie Bruchsal—Heidelberg überführt, bestens aneinandergebunden. Der weite Wiesenteppich am Fuße des in die Hügelzone eingebetteten Dorfes, das Wiesental zwischen B 3 und Bahnkörper, wurde durch die Trasse allerdings zerschnitten. Es wurde ein Stückchen Natur angerissen, das in absehbarer Zeit durch die Schnellbahn leider zerstört wird.

Neue Straße verbindet Ubstadt und Weiher

Beim Baggersee vereinigt sich die neue Trasse mit der alten Chaussee, die als Zufahrt zum Bahnhof und zum Industriegebiet weiterhin frequentiert bleibt, die aber auch als Promenade immer mehr Rang und Wert erlangt. Ein breiter Gehweg und moderne Leuchten, die abends zwischen Ubstadt und Weiher ein helles Lichtband projizieren, rückt beide Ortsteile auch optisch zusammen. Im Zuge der Neutrassierung der Kreisstraße nach Weiher erfuhr die südliche Ortseinfahrt von Ubstadt eine notwendige Umgestaltung. Die Abzweigung nach Unteröwisheim wurde großzügiger ausgebaut und die Bruchsaler Straße, Teilabschnitt der B 3, wesentlich verbreitert. Bei dieser Baumaßnahme wurde leider zu wenig an die Fußgänger gedacht, denn bei dem starken Verkehr bieten die viel zu schmalen Gehwege keine ausreichende Sicherheit.

Die Anbindung der neuen Kreisstraße an die B 3 bei der evangelischen Gnadenkirche, gegenüber dem Salzbad, schuf hier erstmalige Akzente, wie beispielsweise Abbiegespur, Verkehrsinseln und Ampelanlage. Der parallel zur Kraich verlaufende Wässerungsgraben wurde zugeschüttet, denn über seine Fläche wurde die neue Straße geführt, deren Einmündung sich genau an der Stelle befindet, wo der Graben die B 3 schnitt. Im Bereich der Gnadenkirche erinnert nichts mehr an diesen Wasserlauf, der unweit der Kirche sich wieder mit der Kraich vereinte.

Schließe von 1793 wurde beseitigt

Eingeebnet und beseitigt wurde auch die Schließe nach einer im Mauerwerk eingehauenen Jahreszahl 1793 erbaut. Die Schließe diente der Bewässerung des Wiesentales. War sie nach Westen geöffnet, flutete das Wasser über ein geschickt angelegtes Grabensystem in das tiefer gelegene Wiesengelände, versperrten aber starke Holztafeln das Geradeausfließen des Wassers, floß dasselbe rechts abbiegend (nördlich) in die Kraich. Mit dem Strukturwandel, der nach dem Kriege einsetzte und der das bäuerliche Element im Dorfe zurückdrängte, verlor auch das sommerliche Bewässern der Wiesen seinen früheren Zwang.

Bäume waren Wahrzeichen

Die Durchführung von Baumaßnahmen hat nicht selten das Fällen von Bäumen zur Folge, da diese eben der Planung im Wege stehen. Sofern nach Beendigung der Bauarbeiten an geeigneter Stelle wieder junge Bäume gepflanzt werden, gibt es nichts zu beklagen. Leider ist das aber nicht immer der Fall. Für die Reinerhaltung der Luft ist jeder einzelne Baum von eminenter Wichtigkeit. Die große Kastanie vor dem Salzbad wurde auch ein Opfer des großen Straßenbauprojektes. 90 Jahre stand der Baum im Vorgarten neben der Straße und grüßte täglich Fremde und Einheimische. Vielleicht findet sich wieder die Bereitschaft und die Möglichkeit, in dieser Umgebung ein solches „Wahrzeichen" zu pflanzen.

Mit der Fertigstellung der neuen Straße wurde der seitherige Bahnübergang in der Siedlung geschlossen. Für den Fußgänger wurde eine Unterführung gebaut. Diese wurde kürzlich ihrer Bestimmung übergeben. Der Fußgänger kann ohne Schwierigkeit einen Handwagen oder ein Fahrrad mitführen. Das Gefälle bis zum Tiefpunkt ist gezogen und auch für ältere Leute gut begehbar. Leider besteht bei diesen Anlagen immer die Gefahr, daß der Wind Papier und Sonstiges in den Unterführungstunnel weht. Eine planmäßige Sauberhaltung ist daher unerläßlich. Es ist zu wünschen, daß die Passanten darauf ihr Augenmerk richten.

Korrektion des Kraichbaches

Eine Änderung im gewohnten Landschaftsbild bringt auch die Korrektion der Kraich. Im Bereich der Mühle wird das besonders offenbar, denn hier wird das Bachbett verlegt. Nach Abschluß der Arbeiten wird die Kraich ein gutes Stück an der vor Jahren bereits stillgelegten Mühle vorbeifließen. Der Bachlauf wird praktisch vom östlichen Ortsetter bis zur B 3 begradigt und neu ausgekoffert. Im Mittelabschnitt hat diese Umbettung bereits sichtbare Formen angenommen. Das Bachbett ist im endgültigen Querschnitt schon ausgebildet. Auch sind an den Sohlenrändern rechts und links die Steinpackungen angebracht. Die Salzbrunnenstraße und die Seegrabenstraße werden im Zuge dieser Baumaßnahme durch eine neue Brücke verbunden und im Blickfeld der alten Hammerschmiede wird ein Bauwerk zu statistischen Messungen des Pegelstandes errichtet. Zu Beginn der Bachkorrektion wurden auch hier viele Bäume gefällt. insbesondere Pappeln, die am Ufer der Kraich standen. Die Planung sollte nach Abschluß der Arbeiten wieder eine Randbepflanzung vorsehen; vielleicht wird auch private Initiative tätig. Die Vogelwelt ist dankbar dafür und für die Umwelt wäre es eine nützliche Maßnahme.

Die jahrzehntelange Lücke zwischen Dorf und Siedlung wurde durch die Umlegung und Verbauung des Geländes schon weitgehend geschlossen. In diesem Neubaugebiet herrscht seit Jahren eine lebhafte Aktivität. Die Straßenbauarbeiten sind nunmehr beendet, die Verschleißdecke ist aufgebracht. Da ein möglicher Entwässerungskanal zur Kläranlage parallel zur Kraichgaustraße im Bankett verlegt werden soll, werden in diesem Bereich jetzt keine weiteren Arbeiten erfolgen. Lediglich der Kinderspielplatz wird im Spätjahr noch erneuert. Auf der Westseite bei der Kraichbachbrücke wurde zwischen Weiherer Straße und Turmweg eine Verbindungstreppe gebaut. Für die Fußgänger aus diesem Wohnviertel wurde damit eine zeitsparende Abkürzung geschaffen, denn sicher und schnell können die Bewohner über diesen Weg das Dorf erreichen.

Ortskern wird ständig erneuert

Der Ortskern unterliegt ebenfalls einer ständigen Erneuerung. Alte Gebäude werden abgerissen und neue erstellt. An vielen Stellen zeigt das dörfliche Leben seine Aktivität. Wohn- und Geschäftshäuser werden umgebaut und restauriert. Viele Häuser mit neuem Anstrich tragen zu einem freundlichen Anblick bei. Neubauten bringen moderne Formen in das örtliche Gemälde. Gegenwärtig wird das Haus Weiherer Straße 28 neu aufgebaut. Im Erdgeschoß des Gebäudes wird ein großes Ladengeschäft, eine Metzgerei, eingerichtet. Der neuzeitliche Baustil des Hauses verleiht auch hier der Straßenfront einen städtischen Akzent. Ubstadt ist dank seiner verkehrsgünstigen Lage eine gefragte Wohnstätte. Das Bauplatzangebot wird der Nachfrage angepaßt. Die Großgemeinde bewältigt souverän die ihr gestellten Aufgaben. KS

DIE KORREKTUR DES KRAICHBACHES ist nur eine von zahlreichen Baumaßnahmen, die das vertraute Gesicht des Dorfes verändern und neue Akzente setzen. Das künftige Bachbett ist bereits ausgebaggert.

Fotos (2): Serden

Metzgerei Stricker in neuer Umgebung

Am morgigen Freitag, 18. 10., eröffnet die Metzgerei Stricker in Ubstadt, Weiherer Str. ihr neues Ladengeschäft. Für die Kundschaft wie auch für die Bevölkerung ist dies ein beachtenswertes Geschehen. Der neue, moderne Laden ist in seiner Konzeption bestens auf die Wünsche und Erwartungen der Käufer ausgerichtet. Auf einer Fläche von über 60 qm findet sich das reichhaltige Angebot der von Fleischermeister Robert Stricker und Frau Wilma geb. Laub in erlesener Qualität fachgerecht bereitgehaltenen Fleisch- Wurst- und Feinkostwaren. Auf Wunsch erhält die Hausfrau ihre Bestellung auch vakuumverpackt.

Metzgermeister Robert Stricker hat mit Elan und Tatkraft das Projekt verwirklicht. Am 1. März 1974 fiel der Startschuß. Zunächst wurde

Das frühere Gebäude mit der Metzgerei Stricker.

das alte Gebäude abgerissen. Wie vorgesehen konnten auch die Tief- und Hochbauarbeiten vorangebracht werden. Ebenso termingerecht schlossen sich die Innenausbauarbeiten an. Die Baugeschäfte und Handwerker, die den Metzgerei-Neubau erstellten und einrichteten, haben pünktlich und zuverlässig gearbeitet.

Das Haus stellt sich in einem repräsentativen Stil vor. Die Planung bzw. die Raumeinteilung ist optimal, sie ist zweckmäßig und berücksichtigt die jüngsten Erfahrungswerte bei der Errichtung gewerblicher Bauten. Im Erdgeschoß befindet sich das Ladengeschäft, eine Wohnküche, zwei große Kühlräume und die geräumige Wurstküche. Ein großer Tiefkühlraum und weitere Arbeitsräume sind im Keller eingerichtet. Die Rauchkammer ist praktisch bemessen; zur weiteren Ausrüstung gehören auch diverse Hebe- und Transportvorrichtungen. Die sanitären Anlagen im Erd- und im Kellergeschoß sind von den gewerblich benutzten Räumen scharf getrennt. Auch die Hygiene-Räume in den oberen Etagen sind so angeordnet, daß sie den strengen Vorstellungen der Gesundheitspflege entsprechen. Der Verkaufsladen ist voll klimatisiert. Für die Kundschaft besonders angenehm dürfte sich die Fußbodenheizung auswirken.

Die Ladeneinrichtung enthält eine Umluftkühltheke mit einem breiten, 2stufigen Kühlbett und eingelegten Edelstahl-Tabletts, dadurch ist ein variables Auslegen von Fleisch, Wurst und Salaten möglich. Schrägliegende Sekurit-Hebefrontscheiben gewähren einen guten Einblick auf die Ware. Eine breite Taschenablage ist ebenso selbstverständlich wie die Bedienungsseite mit Hackstockplatz, gekühltem Knochenkasten, Handwaschbecken, Papierablage und diversen Bedienungselementen gestaltet ist. Eine Besonderheit ist die zwischen Laden und Kühlhaus montierte, gut sichtbare Fleischkühlung. Die Deckenkonstruktion und die Wandausstattung ist geschmackvoll und auf rustikal abgestimmt. Die indirekte Deckenbeleuchtung zaubert eine behagliche Atmosphäre, in die der Farbton der Wandfliesen hervorragend paßt.

Der Laden ist hell und gut überschaubar. Ein breites Schaufenster vermittelt genügend Tageslicht und gewährt auch umfassenden Einblick. Vom Eingang aus gesehen befindet sich links die Fleischabteilung, in der Mitte ist die Wurstsektion und rechts bei der Kasse die Feinkostauslage. Der Kunde kann bequem in einem Weg seine Wünsche befriedigen, die Ware ist gut sortiert vor ihm ausgebreitet.

Der Neubau der Metzgerei Stricker in der Weiherer Straße fügt sich harmonisch in das Dorfbild. Das mehrgeschossige Gebäude ist nicht nur ein weiterer moderner Akzent im Ortskern, es ist auch ein sichtbarer Beweis, daß die Priorität eines Gemeinwesens durch die Initiative seiner Bürgerschaft wesentlich bestimmt wird. Die großzügige und neuzeitliche Architektur ist für Ubstadt ein Gewinn. Der städtebauliche Charakter setzt neue Maßstäbe. Die Weiherer Straße wird durch diesen Geschäftsneubau vorteilhaft belebt.

Am Platz, an dem das neue Gebäude steht, befand sich seit Jahrzehnten schon eine Metzgerei. Im vorigen Jahrhundert hatte hier Metzgermeister Friedrich Willhauck aus Mingolsheim ein Ladengeschäft eingerichtet und seine Erzeugnisse feilgeboten. Hermann Willhauck, ein entfernter Nachkomme, in Amerika verheiratet und endgültig seßhaft geworden, verkaufte 1972 sein Ubstadter Erbe an Metzgermeister Robert Stricker, der seit 1962 als Pächter die Metzgerei führte und dank seiner sauberen und guten Geschäftspraktik den alten Kundenkreis nicht nur zufriedenstellte, sondern auch beträchtlich erweiterte.

Metzgermeister Robert Stricker, 1937 in Odenheim geboren, erlernte sein Handwerk von der Pike auf. Er ist der älteste Sohn der Geschäftsleute Anton und Frieda Stricker, die 1939 in Odenheim die Gastwirtschaft „Felsenkeller" erbauten. Seine Lehre begann er 1951 in Karlsruhe, wo er auch 1954 mit Erfolg die Gesellenprüfung ablegte. Um seine Kenntnisse und Erfahrungen zu erweitern und zu vertiefen, nahm er in den folgenden Jahren mehrere Arbeitswechsel vor. Stationen seiner Wanderjahre waren u.a. Mannheim, Karlsruhe, Bruchsal und wieder Karlsruhe. Das Arbeiten in verschiedenen Metzgereien war für den Schlachtergesellen Stricker eine ergiebige Bereicherung seiner Ausbildung. Bei Pfannkuch in Karlsruhe erhielt er 1958 eine verantwortungsvolle Stellung, die seinem Können entsprach. Er war bei der Produktion und beim Verkauf tätig. Das Jahr 1959 brachte Robert Stricker den Meisterbrief. Nach Beendigung der vorgeschriebenen 5jährigen Gesellenzeit hatte sich Robert Stricker sofort zur Meisterprüfung angemeldet, die er dann auch vor der Handwerkskammer in Karlsruhe erfolgreich bestand.

Die Metzgerei Stricker ist in Ubstadt gut eingeführt. Vom ersten Tag der Geschäftsübernahme 1962 bis heute ist die Familie Stricker mit nie erlahmender Aufmerksamkeit bemüht, die vielseitigen Bedarfswünsche der Kundschaft durch gute Qualitätsware zu befriedigen. Die bescheidenen Raumverhältnisse der alten Metzgerei behinderten mit der Zeit aber immer stärker die Anstrengungen für ein breites, dem Käufer zur Auswahl vorliegendes Warenangebot. Der Strukturwandel der Gemeinde setzte auch im gewerblichen Bereich neue Akzente. Der Zuwachs und die Umschichtung der Bevölkerung bewirkte gerade im Hinblick auf Größe und Ausstattung von Geschäften neue Konturen. Das seitherige Gebäude wurde zu klein, der Laden war nicht mehr zeitgemäß.

Ein Umbau wäre Provisorium geblieben, er hätte das Problem nicht gelöst. Der einzige vernünftige Entscheid war ein Neubau. Nur diese Maßnahme konnte bei dem steigenden Umsatz die Kriterien richtig verteilen. Das Werk ist geglückt. Die Freude darüber ist verdient und berechtigt. Die Familie Stricker hält zur Eröffnung am morgigen Freitag für die Kundschaft eine nette Überraschung bereit. Karl Serden

Der moderne großzügige Neubau.

Die Arbeit ist die zuverlässigste Seligkeit dieser Erde. E. Wichert (1831–1902)

Rhein-Neckar-Zeitung, Heidelberg Nr. 73, Oster-Ausgabe 1975

Ubstadt-Weiher – Pforte zum Kraichgau

Vier Ortsteile sind zusammengewachsen – 10 000 Einwohner

Eine moderne Zielplanung, eine günstige Verkehrslage und eine reiche Historie begründen den Freizeit- und den Stellenwert von Ubstadt-Weiher. Die 1200jährige Großgemeinde mit den Ortsteilen Ubstadt, Weiher, Stettfeld und Zeutern zählt 10 000 Einwohner und besitzt eine Gemarkung von 3648 Hektar Fläche; hiervon sind 820 Hektar Waldbestand, 160 Hektar Rebland und 40 Hektar Spargelkultur.

Der 1. April 1970 ist die Geburtsstunde der neuen Gemeinde an der Pforte zum Kraichtal und am Eingang zum Katzbachtal. Die Weichen hierzu hat die kommunale Gebietsreform gestellt. Ubstadt-Weiher liegt am Übergang des Kraichgauer Hügellandes in die Rheinebene, an der B 3 zwischen Bruchsal und Wiesloch, südlich der Bergstraße und an der Bundesbahnlinie Karlsruhe – Heidelberg, unweit der Autobahnausfahrt Bruchsal. Die das Dorf und seine Gemarkung tangierenden Straßen und Schienenwege empfehlen die Gemeinde als idealen Standort für Industrie, nicht minder aber auch als bevorzugten Platz für Bauwillige. Vielseitige Handwerks- und Gewerbebetriebe geben Zeugnis von einer regen und gesunden Betriebsamkeit.

Die Gemeinde erstrebt die Herstellung einheitlicher Lebensverhältnisse und bemüht sich tatkräftig um die Beseitigung des sozialen und kulturellen Gefälles von Stadt und Land. Sie bietet eine aktive und bewegliche Selbstverwaltung, die einen umfassenden, modernen Lebens- und Wohnkomfort vermittelt. Malerische Winkel und Fachwerkpartien, schöne und ruhige Wohnlagen, die Vergangenheit und Gegenwart in erhabener Harmonie vereinen, finden sich in jedem Ortsteil. Sportstätten und Schulzentren mit Grund-, Haupt- und Realschule verleihen dem Gemeinwesen ebenso Profil wie das Solbad Ubstadt als überörtlicher Anziehungspunkt.

Die landschaftliche Lage ist für Ubstadt-Weiher attraktiv, ebenso aber auch das Angebot eigener lukullischer Genüsse, den Spezialitäten Unterbadens, den Köstlichkeiten Wein und Spargel. Nicht zuletzt haben diese Leckerbissen in Freundschaft und im Gleichklang das Zusammenwachsen der vier Ortsteile, das Entstehen eines neuen Bürgerbewußtseins der in der Großgemeinde lebenden Menschen zum Wohl und Nutzen aller gefördert. **Karl Serden**

Bruchsaler Rundschau vom 17. Oktober 1975

Freundschaftsbande wurden enger geknüpft

Erlebnisreicher Ausflug ins Elsaß und nach Lothringen

Ubstadt-Weiher. Die Fastnachtsgesellschaft „Elferrat" 1951 Ubstadt unternahm einen Ausflug in das benachbarte Elsaß und Lothringen. Ziel war Heinrichsdorf, schön gelegen auf einem Hochplateau in der Nähe von Lützelburg. Das Dorf zählt etwa 700 Einwohner, hat eine sehr breite Ortsstraße und auch Wald in seiner Umgebung. Vor über 30 Jahren, im Sommer 1944, weilten hier viele Jugendliche aus Ubstadt, aus dem Kraichgau, zu Schanzarbeiten. Die Jahrgänge 1927, 1928 und 1929 waren zu dieser Tätigkeit zwangsverpflichtet worden. Von früh bis abends spät waren damals die jungen Leute draußen im freien Feld bei der Arbeit. Es wurden metertiefe Schützengräben angelegt und um ein vielfaches tiefere und breitere Panzergräben ausgehoben. Bei dem Kommando, das in Heinrichsdorf stationiert war, befanden sich viele Ubstadter.

Der Besuch der Ubstadter Ausflügler kam deshalb nicht von ungefähr. Im Sommer wanderte eine Gruppe des Klassenjahrganges 1927/28 dorthin. Die Männer besuchten jene Stätten, wo sie einst hart zugreifen mußten. Der Besuch enttäuschte die Ubstadter Bürger nicht. Sie erinnerten sich noch an die Kirche, an die Häuser, in denen sie einquartiert waren. Die Männer suchten mit den Bewohnern das Gespräch. Das Erinnern knüpfte erste freundschaftliche Bande. Bald kam es zu einem zweiten Besuch, der dann der Vorbereitung des Ausfluges diente.

Das Fahrtenziel weckte bei der Einwohnerschaft großes Interesse. Zwei Omnibusse verließen Ubstadt und steuerten über Rastatt, Saverne und Lützelburg den Ort an. Als man in Heinrichsdorf einfuhr, wurden die Ubstadter schon erwartet. Nach einer Andacht in der schönen Dorfkirche und einer netten Ansprache des Ortsgeistlichen war man bis zur Rückfahrt Gast in dem vom Verkehrslärm verschonten Ort. Der Empfang war überaus herzlich. Es war ein Tag, der Menschen beglückte.

Zum Ausflugsprogramm gehörte die Besichtigung des Schiffs-Schrägaufzugs von Saint Lois-Arzviller am Rhein-Marne-Kanal, unweit von Lützelburg. Dieses enorme Bauwerk erlaubt der Binnenschiffahrt die Überwindung eines großen Höhenunterschiedes; 17 Schleusen des alten Kanals werden dadurch überflüssig. Das Werk erlaubt einen Durchgang von 39 Schiffen pro 13 Stunden-Tag. Die Gesamtdauer des Schleusungsvorganges vom Beginn der Einfahrt des Schiffes bis zur Freigabe der Gegenrichtung beträgt weniger als 20 Minuten, davon vier Minuten Fahrzeit des Troges. Diese Zeit liegt in der gleichen Größenordnung wie die Schleusungszeit an den Schleusen des Rhein-Marne-Kanals. Für die Benutzer der Wasserstraße ist die Anlage von großem Nutzen. Der Zeitgewinn durch die Schrägebene gegenüber der alten Schleusentreppe von Arzviller beträgt sechs bis acht Stunden. Das ist für ein Motorschiff ein nicht zu unterschätzender wirtschaftlicher Vorteil.

Die Ausflugsgesellschaft traf wieder wohlbehalten in Ubstadt ein, wo man Abschluß feierte. Dabei wurde angeregt, auf gemeindlicher Ebene mit Heinrichsdorf, oder der zuständigen Verwaltungsgemeinde Lützelburg, ein Partnerschafts-Verhältnis anzustreben. Die Kontakte bestehen. Vielleicht gewinnt der Gedanke beim Gemeinderat Sympathie. Im November fahren wieder einige Ubstadter nach Heinrichsdorf. Ein Gegenbesuch findet im Januar statt. Zur Prunksitzung des Elferrates am 30./31. 1. 1976 haben sich schon viele Heinrichsdorfer Freunde angemeldet.

K. S.

Anmerkung:
Der Ausflug war am 5. Oktober 1975.

Einwohnerbuch Bruchsal 1976, KBK-Druckerei und Verlag, Karlsruhe

Ubstadt-Weiher

Aufstrebende Gemeinde mit 1200jähriger Tradition und den Ortsteilen Ubstadt, Weiher, Stettfeld und Zeutern

Im vorderen Kraichgau, in dem der Kreis Bruchsal seinen bisherigen Stellenwert als Körperschaft und Verwaltungseinheit durch gesetzlichen Akt des Landesparlamentes zu Gunsten von Karlsruhe zum 1. Januar 1973 verlor, gelang es den seitherigen eigenständigen Gemeinden Ubstadt, Weiher, Stettfeld und Zeutern durch Kooperation und Integration die Selbständigkeit und Eigenverantwortung, wenn auch in einem größeren Rahmen, zu sichern und zu erhalten. Als ein leistungsstarker Faktor im Verband der Gemeinden etablierte sich hier die Gemeinde Ubstadt-Weiher, eine Schöpfung der kommunalen Gebietsreform, mit den Ortsteilen Ubstadt, Weiher, Stettfeld und Zeutern.

Der 1. April 1970 ist die Geburtsstunde der neuen Großgemeinde. An diesem Tage trat die auf freiwilliger Basis erarbeitete Vereinbarung über den Zusammenschluß der beiden benachbarten Dörfer Ubstadt und Weiher in Kraft. Die Gegenwart setzt immer neue Aspekte. Auch ein Gemeinwesen unterliegt der Umschichtung. Bis zum Zeitpunkt ihrer Fusion hatten beide Orte viel von ihrer früheren bäuerlichen Struktur eingebüßt und sich in der Nachbarschaft von Bruchsal zu sauberen, fortschrittlichen und ständig wachsenden Wohnstätten entwickelt. Ubstadt brachte 2532 Einwohner und einen wirtschaftlichen Grundstock von 989 ha in die Gesamtgemeinde ein, Weiher 2969 Personen und eine Fläche von 962 ha. Mit der „Eheschließung" von Ubstadt und Weiher war dieser Prozess zur Stärkung der Verwaltungskraft aber noch nicht beendet. Die beiden Partner integrierten am 1. September 1971 die Nachbargemeinde Stettfeld mit einer Mitgift von 1507 Seelen und einem Areal von 525 ha; durch den Anschluß des Weindorfes Zeutern am 1. Januar 1972 mit 2165 Einwohnern und einer Gemarkung von 1172 ha erhielten sie weiteren beachtlichen Zuwachs.

Die verkehrsgünstige Lage an der Pforte zum Kraichtal und am Eingang zum Katzbachtal fördert und verbessert das Image der Gemeinde ebenso wie das Geschehen in den einzelnen Ortsteilen, das von einem ständig pulsierendem Kräftestrom geformt wird. Ubstadt-Weiher liegt an der B 3 zwischen Bruchsal und Wiesloch, südlich der Bergstraße, an der Bundesbahnlinie Karlsruhe–Heidelberg, unweit der Autobahnausfahrt Bruchsal. Der Ortsteil Ubstadt ist Hauptknotenpunkt zweier in den Kraichgau führenden Nebenbahnstrecken. Die das Dorf und seine Gemarkung tangierenden Straßen und Schienenwege empfehlen die Gemeinde als idealen Standort für Industrie. Vielseitige Handwerks- und Gewerbebetriebe geben Zeugnis von einer regen und gesunden Betriebsamkeit. Das Solbad Ubstadt ist ein überörtlicher Anziehungspunkt. Durch die Inbetriebnahme einer sorgfältig und nach neuesten medizinischen Erkenntnissen konzipierten Sauna im Oktober 1973 wurde diese Stätte der Gesundheit und Erholung zu einem Badezentrum, das sich auf Kreisebene als wertvolle Bereicherung der Kur- und Touristikeinrichtungen empfiehlt.

Die städtebauliche und auch infrastrukturelle Entwicklung des Dorfes vollzieht sich im Rahmen der gesteckten Ziele.

Als Träger des öffentlichen Lebens sichert die Gemeinde konsequent und zielstrebig im vorderen Kraichgau den Aufbau und Fortschritt. Sie bietet eine aktive und bewegliche Selbstverwaltung, die einen umfassenden, modernen Lebens- und Wohnkomfort vermittelt. Malerische Winkel und Fachwerkpartien, schöne und ruhige Wohnanlagen, die Vergangenheit und Gegenwart in erhabener Harmonie vereinen, finden sich in jedem Ortsteil. Die Gemeinde erstrebt die Herstellung einheitlicher Lebensverhältnisse und bemüht sich tatkräftig um die Beseitigung des sozialen und kulturellen Gefälles von Stadt und Land.

Eine reiche Historie und eine moderne Zielplanung vermitteln fortgesetzt Impulse und geben dem neuen Gemeinwesen Profil. Der Ortsteil Ubstadt und der Ortsteil Zeutern blicken beide auf eine 1200 jährige Tradition; die erste urkundliche Erwähnung von Ubstadt datiert vom 1. 11. 769 und steht im Güterverzeichnis des Klosters Lorsch, im „Codex Laureshamensis"; die Existenz des Dorfes Zeutern belegt eine Urkunde, die „im zweiten Jahr des Königs Karl", also zwischen dem 9. 10. 769 und dem 8. 10. 770 ausgestellt worden ist. Der erste Hinweis auf Weiher findet sich am 8. 1. 863 in der Form eines „einzelnen Gehöftes" (unus villaris) in der „hubestater marca"; aus diesem Weiler entwickelte sich um das Jahr 1000 das spätere Dorf Weiher. Obwohl durch Bodenfunde eindeutig als römischer Straßenknotenpunkt ausgewiesen, ist die heutige Dorfgründung Stettfeld erst 1254 im Lorscher Codex beurkundet.

In der Dissertation „die Ortsnamen des Kreises Karlsruhe und Bruchsal", Stuttgart 1967 deutet Maria Diemer, eine gebürtige Stettfelderin, die Namen der einzelnen Ortsteile wie folgt: Ubstadt = Stätte am (Berg)abhang; Weiher = Auf der Gemarkung des Mutterortes Ubstadt entstandene Ausbausiedlung; Stettfeld = Feld mit ehemaliger Siedlung und Zeutern = Ort (Stätte), an dem das Vieh zum Weiden an einen in die Erde geschlagenen Pflock gebunden wurde.

Die neue Schwerpunktgemeinde bildet bezüglich Einwohnerschaft (Bürgertum) und Landschaft (Gemarkung) eine homogene Einheit. Die hier wohnhaften Menschen passen in ihrer Wesensart, in ihrer Arbeitsfreude und in ihrer Religiosität, in ihren Gebräuchen und Sitten zusammen; ihre Gemeinsamkeit basiert auf einem gleichen Sprachgefühl und einer gleichen Mentalität. Die heimatliche Geschichte hat diese Entwicklung mitgetragen, prägte sie doch entscheidend diesen Lebensraum.

In germanischer Zeit, so belegt eine Urkunde von 1237, war Ubstadt Sitz des Gaugerichts, die Thingstätte für den vorderen Kraichgau. Nach dem Auftreten und Erlöschen örtlicher Adelsgeschlechter gelangte der Speyerer Kirchenstaat in den Besitz von Ubstadt, Weiher, Stettfeld und Zeutern, wie erstmals in einer 1366 ausgefertigten Urkunde von Kaiser Karl IV. (1316 - 1378) zu lesen ist.

Der Bauernaufstand (1525) ging am Gemarkungsbereich von Ubstadt-Weiher verhältnismäßig gnädig vorüber, dagegen brachte der 30jährige Krieg (1618 - 1648) und die Kriege des Franzosenkönigs Ludwig XIV. (1643 - 1715) gegen Kaiser und Reich unzähliges Elend über Land und Leute.

Bei der Säkularisation 1803, als die rechtsrheinischen Besitztümer des Hochstiftes Speyer endgültig dem späteren Großherzogtum Baden zugewiesen wurden, verdeutlichte fortan die gelbrote Fahne den landesherrlichen Besitzstand; 1951 konstituierte sich dann das Land Baden-Württemberg.

Im Revolutionsjahr 1848/49 spielten sich in Ubstadt turbulente Ereignisse ab. Am 23. Juni 1849 kam es zu einem blutigen Treffen zwischen preußischen Truppen und den Aufständischen. Im Gewann „Hofäcker", bei der Kirche — mehrere Freischärler wurden hier vom Turm gestürzt — sowie am Steinbruch an der Landstraße nach Bruchsal, fand lebhafter Feuerwechsel statt. In der Oberen Straße des Dorfes hielt der sogenannte Kartätschen-Prinz, der spätere Kaiser Wilhelm I. mit seinem Stab. Den Kanonieren, welche die Geschütze auf die Insurgenten richteten, soll er zugerufen haben: „Schont mir den schönen Kirchturm!"

Am 30. Dezember 1871 gründeten 24 Zeuterner Bürger die Creditbank Zeutern. Die Gründer waren von einem fortschrittlichen Geist beseelt, sie gehörten zu den ersten im Lande, die sich dieser Idee verschrieben und ein Bankinstitut eröffneten.

100 Jahre später wird diese Denkweise erneut sichtbar, denn die Weichenstellung für die Großgemeinde basiert nicht zuletzt auf der progressiven Mentalität der in dieser Raumschaft lebenden Menschen.

Der Strukturwandel und die aufstrebende Entwicklung, die nach der Währungsreform 1948 einsetzte, fand ihren Niederschlag in respektabler Leistungsbilanz. Baulanderschließung, Straßenbau, Industrieansiedlung, Dorfsanierung, Feldwegbau, Wasserversorgung, Kanalisation, Schulhausbau, Rebflurbereinigung u. Rathausbau sind einzelne Kapitel, die den Fleiß und die Strebsamkeit der heimischen Bevölkerung und ihrer gewählten Parlamentarier unterstreichen. Besondere Erwähnung verdient 1962 die Fertigstellung und Einweihung der neuen „St. Martinskirche" in Zeutern, die von einem in den USA zu Wohlstand gekommenen Bürger gestiftet wurde. Eine denkwürdige Baumaßnahme war 1966 die Zurücknahme der Kirchenstützmauer bei der St. Andreaskirche in Ubstadt, die den erhöhten Kirchenvorplatz gegen die bis zu 8 m tiefer liegende Straße abstützt; ebenso die Errichtung der Evangelischen Gnadenkirche, die am 9. Oktober 1966 in Dienst gestellt wurde. Der Ortsteil Weiher besitzt seit dem Jahre 1969 eine moderne Leichenhalle, ferner einen in vorbildlicher Weise neu angelegten Friedhof. Am 29. Oktober 1970 wurde die gemeinsame Kläranlage in Betrieb genommen. In Stettfeld setzte der Ausbau der B 3 neue Akzente.

Die Neutrassierung der Straße zwischen dem Ortsteil Ubstadt und dem Ortsteil Weiher mit Überführung der Bahnlinie schuf ebenfalls neue Konturen. Das Projekt, 1973 fertiggestellt und dem Verkehr übergeben, hat die örtliche und überörtliche Verkehrssituation wesentlich verbessert. Die alte Straße, nunmehr Zufahrt zum Bahnhof Ubstadt-Weiher und zum Industriegebiet, wurde durch eine neu installierte Beleuchtung

und dem angelegten Gehweg zur Promenade; optisch wurde eine Zusammenführung der beiden Ortsteile erreicht.
Zu den favorisierten Bauvorhaben der Gemeinde zählt die Erstellung von Sport- und Kulturhallen. So wurde 1972 die Mehrzweckhalle Ubstadt errichtet, 1973 folgte der Bau einer Mehrzweckhalle in Stettfeld, 1974 in Zeutern. Der Rathausvorplatz im Ortsteil Ubstadt und der Kirchenvorplatz im Ortsteil Stettfeld wurden neu gestaltet; erteilt wurde auch der Aufrag für die Ausschreibung einer schlüsselfertigen Leichenhalle im Ortsteil Stettfeld, die im Frühjahr 1975 fertiggestellt wurde. Ferner wurden im Ortsteil Weiher bedeutende Summen für die Ortssanierung investiert und der Umbau einer veralteten Turnhalle vorgenommen.
In den Ortsteilen Ubstadt, Weiher, Stettfeld und Zeutern der Gemeinde Ubstadt-Weiher leben heute nahezu 10 000 Personen; die Gemarkungsfläche umfaßt 3648 Hektar; hiervon sind ca. 820 ha Waldbestand (Gemeinde- und Staatswald), 160 Hektar Rebland und 40 Hektar Spargelkultur. Mit 120 Hektar Rebfläche, die im Ertrag steht, einer Winzergenossenschaft und einem 1964 gebauten Kelterhaus, repräsentiert Zeutern vorbildlich die Gemeinde Ubstadt-Weiher als gewichtigen Weinort. Auch Ubstadt schließt sich dieser Repräsentanz in Vergangenheit und Gegenwart würdig an. Seine Weinbautradition dokumentiert das massive Gebäude der „Bannkelter" in der Oberen Straße, das um 1600 durch den Fürstbischof von Speyer errichtet wurde. Die Bürger von Stettfeld sind ebenfalls in Treue der heimatlichen Scholle verhaftet; hierbei ist ihnen die Motorisierung in der Feierabend-Landwirtschaft behilflich. Das milde und ertragreiche Klima des unterbadischen Lebensraumes begünstigt auch hier den Boden für den Sonderkulturanbau. Der Ortsteil Weiher, in der Ebene gelegen, bietet mit dem Spargel, einer königlichen Gemüseart, ebenfalls ein Produkt für den Feinschmecker und Genießer. Das Erzeugnis gesellt sich gleichrangig neben die edlen Weine mit den Lagebezeichnungen „Zeuterner Himmelreich" und „Ubstadter Weinhecke", die Ubstadt-Weiher künftig überregional als unterbadische Weinbaugemeinde mit Rang und Namen vorstellen.
Die Hauptverwaltung der Gemeinde Ubstadt-Weiher ist in der bisherigen Gemeinde Ubstadt eingerichtet. Der Ort liegt am Übergang des Kraichgauer Hügellandes in die Rheinebene. Die Scheide zweier landschaftlich u. wirtschaftlich gegensätzlicher Gebiete stattet die Gemeinde tektonisch mit anziehenden Aspekten aus. Die landschaftliche Lage ist für Ubstadt-Weiher attraktiv, ebenso aber auch das Angebot eigener lukullischer Genüsse den Spezialitäten Unterbadens, den Köstlichkeiten Wein und Spargel. Nicht zuletzt haben diese Leckerbissen in Harmonie des Zusammenwachsen der vier Ortsteile, das Entstehen eines neuen Bürgerbewußtseins der in der Großgemeinde lebenden Menschen zum Wohl und Nutzen aller gefördert. *Karl Serden*

Bruchsaler Rundschau Nr. 277 vom 29. November 1980

Eine Sage zum Patrozinium der St.-Andreas-Kirche

„Wir haben Brot und Wein, wir wollen auch ein Haus zum Beten"

Wie zwei Mönche durch ihr Gebet die Mächte des Bösen, die Götzen, Geister und alten Zauber aus Ubstadt vertrieben

Ihr Patrozinium begeht am Wochenende die Ubstadter St.-Andreas-Kirchengemeinde. Um die Entstehungsgeschichte der Kirche ranken sich die Sagen wie die Reben im Weinberg: Ubstadt, 769 erstmals erwähnt, liegt an der Kraich, im Übergang des Hügellandes in die Rheinebene.

Nach Verlassen der Bergzone biegt die Kraich in eine Nordschleife ein. Bevor das Gelände jedoch zum Westen hin abfällt und unvermittelt in Flachland übergeht, formt es sich südlich des Bachlaufs nochmals zu einem hohen Hügel.

Von dieser Höhe schritten einst zwei Mönche talwärts in Richtung der Gehöfte auf dem gegenüberliegenden Bachufer. Sie waren schon viele Stunden an diesem Tage unterwegs; ihre Klause hatten sie im Kloster Maulbronn. Im Gefolge trottete ein Esel, der einige wenige Habseligkeiten trug.

Die beiden Mönche waren vom langen Gehen erschöpft, Sie atmeten schwer, der Anblick der Hofstätten aber beschleunigte ihre Schritte. Sie erblickten Vieh auf der Weide und den rebenbewachsenen Hügel im Hintergrund. Nun war es ihnen plötzlich leichter und sie sagten: „Wo der Weinstock blüht, da sind die Menschen gut!"

Nach geraumer Zeit waren sie am Ziel. Ihr Kommen war nicht unbemerkt geblieben, kläffende Hunde weckten die Aufmerksamkeit der Bewohner; die Leute eilten zum Anger. „Männer der Kutte kommen, die das Heil der Seele predigen", riefen sie.

So wurden die Gottesmänner von den Ubstadtern freundlich aufgenommen, reichlich bewirtet, und zwei große Krüge mit Wein wurden mehrfach nachgefüllt. Zum Dank lobpriesen die Mönche Gott und waren froh, als sie nach dem Mahl ihre müden Glieder auf einer Lagerstätte ausstrecken konnten. Bevor sie jedoch die Augen schlossen und ruhten, falteten sie die Hände und beteten zum heiligen Andreas.

Am Morgen, als die Sonne am Himmel erschien und ein voller Napf Hirsebrei ihnen gereicht wurde, beteten sie wieder, inständig und laut und sie erflehten den Schutz für die „hubestater marca". Den Frauen und Männern gefiel das, sie hielten in ihren Verrichtungen inne und lauschten. Am Mittag und am Abend, immer wenn die Mönche etwas tranken und aßen, machten sie mit der Hand ein Kreuz auf Stirn und Brust und beteten.

Mehrere Tage vergingen; als die Mönche dann weiterzogen, ließen sie eine traurige Gemeinde zurück. Erst als sie versprachen, bald wieder zu kommen, hellten sich die Gesichter wieder auf. Und die Mönche hielten ihre Zusage: Die Menschen waren gut und der Wein noch besser.

So verging ein Jahr, ein weiteres und noch manche Monate. Die Mönche pilgerten kreuz und quer durch das Land, kehrten aber stets an den Marktflecken Ubstadt zurück. Sie hatten sich mit den Menschen angefreundet und diese empfanden ein großes Glücksgefühl über die gelehrten und weisen Worte der beiden Patres.

Der Dorfobere und auch die anderen Sippenvorsteher glaubten von Mal zu Mal stärker an das gepredigte Wort, an die alles erlösende frohe Botschaft von der Vaterliebe Gottes zu allen Geschöpfen. Die Lehre Christi senkte sich immer tiefer in die Brust und eines Tages überraschte der Dorfälteste die beiden Gottesmänner, daß sie gerne die Taufe empfingen und ganz im Sinne der göttlichen Lehre ein Kirchlein bauen wollten: „Wir haben Brot zum Essen, wir haben Trauben und Wein, wir wollen auch ein Haus zum Beten!"

Die Mönche waren darüber hoch erfreut. Sie knieten nieder und beteten zum heiligen Andreas, dem Märtyrer, der weit über sein eigenes Volk hinausdachte und auch den Heiden das Reich der Herrlichkeit gönnte, auf daß das große Werk gelinge. Wie gut, daß sie von der Baukunst einiges verstanden.

In der Dorfmitte war ein hochgelegener Platz – für das Vorhaben empfahl sich keine Stelle bessere. Man ging mit Eifer an den Bau. Erde wurde bewegt, Steine beigeschleppt, Wasser getragen, Holz zugehauen. Es herrschte ein geschäftiges Hämmern, Zimmern und Fugen. Die Mönche legten tatkräftig Hand an, sie gaben gute Ratschläge und tauften zwischendurch auch viele Bewohner mit sauberem Kraichwasser.

Die St.-Andreas-Kirche in einer Darstellung von Karl Rausch.

Der Sommer ging und auch der Herbst, es waren mittlerweile die Blätter von den Bäumen gefallen und die Tage wieder kürzer geworden, als endlich die Gläubigen Kelle und Säge, Hammer und Zirkel beiseite legen konnten.

Und den Mönchen zum Dank, die durch ihr Gebet, durch ihr Evangelium, den alten Zauber, die Götzen und Geister und die Mächte des Bösen verdrängt hatten, ernannten sie den Apostel Andreas zum Schutzpatron ihrer Kirche und ihrer Ansiedlung. Karl Serden

---

Rhein-Neckar-Zeitung, Heidelberg Nr. 209 vom 11./12. September 1982

Ubstadt – alter Gaugerichtsort

Markanter Punkt im vorderen Kraichgau

Vor dem Jahre 900 wohnten die Menschen meist noch nicht in geschlossenen Ansiedlungen wie heute, sondern jeder freie Deutsche hatte seine Hütte im Felde alleinstehend und in unmittelbarer Nähe derselben lag sein Grundbesitz. Etwa 100 solcher Gehöfte bildeten zusammen einen Verband: die Gemeinde. Was nicht Eigentum eines einzelnen war, sondern an Grund und Boden allen freien Mannen einer Siedlung gemeinschaftlich zustand, nannte man als Gemeingut = Allmend.

Ubstadt gehört seit seiner Gründung (1. urkundliche Erwähnung: 769 im Codex Laureshamensis) zum Kraichgau; es kann sich heute rühmen, ehemals die Theidingsstätte (öffentlicher Versammlungs- bzw. Richtplatz) des vorderen Kraichgaus gewesen zu sein. Die günstige geografische Lage an der Pforte zum Kraichtal erwies sich bereits zur Anfangszeit für diesen Marktflecken als dienlich.

Das „Thing" war eine ernste und feierliche Angelegenheit. Unter Aufsicht des Gaugrafen wurde von den Gaugenossen in Rede und Gegenrede alles abgehandelt, was dem Wohle eines Gemeinwesens förderlich war; es wurden Verbote erlassen und Gebote gegeben. Das Gaugericht, unter dem Beisitz von Schöffen, hatte das Recht über Leben und Tod. Es konnte über Freiheit und Knechtschaft entscheiden.

Die Zuständigkeit war damit jedoch noch nicht abgegrenzt. Zum Gauthing nach dem „Stahlbühl" zu Ubstadt kamen des weiteren die waffenfähigen Männer bei kriegerischen Vorbereitungen oder bei der Aufnahme junger Männer zu Kriegern, nach dem diese ihre Mutprobe abgelegt und ihre Geschicklichkeit im Umgang mit Waffen vor den kritischen Augen der Alten bewiesen hatten.

Der Ort dieser Zusammenkünfte befand sich im Gewann Hochstatt; heute ist dasselbe verbaut. Wo einst bärtige Ritter und weise, erfahrene Veteranen ihr Urteil fällten, stehen heute schmucke Wohngebäude. Die Verbauung des Gewannes „Hochstatt" am südlichen Ortseingang wurde durch den plateauförmigen Charakter am Rande des zur Kraich hinfallenden Geländes begünstigt.

Im 12. Jahrhundert besaß das Kloster Herrenalb in Ubstadt bereits einen Zehnthof und eine Zehntscheuer und auch das Kloster Frauenalb war nach dessen Stiftung 1138 in Ubstadt begütert. Um diese Zeit hatten auch die Herren von Kislau in Ubstadt Grundbesitz. Nach dem Tode Rudolfs von Kislau wurden dessen Güter mit anderen in Zeutern durch Ulrich von Sternenfels an Graf Simon von Katzenellenbogen übergeben, der 1237 die seitherigen Lehensträger (Ministeriale der Speyerer Kirche) weiter beläßt, zugleich aber den Pfalzgrafen bei Rhein als Oberlehensherren der betreffenden Güter anerkennt. Der Graf von Katzenellenbogen behielt sich nur das Recht auf eine „Dincstat" neben dem Ort Ubstadt vor, d. h. auf einen Platz, auf dem die Gauversammlungen abgehalten werden konnten.

Die Urkunden und Aufzeichnungen belegen, daß dem Marktflecken Ubstadt schon früh eine gewisse Bedeutung zukam.

Karl Serden

Karl May

Saarbrücker Zeitung Nr. 274 vom 27./28. November 1971

Ausgabe A Saarbrücken
U 6024 A

Saarbrücker Zeitung

Samstag/Sonntag, 27./28. November 1971
Nr. 274, Einzelpreis 50 Pfennig

Unabhängig Gegründet 1761 Überparteilich

Telefon-Sammelnummer 5021
Anzeigenannahme 502377/379

Für Ihre Gesundheit: Diätbücher
BUCHHANDLUNG Saarbrücker Zeitung

KARL SERDEN

Das Abenteuer, Karl May zu erforschen

Über Winnetou hinaus

Die deutsche Literatur ist dabei, das Phänomen Karl May zu entdecken. Jahrzehnte nach dem Tode des weltbekannten Fabulisten aus Radebeul erfährt sein Leben und Werk die längst fällige, exakte Analyse. Das Fazit ist nicht ohne Überraschung: Nach Arno Schmidt ist Karl May der vorletzte Großmystiker unserer Literatur.

Die Karl-May-Gesellschaft gibt der Karl-May-Forschung einen Sammlungspunkt und ein Forum. Vorsitzender der Karl-May-Gesellschaft ist der Göttinger Professor für Strafrecht, Dr. Claus Roxin; sein Stellvertreter, der Schriftsteller Hans Wollschläger, Übersetzer von Baldwin, Poe, Joyce und Evelyn Waugh, der im „Jahrbuch der Karl-May-Gesellschaft 1970" (Hansa-Verlag Hamburg) mit einem bemerkenswerten Beitrag „Karl May und der Akademische Verband für Literatur" aufhorchen läßt. Die Geschäftsführung liegt in den Händen von Alfred Schneider, 2000 Hamburg 72, Swebenbrunnen 8c; Hamburg ist Sitz der Karl-May-Gesellschaft.

Karl May – ein Wanderer zwischen Kolportage und Dichtung. Sein Bild, sein Werk, ist in der Öffentlichkeit noch immer schutzlos den Stürmen der Zeit preisgegeben. Karl May – der umstrittene „Klassiker" unserer Jugend- und Abenteuerliteratur – ist seit mehr als 70 Jahren der meistgelesene deutsche Autor überhaupt. Dieser Umstand ist bemerkenswert genug und zweifellos ein Anlaß, sich mit ihm zu beschäftigen. Aber die „Massenwirkung" Karl Mays begründet, wie immer wieder betont werden muß, nicht die im engeren Sinne literarische Bedeutung dieses Schriftstellers. Im Gegenteil: Mays Bestsellerruhm, der ein würdiger Gegenstand soziologischer und volkspädagogischer Forschung ist, liegt nicht nur außerhalb der Reichweite ästhetischer Kategorien; er hat den Blick auf die literarische Erscheinung dieses Mannes und vor allem auf sein bedeutendes Spätwerk so sehr verstellt, daß unsere Germanistik noch nicht einmal von dessen Existenz Kenntnis genommen hat. Und doch sind die umfangreichen Romane seines letzten Lebensjahrzehntes (die Schlußbände des „Silbernen Löwen", „Ardistan und Dschinnistan", auch „Winnetou IV") nicht nur die überragenden Gipfelleistungen seiner quantitativ gewaltigen Produktion, die einzigen seiner Werke, die strengen literarästhetischen Maßstäben standhalten.

Der vielbödig-visionäre Symbolismus seines Alterswerks verdient auch in der deutschen Literatur dieses Jahrhunderts den Ehrenplatz, der den Arbeiten Mays trotz ihrer fortdauernden Lebenskraft bisher vorenthalten geblieben ist. Den Kunstwerkcharakter der Altersromane einmal sichtbar zu machen und dem Verständnis dieser abseitigen, literarisch ohne Vorbild und Nachfolge dastehenden Meisterwerke vorzuarbeiten, ist eine der wichtigsten Aufgaben, die sich die 1969 gegründete Karl-May-Gesellschaft gestellt hat.

Der erste Erfolg stellte sich mit der Herausgabe eines Karl-May-Jahrbuches Ende 1970 ein. Die Karl-May-Gesellschaft knüpfte damit an eine alte Tradition an, mit der Neuerung jedoch, daß die Auswahl der Beiträge nach biographisch strengen und literarisch kritischen Maßstäben getroffen wurde. In Ausstattung und Inhalt ist das Buch geglückt. Es setzt treffend erste Akzente für die Aufnahme von Karl May in das Kontinuum unserer Hochliteratur.

Trotz wertvoller Vorarbeiten, namentlich von Heinz Stolte, Arno Schmidt, Hans Wollschläger und Hansotto Hatzig, stehen die grundlegenden Untersuchungen, die zunächst die vielfältigen Verschlüsselungen aufzulösen, die verschiedenen Leseebenen verstehbar und die Erzählstruktur durchsichtig zu machen hätten, immer noch aus.

Mit Vorbedacht ist deshalb den Altersromanen im ersten Jahrbuch der Karl-May-Gesellschaft besonderer Raum gewidmet: Für den „Silberlöwen" und „Winnetou IV" bringt es einführende interpretatorische Lesehilfen, denen größere Arbeiten folgen werden.

Neben der Arbeit am Werk steht gleichrangig die biographische Forschung. Denn es gehört zu den obersten Zielen der Karl-May-Gesellschaft, das bisher unerschlossene Material für die immer noch ausstehende umfassende May-Biographie möglichst lückenlos zu sammeln. Karl May, dieser grundsonderbare, liebenswerte, aber doch auch fragwürdige und beinahe unheimliche Mann, ist bei aller Gebrochenheit und Zweideutigkeit seiner menschlichen Erscheinung exemplarisch.

Im Jahrbuch wird vor allem versucht, die letzten Lebensmonate Mays in ihren beiden wichtigsten Stationen festzuhalten: der für seine bürgerliche Existenz entscheidenden Gerichtsverhandlung in Moabit und dem legendären Wiener Vortrag vom 22. März 1912, dem eine umfassende Dokumentation gewidmet ist. Der alte May tritt uns aus diesen Berichten so „sprechend" und lebensnah entgegen, daß auch ein innerlich weniger beteiligter Leser sich dem Eindruck seiner suggestiven Persönlichkeit schwer wird entziehen können.

Neben einer bemerkenswerten Stellungnahme zur deutsch-französischen Verständigung findet sich als geschlossenes Werk eine frühe Reiseerzählung, der verschollene „Ölbrand", der im Faksimile der Urausgabe erstmals nachgedruckt und erläutert wird. Die Geschichte ist wichtig sowohl für die Entwicklung der Winnetou-Gestalt wie als erste bekenntnishaft formulierte Parteinahme Mays für das unterdrückte Volk der Indianer. Von dem humanitären Pathos, das hier aufklingt, führt ein indirekter Weg zum Friedensethos des alten May: noch „Friede auf Erden" empfängt seinen emotionalen Impuls von der Empörung des Dichters über die Ausbeutung der farbigen Völker durch die Weißen.

Die Arbeit der Karl-May-Gesellschaft trägt Früchte. Die neue „Brockhaus-Enzyklopädie" (Bd. 12, Mai 1971) bringt eine sachliche Aussage über Karl May; über die Alterswerke ist zu lesen: „Mit diesen symbolistischen Romanen (bes. „Ardistan und Dschinnistan", 1909) wird er neuerdings auch als ein Vorläufer des Surrealismus angesehen und wegen der pazifistischen und antiimperialistischen Tendenz dieser Bücher (Und Friede auf Erden) von der literarischen Kritik beachtet . . .

Die Karl-May-Forschung wird dadurch erschwert, daß Mays Werke im Laufe der Zeit bearbeitet wurden. Es ist für die Forschung daher erfreulich, daß die Olms-Presse in Hildesheim Karl May original verlegt. Zunächst erscheinen die „berühmten", längst vergriffenen Münchmeyerromane als Faksimiledruck; später sollen auch die schwer zugänglich gewordenen Verteidigungs- und Rechtfertigungsschriften, die Karl May in seinen letzten Lebensjahren verfaßte, neu aufgelegt werden. Für die literarhistorische und soziologische Untersuchung sind gerade diese Werke unentbehrlich.

Die Kenntnis der Ur- und Originaldrucke ist von besonderer Wichtigkeit für die Forschung, da in den Bearbeitungen zahllose höchst aufschlußreiche Einzelheiten verlorengegangen sind. Das hat die Karl-May-Gesellschaft bewogen ebenfalls Frühdrucke Mays im Reprint-Verfahren vorzulegen.

Mannheimer Morgen Nr. 278 vom 3. Dezember 1971

Auf den Spuren Old Shatterhands

„Karl-May-Jahrbuch 1971“ (Hansa-Verlag, Hamburg — 294 Seiten, 24,80 Mark).

Die von der Karl-May-Gesellschaft im „Jahrbuch 1970“ eingeschlagene Linie findet mit der zweiten Veröffentlichung, dem „Jahrbuch 1971“, ihre Fortführung. Die Forschung bewegt sich dabei auf festem Grund. Das neue Jahrbuch, von bester Aufmachung und Ausstattung, zeigt die Pläne der Karl-May-Gesellschaft im Stadium rascher Verwirklichung.

Das gilt zunächst für die biographische Forschung. Vorrangig werden jene Zeiträume im Leben Mays behandelt, die — bis in die Tagespresse hinein — seit Jahrzehnten im Mittelpunkt der Erörterung stehen: die Periode seiner Straftaten und Reisen.

Eine aus der zeitgenössischen Presse erarbeitete Dokumentation zu den frühen Delikten, die Mays Leben bis ins Alter überschattet und in seinem Werk tiefe Spuren hinterlassen haben, liefert der weiteren Beschäftigung mit diesem Lebensabschnitt eine reale Grundlage. In einem vorläufigen Resümee von Professor Dr. Claus Roxin, dem Vorsitzenden der Karl-May-Gesellschaft, wird die phantastische Wesenskomponente Mays, bestimmend für seine jugendlichen Verirrungen wie für sein literarisches Werk, ausführlich interpretiert. Aus der Feder Mays sind Aufzeichnungen aus der Haftzeit abgedruckt. Es handelt sich um ungestaltetes, fragmentarisches Material, das aber für die geistige, seelische und literarische Entwicklung des jungen May zahlreiche charakteristische Einzelheiten bietet.

Zum Thema der sagenumwobenen Reisen Karl Mays findet sich ein auf authentische Dokumente gestützter Beitrag über den Aufenthalt Mays von Ende 1862 bis Ende 1864. Erstmals wird dieser bis heute umrätselte „dunkle Zeitraum“ so erhellt, daß sich die so verlockende Frühreisen-These schwerlich lange wird aufrechterhalten lassen.

Zur Wirkungsgeschichte Karl Mays bringt das Jahrbuch in Ergänzung zu der umfassenden Wien-Dokumentation vom Vorjahr weitere Veröffentlichungen der österreichischen Frühexpressionisten über Karl May. Es kann nicht ohne Bedeutung für die Literaturgeschichtsschreibung sein, daß die Avantgarde jener Zeit May liebte, daß Männer wie Albert Ehrenstein und Berthold Viertel, daß eine Zeitschrift vom Rang des „Brenner“ sich für May einsetzten, daß die jungen Wiener Literaten ihm sogar ein Denkmal errichten wollten.

Die Bemühungen um die Werkinterpretation reichen diesmal in sämtliche Schaffensperioden Karl Mays. Ernst Bloch, der schon vor über 40 Jahren Karl May einen „der besten deutschen Erzähler“ nannte, stellte eine Arbeit über die „Urfarbe des Traums“ in den Abenteuererzählungen Mays zur Verfügung. Blochs Neigung zu Karl May, die sich bis heute erhalten hat, ist mehr als eine Jugenderinnerung; sie wird durch den utopisch-revolutionären Impuls seines philosophischen Werkes legitimiert. Die Untersuchung von Professor Dr. Stolte über „Waldröschen“, das „galaktische Ungeheuer“ eines Romans, bestätigt diese Erkenntnis: Mays Kolportageromane, die von ihm später verstoßenen Werke seines Anfangs, spiegeln wirklich mit der kunstlosen, barbarischen Kraft „reißender Märchen“ Anpassung und Widerstand, Ergebung, Aufruhr und erträumten Triumph der Unterschicht des beginnenden Industriezeitalters.

In einem Essay über die „Fluchtlandschaften“ erfahren die populären Reiseerzählungen eine literarisch-tiefenpsychologische Erklärung, die dem Verständniswillen der Leser mit Nachdruck anempfohlen sei. Man mag über Einzelheiten streiten können, die Arbeit ist in ihrem Bereich jedenfalls bahnbrechend, denn die verwendete Betrachtungsweise gestattet es, die Schichten des individuellen Unterbewußten und vor allem die archetypisch-mythischen Inhalte der Mayschen Phantasie in geradezu frappierender Weise sichtbar zu machen.

Die Deutung des Alterswerks wird mit dem zweiten Teil der Arbeit über „Winnetou IV“ fortgeführt. Der Roman hat immer im Schatten des „Silberlöwen“ und des „Mir von Dschinnistan“ gestanden. Die Arbeit zeigt aber, daß er größere und selbständige

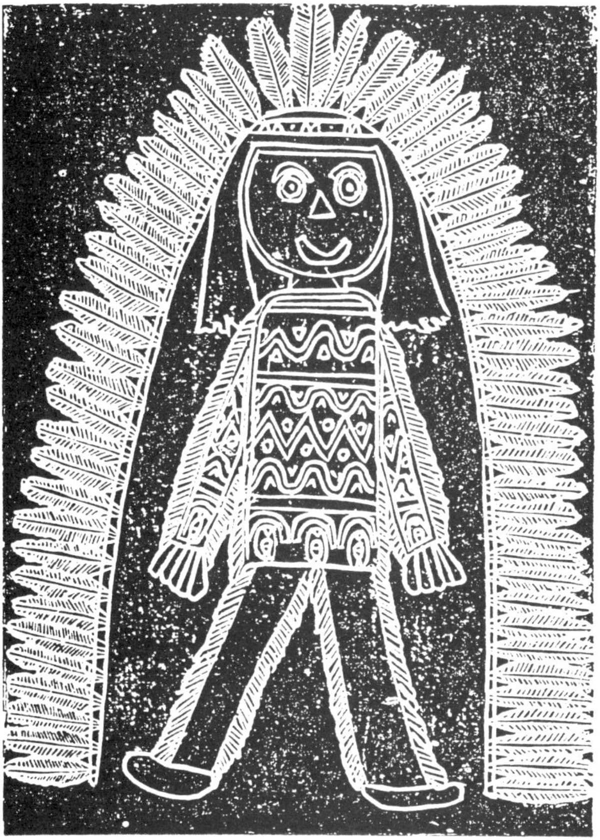

Der kleine Indianer

Das Bild dieses kleinen Indianers wurde dem Kalender „Für Kinder" entnommen, den der Albert Schweitzer Kinderdorf e.V. in Schwäbisch Hall alljährlich herausgibt. Kinder werden sich an den Wachsstift- oder Wasserfarbenmalereien der einzelnen Monatsblätter begeistern und sie als Anregung für eigene Bilder benutzen, Erwachsene müssen bei der Vielfalt an Motiven und deren ideenreicher Ausgestaltung zu der Erkenntnis kommen, daß der Zutritt ins Reich der Kinder schwieriger ist, als man denkt, und nur über den Weg der Zuneigung und Liebe geht. Wer Kindern eine bessere Zukunft ermöglichen möchte, kann diesen Kalender, den das Albert Schweitzer Kinderdorf, 717 Schwäbisch Hall (Postfach 108), kostenlos zusendet, bestellen und eine nach eigenem Ermessen berechnete Spende überweisen.

Beachtung verdient. Wie in „Winnetou IV" die Biographie Mays in zweifacher Spiegelung, seine „Lebensreise" als Mensch und als Schriftsteller mit der realen Amerikareise des Autors und dem Grundmuster der naiven „Reiseerzählung" einer früheren Schaffensepoche verknüpft wird und wie diese vierfach verflochtenen Motivstränge mit der Entwicklung des indianischen Volksschicksals und der kulturkritisch-pazifistischen Erlösungsmetaphysik Mays zu einer mehrdimensionalen Fabel verarbeitet werden, das ist eine Leistung hohen Kunstverstandes, die aller Ehre wert ist.

In den Zusammenhang des Alterswerks gehört auch Hansotto Hatzigs Studie über „Bertha von Suttner und Karl May". Sie zeigt noch einmal im biographischen Kontext, wo May stand: sein „Edelmensch", dieser uns heute so fremd klingende Terminus, kommt nicht vom „Übermenschen" Nietzsches her, und er ist erst recht nicht, wie von Ahnungslosen immer wieder kolportiert wird, eine Ausgeburt jenes berüchtigten Wesens, an dem die Welt genesen sollte; er hat seinen Ursprung in der Weltfriedenbewegung, zu deren Pionieren auch May gehört, und dessen ist mit Achtung zu gedenken.

So versucht dieses Jahrbuch, den ganzen Karl May zu zeigen: einen Menschen, dessen Leben und Werk von den untersten Tiefen bis zu beträchtlichen Höhen hinaufreicht und dessen Anziehungskraft gerade auch aus dieser komplexen Vielgestaltigkeit kommt.

Karl Serden

Der listige Old Shatterhand

Karl May — ein Kämpfer für den Frieden

Von unserem Mitarbeiter Karl Serden

Karl May, seit Generationen für die Jugend ein faszinierender Begriff. Seine deutsche Buchauflage liegt nunmehr bei 45 Millionen, ist augenblicklich Gegenstand intensiver Gespräche. Die Stadtväter beschäftigen sich ernsthaft mit dem Fabulierer aus Radebeul. Es geht bei den Gesprächen um die Frage, in Bruchsal eine Karl-May-Freilichtaufführung zu inszenieren. Was Bad Segeberg in Schleswig-Holstein attraktiv machte, könnte nach dem Willen der geistigen Väter auch Bruchsal Ruhm und Ehre bringen. Dieser nicht alltägliche Plan und die Tatsache, daß der „Klassiker" unserer Jugend- und Abenteuerliteratur, vor genau 60 Jahren, am 30. März 1912, seinen letzten Atemzug tat, ist aktueller Anlaß, einiges über den Dichter, über sein Leben und Werk, zu sagen und zu berichten.

Es war dem jungen Karl May in seiner Wiege nicht gesungen, daß er einmal zum erfolgreichsten, aber auch zum befehdetsten deutschen Erzähler aufsteigen würde. Unter ärmlichsten Verhältnissen aufgewachsen, im Knabenalter blind, absolvierte der Jüngling mit guten Noten das Lehrerseminar. Von der Phantasie gehetzt, im Dilemma mit der Umwelt, strauchelte der junge Mann. Nach Jahren der Haft, endlich zu sich selbst gefunden, begann der noch nicht Dreißigjährige als Redakteur seine schriftstellerische Laufbahn. Der Erfolg stellte sich bald ein. Ebenso aber auch der Neid und die Mißgunst. Um die Jahrhundertwende setzte eine beispiellose Hetze gegen den Dichter ein. Man zerpflückte und zerriß seine Werke, man beschimpfte ihn als Verbrecher und man versuchte mit den infamsten Mitteln, Karl May aus der deutschen Literatur zu verbannen.

Karl Mays bedeutendes Spätwerk

Das literarische Vermächtnis von Karl May ist noch heute umstritten und auch das menschliche Bild ist noch vielfach überschattet. Mays Bestsellerruhm, ein würdiger Gegenstand soziologischer und volkspädagogischer Forschung, liegt nicht nur außerhalb der Reichweite ästhetischer Kategorien; er hat den Blick auf die literarische Erscheinung dieses Mannes und vor allem auf sein bedeutendes Spätwerk so sehr verstellt, daß unsere Germanistik noch nicht einmal von dessen Existenz Kenntnis genommen hat.

Die 1969 mit Sitz in Hamburg gegründete Karl-May-Gesellschaft bemüht sich streng wissenschaftlich um diesen Problemkreis. Und wie die ersten Arbeitsergebnisse zeigen, nicht ohne Erfolg. Immer mehr gewinnen Person und Werk von Karl May in der Öffentlichkeit an Ansehen. Die Karl-May-Gesellschaft will u. a. das umfangreiche biographische Material sammeln und dadurch die Grundlage für die immer noch ausstehende große Karl-May-Biographie schaffen; den Kunstcharakter der Altersromane sichtbar machen und eine Basis für ihr Verständnis erstellen sowie dafür eintreten, daß Karl May einen Platz in der Literatur erhält. Die von der Gesellschaft bis heute gesetzten Akzente finden sich in zwei Veröffentlichungen, dem „Jahrbuch 1970" und dem „Jahrbuch 1971", erschienen und verlegt im Hansa-Verlag Hamburg.

Wie Karl May wirklich war, was er fühlte und dachte, das berichtet uns ein Kapitel deutscher Literaturgeschichte, durch die China-Reise des amerikanischen Präsidenten zufällig mit einer aktuellen Note angereichert. Es zeigt Karl May nicht nur als Schilderer von Männerschicksalen. Nein, es zeigt ihn als ein Pionier des Friedens, als ein Mann mit einer humanen Gesinnung. Besonders in seinen Alterswerken hat er die Begriffe Humanität, Menschlichkeit und Brüderlichkeit mit einer leidenschaftlichen Intensität vertreten.

In der neuen Brockhaus-Enzyklopädie (Band 12, Mai 1971) ist über die Alterswerke zu lesen: „Mit diesen symbolistischen Romanen (bes. Ardistan und Dschinnistan, 1909) wird er neuerdings auch als ein Vorläufer des Surrealismus angesehen und wegen der pazifistischen und antiimperalistischen Tendenz dieser Bücher (Und Friede auf Erden) von der literarischen Kritik beachtet".

Und Friede auf Erden

Die Episode behandelt die Entstehungsgeschichte der Erzählung „Et in terra pax"; Prof. Heinz Stolte schrieb darüber einen geschliffenen Essay (Karl May-Verlag, Bamberg), der als Quellenunterlage diente. Im Jahre 1899 war im damals so lange lethargischen Feudalreich China eine revolutionäre Bewegung ausgebrochen, der sogenannte „Boxeraufstand", der sich gegen die immer mehr zutage tretende Absicht der Fremdmächte, China in „Interessensphären", ja, in Kolonien aufzuteilen, blutig zur Wehr setzte. Der deutsche Botschafter v. Ketteler wurde 1900 in Peking ermordet, und es kam darauf zum „Boxerkrieg", der die imperialen Mächte — außer Deutschland noch Rußland, Frankreich, Großbritannien, Österreich, Italien, Japan und die USA — einträchtig zum Invasions- und Vergeltungsunternehmen vereinte. Als dann die Großmächte, voran das wilhelminische Deutschland, nach der Niederschlagung des Boxeraufstandes ihren abendländischen Sieg über China feierten, nahm das ein so cleverer und zeitgenössischer Publizist wie Geheimrat Joseph Kürschner zum willkommenen Anlaß, einen monströsen Sammelband „China — Schilderungen aus Leben und Geschichte, Krieg und Sieg — Ein Denkmal den Streitern und der Weltpolitik" (mit einem vom Oktober 1901 datierten Vorwort) herauszugeben, zu dem er — wie er bald feststellen mußte: das Pech hatte, auch einen Karl May heranzuziehen.

Ein literarischer Zeitzünder

Der Radebeuler, damals gerade von einer langen Orientreise zurückgekehrt, schrieb als Beitrag für Kürschner seine Erzählung „Et in terra pax", deren Abdruck denn auch alsbald im Rahmen des China-Buches begonnen wurde. Der Autor sandte dem Herausgeber sein Manuskript in einzelnen Raten, es wurde in einzelnen Lieferungen gedruckt und ausgegeben, und das erklärt, warum Joseph Kürschner erst sehr spät zu begreifen anfing, was für ein trojanisches Pferd er auf diese Weise in die eisernen Bastionen seines imperialistischen Prachtbaus eingelassen hatte. Weit über 200 Spalten der Karl-May-Geschichte waren schon ausgedruckt, da protestierte der Herausgeber geharnischt dagegen, den in seinen Augen schrecklichen Unfug fortzusetzen. Der Autor mußte, auf Biegen und Brechen, seiner Erzählung einen galoppierenden Schluß setzen und seine weiteren Bemühungen einstellen. „Karl Mays Reiseerzählung", so ist in dem später entstandenen Vorwort zur gebundenen Ausgabe zu lesen, „hat einen etwas anderen Inhalt und Hintergrund erhalten, als erwartet". Was war geschehen? Der listige Old Shatterhand/Kara Ben Nemsi hatte mitten in ein Repräsentationswerk des Imperialismus und Militarismus das entschiedenste Manifest eines Völkerfriedens, einer Rassenversöhnung gepflanzt — oder heimlich wie einen literarischen Zeitzünder gelegt. Und die Explosion kam, mußte kommen: Kürschner schäumte, May schmunzelte: die pazifistische Kriegslist war gelungen!

Das Honorar von 2000 Mark ist May auf diese Art freilich verloren gegangen, doch konnte ihm der Erfolg die Kosten wert sein, und dieser Erfolg war keineswegs so lächerlich, wie er es, wenn auch augenzwinkernd, später sah, als er (im Herbst 1903) die Pax-Erzählung für die Buchausgabe in der Reihe der grünen Bände abschloß: „Ich hatte etwas geradezu Haarsträubendes geleistet... Während ganz Europa unter dem Donner der begeisterten Hipp, Hipp, Hurra und Vivat erzitterte, hatte ich mein armes, kleines, dünnes Stimmchen erhoben und voller Angst gebettelt: Gebt Liebe nur, gebt Liebe nur allein! Das war lächerlich; ja, das war mehr als lächerlich, das war albern. Ich hatte mich und das ganze Buch blamiert und wurde bedeutet, einzulenken. Ich tat dies aber nicht, sondern ich schloß ab... Mit dieser Art von Gong habe ich nichts zu tun!" Tatsächlich hat May die ganz besondere, ausgesprochen „abendländische" Tendenz — sive: den chauvinistischen Radau — des Unternehmens höchst elegant vereitelt; und wenn auch sein China-Bildnis alles andere als wirklichkeitsgetreu ausfiel, so war es doch, als Gegengift gegen das entschieden falschere der Militärs, eine immer achtenswerte Tat.

„Und Friede auf Erden", so der heutige Titel jener „berüchtigten" Erzählung, die sich als wahrer Rohrkrepierer für das Geschütz des Geheimrats erwies, aber ist von allen Beiträgen dieses aufwendigen Prachtbandes wohl der einzige geblieben, der noch zur Gegenwartsliteratur gerechnet werden draf.

Badische Neueste Nachrichten, Karlsruhe Nr. 72 vom 27. März 1972

Von der Phantasie gehetzt

Zum 60. Todestag von Karl May / Von Karl Serden

Karl May, seit Generationen für die Jugend ein faszinierender Begriff, starb am 30. März 1912. Ein nicht alltägliches Leben, das nach armseliger Kindheit im höchsten Maße der Menschen Gunst und Mißgunst zu spüren bekam, wurde Legende. Auf der Reise von „Ardistan nach Dschinnistan" stellte sich mit der „Wiener Friedensrede", von dem 70jährigen acht Tage vor seinem Tode gehalten, ein letzter großer Triumph ein. Das Schicksal zeigte sich gnädig und erwies dem ergrauten Old Shatterhand verdiente Ehre.

Die Einladung ach Wien war die Anerkennung und Rehabilitation durch die Avantgarde jener zeit. Die Wiener Literaten bewiesen Mut und sie beschämten alle, die den weltberühmten Fabulierer aus Radebeul so lautstark diffamierten. Heute bemüht sich mit wissenschaftlicher Akribie die 1969 mit Sitz in Hamburg gegründete Karl-May-Gesellschaft um Gerechtigkeit für den Vielgelesenen. Ihr Vorsitzender ist der Münchner Strafrechtler Prof. Dr. Claus Roxin. Und wie die ersten Arbeitsergebnisse zeigen, nicht ohne Erfolg. Die von der Gesellschaft bis heute gesetzten Akzente finden sich in zwei Veröffentlichungen, dem „Jahrbuch 1970" und dem „Jahrbuch 1971", erschienen und verlegt im Hansa-Verlag Hamburg.

Die exakte biographische Forschung steht, so verwunderlich es klingt, erst am Anfang. Zwar ist Mays Lebenswerk mit seinen schweren Verstrickungen und dennoch immer wieder gelingenden Aufschwüngen in den großen Zügen bekannt. Aber im einzelnen harrt wesentliches

Material — darunter auch selbstbiographische Dokumente Mays und sein Briefwerk — noch der Erschließung und Veröffentlichung.

Wer den gerade wegen seiner persönlichen Verfehlungen viel umkämpften Menschen Karl May vorurteilslos verstehen will, muß seine Lebensspuren lückenlos verfolgen können. Nur so wird es möglich sein, eine bis heute in vielfach abenteuerlichen Spekulationen schwelgenden Publizistik durch zuverlässige Informationen zu korrigieren und der Öffentlichkeit ein gesichertes, wahrheitsgetreues Karl-May-Bild zu vermitteln. Außerdem kann im Falle Mays die biographische Forschung mehr als bei anderen Autoren zum Verständnis des schriftstellerischen Werkes beitragen.

Schaut man sich in den Strafsachen des seltsamen Mannes um, so entdeckt man, wie sehr sie zumeist Delikte der Phantasie gewesen sind. Wildträume eines Suchenden, eines im Dilemma mit der Umwelt stehenden Feuergeistes. Karl May war ein junger Mann, als er mit dem Gesetz in Konflikt geriet; er war noch ein Reifender, eben erst 20 Jahre alt geworden.

So wie das Genie im allgemeinen gewisse kindliche Züge zu bewahren pflegt, so weist auch Mays spezifische literarische Begabung bis zur Jahrhundertwende unverkennbar infantile und pubertäre Einschläge auf, die ihn, beinahe wider seinen Willen, zum Klassiker der Jugendliteratur gemacht haben. Es lag bei ihm eine bis ins frühe Mannesalter hinein bewahrte Primitivstufe der Entwicklung vor, über die dann aber, was normalerweise im Erziehungsprozeß des Kindesalters hätte geschehen müssen, in der Zeit seiner Strafverbüßung ein „Läuterungsprozeß" hereinbrach bzw. hinausführte. Dieser „Läuterungsprozeß" ließ die primären Affekte und Triebe ins Literarische umschlagen, sie wurden dadurch sublimiert, zivilisiert und sozialisiert.

Die Hypertrophie seiner Traumkraft hetzte Karl May ins Phantastische, Unbürgerliche, Unmögliche, ehe die Möglichkeit des Schreibens, des literarischen Verobjektivierens noch gefunden war. Vielleicht liegt die Lösung darin, daß — wie Schopenhauer schon erläutert hat — alle schöpferische Potenz die Bewahrung kindlicher Wesenszüge, alle Genialität eine gewisse Infantilität einschließt. Karl May war ein Phantast, ein psychopathischer Traumgänger, ein Dichter von mächtiger schöpferischer Imagination, der nur deshalb den Weg ins Inferno hinabglitt, weil seine geniale Traumkraft im fruchtbaren Drang elender Umstände den rechten Weg, den schöpferischen der Literatur, erst im reifen Mannesalter zu finden vermochte.

Das Phänomen Karl May — mit 45 Millionen Bänden auflagenhöchster und meistgelesener Autor — ist noch lange nicht enträtselt. Für eine differenzierte literarische Würdigung seines Schaffens ist noch viel zu leisten: Von den Kolportageromanen, denen das steigende Interesse an der Trivialliteratur in Zukunft größere Beachtung sichern wird, über die Reiseerzählungen, deren mythenbildende Kraft den nahezu völligen Wandel der Lebensverhältnisse und Zeitumstände ungeschwächt überdauert hat, bis zu den esoterischen Alterswerken, die nicht nur wegen ihrer antiimperialistischen, dem Weltfrieden und der Humanitätsidee gewidmeten Thematik, sondern vor allem auch als bedeutende literarische Kunstwerke zunehmende Anerkennung finden, spannt sich der Bogen einer fast unüberschaubar reichen literarischen Produktion, die ungezählte Verehrer und Gegner, aber viel zu wenige wissenschaftlich objektive Beurteiler gefunden hat.

Karl May war ein Phänomen! In einer Situation, in der andere verzagen und versagen, gelang ihm mit seinem Alterswerk, den beiden Schlußbänden des „Silbernen Löwen", mit „Ardistan und Dschinnistan" und auch „Winnetou IV", eine erstaunliche schöpferische und unvergängliche Leistung. Den Kunstwerkcharakter der Altersromane, der auch von der ersten Generation der nach dem Tode Mays einsetzenden „Forschung" durchaus verkannt worden ist, überhaupt erst einmal sichtbar zu machen und dem Verständnis dieser abseitigen, literarisch ohne Vorbild und Nachfolge dastehenden Meisterwerke vorzuarbeiten, ist deshalb eine der wichtigsten Aufgaben, die sich die Karl-May-Gesellschaft gestellt hat.

Stuttgarter Nachrichten vom 22. Juli 1972

Neuer Ruhm für Old Shatterhand

Von Karl Serden

Karl May, der geistige Vater von Winnetou und Old Shatterhand, mit über fünfundvierzig Millionen Bänden der auflagenhöchste und auch erfolgreichste deutsche Autor – Professor Heinz Stolte, Hamburg, nennt ihn zu Recht ein literarisches Phänomen –, war nicht nur ein Genius als Erzähler, er war auch ein Meister der Tonkunst.

Seine Kompositionen blieben zwar im Schatten seiner Bücher und wurden erstaunlicherweise bis heute nur wenig beachtet. Ob mit Recht oder Unrecht, darüber kann sich nun jeder Interessierte ohne große Mühe informieren, denn „Old Shatterhands" Musikalität wird nunmehr durch eine Schallplatte dokumentiert, die über die Karl-May-Gesellschaft, 2000 Hamburg 72, Swebenbrunnen 8 c, oder durch die Thomaskantorei Hellbrook (Hartmut Kühne), 2000 Hamburg 71, Stockrosenweg 58, zu beziehen ist.

Ihr Titel: „Ernste Klänge". Sie enthält zwei Lieder für gemischten Chor, „Ave Maria" und „Vergiß mich nicht", gedichtet und komponiert von Karl May. Beide A-capella-Chöre werden vom Chor der Thomaskantorei Hellbrook und dem Kirchenchor Lohbrügge unter der Leitung von Hartmut Kühne hervorragend interpretiert.

Die Schallplatte stellt eine echte Überraschung dar. Sie zeigt uns einen unbekannten, aber liebenswerten und hochmusikalischen Karl May, der bei der Niederschrift von musikalischen Eingebungen durch eine fast ebenso große Gewandtheit beeindruckt wie bei der Formung literarischer Einfälle. Das „Ave Maria“ ist eine klangschöne Komposition, in ihrem musikalischen Ausdruck voll romantischer Intensität.

Bevor Karl May seine überdurchschnittliche Begabung in der Produktion phantasievoller Reiseerzählungen aktivierte, hat er zeitweilig Gesangvereine und einen Posaunenchor geleitet und im Gottesdienst die Orgel gespielt. In seinem Nachlaß fand sich eine Mappe voll Kompositionen, geschaffen für den Gesangverein „Lyra“ in Ernstthal aus der Zeit um 1864. Es handelt sich dabei meist um vierstimmige A-capella-Sätze — einmal auch mit Streichbegleitung.

Die unter dem Titel „Ernste Klänge“ vereinigten Kompositionen stammen aus einer späteren Schaffensperiode. Wie Hartmut Kühne im beigegebenen Plattentext ausführt, wurden die beiden Tonsätze 1898 bei Fehsenfeld in Freiburg aufgelegt; sie waren damit allgemein zugänglich. Die magische Kraft der May-Prosa lenkte aber kurioserweise immer wieder von ihrer Existenz ab. Der Text des „Ave Maria“ wurde wohl vor 1883 für die Erzählung von Winnetous Tod gedichtet; es ist der Gesang der deutschen Siedler, für die der Indianer sein Leben läßt.

In den „Mitteilungen der Karl-May-Gesellschaft“, 12/1972“, weist der Grazer Musiker Horst Felsinger durch Analyse nach, daß May besonders in dem Lied „Vergiß mich nicht“ seine Fähigkeit zeigte, einen Text ideal zu vertonen.

Die beiden Kompositionen erscheinen erstmals auf Schallplatte; die Platte ist ein wesentlicher Beitrag zur Abrundung des Persönlichkeitsbildes von Karl May. Zumindest den dokumentarischen Wert wird kein Sammler von musikalischen Kuriositäten und „Mayensien“ ihr absprechen.

Kölnische Rundschau Nr. 197 vom 25. August 1972

Ein Ave Maria für Winnetous Tod

Karl-May-Kompositionen auf Schallplatte

VON KARL SERDEN

Köln. Karl May — der geistige Vater von „Winnetou“ und „Old Shatterhand“, mit über 45 Millionen Bänden der auflagenhöchste und auch erfolgreichste deutsche Autor, war nicht nur ein Genius als Erzähler, er war auch ein Meister der Tonkunst. Seine Kompositionen blieben zwar im Schatten seiner Bücher und wurden erstaunlicherweise bis heute nur wenig beachtet — ob mit Recht oder Unrecht, darüber kann sich nun jeder Interessierte ohne große Mühe informieren. Denn „Old Shatterhands“ Musikalität wird nunmehr durch eine 45-upm-Schallplatte dokumentiert, die über die Karl-May-Gesellschaft, 2000 Hamburg 72, Swebenbrunnen 8c, oder durch die Thomaskantorei Hellbrook (Hartmut Kühne), 2000 Hamburg 71, Stockrosenweg 58, zu beziehen ist. Ihr Titel: „Ernste Klänge“; sie enthält zwei Lieder für gemischten Chor, „Ave Maria“ und „Vergiß mich nicht“, gedichtet und vertont von Karl May. Beide A-cappella-Chöre werden vom Chor der Thomaskantorei Hellbrook und dem Kirchenchor Lohbrügge unter der Leitung von Hartmut Kühne hervorragend interpretiert.

Die Schallplatte stellt eine echte Überraschung dar. Sie zeigt uns einen unbekannten, aber liebenswerten und hochmusikalischen Karl May, der bei der Niederschrift von musikalischen Eingebungen durch eine fast ebenso große Gewandtheit beeindruckt wie bei der Formung literarischer Einfälle. Das „Ave Maria“ ist eine klangschöne Komposition mit volksliedhaftem Charakter, in ihrem musikalischen Ausdruck voll romantischer Eindringlichkeit.

Bevor Karl May seine überdurchschnittliche Begabung in der Produktion phantasievoller Reiseerzählungen aktivierte, hat er zeitweilig Gesangvereine und einen Posaunenchor geleitet und im Gottesdienst die Orgel gespielt. In seinem Nachlaß fand sich eine Mappe voll Kompositionen, geschaffen für den Gesangverein „Lyra“ in Ernstthal aus der Zeit um 1864. Es handelt sich dabei meist um vierstimmige A-cappella-Sätze; einmal auch mit Streichbegleitung.

Die unter dem Titel „Ernste Klänge“ vereinigten Kompositionen stammen aus einer späteren Schaffensperiode. Wie Hartmut Kühne im beigegebenen Plattentext ausführt, wurden die beiden Tonsätze 1898 bei Fehsenfeld in Freiburg aufgelegt; sie waren damit allgemein zugänglich, die magische Kraft der May-Prosa lenkte aber kurioserweise immer wieder von ihrer Existenz ab. Der Text des „Ave Maria“ wurde wohl vor 1883 für die Erzählung von Winnetous Tod gedichtet, es ist der Gesang der deutschen Siedler, für die der Indianer sein Leben läßt.

Karl May

Die beiden Kompositionen erscheinen erstmals auf Schallplatte. Die Platte ist ein wesentlicher Beitrag zur Abrundung des Persönlichkeitsbilds von Karl May. Zumindest den dokumentarischen Wert wird kein Sammler von musikalischen Kuriositäten ihr absprechen.

Mannheimer Morgen Nr. 296, Weihnachten 1972

China-Politik à la Karl May

Eine amüsante Episode der Literaturgeschichte um die Erzählung „Und Friede auf Erden"

Auch die Bundesrepublik hat seit kurzem wieder diplomatischen Kontakt mit China; Anfang dieses Monats nahmen die beiderseitigen Botschaften ihre Tätigkeit auf. Zuvor hatte Präsident Nixon seine Aufwartung in Peking gemacht; China ist unter Maos Führung zur Weltmacht geworden. Dabei muß man nur wenige Jahrzehnte zurückgehen, um es ohnmächtig, gedemütigt, als Spielball der imperialistischen Staaten zu sehen — etwa zur Zeit des Boxeraufstands 1899, der übrigens nicht nur politische, sondern auch literarische Konsequenzen hatte. Eine amüsante literaturgeschichtliche Arabeske ist in diesem Zusammenhang dem Tausendsassa Karl May zu verdanken, der sich in seinen bis heute erfolgreichen Erzählungen nicht nur als Old Shatterhand zu den Indianern und als Kara Ben Nemsi zu den Arabern hinträumte, sondern mit flinker Feder auch viele andere Länder besuchte — zum Beispiel China. Einmal geschah dies sogar „auf Einladung"; die dadurch verursachte Episode verdient, in Erinnerung gerufen zu werden.

Im Jahre 1899 war im lethargischen Feudalreich China eine revolutionäre Bewegung ausgebrochen, der sogenannte Boxeraufstand, der sich gegen die immer deutlicher zutage tretende Absicht der Fremdmächte richtete, China in „Interessensphären", ja, in Kolonien aufzuteilen. Der deutsche Botschafter von Ketteler wurde 1900 in Peking ermordet, und es kam darauf zum Boxerkrieg, der die imperialen Mächte — außer Deutschland noch Rußland, Frankreich, Großbritannien, Österreich-Ungarn, Italien, Japan und die USA — zum Invasions- und Vergeltungsunternehmen vereinte. Als dann die Großmächte, voran das wilhelminische Deutschland, nach der Niederschlagung des Boxeraufstandes ihren abendländischen Sieg über China feierten, nahm das ein cleverer zeitgenössischer Publizist, der Geheimrat Joseph Kürschner (dessen Name der 1883 von ihm gegründete „Deutsche Literaturkalender" bis heute bewahrt) zum willkommenen Anlaß, einen monströsen Sammelband „China — Schilderungen aus Leben und Geschichte, Krieg und Sieg — Ein Denkmal den Streitern und der Weltpolitik" (mit einem vom Oktober 1901 datierten Vorwort) herauszugeben, zu dem er, wie er bald feststellen muß: das Pech hatte, auch Karl May heranzuziehen.

Der Radebeuler, damals gerade von einer (wirklichen) Orientreise zurückgekehrt, schrieb als Beitrag für Kürschner seine Erzählung „Et in terra pax", deren Abdruck alsbald im Rahmen des China-Buches begonnen wurde. Der Autor sandte dem Herausgeber sein Manuskript in Raten, es wurde auch in einzelnen Lieferungen gedruckt und ausgegeben. Das erklärt, warum Joseph Kürschner erst sehr spät zu begreifen anfing, was für ein trojanisches Pferd er in die eisernen Bastionen seines imperialistischen Prachtbaus eingelassen hatte. Weit über 200 Spalten der Karl-May-Geschichte waren schon ausgedruckt, da protestierte der Herausgeber geharnischt dagegen, den in seinen Augen schrecklichen Unfug fortzusetzen. Der Autor mußte, auf Biegen und Brechen, seiner Erzählung einen galoppierenden Schluß setzen und seine weiteren Bemühungen einstellen.

„Karl Mays Reiseerzählung", so ist in dem später entstandenen Vorwort zur gebundenen Ausgabe zu lesen, „hat einen etwas anderen Inhalt und Hintergrund erhalten, als erwartet." Was war geschehen? Der listige Old Shatterhand/Kara Ben Nemsi hatte mitten in ein Repräsentationswerk des Imperialismus und Militarismus das entschiedenste Manifest des Völkerfriedens, der Rassenversöhnung gepflanzt — oder heimlich wie einen literarischen Zeitzünder gelegt. Und die Explosion kam, mußte kommen: Kürschner schäumte, May schmunzelte, die pazifistische Kriegslist war gelungen!

Das Honorar von 2000 Mark ist May auf diese Art freilich verloren gegangen, doch konnte ihm der Erfolg die Kosten wert sein, und dieser Erfolg war keineswegs so lächerlich, wie der Autor selbst es, wenn auch augenzwinkernd, später sah, als er (im Herbst 1903) die Pax-Erzählung für die Buchausgabe in der Reihe der grünen Karl-May-Bände abschloß: „Ich hatte etwas geradezu Haarsträubendes geleistet... Während ganz Europa unter dem Donner der begeisterten Hipp, Hipp, Hurra und Vivat erzitterte, hatte ich mein armes, kleines, dünnes Stimmchen erhoben und voller Angst gebettelt: Gebt Liebe nur, gebt Liebe nur allein! Das war lächerlich; ja, das war mehr als lächerlich, das war albern. Ich hatte mich und das ganze Buch blamiert und wurde bedeutet, einzulenken. Ich tat dies aber nicht, sondern ich schloß ab... Mit dieser Art von Gong habe ich nichts zu tun!" Tatsächlich hat May die ganz besondere, ausgesprochen „abendländische" Tendenz — den chauvinistischen Radau also — des Unternehmens höchst elegant vereitelt; und wenn auch sein China-Bildnis alles andere als wirklichkeitsgetreu ausfiel, so war es doch, als Gegengift gegen das entschieden falschere der Militärs, eine achtenswerte Tat.

Jedenfalls ist „Und Friede auf Erden", wie der heutige Titel jener „berüchtigten" Erzählung lautet, von allen Beiträgen des Kürschnerschen Prachtbandes der einzige, der noch zur Gegenwartsliteratur gerechnet werden darf. Karl May lieh dem Opfer der Weltpolitik, dem gedemütigten China, seine volle Sympathie und seine Stimme. „Ich liebe Ihre Nation", so sagt Kara Ben Nemsi zum edlen Chinesen Fang, „ich liebe sie nicht weniger als jede andere Rasse!" Kein Wunder, daß „Und Frieden auf Erden" während des Dritten Reiches als „vergriffen" zu gelten hatte, es war unerwünscht — und auch das macht dem guten alten Karl May alle Ehre. Karl Serden

Mannheimer Morgen Nr. 38 vom 15. Februar 1973

Karl-May-Porträt mit neuen Zügen

„Jahrbuch der Karl-May-Gesellschaft 1972/73". Herausgegeben von Professor Dr. Claus Roxin (Hansa-Verlag, Hamburg — 257 Seiten, 24,80 Mark)

Am Beispiel von Karl May zeigt es sich wirksam, wie leicht Leben und Werk eines Autors durch emotionelle Betrachtungsweisen manipulierbar sind. Das May-Bildnis, erstarrt in der Klischeevorstellung eines „Jugend- und Abenteuerschriftstellers", läßt nur schwach ahnen, daß der Mensch Karl May mit seiner merkwürdigen, phantastischen Wesensart eine der sonderbarsten, rätselhaftesten Erscheinungen unserer Literaturgeschichte ist. Und trotz der Tatsache, daß er mit der traumhaften Auflage von über 45 Millionen Bänden der erfolgreichste und wohl auch meistgelesene deutsche Schriftsteller ist, blieb sein symbolisch-visionäres Alterswerk, mit dem er sich zum wirklichen Dichter qualifizierte, bis heute weithin unbekannt.

Die 1969 mit Sitz in Hamburg gegründete Karl-May-Gesellschaft (Hamburg 72, Swebenbrunnen 8c) hat sich die Aufgabe gestellt, Karl May in die Literaturgeschichte einzuführen und ihm dort einen Platz zu verschaffen, der ihm bisher noch streitig gemacht wird. Die von der Gesellschaft gesetzten Akzente finden ihren Niederschlag in der Veröffentlichung von Jahrbüchern.

In wissenschaftlichen Kreisen haben die Arbeiten und Forschungsergebnisse der Karl-May-Gesellschaft Beachtung und weitgehend Anerkennung gefunden. Die Beiträge artikulieren ein neues May-Bildnis, sie zeigen Karl May als einen Mystiker der Sprache und als einen Pionier der Weltfriedensbewegung, der sich im Alter von dem ledernen Jagdrock Old Shatterhands befreite und in ehrlichem Bemühen das Gewand des Humanisten und Pazifisten schneiderte.

„Und Friede auf Erden" — Mays erster großer Altersroman — bildet das Zentralthema des dritten bisher erschienenen Jahrbuchs. Eine Interpretation des vielverkannten Werks, die vor allem seinem schwierigsten und tragenden Handlungsmotiv, der Krankheit Wallers und seinen Visionen, gewidmet ist, gibt Hans Wollschläger Veranlassung zu einer großangelegten tiefenpsychologischen Charakteranalyse Mays. Seine einzigartige Studie erhellt wie nie zuvor den Zusammenhang, der zwischen der seelischen Verfassung Mays, der Beschaffenheit seiner Werke und der Wirkung dieser Bücher auf den Leser besteht, und gibt damit der Literaturpsychologie wichtigstes Material an die Hand. Die psychischen Ursprünge der literarischen Wendung Mays von der naivgroßflächigen Reiseerzählung zum symbolisch-intensiven Spätstil werden plastisch aufgezeigt. Das Fazit ist bemerkenswert.

Die Entstehung und Geschichte des Buches wird von Ekkehard Bartsch auf dem Hintergrund der Zeithistorie sorgfältig rekonstruiert. Mit der Urfassung „Et in terra pax", die Karl May für den monströsen Sammelband „China — Schilderungen aus Leben und Geschichte, Krieg und Sieg..." des Geheimrats Joseph Kürschner schrieb, hatte er mitten in ein Repräsentationswerk des Imperialismus und Militarismus das entschiedenste Manifest eines Völkerfriedens, einer Rassenversöhnung gepflanzt. Mays pazifistische Kriegslist verdient respektvolle Bewunderung. Die werkgeschichtliche Darstellung wird ergänzt durch die von Hansotto Hatzig (Mannheim) übersichtlich zusammengestellten Textvarianten der Erstfassung. Karl May selbst kommt mit seinen drei großen Polemiken gegen den „Dresdner Anzeiger" zu Wort, der das Buch gleich nach seinem Erscheinen 1904 angegriffen hatte.

Auf ein Gebiet, das bereits jahrzehntelang hitzig, doch bislang nur wenig maßgeblich diskutiert worden ist, führt Heinz Stoltes große Arbeit über den „Literaturpädagogen" Karl May: sie untersucht in erhellender Weise die pädagogische Wirkung, die Mays Bücher unvermindert auf die Jugend ausüben.

Die biographischen Arbeiten werden durch Beiträge von Klaus Hoffmann und Hainer Plaul fortgesetzt. Sie haben längst verloren geglaubtes Quellenmaterial aufgestöbert und mit akribischer Detailbesessenheit ausgeschöpft. Die Funde, die ihnen gelungen sind, machen deutlich, was alles bereits vor Jahrzehnten unter viel günstigeren Bedingungen hätte geleistet werden können, hätten die damaligen Forscher ihre Verpflichtung zur historischen Wahrheit besser verstanden. Karl Serden

Allgemeine Zeitung Mainz vom 26. Juli 1973

Old Shatterhand wird neu entdeckt

Die Karl-May-Gesellschaft tagt im Oktober in Regensburg

Am Horizont der deutschen Literatur leuchtet seit Jahrzehnten ein Name, der es bis zur obersten Sprosse der Popularitätsskala brachte: Karl May! Der „Klassiker" der Jugend- und Abenteuerliteratur, ein Phänomen, reichlich mit emotionalen Urteilen sowohl positiver, als auch negativer Art bedacht, findet heute immer mehr Anerkennung von seiten der Kritik. Er wird gleichermaßen als Dichter und als Pazifist gewürdigt. Sechzig Jahre nach seinem Tode wird der Vielgelesene „gerecht" behandelt. Die Karl-May-Gesellschaft, 1969 mit Sitz in Hamburg gegründet, kann das Verdienst beanspruchen, den literarischen Stellenwert eines Autors zurechtzurükken, dessen Wirkuig auf einige Generationen die Germanistik bisher unbeachtet gelassen hat. Ihr Ziel heißt: Karl May in die Literaturgeschichte einzuführen und ihm dort einen Platz zu verschaffen, der diesem „Großmystiker" unserer Sprache noch immer streitig gemacht wird.

Am 5. und 6. Oktober zieht die Gesellschaft in Regensburg Bilanz. Im deutschsprachigen Raum konsolidiert sie sich immer stärker als eine der größten literarischen Gesellschaften. Am 22. März 1969 in Hannover aus der Taufe gehoben, zählt sie heute über fünfhundert Mitglieder. Die Gesellschaft hat bis heute ihre Forschungsergebnisse in drei Jahrbüchern (Hansa-Verlag, Hamburg) der Öffentlichkeit vorgelegt; neben einer Vierteljahreszeitschrift gehören auch Faksimile-Drucke alter Zeitschriften mit Originaltexten von Karl May zu ihrem Programm. Wenn heute immer zahlreichere Hochschulschriften über Karl May angefertigt werden, wenn im akademischen Lehrbetrieb Seminare über den Hakawati aus Radebeul stattfinden und wenn Kritiker, die Karl May bisher ablehnend gegenüberstanden, ihre Meinung über ihn zu revidieren beginnen, dann sind das Erfolge, die mit dem Wirken der Gesellschaft in Verbindung zu bringen sind. Ein Heer von Wissenschaftlern verschiedenster Disziplinen bemüht sich heute um ein neues und realistisches Bild des auflagenhöchsten deutschen Autors. Karl May ist salonfähig geworden, das Klischee vom „Unterhaltungsschriftsteller" ist längst passé. Die Erkenntnis hat sich verfestigt, daß der Schriftsteller mit seinen Romanen den Leser aus trivialen Sumpfgefilden herausführt und ihm das Verständnis für eine bessere Literatur erschließt.

Das Schrifttum über Karl May hat in jüngster Zeit eine bemerkenswerte Bereicherung erfahren: Ingrid Bröning, „Die Reiseerzählungen Karl Mays als literaturpädagogisches Problem" (A. Henn Verlag, Ratingen). Die funktionalen Wirkungsmöglichkeiten der „Jugendbücher" Mays werden hier beispielhaft unter psychologischen Aspekten analysiert. Das ergibt eine kritische Stellungnahme zu Arno Schmidts Studie über Karl May, die zu bestehenden Vorurteilen nur weitere hinzugefügt hat. Auch die Karl-May-Gesellschaft wartet mit einer Entgegnung zum „Sitara"-Buch Schmidts auf. Gerhard Klußmeiers „Karl May falsch zitiert" (Hansa-Verlag, Hamburg) wirft Arno Schmidt, dem jüngsten Goethepreis-Träger der Stadt Frankfurt, Textfälschung vor. Im Karl-May-Verlag, Bamberg, erschien „Karl May und Emma Pollmer" von Fritz Maschke, die Geschichte einer Ehe. Der Anhang, eine vom Verfasser vor Jahresfrist in München aufgespürte Sammlung von Maybriefen, sowie die Stollberg-Akte aus dem Jahre 1879 (Karl May stand damals wegen angeblicher Amtsanmaßung vor Gericht), machen das Buch besonders interessant.

Die Olms-Presse in Hildesheim bringt als Reprintdruck erstmals in diesem Jahrhundert den frühen Original-May in einer 29bändigen Ausgabe. „Glanzvolles Elend" nennt Gert Ueding seinen Versuch über Kitsch und Kolportage (Edition Suhrkamp Nr. 622), in dem, was aus dem Titel nicht ersichtlich ist, die Mayschen Frühromane aufgeschlüsselt werden. Die Arbeit ist ein Beitrag zur ästhetischen und sozialen Analyse der Trivialliteratur — zur Aufhellung gesellschaftlicher Konfliktsituationen und Handlungsmodelle, wie sie sich im Kitsch und in der Kolportage ausdrücken. An den Romanen Karl Mays erläutert der Verfasser, wie das Erbe aufklärerischer Traditionen im 19. Jahrhundert verändert wurde.

KARL SERDEN

Durch Verstand und Liebe gut zu machen, was Unverstand und Haß verschuldet haben, dazu bedarf es nur des guten Willens, nicht aber eines Wunders oder gar der Zauberei.

Karl May (1842-1912)

Bogener Zeitung Nr. 191 vom 21. August 1973

R 1837 A

Bogener Zeitung

HEIMATAUSGABE DES STRAUBINGER TAGBLATT

Bezugspreis monatl. (incl. 5,5% MWSt.) durch die Post DM 7.80 (einschl. Postvertriebsgebühren von durchschnittlich DM 2.—), durch Agentur (Träger) 6.20 zuzügl. 1.10 Zustellgeld. — Bestellungen bei allen Agenturen (Trägern) u. bei jedem Postamt. — Anzeigenschluß Mo. - Mi. 16 Uhr, Do. u. Fr. 15 Uhr tags vorher. Verlag u. Druck: Cl. Attenkofer'sche Buch- u. Kunstdruckerei, Straubing, Ludwigspl. 30, Postf. 180, Fernsprech-Sammel-Nr. 60 51. Telex 065 552 tagbla-d. — Verantwortl. für Politik u. Wirtschaft: Dr. Josef Sommerfeldt; Bayer. Chronik: Fridolin M. Rüb; Niederbayern, Oberpfalz u. engere Heimat: Fritz Röhn; Stadtteil: Paul Hagenauer; Sport: Willi Zeller; Chef v. Dienst: Willi Zeller u. Rudolf Bartl; Anzeigenteil Helmut Jäkel, sämtl. Straubing. Bei Störung durch höhere Gewalt kein Ersatzanspruch.

Nummer 191 | Pius X. – Dienstag, 21. August 1973 – Geert Groote 1384 | Einzelnummer 40 Pfennig

Old Shatterhand soll aufgewertet werden

Tagung der Karl-May-Gesellschaft in Regensburg vom 5.-7. Oktober 1973

Regensburg. Auf der Rangliste der Weltbestseller steht Karl May unter den ersten. Kein Festspielsommer ohne Winnetou. Die Karl-May-Filme wurden Kassenschlager. Jetzt hat auch das Fernsehen ihn entdeckt. Fürwahr ein grandioser Erfolg, den der Märchenerzähler von Radebeul, der schon über 60 Jahre dort in seiner stillen Gruft ruht, für sich buchen darf. Ob er aber über das, was mit seinem Werk geschehen ist, immer ganz glücklich wäre?

Dies bezweifelt zumindest die Karl-May-Gesellschaft. Sie sieht bis heute die Forderung auf literarische Anerkennung Karl Mays unerfüllt. Das bisher mit Fleiß verbreitete, klischierte Bild von Karl May sei weitgehend schuld daran, daß Karl May noch wenig Beachtung bei den Germanisten und eine recht differenzierte Aufnahme bei den Pädagogen gefunden habe. Die Karl-May-Gesellschaft, die sich um eine gerechte Beurteilung von Autor und Werk bemüht, hat mit ihrer Arbeit erst vor einigen Jahren begonnen. Besonders in ihren Jahrbüchern (der 4. Jahrgang befindet sich kurz vor dem Erscheinen) hat sie versucht, den „anderen", nicht so massenhaft verbreiteten Karl May zu zeigen. Die Beiträge haben wissenschaftliches Niveau. „Mit Karl May geht es wieder aufwärts, seit es eine KMG gibt"; so und ähnlich urteilte die Presse.

Nun hat die KMG zu ihrer diesjährigen Tagung nach Regensburg aufgerufen. Regensburg ist nicht ein willkürlich gewählter Ort. Hier, im heute noch bestehenden Verlag Friedrich Pustet, begann Karl May vor fast 100 Jahren seine große schriftstellerische Laufbahn. Hier erschienen zuerst seine berühmten Reiseerzählungen, deren mythenbildende Kraft ungebrochen in unsere Zeit hineinwirkt. In Regensburg hat die KMG, die mit ihren 550 eingeschriebenen Mitgliedern zu den größten literarischen Gesellschaften der Bundesrepublik gehört, eine Reihe interessanter Veranstaltungen vorgesehen. Das Leben Karl Mays wird in einem fachkundig zusammengestellten Lichtbildervortrag zu sehen sein. Universitäts-Professor Dr. Heinz Stolte hält den Festvortrag. Das Thema ist der „Dichtung und Wahrheit in Karl Mays orientalischen Erzählungen" gewidmet.

Für die Tagung wurde auch eine Karl-May-Ausstellung vorbereitet. Sie vermittelt einen Querschnitt durch das Schaffen des Dichters — mit Erstdrucken und seltenen Ausgaben, Bildern, Handschriften und anderen Dokumenten. Ein Abschnitt befaßt sich mit der „Regensburger Zeit". Hierzu stellte der Verlag Pustet Leihgaben zur Verfügung. Eine Sammlung berühmter Reisewerke des 19. Jahrhunderts stammt aus den Beständen der Stadtbücherei Regensburg, während alle übrgien Ausstellungsstücke — so auch die Galerie des Jugendstilmalers Sascha Schneider, der Mays Werke illustriert hat, — von den Mitgliedern der Gesellschaft bereitgestellt werden.

Außer der KMG laden — als Mitveranstalter — das Deutsch-Amerikanische Institut und die Stadtbücherei Regensburg ein. Wie der Vorsitzende der Gesellschaft, der bekannte Strafrechtsgelehrte Professor Dr. Claus Roxin, Dekan der Universität München, erklärt, ist in erster Linie an eine repräsentative Veranstaltung zu Ehren Karl Mays gedacht, weniger an eine Arbeitstagung. Die notwendigen Regularien der nach der Satzung vorgeschriebenen Mitgliederversammlung müssen allerdings erfüllt werden. Es liegen auch Meldungen für Fachreferate vor. Und an Diskussionsstoff fehlt es nie, wenn Experten zusammenkommen. Eine Forderung, die bei solcher Gelegenheit beispielsweise immer wieder erhoben wird, ist die Herausgabe einer von Forschern, Freunden und Sammlern heiß begehrten textkritischen Werksangabe.

Das Gespräch um Karl May dürfte durch die Regensburger Veranstaltung neue Impulse empfangen. Ein bisher unbekannter Karl May tritt aus dem grellen Scheinwerferlicht in unser Blickfeld. In Regensburg werden neue, noch nicht wahrgenommene Konturen sichtbar.

Die Karl-May-Gesellschaft veröffentlicht in diesen Tagen eine kritische Stellungnahme zu Arno Schmidts Studie über Karl May, die zu bestehenden Vorurteilen nur weitere hinzugefügt habe. Gerhard Klußmeier beweist in seiner Untersuchung „Karl May falsch zitiert" (Hansa-Verlag, Hamburg), daß der jüngste Goethepreisträger der Stadt Frankfurt im Interesse seiner „abwegigen" Schlußfolgerungen May-Texte fälschte.

Karl Serden

Mannheimer Morgen Nr. 235 vom 10. Oktober 1973

Gerechtigkeit für Karl May

In Regensburg tagten 150 Mitglieder der Karl-May-Gesellschaft aus dem In- und Ausland

Regensburg, die 2000jährige Donaustadt, war Tagungsort der Karl-May-Gesellschaft, die sich zu einer der größten literarischen Gesellschaften der Gegenwart entwickelt hat. Das Donnern der Geschütze in Nahost, das erneut urplötzlich die Welt aufschreckte, weckte eine aktuelle Assoziation; „Friede auf Erden" heißt das Bekenntnis, das Wollen und Sehnen von Karl May. Der Karl-May-Gesellschaft geht es um die Aufnahme des Schriftstellers in die Hochliteratur.

Der Zauberer aus Radebeul lockte über 150 Mitglieder nach Regensburg. Aus der Bundesrepublik, aus Österreich, der Schweiz und aus Holland kamen die Verehrer, Freunde und Literaten. Selbst aus den USA machte ein Mister Bonfay einen Trip nach Regensburg, um Studien für seine geplante Dissertation „Das Amerika-Bild Karl Mays und seine Gesellschaftskritik" zu betreiben.

Für Karl May war Regensburg die Stadt der ersten Erfolge und des Ruhms. Im „Deutschen Hausschatz", einer damals angesehenen Familienzeitschrift des Verlages Pustet, erschienen zuerst seine Reiseerzählungen. Die Zusammenarbeit May-Pustet erstreckte sich über drei Jahrzehnte, von 1879 bis 1909, und sie war für beide Seiten ersprießlich. Beim Empfang, den die Stadt Regensburg für Vorstand und Wissenschaftlichen Ausschuß im Alten Rathaus gab, wies Bürgermeister Dr. Pfluger auf diesen Tatbestand hin.

Die als förderungswürdig und gemeinnützig anerkannte Gesellschaft hatte am 30. September 550 Mitglieder, die sich auf zehn Nationen verteilen. Vorsitzender ist Professor Dr. Claus Roxin, Dekan an der Universität München; dem Vorstand und Wissenschaftlichen Ausschuß gehören weiter an: Ekkehard Bartsch (Kulmbach), Hansotto Hatzig (Mannheim), Erich Heinemann (Hildesheim), Professor Dr. Heinz Stolte (Hamburg), Hans Wollschläger (Bamberg) sowie Alfred Schneider, der die Geschäftsstelle in Hamburg verwaltet. Zu den Programmpunkten der Gesellschaft gehören wissenschaftlich fundierte Forschung, Sammlung und Sichtung des biographischen Materials, Untersuchung, Entschlüsselung und Einordnung des Gesamtwerkes sowie die Hervorhebung der künstlerisch wertvollen Altersromane, mit denen Karl May sich in die Hohe Literatur hinaufgeschrieben hat. Die Forschungsergebnisse werden in Jahrbüchern vorgelegt (der vierte Jahrgang wird demnächst erscheinen). Zu den Publikationen gehören auch eine Vierteljahreszeitschrift, Erstdrucke Karl Mays in Faksimile-Ausgaben und periodisch erscheinende Schriften. Die neueste Veröffentlichung, in Regensburg vorgelegt, weckte sofort allgemeines Interesse, gilt sie doch dem jüngsten Goethepreisträger der Stadt Frankfurt: die Broschüre mit dem Titel „Arno Schmidt und Karl May" setzt sich scharf mit dem „Sitara"-Buch von Arno Schmidt auseinander, das Karl May nicht zum Objekt einer ernsthaften philologischen Analyse gemacht habe.

Gerechtigkeit für Karl May! In Erfüllung dieses jahrzehntelangen Rufes geht die Karl-May-Gesellschaft elanvoll an ihre Aufgabe. Im Blickpunkt des öffentlichen Interesses stand ein Lichtbildervortrag von Ekkehard Bartsch über „Karl May in zeitgenössischen Bilddokumentationen". Wie der „Hausschatz" 1897 seinen Lesern berichtete, sei Karl May „dem Drängen so vieler seiner Verehrer endlich nachgekommen" und habe sich fotografieren lassen. Von dem Dichter sind aus dieser und späterer Zeit viele Aufnahmen überliefert, Bilder aus privater Sphäre, Bilder aber auch zu der Weltläufer-Legende: Karl May in verwegenen Posen und abenteuerlichen Kostümen. Das in Regensburg gezeigte Material vermittelte ein anschauliches Lebensbild.

Höhepunkt der Tagung war der Festvortrag von Professor Dr. Heinz Stolte, „Die Reise ins Innere“, der sich mit Dichtung und Wahrheit in Karl Mays Reiseerzählungen auseinandersetzte und am Beispiel der Orienterzählungen von „Durch die Wüste“ über den „Schut“ bis hin zum großen Alterswerk „Der Mir von Dschinnistan“ in überraschender Weise aufzeigte, daß in ihnen dennoch ein realer Kern wirklicher Erlebnisse verborgen sei. May litt zeitlebens unter den Verfehlungen seiner Jugend, stets war er auf der Suche nach der verlorenen Menschenwürde. In einer Vielzahl von Spiegelungen taucht die abgelegte Vergangenheit immer wieder versteckt in Reminiszenzen auf, umfunktioniert in exotisch-abenteuerliches Gewand.

Ein Fachreferat von Wolf Dieter Bach, Schwetzingen, gab Aufschluß über „Namen und ihre Vorbilder“ in Mays Werken und beeindruckte ebenso wie der biographische Bericht von Alfred Schneider, der das Thema May-Rosegger behandelte. In Zusammenarbeit mit dem Verlag Pustet, dem Deutsch-Amerikanischen Institut und der Stadtbücherei Regensburg wurde auch eine Karl-May-Ausstellung veranstaltet. Viele wertvolle Exponate, Briefe von May, Erstdrucke seiner Werke, bedeutsame Reisewerke des 19. Jahrhunderts und die Illustrationen des Jugendstilmalers Sascha Schneider, einst Deckelschmuck der May-Bände, machten die Ausstellung zu einer einmaligen Sehenswürdigkeit.

Resümee der Tagung: der Kongreß setzte Akzente. Das klischierte Karl-May-Bild vom Abenteuer- und Jugendschriftsteller wandelt sich. Man entdeckt einen Pionier der Weltfriedens-Idee, einen Prediger der Menschenliebe, den Verfasser eigenartig symbolischer Schlüsselromane. Man findet Anerkennung für den Märchenerzähler, der in seinem Werk Triviales und Esoterisches, Zeitgebundenes und Zeitenthobenes, Konventionelles und unwiederholbar Originäres zu magischer Massenwirkung vereint. Karl Serden

Mindener Tageblatt Nr. 278, Sonnabend, 1. Dezember 1973

Mindener Tageblatt

Ruf 25631-39 Minden-Lübbecker Kreisblatt 1 D 4751 A

Nr. 278 · Sonnabend, 1. Dezember 1973 Unabhängige, überparteiliche Mindener Zeitung · Gegründet 1856 von J. C. C. Bruns 117. Jahrg. · Einzelpreis 40 Pf (Sbd. 60 Pf)

Karl May – noch immer aktuell

In Kürze erscheint das 4. Jahrbuch über die Forschungsergebnisse

Die Gegenwart rückt den Bestseller-Autor Karl May (1842 – 1912) im verstärkten Maße wieder ins Blickfeld. Immer mehr befassen sich Germanisten mit dem Werk und der Person des Schriftstellers. Der aus der Sozietät des Proletariats kommende May, in der Jugend ein Opfer sozialer Armut, als Kind war er blind, später wurde er als Dieb inhaftiert, war nach seiner Läuterung ein geachteter und loyaler Staatsbürger. Erpresser und Neider hetzten den Erfolgreichen aber zu Tode. Das letzte Lebensjahrzehnt wurde zum Inferno. Der Mensch May wurde verteufelt, seine Bücher als Schund und Kitsch verdammt. Bis in die Gegenwart reichen die Streitgespräche um den literarischen Stellenwert dieses ‚Phänomens' der deutschen Literatur.

Leben und Werk sind heute, 60 Jahre nach dem Tode von May, Gegenstand ernsthafter wissenschaftlicher Untersuchung. Das vielbändige Werk ist noch lange nicht erforscht, auch ist der feste Platz in der Literaturgeschichte noch nicht eingenommen. Seine Jugendschriften (Silbersee, Ölprinz, Methusalem, Sklavenkarawane) sind etabliert, das Spätwerk dagegen nicht.

Bei der Anerkennung geht es um die Einstufung der Alterswerke, die jahrzehntelang von der magischen Kraft der Reiseerzählungen (Durch die Wüste, Winnetou) überschattet, fast unbekannt geblieben sind. Nach dem Urteil führender Literaturwissenschaftler und Karl-May-Forscher, wie Prof. Dr. Heinz Stolte, Hamburg; Prof. Dr. Claus Roxin, München; Hansotto Hatzig, Mannheim; Hans Wollschläger, Bamberg; Wolf-Dieter Bach, Schwetzingen; Ekkehard Bartsch, Kulmbach und last not least Goethepreisträger Arno Schmidt, hat sich der sächsische Fabulierer mit dem ‚Silberlöwen III und IV', mit ‚Ardistan und Dschinnistan', auch mit ‚Winnetou IV', in die hohe Literatur hinaufgeschrieben.

Die 1969 mit Sitz in Hamburg gegründete Karl-May-Gesellschaft, mit über 550 eingeschriebenen Mitgliedern bereits zu den bedeutendsten literarischen Gesellschaften avanciert, ist Sammelpunkt und Forum der Karl-May-Forschung. Frei von den Fesseln kommerziellen Denkens, losgelöst und in Distanz zu emotionalen Gefühlen, versucht sie das Phänomen Karl May zu ergründen und dem Dichter Karl May gerecht zu werden. Die Gesellschaft publiziert ihre Forschungsergebnisse in Jahrbüchern; der 4. Jahrgang (1974) erscheint in diesen Tagen im Hansa-Verlag, Hamburg.

Auch das Fernsehen beschäftigt sich mit dem Zauberer aus Radebeul. Und mit Erfolg! Den Fernsehleuten blieb es vorbehalten, für eine echte Überraschung zu sorgen, sie verdeutlichten Mays Stil, sie legten besonderes Gewicht auf die moralischen Aspekte. Der ‚unbekannte' May, der Dichter, profiliert sich! Anfänglich ließ die Serie Kara Ben Nemsi den auf Action erpichten Zuschauer ratlos die Szenerie verfolgen, vielfach besteht auch heute noch die Verwirrung. Das soll Karl May sein? Der Heros Kara Ben Nemsi in einer Bildfolge ohne Handlung mit viel Gerede?

Und doch, das ist der echte Karl May! Der Dichter, der in ‚Und Friede auf Erden' sagt: ‚Ja, was lehrt man denn bei euch ... Nicht Humanität? Nicht Menschenliebe und Menschenachtung? Womit belebt, womit beseelt ihr alles andere, was ihr zu lernen habt, wenn nicht mit diesen beiden?'

Drehbuchautor und Regisseur Günter Gräwert sah nicht nur den abenteuerlichen Schauplatz, die orientalische Verpackung des Stoffes. Er entdeckte den Kern, das Innere der ‚Grünen Bände'. Er hat das Geheimnis von May aufgespürt, er hat sein Anliegen, sein Wollen ‚als Prediger der Menschenliebe, als Streiter der Weltfriedensindee' wie noch kein Filmemacher vor ihm erfaßt und filmisch grandios umgesetzt.

Die Darsteller sind prominent und exzellent. Karl Michael Vogler als Kara Ben Nemsi und Heinz Schubert als Hadschi Halef Omar sind zwei prächtige ‚edle' Helden; hervorragend auch Lina Carstens als Mersina, Herbert Fleischmann als Mütessellim und Ferdy Mayne als Sir David Lindsay!

Auf dem Buchmarkt und auf der Kinoleinwand ist May ein Knüller. Der Bildschirm-Start war weniger spektakulär. Der frühe Sendetermin tut der Serie offensichtlich Abbruch. Eine Wiederholung im Abendprogramm könnte lohnend sein! Im ‚Silberlöwen' bekennt der Dichter: ‚Ich gab das Köstlichste, was es auf Erden gibt, in irdene Gefäße. Ich füllte diese Schalen mit einem Rätsel an und ließ die Menschheit trinken. Es tranken Hunderttausende daraus, doch allen war der Trank nichts als nur Wasser. Die Schale täuschte alle!' Ist dieses May-Wort auch heute noch von Gültigkeit? Nein! Die Literatur ist dabei, May als ‚Mystiker' der Sprache zu krönen, ihn aufzunehmen in das Kontinuum unserer Hochliteratur.

Karl Serden

Landeszeitung für die Lüneburger Heide Nr. 134 vom 12. Juni 1974

C 4415 A

LANDESZEITUNG

für die Lüneburger Heide

unabhängig
überparteilich

Niedersächsisches Tageblatt

Ruf: (04131) 44001
Telex: 02-182128

Mittwoch, 12. Juni 1974 – 29. Jahrgang – Nr. 134 – Preis 45 Pf

„Herkunft, Wirkung und Legende"

Mehr als nur ein Abenteuer

Fünf Jahre Karl-May-Gesellschaft / Jahrbuch 1974 erschienen

Das vierte Jahrbuch der Karl-May-Gesellschaft (Sitz Hamburg) erschien rechtzeitig zum fünfjährigen Bestehen. Die Edition besticht durch die wissenschaftliche Akribie der Beiträge und durch das ernsthafte Bemühen, dem „Dichter“ Karl May gerecht zu werden.

Die Karl-May-Gesellschaft, 1969 aus der Taufe gehoben, zählt heute über 600 Mitglieder; sie avancierte damit zu einer der größten literarischen Gesellschaften der Bundesrepublik.

Die Arbeit der Gesellschaft findet Anerkennung. Das „Phänomen“ Karl May wird heute in der Öffentlichkeit weithin mit anderen Augen betrachtet als ehedem — differenzierter und nicht ohne Verständnis für die Komplexität und Faszination einer literarischen Gestalt, die man zuvor als simplen Jugendschriftsteller aus dem Bereich ernsthafter Erörterung hatte ausschließen wollen.

Das Schwerpunktthema dieses vierten Jahrbuches bilden die Jahre vor der Orientreise Mays 1899/1900, jene Epoche äußerer Bizarrerie und innerer Unentschiedenheit, die der Wende zum Alterswerk voraufgeht. Der einleitende Beitrag Claus Roxins stellt zu dokumentarischen Zwecken das wesentliche Material über das Auftreten Mays in dieser Zeit zusammen. Ein Sonderkapitel aus dem umfangreichen Komplex Mayscher Mystifikationen behandelt Klaus Hoffmann in seiner materialreichen Studie über „Herkunft, Wirkung und Legende“ von Silberbüchse, Bärentöter und Henrystutzen. In der älteren May-Forschung wurden die sagenumwobenen Gewehre bekanntlich als Indiz für eine frühere Amerikareise Mays bewertet. Hoffmann bringt den Beweis, daß ein Dresdener Büchsenmacher sie im Auftrag Mays fertigte.

Wie wichtig die Erhellung der „inneren Biographie“ Mays für die Interpretation seiner reiferen Werke ist, zeigen Hans Wollschlägers Lesenotizen zu „Am Jenseits“, der letzten und relativ unbekanntesten, aber sicher bedeutendsten seiner späten Reiseerzählungen. Das Buch ist in einem äußeren Sinne Fragment geblieben; aber der ausgeführte, sehr geschlossen wirkende Teil bildet eine für sich stehende Erzählung, deren offenes Ende ins Spätwerk hinüberweist.

Heinz Stolte setzt seine grundlegende Arbeit über die literatur-pädagogische Bedeutung der Jugendschriften Mays mit einer Interpretation der „Sklavenkarawane“ fort. Die schon vom Autor als „Jugendbücher“ intendierten Schriften Mays sind, verglichen mit den Reiseerzählungen, in höherem Grade das Produkt des planenden Verstandes und didaktischer Konstruktion, und es zeigt sich, daß May auf diesem Gebiet entgegen einer noch heute im einschlägigen Schrifttum verbreiteten Meinung Bedeutendes leisten konnte. te.

Den publizistischen Schlußstrich unter die Tätigkeit Mays als „Abenteuerschriftsteller“ und „Weltreisender“ bildet die Auseinandersetzung mit Fedor Mamroth, dem ehedem einflußreichen Feuilletonredakteur der „Frankfurter Zeitung“. Hansotto Hatzig hat den Pressestreit kommentiert und vollständig dokumentiert. Der Fehde kommt — im Rahmen der Biographie Mays — eine gewisse historische Bedeutung zu, denn sie bildet den Beginn der massiven Presseangriffe, die von dieser Zeit an bis zum Tode Mays und weit darüber hinaus nicht wieder zur Ruhe gekommen sind. Hainer Plauls Abhandlung über die „Kahl-Broschüre“, einem üblen Anti-May-Pamphlet, holt viel zeitgeschichtliches in die Darstellung hinein und leuchtet erstmals diesen wichtigen Teilbereich aus.

Karl Serden

Nürnberger Nachrichten vom 22. Juli 1975

Exotische Erzählmotive

„Seehundjagd“ - Eine unbekannte Geschichte im Jahrbuch der Karl-May-Gesellschaft

Das Jahrbuch 1975 der Karl-May-Gesellschaft kann sich wiederum sehen lassen. Auch der fünfte Band seit Gründung der Gesellschaft besticht 1969 durch sein „inneres“ Gewicht, durch den exakt wissenschaftlichen Charakter der einzelnen Beiträge. Mehr noch, die Edition setzt Prioritäten; sie berücksichtigt durch eine geglückte Komposition vielschichtig gelagerte Interessen. Das Buch ist gleichermaßen belehrend und unterhaltend, es zeigt May als Mensch und Dichter!

Der dichterischen Phantasie und dem erlebten Schicksal ist Heinz Stolte auf der Spur. Er untersucht den Zusammenhang von „Dichtung und Wahrheit in den Reiseerzählungen Karl Mays“ und zeigt die verblüffende, wenn auch durch Verfremdungen chiffrierte Identität exotischer Erzählmotive mit traumatischen Eindrücken aus der wildbewegten Vergangenheit des Autors. Karl May hat mit seinen „Reiseromanen“ ein ganz eigenes, vorher kaum aufgetretenes Genre der Literatur erfunden, resümiert Stolte und er formuliert: „Ein Genre, von dem man sagen könnte, es sei gedichtete, d. h. in epische Kunstform transponierte Geographie.“ Mit psychoanalytischen Hypothesen arbeitet Wolf-Dieter Bach. In seinem „Diskussionsbeitrag“ analysiert er die in Mays Werken vorkommenden Namen auf ihren Ursprung hin und deutet sie zum Teil psychoanalytisch als frühkindliche Erfahrungen.

Im Bereich der biographischen Detailforschung beleuchtet Hainer Plaul überzeugend und konsequent Mays Zwickauer Gefängniszeit. Aus zeitgenössischen Quellen zusammengetragen, zeichnet er präzise ein sehr anschauliches und die gesellschaftlichen Hintergründe sichtbar machendes Gesamtbild. Die sich unmittelbar anschließende Periode von 1868—1870 erforscht Klaus Hoffmann. Er widerlegt mühelos die Mär vom „Räuberhauptmann" und entzieht so gründlich jeder Spekulation den Boden.

Zur Karl-May-Rezeption und -Kritik finden sich zwei bedeutsame Komplexe. Franz Cornaro äußert sich über den Kulturpolitiker Karl Muth und seine Kontroverse mit May. Und er folgert, daß auch Mays Spätwerk konform gehe „mit seinem Eintreten für religiösen und konfessionellen Frieden". Die Freundschaft May—Rosegger dokumentiert Alfred Schneider; ein Verhältnis, das May stark berührte.

Uff! Einen bisher unbekannten Maytext bringt die Erzählung „Eine Seehundsjagd". Ekkehard Bartsch kommentiert diese prächtige Geschichte, die in den Gesammelten Werken fehlt, und bringt sie in bezug auf Mays Gedanken zum Natur- und Landschaftsschutz. In gewissem thematischem Zusammenhang hiermit steht die Stolte-Untersuchung zur didaktischen Struktur in Karl Mays Jugendbuch „Die Sklavenkarawane".

Sein Fazit: Mays Erzählung für die Jugend zeichnet sich durch einen geschlossenen Aufbau und eine bis ins letzte kunstvoll kombinierende Erzähltechnik aus, deren Motivgebung nicht nur ästhetische, sondern zugleich pädagogisch-didaktische Relevanz besitzt.

KARL SERDEN

Jahrbuch der Karl-May-Gesellschaft 1975. Herausgegeben von Prof. Dr. Claus Roxin, Prof. Dr. Heinz Stolte und Hans Wollschläger. Mit einem Titelbild, 9 Illustrationen und 6 Faksimiles. 286 Seiten, Leinen 27,80 DM. Hansa-Verlag, Hamburg 63.

Münchner Merkur vom 16./17. August 1975

WINNETOU IM STANDESAMT

Ein Gerichtsurteil zum 100. Geburtstag des Romanhelden

„Old Shatterhand" hat einen neuen Sieg errungen. Im Fachorgan für das Standesamtswesen ist zu lesen: Eltern können ihre Söhne jetzt „Winnetou" nennen. Ein Karl May verehrender Vater hat das durchgesetzt. Das Amtsgericht Darmstadt hat für Recht erkannt: Winnetou, der Name der berühmten Romanfigur von Karl May, wird als männlicher Vorname bürgerlich-rechtlich anerkannt.

Bei seiner Entscheidung stütze sich das Gericht auf eine Auskunft von Prof. Claus Roxin von der Juristischen Fakultät der Universität München. Allgemein verbindliche Vorschriften über die Wahl von Vornamen gibt es nicht. Die Eltern sind bei der Wahl des Vornamens für ihr Kind insoweit gebunden, als der Vorname nicht „gegen die allgemeine Sitte und die Ordnung verstoßen" darf.

Der Name „Winnetou" erscheint weder willkürlich gewählt noch anstößig noch verletzt er die Interessen des Kindes oder Dritter. Die Bezeichnung ist heute durch den jahrzehntelangen Gebrauch als Anrede unter Jugendlichen, durch die zunehmende Verwendung für männliche Romanfiguren in der Literatur soweit eingebürgert, daß sie als männlicher Vorname in den deutschen Sprachgebrauch Eingang gefunden hat.

Prof. Roxin ist Vorsitzender der Karl-May-Gesellschaft, einer der größten literarischen Vereinigungen in der Bundesrepublik. Diese hat in ihren Jahrbüchern und anderen Schriften die Herkunft des Namens „Winnetou" mit wissenschaftlicher Gründlichkeit untersucht. Der heute so geläufige Name — die erste Schreibform lautete Inn-nu-woh — ist genau 100 Jahre alt.

Der literarische Geburtstag Winnetous fällt mit einer Tagung der Karl-May-Gesellschaft vom 19. bis 21. September in Gelsenkirchen zusammen, auf der in Vorträgen über Karl Mays literarische, soziologische und pädagogische Bedeutung gesprochen wird. Karl Serden

Landeszeitung Lüneburger Heide vom 26. August 1975

Winnetou im Standesamt

Neuer Sieg für Karl Mays berühmte Romanfigur

Eine 100 Jahre alte Romanfigur Karl Mays hat einen neuen Sieg errungen. Wie in Fachorganen für das Standesamtswesen zu lesen ist, können Eltern ihre Söhne jetzt Winnetou nennen. Ein Karl May verehrender Vater hat es durchgesetzt und das Amtsgericht Darmstadt hat für Recht erkannt: Winnetou wird als männlicher Vorname bürgerlich-rechtlich anerkannt. Das mußte der Standesbeamte der Stadt L., der Winnetou „dem Wesen nach nicht für einen Vornamen deutschen Rechts" hielt, gegen sich gelten lassen und gemäß der richterlichen Entscheidung Winnetou ins Geburtenbuch eintragen.

Bei seiner Entscheidung stützte sich das Amtsgericht Darmstadt auf eine Auskunft von Prof. Dr. Claus Roxin von der Jurstischen Fakultät der Universität München. Allgemein verbindliche Vorschriften über die Wahl von Vornamen gibt es nicht. Die Eltern sind bei der Wahl des Vornamens für ihr Kind lediglich insoweit gebunden, als der beigelegte Name nicht gegen die allgemeine Sitte und die Ordnung verstoßen darf.

In diesen Rahmen hält sich nach Ansicht des Gerichts der Name Winnetou. Er erscheint weder willkürlich gewählt noch anstößig noch verletzt er die Interessen des Kindes oder Dritter. Die Bezeichnung ist heute durch den jahrzehntelangen Gebrauch als Anrede unter Knaben und Jugendlichen sowie durch die zunehmende Verwendung für männliche Romanfiguren in der Literatur soweit eingebürgert, daß sie als männlicher Vorname in den deutschen Sprachgebrauch Eingang gefunden hat.

Prof. Roxin ist Vorsitzender der Karl-May-Gesellschaft (Sitz Hamburg 72, Swebenbrunnen 8c), einer der größten literarischen Vereinigungen in der Bundesrepublik. Diese hat in ihren Jahrbüchern und anderen Schriften die Herkunft des Namens Winnetou mit wissenschaftlicher Gründlichkeit untersucht. Der heute so geläufige Name — die erste Schreibform lautete Inn-nu-woh — ist genau 100 Jahre alt.

Dieser literarische Geburtstag Winnetous fällt mit einer Tagung zusammen, die die Karl-May-Gsellschaft vom 19. bis 21. September in Gelsenkirchen veranstaltet und auf der in Vorträgen über Karl Mays literarische, soziologische und pädagogische Bedeutung gesprochen wird.

Karl Serden

Bruchsaler Rundschau Nr. 247, Samstag, 23. Oktober 1976

Verlag gibt Karl-May-Schriften heraus:

In Bruchsal auf den Spuren Old Shatterhands

In Kürze erscheint eine Sammlung von Zitaten aus dem Werk des Volksdichters

Männerschicksale skizzieren, spannende Lektüre anbieten, wer kann das so wie Karl May? Das edle Freundespaar der deutschen Literatur, Old Shatterhand und Winnetou, nahmen auch diesen Sommer wieder Gestalt an. In Bad Segeberg und in Elspe (Sauerland) ritten sie für Recht und Gerechtigkeit, ihre abenteuerliche Mission war für Tausende von Besuchern der Freilichtbühnen Entspannung. Auch auf dem Bildschirm waren die Helden Karl Mays zu beneiden. Die Bad Segeberger Festspiele fanden in Bruchsal besondere Beachtung, denn der Darsteller des Winnetou, Thomas Schüler, ist hier nicht unbekannt, stand er doch schon mehrfach auf den Brettern der Landesbühne. Bruchsal hat aber auch eine andere Beziehung zu Karl May. Und dieses Verhältnis wird vom literarischen motiviert. In den Mauern der Stadt entstehen Druckerzeugnisse, die sich mit Leben und Werk des großen Volkserzählers befassen.

Die Kal-May-Gesellschaft Hamburg, die das dichterische Werk des Schöpfers von Old Shatterhand, Kara Ben Nemsi und Winnetou literarisch aufarbeitet, verlegt in Bruchsal bei der Druckerei Karolus die Schriftreihe „Materialien zur Karl-May-Forschung". Herausgegeben wird die Buchserie von Karl Serden, Ubstadt-Weiher. Band 1, „Der dankbare Leser" von Karl May (inzwischen vergriffen) erschien 1974. Band 2, ein Konvolutband mit dem Titel

„Schriften zu Karl May“, der frühe May-Sekundärliteratur von Max Diettrich „Karl May und seine Schriften“ (1904), Heinrich Wagner „Karl May und seine Werke“ (1907), sowie Franz Weigl's Studie „Karl Mays pädagogische Bedeutung“ (1909), beinhaltet, erschien dieser Tage. Die Edition (264 Seiten) auf Kunstdruckpapier ist von gediegener Aufmachung und Ausstattung.

Alle drei Studien wurden vermutlich von May stark beeinflußt. Es dürfte kein Wort darin stehen, das er zuvor — oder auch danach — nicht akzeptiert hätte. Und das gerade macht diese Schriften für die Karl-May-Forschung heute so wertvoll. Bemerkenswert die im Dittrich-Text enthaltene Äußerung, daß nach Mays Tode „die deutsche Literatur und die Gelehrtenwelt endlich auch zu der Überzeugung kommen werde, daß May ein seltener und nicht leicht zu ersetzender Geist gewesen ist, der einen Nachfolger auf dem von ihm geschaffenen Arbeitsfelde wohl schwerlich haben wird“. Vor wenigen Jahren noch schien diese Aussage Utopie, heute jedoch ist sie Wirklichkeit. Dittrich sagte mehrfach Dinge über Karl May, die ihre überraschende Bestätigung in der Gegenwart finden. „Er hat sich da (in seinen Büchern) so genau, so wahr und so treffend gezeichnet, daß nichts zu wünschen übrig bleibt, nur muß man diese Stellen nicht nur lesen, sondern auch zu deuten verstehen“.

Die Studie von Heinrich Wagner mutet an wie ein Vorausreferat zu Mays „Leben und Streben“, bedenkenswert der von Wagner herausgestellte Satz, „daß May für seine Zeit zu früh gelebt, daß seine Werke erst von späteren Generationen verstanden werden“ und seine spätere Schlußfolgerung in Mays Sinne, daß der Gedanke eines ewigen Völkerfriedens aus dem Stadium der Utopie in den Bereich der erfüllbaren Wünsche tritt, wenn wir ihn vernunftsgemäß behandeln.

Die Abhandlung von Weigl enthält einen größeren May-Text. Auf den Titel angesprochen, stellt Weigl ausdrücklich fest, daß er Erziehung „nicht im landläufigen, sondern im tieferen, ästhetisch-kulturellen Sinne“ meine. May sei, so legte er weiterhin dar, „von dem eng begrenzten erzieherischen Beruf der Schulstube in diese großen volkserzieherischen Aufgaben geworfen“ worden und strebe danach, „von tiefbegründeten, wohlüberlegten und planmäßig aufgebauten erzieherischen Tendenzen getragen, die große Mission des deutschen Schrifttums zu erfüllen“.

Der Band „Schriften zu Karl May“ ist für jeden, der Anteil nimmt an dem Schicksal des Dichters, an seinem literarischen Werk, an seinem mit Prozessen überschatteten Lebensabend, ein willkommenes Geschenk. Ein Buch, das wesentlich dazu beiträgt, den Menschen Karl May klarer und gerechter zu sehen.

Ein ausführliches Nachwort von Hansotto Hatzig bringt die drei Schriften in Zusammenhang und hebt die wesentlichsten Fakten deutlich hervor. Ein Register rundet diese verlegerische Initiative auch vom arbeitstechnischen Gesichtspunkt ab. Band 3 der Schriftenreihe, eine Analyse der Mayschen Reiseerzählungen, be-

EIN ROSENFREUND war der Volksschriftsteller Karl May sein Leben lang. Diese Vorliebe schlägt sich in vielen Zitaten seines Werkes nieder, die nun zu einem Teil in dem Bändchen „Wer sich die Rose wünscht...“ aufgenommen wurden. Die Zitatensammlung wird von einem Bruchsaler Verlag herausgegeben.

findet sich in Vorbereitung und wird im ersten Quartal 1977 vorliegen.

Eine weitere Edition aus der Reihe „Unser Karl May“ steht kurz vor dem Erscheinen. Es ist dies der Originaldruck „Wer sich die Rose wünscht...“. Erstmals werden hier Zitate aus dem Erzählwerk des Dichters vorgelegt. Die Sammlung enthält 250 Sinnsprüche; sie ist 60 Seiten stark und kann in Kürze über den Bruchsaler Buchhandel bezogen werden.

Wie eingangs erwähnt, sind die Beziehungen zwischen Karl May und Bruchsal nicht von ungefähr. Sie lassen sich sogar durch das Werk des Dichters belegen. Ja, für Karl May verband sich mit dem Namen Bruchsal eine bestimmte Vorstellung. Er, der bittere Erfahrungen mit der sächsischen Strafjustiz sammelte, kannte zumindest dem Namen nach die heutige Vollzugsanstalt. In seiner Erzählung „Der blaurote Methusalem“ (Union Deutsche Verlagsgesellschaft, Stuttgart) schreibt er auf Seite 500: „Wenn ich Ihnen wejen nächtliche Ruhestörung anzeige, bekommen Sie drei Jahre Bruchsaler Einzelhaft und müssen auch noch die Kosten tragen“. Daraus läßt sich unschwer erkennen, daß dem Dichter Bruchsal und sein „berühmtes“ Gebäude, die Strafanstalt, im fernen Radebeul bekannt war.

Seinen späteren Bearbeitern wohl nicht; denn in den heutigen Leseausgaben dieser lustigen Erzählung über eine Fahrt nach China ist dieser vielsagende Satz gestrichen. Damit verschwand ein wertvoller Hinweis auf die Biographie des Dichters. In den Jahrbüchern der Karl-May-Gesellschaft 1975 und 1976 wird darüber ausführlich berichtet. K. S.

Badische Neueste Nachrichten Karlsruhe Nr. 232 vom 7. Oktober 1977

In Freiburg auf den Spuren Winnetous

Tagung der Karl-May-Gesellschaft im Oktober / Großes Referat-Programm

Freiburg (ks). Vom 21. bis 23. Oktober 1977 tagt in Freiburg im Hotel Kolpinghaus die Karl-May-Gesellschaft. Nach Kassel, Regensburg und Gelsenkirchen ist es der vierte Kongreß zu Ehren des Schriftstellers und „letzten Großmystikers der deutschen Literatur" (Arno Schmidt). Die Karl-May-Gesellschaft wurde 1969 mit Sitz in Hamburg gegründet. Sie ist heute Sammelpunkt und Forum der Karl-May-Forschung. Ihr Vorsitzender ist der bekannte Strafrechtler Professor Dr. Claus Roxin, München.

Zwischen Karl May und Freiburg besteht eine enge Verbindung. Sein erster Verleger Friedrich Ernst Fehsenfeld wohnte in dieser Stadt. Von hier aus traten die vertrauten grünen Bände ihren Siegeszug im deutschen und ausländischen Buchmarkt an. Damals, vor mehr als 80 Jahren, präsentierten sich die Abenteuer von Old Shatterhand, Kara Ben Nemsi bereits im gleichen Gewand wie heute.

Die Tagung bietet mehrere Höhepunkte. Professor Dr. Ekke Guenther, ein Enkel des May-Verlegers Fehsenfeld, beleuchtet das Verhältnis „Karl May und Friedrich Ernst Fehsenfeld"; Professor Dr. Volker Klotz spricht über die Konstruktion und Anziehungskraft von Karl Mays Elends-Roman „Der verlorene Sohn"; Professor Dr. Heinz Stolte betitelt seine Ausführungen „Mein Name sei Wadenbach", er behandelt das Identitätsproblem bei Karl May, und Professor Dr. Gert Ueding hält einen Vortrag über das Thema „Die Gesellschaft der Träumer – Karl Mays Ansichten vom 19. Jahrhundert.".

Eine Filmvorführung von Rudolf W. Kipp „Auf den Spuren Karl Mays in den USA", eine Ausstellung „Karl May und Freiburg" sowie eine Tausch- und Verkaufsmesse von May-Literatur runden das weitere Programm ab.

Termingerecht zur Tagung legte die Karl-May-Gesellschaft ihr siebtes Jahrbuch der Öffentlichkeit vor. Die mit einem Vorwort von Hans Wollschläger versehene Edition ist erneut der Lebens- und Werksinterpretation gewidmet und bestätigt, daß „der Naivität, dem Dilettantismus und den vielfältigen Verschleierungen und Irrtümern, die jahrzehntelang die Erforschung von Leben und Werk Karl Mays beherrschten", seit 1970 von der Karl-May-Gesellschaft „systematisch ein Ende" bereitet wird.

Bremer Nachrichten vom 9. November 1977

Wissenschaftler auf der Spur des Phänomens Karl May

Neue Forschungsergebnisse der gleichnamigen Gesellschaft – Freiburger Jahrestagung

Auf dem Buchmarkt ist Karl May — mit einer Auflage von bald 55 Millionen Bänden — unbestritten der deutsche „Bestseller". Jetzt schickt er sich an, auch auf literarischer Ebene ein Erfolgreicher zu werden. Der Einzug in den Tempel der hohen Kunst erweist sich für Old Shatterhand/Kara Ben Nemsi allerdings um ein Vielfaches mühsamer, als das Durchqueren von Prärie und Wüste. Doch läßt sich hierzu sagen „Was lange währt, wird endlich gut!" — von der Germanistik heute entdeckt und ernst genommen, entpuppt sich das Werk Mays immer mehr als ein wissenschaftlich relevanter Fundus, dessen Bogen sich von trivialer Erzählkost bis zur kunstvollen Dichtung spannt. Dem Spätwerk des wirkungsmächtigen Autors hat Arno Schmidt „einen so hohen Grad von Polyfonie" zugesprochen, „wie er nicht allzu zahlreichen großen Büchern der Weltliteratur sonst noch eignet".

Die 1969 mit Sitz in Hamburg gegründete Karl-May-Gesellschaft ist heute Forum und Sammelpunkt der wissenschaftlichen Karl-May-Forschung. Ihr Einsatz für den Autor und sein Werk bereichert die literarische Szene. Daß Karl May heute unverstellter (gerechter) gesehen und höher gewertet wird, ist im wesentlichen ihr Verdienst. Die Ergebnisse werden in Jahrbüchern vorgelegt. Zum 4. Kongreß der Gesellschaft, dieser Tage nach Freiburg terminiert, erschienen über 200 Mitglieder — eine überwältigende Reverenz für die Lebendigkeit und Modernität von Karl May. Die Tagung stand im Zeichen bemerkenswerter Referate. Der Reiseschriftsteller aus Radebeul gewinnt als Märchenerzähler und Dichter, aber auch als Mensch, Gewicht und Format.

Einzelheiten aus dem Leben Karl Mays steuerte Professor Dr. Ekke W. Guenther (Freiburg/Kiel), ein Enkel von Karl Mays erstem Buchverleger Friedrich Ernst Fehsenfeld aus Freiburg, bei, der sich auf Aufzeichnungen seiner Großmutter stützen konnte. Professor Dr. Gert Ueding, Oldenburg, ein Schüler und der spätere Assistent des erst kürzlich verstorbenen Philosophen Ernst Bloch, erhellte das Bild dann aus wissenschaftlicher Sicht. Sein Thema: „Der Traum des Gefangenen, Geschichte und Geschichten im Werk Karl Mays". „Seine Geschichte", so führte Ueding aus, „reicht vom gefesselten Prometheus bis hin zu Ernst Bloch. Es ist ein einziger großer Befreiungstraum, den die gefesselte Seele Karl Mays träumte."

Aus der Perspektive des an klassischen Bildern der Literaturgeschichte geschulten Germanisten sieht Professor Dr. Heinz Stolte, Hamburg, das Phänomen Karl May und entdeckt im Werk Handlungsabläufe, die eine Identifizierung von erlebten und geschilderten Träumen nachweisen. „Mein Name sei Wadenbach", so lautete das Vortragsthema unter Abwandlung des bekannten Titels von Max Frisch.

Dem umfangreichen Sozialroman „Der verlorene Sohn", einem Elendsroman, widmete sich Professor Dr. Volker Klotz, Stuttgart. Diesen Roman schrieb Karl May in seiner Frühzeit, als er noch nicht der gestandene Reiseerzähler war. Heimat und Ferne bilden die beiden Pole der Handlung. Bilder von Sue und Dumas werden wach, aber bei Karl May auf ganz andere Weise abgewandelt. „Die Einheit von Sein und Schein ist der Bedeutungsnenner dieses Romans", der besonders starke autobiographische Züge Karl Mays aufweist. Das soziale und elementare Chaos wird durch den Superhelden des Romans, mit dem der Verfasser sich identifiziert und in dem er sein überhöhtes Wunschbild sieht, überwunden.

Der Vorsitzende der Gesellschaft, Professor Dr. Claus Roxin, München, konnte nicht nur die zunehmend ernsthafte und im Ergebnis für May positive Beschäftigung konstatieren. Im Rahmen einer Tausch- und Verkaufsmesse früher, unbearbeiteter May-Ausgaben war auch in materieller Hinsicht ein aufwärtsführender Trend zu verzeichnen; die Spitze lag bei 1900 DM für einen Münchmeyer-Waldröschen-Druck.

An der Veranstaltung nahmen Mitglieder aus dem gesamten Bundesgebiet, aus Holland, Frankreich, Schweiz, Österreich und sogar aus den USA teil. Bei der Diskussion wurde bedauert, daß das Karl-May-Archiv in Bamberg für die Karl-May-Forschung nicht in der gewünschten Weise zur Verfügung steht. Zu ihrer fünften Tagung trifft sich die Karl-May-Gesellschaft in zwei Jahren am Ort ihrer Gründung — in Hannover. Für die übernächste Tagung entschieden sich die Mitglieder für Berlin.

Karl Serden

Augsburger Allgemeine Nr. 2 vom 3. Januar 1979

Karl May kommt auf die Bühne

Sein Theaterstück „Babel und Bibel" soll in Hannover uraufgeführt werden

Karl May, seit zehn Jahren auch von der ernsthaften Germanistik als Forschungsgegenstand beziehungsweise Dichter gewürdigt, soll nun auch als Dramatiker späte Genugtuung erfahren: Im Oktober wird sein 1906 geschriebenes Bühnenwerk „Babel und Bibel" im Rahmen eines Kongresses der Karl-May-Gesellschaft (Sitz Hamburg) uraufgeführt. Der Kongreß der 1969 gegründeten Gesellschaft findet vom 26. bis zum 28. Oktober in Hannover statt. Außerdem ist eine Karl-May-Ausstellung in der Niedersächsischen Landesbibliothek geplant.

An die Tatsache, daß es ein eigens Karl May gewidmetes wissenschaftliches Periodicum gibt, hat man sich längst gewöhnt. 1978 erschien bereits zum achten Male das Jahrbuch der Karl-May-Gesellschaft, und es hat in seinem Bemühen, anspruchsvolle Lektüre zu bieten, bisher nicht nachgelassen. Gert Ueding, einst Assistent des Karl-May-Liebhabers (!) Ernst Bloch, untersucht „Geschichte und Geschichten im Werk Karl Mays"; Helmut Schmiedt, neuester Verfasser einer Doktorarbeit über Karl May, beschäftigt sich mit der Aufklärung in Karl Mays Kolportageroman „Deutsche Herzen — Deutsche Helden" und Volker Klotz setzt sich mit der Frage „Woher, woran und wodurch rührt ‚Der verlorene Sohn'?" auseinander.

Das Strafrecht und die Literatur

Ein über Karl May hinaus interessantes Kapitel schlägt Hainer Plaul mit seiner Untersuchung der Beziehungen zwischen Literatur und Politik in der wilhelminischen Zeit auf. Man liest, wie Karl May in der zeitgenössischen Publizistik behandelt wurde. Aehnlich interessante Aspekte reißt Claus Roxin in „Karl May, das Strafrecht und die Literatur“ an, und Heinz Stolte schließlich vertieft sich in das „Identitätsproblem bei Karl May“. Noch weitere, für den Karl-May- wie für den Literaturforscher ergiebige Themen werden behandelt; ein Werkstattbericht über die Arbeit der nunmehr zehn Jahre bestehenden Karl-May-Gesellschaft schließt wieder den Band ab.

Karl Serden

EIN PHÄNOMEN *unter den Autoren ist Karl May (1842—1912). Die Auflagen seiner Bücher steigen und steigen; früher eher leichtfertig als Jugendschriftsteller abgetan, ist er mittlerweile zum ernsthaften Forschungsgegenstand der Germanistik geworden; bald soll er auch als Dramatiker entdeckt werden. Karl Mays 1906 geschriebenes Bühnenstück „Babel und Bibel“ kommt im Oktober in Hannover zur Uraufführung.* AZ-Archivbild

Segeberger Zeitung Nr. 259 vom 26. Oktober 1979

Tagung der Karl-May-Gesellschaft — Bilanz zehnjähriger Forschung

Jahrzehntelang waren die Germanisten achtlos an ihm vorbeigegangen, an Deutschlands wohl meistgelesenem Schriftsteller Karl May. Am 22. März 1969 trafen sich in Hannover elf seiner Anhänger, die sich nichts Geringeres vornahmen, als Karl May einen Platz in der Literaturgeschichte zu verschaffen. Sie gründeten zu diesem Zweck die Karl-May-Gesellschaft. Unter den 138 literarischen Gesellschaften, die es laut „Kürschner"gibt, gehört sie mit mehr als 850 Mitgliedern heute zu den neun größten. Zur Feier des zehnjährigen Bestehens kommt die Karl-May-Gesellschaft jetzt wieder nach Hannover zurück, um dort ihre fünfte Tagung abzuhalten. Tagungsstätte ist das Freizeitheim in Vahrenwald. Vom 26. bis 28. Oktober stehen dort die Zeichen auf Karl May, dem „Volkserzähler" aus Radebeul. Renomierte Literarturwissenschaftler wie die Proffessoren Volker Klotz (Stuttgart) und Heinz Stolte (Hamburg) halten Vorträge; am Freitag, 20 Uhr, spricht Dr. Harald Fricke über „Karl May und die literarische Romantik", am Samstag, 14.30 Uhr referiert Prof. Klotz „Über den Umgang mit Karl May" und Prof. Stolte befaßt sich abends, 20.30 Uhr mit dem Thema „Abschiede-Variationen in Karl Mays Leben und Werk". Ein Podiumsgespräch am Samstag, das ebenso brisant wie aufschlußreich zu werden verspricht, wird das heiße Eisen anpacken, ob Karl May ein Fall für Sigmund Freud ist. Denn um die Psychoanalyse und ihre Anwendung auf Karl May, der sich selbst als „Psycholog" bezeichnete, haben sich im Lager seiner Freunde schon die Gemüter erhitzt.

Zu den Befürwortern der Psycho-These gehört beispielsweise der Schriftsteller Hans Wollschläger, Verfasser der ersten zuverlässigen May-Biografie, darüber hinaus bekannt geworden als Übersetzer des Engländers James Joysce. Wollschläger ist auch stellvertretender Vorsitzender der Karl-May-Gesellschaft. Den Vorsitz selbst führt der bekannte Strafrechtsgelehrte Prof. Claus Roxin, München.

Zu einem Höhepunkt der Tagung dürfte am Sonntag, 11.30 Uhr, die szenische Lesung von Karl Mays bisher unaufgeführtem Bühnenstück „Babel und Bibel" werden; erstmals wird hiermit Karl May als Dramatiker vorgestellt.

Die Karl-May-Gesellschaft nimmt diese Tagung auch zum Anlaß, Bilanz ihrer zehnjährigen Tätigkeit zu ziehen. Ein großer Teil der Aufgaben, die sich die Gründer 1969 stellten, ist inzwischen erreicht. So gelang es Dunkelzonen im Leben Karl Mays-vor allem in seiner Kindheit, in den Jahren der Haft und während seiner Tätigkeit als Redakteur-aufzuhellen durch Erschließung bisher unbekannter Quellen in der DDR.

Wenn es heute wieder zuverlässige Textausgaben von Karl May gibt, so ist dies im wesentlichen ein Verdienst dieser Gesellschaft, die selbst ein umfangreiches Reprintprogramm von seltenen alten Zeitschriftendrucken auf die Beine gestellt hat. Darunter befindet sich ein Erstling Karl Mays, der Doppelroman „Scepter und Hammer"/„Die Juweleninsel" (1880/81), dessen Originalfassung als verschollen galt. Für die Aufnahme einer wissenschaftlichen Beschäftigung mit Karl May-so die Gesellschaft-war es zunächst erforderlich, seine Texte in der ursprünglichen, von keiner dritten Hand veränderten Fassung zu beschaffen. Doch des Forschens ist noch lange kein Ende. Eine besondere Aufgabe winkt in der Entschlüsselung und literarästhetischen Aufarbeitung des Alterswerkes. In diesem erblickt die Karl-May-Gesellschaft-in Übereinstimmung mit dem kürzlich verstorbenen May Kritiker Arno Schmidt--ein literarisches Werk von besonderem Rang und Reiz.

Die Ergebnisse ihrer Forschungsarbeit veröffentlich die Gesellschaft in Jahrbüchern, die seit 1970 kontenuierlich erscheinen. Das neue Jahrbuch, das 9. der Reihe, ist ein echter Jubiläumsband. Umfangreichund gediegen, beharrend in der Tradition und doch dem Trend progressiver Methodik verpflichtet. Das Buch atmet Leben, es hält den Themenkreis offen und vermeidet ein rotieren in ausgefahrener Bahn. Die Deutung des Spatwerkes findet in der Wollschläger-Analyse der „Silberlöwen" Schlußbände eine beachtliche Aussage und der biografische Aspekt wird durch die Plaul-Arbeit über die frühe Kindheit Mays weiter dokumentiert. Mit dem Vertiefen der Materie verfestigt sich gleichsam das Bild des Autors. Karl May-ein außergewöhnlicher Geist, ein phönomentaler Literat-bietet der Wissenschaft Entdeckerfreude. Mit der Interpretation der Südamerika-Romane werden nicht nur neue Mitarbeiter vorgestellt, es wurde auch ein entscheidender Schritt in Richtung Erforschung der populären Reiseerzählungen getan. Das Buch ist im Hanse-Verlag, Hamburg, erschienen (365 Seiten, 38 Mark). Karl Serden

Mannheimer Morgen Nr. 254, Freitag, 2. November 1979

Old Shatterhand schrieb auch ein Stück

Rückblick auf die Jahrestagung der Karl-May-Gesellschaft in Hannover

Vor zehn Jahren in Hannover gegründet, traf sich die Karl-May-Gesellschaft zur „Jubiläumstagung" wieder in der niedersächsischen Landeshauptstadt. Die Mitglieder kamen aus allen Regionen der Bundesrepublik. Dem deutschen Volksdichter Karl May wurde bei dieser Gelegenheit auch die späte Ehre zuteil, nach 70 Jahren sein Drama „Babel und Bibel" mit Leben erfüllt zu sehen.

Leben und Werk des erfolgreichen Autors sind heute begehrter Forschungsgegenstand. Das ist nicht zuletzt unzweifelhaft ein Verdienst der Karl-May-Gesellschaft. In verschiedenen Fachbereichen der Wissenschaft - Literatur, Soziologie, Pädagogik, Psychologie - ist das Interesse an dem Schriftsteller geweckt. Die Germanisten, die May lange „zu leicht" befunden haben, die ihn bestenfalls als „klassischen" Jugendautor anerkannten, haben ihr Urteil revidiert, wie der Literaturwissenschaftler Dr. Harald Fricke (Göttingen) anhand von Mays „Old Surehand"-Roman ausführte. Die Stilrichtungen der Romantik (Abenteuer, Erlebnis, Märchen, Bekehrung, Läuterung, Mystik usw.) seien eigentlich erst von May meisterhaft vereint und nahtlos verschmolzen worden. Fricke verwies ausdrücklich auf den zweiten Band der dreibändigen Erstausgabe, dessen Einzelgeschichten und deren Einbeziehung in die Romanhandlung mehr als beweiskräftig seien.

In den zehn Jahren ihres Bestehens hat sich die Karl-May-Gesellschaft nach den Worten ihres Vorsitzenden Professor Claus Roxin (München) zu „einem lebendigen Organismus" entwickelt. Das bestätigte voll und ganz ein Podiumsgespräch, bei dem es darum ging, ob Karl May ein Fall für Sigmund Freud sei. Unter der Leitung von Dr. Martin Lowsky (Kiel) bekannten sich die Schriftsteller Wolf-Dieter Bach (Ulm) und Hans Wollschläger (Bamberg) sowie der Diplom-Psychologe Professor Dieter Ohlmeier (Kassel) zur Psychoanalyse und ihrer Anwendung auf Karl May. Die Germanisten Professor Volker Klotz (Stuttgart), Dr. Harald Fricke und Dr. Helmut Schmiedt (Bonn) vertraten einen gegenteiligen Standpunkt. Volker Klotz hatte ihn schon ausführlich in einem Vortrag „Über den Umgang mit Karl May" dargelegt. Die konträre Runde bot viel Stoff zur Diskussion, sie erhöhte auch die Spannung auf weitere Untersuchungsergebnisse von beiden Seiten.

Der Festvortrag von Professor Heinz Stolte (Hamburg), „Abschiede - ein Thema mit Variationen in Karl Mays Leben und Werk", war einfühlsam und packend. Den eigentlichen Höhepunkt der Tagung bildete gleichwohl die szenische Lesung von Mays bisher unaufgeführtem Drama „Babel und Bibel", einer arabischen Fantasia in zwei Akten. Es handelt sich um eine Konfrontation des Edel- mit dem Gewaltmenschen: der Gewaltmensch Abu Kital wird von dem Edelmenschen Ben Tesalah „umerzogen". Der Text rüttelt auf, die Thematik bannt. Kein Krieg! Kein Krieg! - Frieden, Frieden!

Aus dem Problemkreis Morgenland und Abendland ergibt sich eine Aktualität, die betroffen und nachdenklich stimmt. War Karl May ein Seher? Mußten 70 Jahre vergehen, um das Kunstwerk (nach dieser Lesung kann man es ruhig so nennen) richtig verstehen zu können? Eine Aufführung erscheint nicht abwegig. Wollschläger rechnet das Stück zur „Jedermann-Kategorie"; Hansotto Hatzig (Mannheim) will dies nicht allein auf den inneren Gehalt, sondern auch auf die praktische Verwirklichung des Stücks bezogen sehen.

Der Karl-May-Gesellschaft gehören über 850 Mitglieder in 14 Ländern an. Bei den anstehenden Wahlen gab es keine Änderung; einstimmig wurden der gesamte Vorstand und der wissenschaftliche Ausschuß (dem auch der Mannheimer Hansotto Hatzig angehört) auf weitere vier Jahre gewählt. Bei einer internen Versteigerung alter May-Erstausgaben wurden für einzelne Bände Preise um 50 Mark und mehr geboten. Eine signierte May-Postkarte erzielte 200 Mark. K.S.

Neue Westfälische, Bielefeld Nr. 219 vom 22. September 1981

Neue Westfälische
Bielefelder Tageblatt
Weitaus größte Tageszeitung in Bielefeld
4800 Bielefeld 1, Niedernstraße 23–27 · Ruf (05 21) 5 55-1
Telefonische Anzeigenaufnahme (05 21) 5 55-3 22
Preis 0,70 DM 1 D 8360 A X
Dienstag, 22. September 1981, Nr. 219/39, 171. Jahrgang
unabhängig · überparteilich
Mit ihren Ausgaben größte Tageszeitung in Ostwestfalen-Lippe

Karl-May-Gesellschaft tagt in Berlin

Wissenschaftler forschen auf den Spuren Karl Mays

Von Karl Serden

Tagungen literarischer Gesellschaften finden in der Öffentlichkeit keine massenbeherrschende Beachtung, weil Ziele und Ergebnisse wissenschaftlicher Forschung und Deutung meist nur für einen begrenzten Personenkreis wichtig sind. Der Name Karl May jedoch löst in allen Bevölkerungsschichten Aufhorchen aus. Die Leser seiner Werke sind heute wie vor 50 und 75 Jahren in allen Generationen anzutreffen. Der Schöpfer von Winnetou und Hadschi Halef Omar fesselt seine Leser und Verehrer auch im Computer-Zeitalter.

Die 1969 gegründete Karl-May-Gesellschaft mit Sitz in Hamburg (Hamburg 72, Swebenbrunnen 8c) steht bald im Blickpunkt der Literaten und der großen Lesergemeinde von Karl May. Vom 1. bis 4. Oktober lädt die Gesellschaft zu ihrem turnusmäßigen Zweijahreskongreß nach Berlin-Reinickendorf ein. Tagungsstätte ist das Fontane-Haus.

Berlin und Karl May sind nicht zu trennen. Die Stadt wurde für den Schriftsteller zum Schicksal. In den Gerichtssälen des Deutschen Reiches, nicht auf den Prärien des Wilden Westens spielten sich in Wahrheit die Abenteuer Old Shatterhands ab. Sein letzter Kampf in einer Kette wirrer Prozesse endete 1911, vor genau 70 Jahren, mit einem stillen, doch entscheidenden Sieg: Sein Herausforderer und Erzfeind, der Berliner Publizist Rudolf Lebius, Führer der unternehmerfreundlichen „gelben" Gewerkschaften, der dem vorbestraften Schriftsteller Karl May nachgesagt hatte, ein Lügenbold, schlimmer noch: ein geborener Verbrecher zu sein, wurde verurteilt. Aber kein strahlender Sieger vom Typ eines Old Shatterhand oder Kara Ben Nemsi verließ das Gerichtsgebäude von Berlin-Moabit. Ein schwer angeschlagener Greis, vom Tode gezeichnet, steigt, gestützt auf seine Frau, mühsam die Stufen des Portals hinab. Ihm hallen noch im Ohr die Worte des Richters Ehrecke: „Ich halte Herrn May für einen Dichter . . ."

70 Jahre nach diesem Erfolg, nach diesem Sieg der Gerechtigkeit für Karl May, kommt die Karl-May-Gesellschaft nach Berlin, um ein umfangreiches Tagungsprogramm zu bewältigen. Vorträge werden gehalten – von namhaften Literaturwissenschaftlern wie dem

Bloch-Schüler Gerhart Ueding, Osnabrück, und dem Germanisten Heinz Stolte, Hamburg, der 1936 mit der ersten Doktorarbeit über Karl May die wissenschaftliche Karl-May-Forschung einleitete. Der aus der DDR übergesiedelte Schriftsteller Erich Loest, ein Landsmann Karl Mays, liest aus seinem neuen Karl-May-Roman „Swallow, mein wackerer Mustang". Zum erstenmal in diesem Rahmen wird Mays Lyrik behandelt. Der Segeberger Winnetou-Darsteller Petersen spricht Gedichte, ein Chor trägt zwei hymnische Lieder (Ave Maria) vor, von Karl May gedichtet und in Ton gesetzt. Der erste Karl-May-Tonfilm aus dem Jahre 1936 „Durch die Wüste" wird aufgeführt. Man spricht, man diskutiert. Eine Ausstellung bietet Einblick in die Beziehungen Karl Mays zu dieser Stadt. Am Rande der Veranstaltung stehen die Einweihung eines „Karl-May-Spielplatzes" in Reinickendorf und der Besuch des „Karl-May-Salons" in der Ausstellung von Jule Hammer im Haus am Lützowplatz.

Mit 900 Mitgliedern ist die Karl-May-Gesellschaft eine der größten literarischen Vereinigungen; sie ist bemüht, Leben und Werk des Autors und Bestsellers Karl May zu erforschen, ihm den gebührenden Platz in der Literatur zuzuweisen. Zu diesem Problemkomplex hat jetzt Harald Fricke (Jahrbuch der Karl-May-Gesellschaft 1981) eine Hypothese vorgetragen, die vielleicht bei anderen Fachphilologen einiges Erstaunen hervorzurufen geeignet ist: Die programmatische Forderung, die einst Friedrich Schlegel zum Beginn der „romantischen" Dichtung formuliert hat, sie müsse eine „progressive Universalpoesie" sein (samt den Folgerungen, die er daran geknüpft hat), sei von keinem der eigentlichen Romantiker, wohl aber von Karl May erfüllt worden. Damit wird nun die gewiß schon häufig geäußerte Meinung, bei Karl May gehe es doch recht romantisch zu, in den Rang einer exakten und präzisen, wissenschaftlich evidenten Erkenntnis erhoben.

Lübecker Nachrichten, Sonntag, 11. Oktober 1981

Das war die Überraschung: Karl May als Komponist

Die Freunde Old Shatterhands tagten in Berlin

Karl May ist nicht nur „Jugendschriftsteller". Er beschäftigt immer noch und immer stärker die Literaturwissenschaft. Das wurde in diesen Tagen in Berlin deutlich. Dort fand der sechste Kongreß der Karl-May-Gesellschaft statt – und stieß auf internationale Beachtung. Aber die große Überraschung war: Karl May war auch Komponist. Und dabei kein schlechter.

Mit Bravour galoppierten Karl May und sein unsterblicher Old Shatterhand aus dem reichhaltigen Veranstaltungsangebot der Weltstadt an die Spitze und faszinierte über mehrere Tage viele Menschen, die aus wissenschaftlichen, aber auch aus anderen Beweggründen sich mit diesem deutschen Literaten beschäftigen.

Selbst aus Japan und aus den Vereinigten Staaten von Amerika waren Mitglieder angereist, um mitzudiskutieren, Vorträge zu hören, Arbeitsergebnisse auszutauschen.

Einziger Forschungsgegenstand: Leben und Werk des vor siebzig Jahren verstorbenen Schriftstellers Karl May. Er, der ein voluminöses Gesamtwerk von 60 000 Druckseiten hinterließ, dessen Gesamtauflage in deutscher Sprache bei siebzig Millionen liegt – er bewegt die Gemüter.

Wie das Leben dieses kleinen Sachsen, mit seiner gequälten Seele, der über ferne Welten schrieb und doch kaum aus dem deutschen Kaiserreich hinausgekommen war, die Quelle bildete für ein schillerndes, hochdramatisches literarisches Werk. Das wiesen besonders eindringlich zwei Vorträge von Professor Gert Ueding, Osnabrück, und von Helmut Schmiedt, Bonn, aus. Die biografische Spurensuche von Walther Ilmer, Bonn, durch „Die sächsische Wüste zum erzgebirgischen Balkan" verdeutlichte ebenso, daß May viele persönliche Erlebnisse in seinen Büchern verarbeitet hat.

Eine Verbindung May-Fontane – man staune! – war ebenfalls gegeben. Die Brücke schlug Martin Lowsky, Kiel. Fontanes Indianer-Roman „Quitt" und Mays Erzählung „Scout" besitzen eine verwandte Struktur; seine Folgerungen aus dieser vergleichenden Flucht-nach-Amerika-Lektüre: May schreibe im Gegensatz zu Fontane weniger realistisch, jedoch ist er der bessere Erzähler mit dem Blick für die Weite, für die Ferne, in der sich eine unbeengte Freiheit erschließt.

Komik und Humor

Über die Komik und über den Humor bei Karl May rankte der Hamburger Germanist Heinz Stolte mit geschliffener Sprache seine verblüffenden Gedanken, tiefschürfend wie immer. May war nicht nur Erzähler, er war auch ein genialer Humorist. Die oft vorschnell als stereotyp bezeichneten Figuren seiner heiteren Feder (Hadschi Halef Omar, Sam Hawkens) lassen viele fein skizzierte menschliche Züge erkennen. Nicht von ungefähr tragen die heiteren May-Gestalten wesentlich zur seiner Beliebtheit bei.

Ganz neu war die Entdeckung des Lyrikers May – diese Lektion wurde handfest untermalt durch

Rezitationen. Und dann stand der Berliner Oratorienchor auf der Bühne und sang von May verfaßte und in Ton gesetzte Chorlieder (Ave Maria) – zum nicht gelinden Erstaunen vieler Gäste. Wunderten diese sich schon, daß Karl May auch Gedichte geschrieben hat – und gar nicht mal schlechte – so war sein Debüt als Komponist vollends eine Überraschung.

Von der Öffentlichkeit stark beachtet wurde auch die Lesung des DDR-Schriftstellers Erich Loest aus seinem Karl-May-Roman „Swallow, mein wackerer Mustang". Der Roman erschien jüngst in beiden Teilen Deutschlands (obwohl May in der DDR nicht aufgelegt wird) in hoher Auflage.

Insgesamt vier Tage motivierte im Preußenjahr der Sachse Karl May die Berliner. Was zurückblieb von dieser Tagung? Neben der Benennung eines Spielplatzes in Reinickendorf nach Karl May ist es der feste Entschluß, weiter nach den Spuren der „anderen Welt" im Werk des Radebeuler Erzählers und Dichters zu forschen. Howgh!

Karl Serden

Mitteilungen der Karl-May-Gesellschaft, 17. Jahrgang, Heft 66, November 1985

Karl Serden, Ubstadt

Old Surehand - Roman der Erfüllung?

Das literarische Werk von Karl May steckt voller Pointen und Überraschungen. Es hat sich mittlerweile ja herumgesprochen, daß der Schriftsteller, ein Meister im Erfinden spannender Sujets, es geschickt verstand, biografische Einzelheiten und heimatliche Geschehnisse in das Gespinst seiner Phantasie einzuweben. Dank dieser besonderen Begabung gelang ihm das erstaunliche Kunststück, seine abenteuerlichen Erzählungen nicht nur zum exotischen Märchen zu machen, sondern auch zu Predigten für "Bedürftige". Märchen fanden und finden gerade durch den "Hauch der Seele", der ihnen innewohnt, Eingang in das allgemeine Volksgut und sind deshalb in unserer realistischen, nicht gerade gefühlsbetonten Gegenwart so beeindruckend und fesselnd wie am ersten Tag. Sie sind - bildlich gesprochen - für viele ein Quell der Erbauung, ein ungeahnter Fundus für die geistige Entspannung.

Im Kontinuum der Hochliteratur ist Karl May heute kein Unbekannter mehr. Er gehört zum festen Bestandteil. Und er gehört zur Literatur des Volkes, zu jener Literatur des Volkes, die gelesen und nicht nur gekauft wird. Seine Bücher sind Dokumente der Freundschaft und der Liebe. Sie beglücken die Menschen und helfen mit, den grauen Alltag heiterer und bewußter hinzunehmen. Der große weiße Weltläufer und Fährtenleser Old Shatterhand/Kara Ben Nemsi ist genau wie der edle Apatschen-Häuptling Winnetou oder der pfiffige Beduinen-Scheich Hadschi Halef Omar aufgerückt in das Obergeschoß der Unvergänglichkeit. Sie alle sind liebenswerte Gestalten einer romantischen Erzähl- und Märchenwelt, sind strahlende Vorbilder für eine große Leserschaft. Man kann ruhig sagen: einnehmende Geschöpfe in der Nachfolge von Rotkäppchen, von Schneewittchen, vom Hans im Glück oder auch vom tapferen Schneiderlein.

Es erfordert Unvoreingenommenheit und weitgehende Werkvertrautheit, um dem Phänomen May gerecht werden zu können, sein Wollen und Wünschen so aufzuzeigen, daß das Versöhnliche seiner Schriften klar erkennbar wird und alles sich als ein abgerundetes Bild darstellt.

Der Roman 'Old Surehand' hält wie kaum ein anderes Werk Überraschungen bereit. Wer die Spur aufnimmt und den Sinngehalt des Werkes zu erfassen sucht, dem bleibt nicht verborgen, daß auch der aus Einzelerzählungen zusammengesetzte zweite Band seinen Sinn hat.

Vielfach wird heute die Frage diskutiert, ob May sich bei der Niederschrift des 'Old Surehand' plagte, ob er sich quälte, sich schwer tat oder ob ihm der Roman leicht von der Hand ging. Die Konzeption, das Handlungsgerüst zu ersinnen, war bestimmt schwierig, den Erzählfaden aber dann zu spinnen, dürfte ihm leichtgefallen sein.

Die Entstehung des Romans fällt in die Zeit, als May den Schleier der Zurückgezogenheit von sich nahm, zwar langsam, aber nicht ohne Stolz. An seiner Seriosität bestand kein Zweifel. Außerdem begannen seine Phantasiegestalten in der Öffentlichkeit gerade ein Eigenleben zu führen.

Wie fast kein anderes Werk von May erfuhr die "Surehand"-Dichtung über Jahrzehnte hinweg eine fehlerhafte Analyse. Durch die Elimination des zweiten Bandes ging dem Roman viel von seinem Sinngehalt verloren. Kein geringerer als Arno Schmidt bezeichnete in einer Studie "Sitara und der Weg dorthin" (Fischer-TB, Ffm 1969, S. 123) den 2. Band als eine "einwandfreie, ziemlich freche 'Notlösung' ".

Im Gegensatz dazu verweise ich auf die aufschlußreiche Untersuchung von Dr. Harald Fricke "Karl May und die literarische Romantik" (Jb-KMG 1981), der ausdrücklich den dreibändigen Roman als Erfüllung von dichtungspoetischen Postulaten der Romantiker auffaßt.

Ein kurzer Satz im "Blauroten Methusalem" ließ für mich - zweifelsohne überraschend - eine Brücke zum 'Old Surehand' schlagen. Es ist der Hinweis auf die "Bruchsaler Einzelhaft." (M-KMG Nr. 60), der mir diese Spur zeigte. Wie erinnerlich, hat May hier in einem hitzig geführten Wortgefecht eine Bemerkung einfließen lassen, die von seiner mit dem Makel der Inhaftierung belasteten Seele diktiert war. Ein Zeichen, daß damals die Vergangenheit mit ihren Verfehlungen immer noch sein wundes Herz peinigte.

Beim Abfassen des Beitrages über die "Bruchsaler Einzelhaft" stieß ich beim Recherchieren nochmals auf eine ähnliche Bemerkung, und zwar diesmal im dritten Surehand-Band. Da steht auf Seite 101 zu lesen: *"Schweig!" fuhr ihn der Dicke an, "Was verstehst denn du von den Göttern und ihren Bildern? Mich mit einem Hornfrosch zu vergleichen! Das ist eine Majestätsbeleidigung, für die du wenigstens zehn Jahre Eastern penitentiary* (Strenges Isoliergefängnis in Philadelphia) *bekommen solltest!"*

Zur Erinnerung: Wie heißt es im "Methusalem"? . . . *"Wenn ich Ihnen wejen nächtliche Ruhestörung anzeige, bekommen sie drei Jahre Bruchsaler Einzelhaft und müssen auch noch die Kosten tragen . . ."*

Wir wissen, daß das Bruchsaler Zuchthaus nach dem Muster jener Strafanstalt in Philadelphia gebaut wurde. Interessant, daß May nun hier beim "Surehand" sich nicht scheut, unbefangen Bezug auf dieses Zuchthaus zu nehmen. Ich werte das als einen Beleg, daß die Vergangenheitsbewältigung, wenn auch noch nicht abgeschlossen, so doch fest im Gange war. Beim "Methusalem" gab er sich noch gehemmt, da befleißigte er sich der gemilderten, fast verschämten und geheimnisvollen heimatlichen Umschreibung, im "Surehand" dagegen ist er frei von Zwang.

Die Schrecknisse vergangener Tage, die Gewißheit, vorbestraft zu sein, im "Methusalem" (1887) noch ängstlich verschleiert und mit dem Mantel des Verdrängens umgeben, erfuhren jetzt 1893/1894 plötzlich eine veränderte Wahrnehmung. Die Angst vor der Entlarvung verwandelt sich in die überschwengliche Zuversicht, Vergangenes sei wirklich vergangen. Daß dies ein Trugschluß sein könnte, dieser Gedanke kam nicht auf. Was die Phantasie schuf und was die Hand in Buchstaben formte, floß nunmehr viel unbedachter in die Zeilen ein. (Oder mit Bedacht, sofern man die innere Stimmigkeit in Betracht zieht: Im "Methusalem" spricht ein Deutscher von "Bruchsaler Einzelhaft", im "Surehand" ein Amerikaner von "Eastern penitentiary".)

Der dreibändige 'Old Surehand' ist das Werk, in dem der Aufschrei der gequälten Seele am stärksten widerhallt. Die Schatten der Vergangenheit, früher düster und finster, sind endlich gebannt. Wer Zugang findet zu den Verschlüsselungen, wer die geheimnisvollen Pfade im spannenden Labyrinth des abenteuerlichen Geschehens aufzuspüren vermag, der braucht sich nicht in die Tiefe der Psychoanalyse zu begeben, um hier den Menschen und Schriftsteller Karl May in seinem ganzen Ausmaß, in seiner ganzen Größe (und Schwäche) vorgeführt zu bekommen. Eine zwar schillernde, aber starke Persönlichkeit gewinnt Konturen.

Karl May zu verstehen, sein Leben und Schaffen zu verstehen, ist so einfach wie das Lesen und Verstehen seiner Bücher, sieht man von der symbolischen Leseebene ab, von den unbewußt eingeflossenen autobiografischen Einzelheiten bzw. von den bewußt vorgenommenen Verschlüsselungen des Spätwerkes.

Das Verwenden alter Texte aus der Münchmeyerzeit scheint einer Selbstbestätigung gleichzukommen: May habe schon früher "gut und edel" geschrieben, so daß er eine Waldröschen-Passage und auch einen Textabschnitt aus dem frühen Roman "Auf der See gefangen" sowie noch andere Erzählungen der Surehand-Geschichte einverleiben konnte.

Bei allen Schwächen und Fehlern, die der dreibändige 'Old Surehand' als Roman aufzuweisen vermag, gelang May hier ein Werk - ob bewußt oder unbewußt, das will ich nicht entscheiden - das "die programmatische Forderung, die einst Friedrich Schlegel zum Begriffe der 'romantischen' Dichtung formuliert hat" (Fricke) ungeschmälert erfüllt. So gesehen ist 'Old Surehand' ein Roman der Vollendung. Wohlgemerkt: Der dreibändige! (Die unzusammenhängende Numerierung störte ihn offensichtlich nicht, denn Fehsenfeld hätte in den folgenden Jahren mit Leichtigkeit bei den erfolgten Neuauflagen der Reihe dies in Ordnung bringen können.)

Im Nachwort zum 'Old Surehand I'-Reprint (Seite N 9) schreibt der Herausgeber Roland Schmid: "Wie aus Briefen an Fehsenfeld zu ersehen ist, lieferte May erst im Dezember 1894 den Schluß des ersten Surehand-Bandes und nur zwei Wochen später am 18.12.1894 die letzten Manuskriptseiten für Band II, den May somit mindestens gleichzeitig mit dem einleitenden Band sehr schnell und unter erheblichem Zeitdruck zusammengestellt hat. Mays Schaffenskraft für Fehsenfeld versiegte dann ganz und gar, denn erst am 3.11.1895 lieferte er die Anfangsseiten für Old Surehand III, so daß sich Fehsenfeld genötigt sah, die Mahdi-Bände, die bereits bei der Auslieferung von Band 15 (Old Surehand II) angekündigt worden waren, in der Veröffentlichung vorzuziehen".

Der Schriftsteller hat seinen Verleger tatsächlich ungebührlich lange warten lassen. Zur gleichen Zeit war er über Erwarten sehr produktiv für den Deutschen Hausschatz. Die Erscheinungsweise des Romans "Satan und Ischariot" belegt das. Band I = Die Felsenburg, erschien von Okt. 1893 bis Sept. 1894 (20. Jahrgang, Heft 1 - 24); Band II = Krüger Bei, erschien vom Oktober 1894 - Mai 1985 (Jahrgang 21, Heft 1 - 33) und Band III = Die Jagd auf den Millionendieb vom Oktober 1895 - August 1896 (Jahrgang 22, Heft 1 - 46). Ende Mai 1895 konnte Keiter, der verantwortliche Hausschatz-Redakteur, die Leser darauf hinweisen, daß die Fortsetzung (= Handschrift Manuskript III) bereits vollständig vorliegt (Jb-KMG 1982, Seite 227).

Karl May schrieb den 'Old Surehand' mit blutendem Herzen, unter großer seelischer Pein. Das attestiert auch Walther Ilmer, der den Roman in seinem Aufsatz "Sichere Hand auf wackligen Füßen: Old Surehand" (M-KMG 29. Sept. 1976, Seite 4 ff) auf seine handwerkliche Machart examiniert. Aus früherer Zeit ist ein ähnliches Urteil bekannt, das allerdings den zweiten Band ausläßt. Doch immerhin: der 'Old Surehand' ist ein Buch, "das schwer ist von der Poesie der unberührten Natur". Dies schreibt Lorenz Krapp im Karl-May-Jahrbuch 1933 (Seite 362). Und er überrascht mit dem Bekenntnis, in seiner Jugend daraus "Ritterlichkeit", "Ehrfurcht" und "Gerechtigkeit" vermittelt bekommen zu haben. Er nennt das Werk eine "Dichtung der Scham". Ein feinfühliges, treffliches Urteil.

"Ich bin", stöhnt verzweifelt Surehand, *"der Sohn eines Zuchthäuslers"* (Band III, Seite 504) und *"Meine Mutter war auch Zuchthäuslerin"*. *"Pshaw!"* winkt darauf Old Shatterhand ab. *"Ich weiß, daß es in den Zuchthäusern und Gefängnissen auch schon brave Leute gegeben hat!"*

Hier offenbart sich die um Liebe ringende gequälte Seele. Ebenso auf der letzten Manuskriptseite, die mit einem dreimaligen *"Endlich, Endlich, Endlich - Schluß des III. Bandes - Hamdulillah!"* schließt. Es ist dies der Stoßseufzer einer inneren Befreiung, ein Freudenseufzer der Erlösung und der Erfüllung!

Mannheimer Morgen Nr. 73 vom 28./29. März 1987

Herausgeber: Dr. Karl Ackermann, Rainer von Schilling; Chefredakteure: S. Hellmann, H.-D. Schiele; Chef vom Dienst: H. Reinhardt; Politik: S. Hellmann; Wirtschaft: G. Goebel; Feuilleton: H. Schönfeldt; Kommunales: H. Barchet, H.-D. Schiele; Ludwigshafen: R. Klein; Region: K. Eirich; Sport: W. Trill; Wochenendbeilage: Monika Lanzendörfer; Soziales: Ingeborg Schiele; Bonn: R. Kilgus; Stuttgart: P. Reinhardt; Mainz und Wiesbaden: R. Noll; Geschäftsführung: Dr. W. Stetter, M. Bode; Verlagsleitung: W. Dehne; Anzeigenleitung: M. Bangerth; Vertriebsleitung: W. Seibert. Pflichtblatt der Wertpapierbörse in Stuttgart. Erscheint täglich außer sonn- und feiertags. Jeden Samstag Beilage „JWZ Illustrierte Wochenzeitung". Für unverlangte Manuskripte keine Gewähr.

Mannheimer MORGEN

Unabhängige Tageszeitung

Heute Anzeigensonderbeilage
konzert aktuell
Programm-Beilage

Geschäftsstelle: MA, R 1, 4-6, Postf. 1303, Tel.-Sa.-Nr. 17 02-0, Telex 462171, Telefax 1702-376; Zustell-Service: Tel. 0621/1702-413 und außerhalb der Bürozeit 17 02-0; LU, Amtsstr. 2, Tel. 17 02-3 63. Bezugs-Preis mtl. 24,60 DM inkl. Zustell-geb., Postbez. 27,90 DM, Streifband 21,25 DM zuzügl. Porto. Alle Preise einschl. 7 % MWSt. Abbestellungen nur z. Quartalsende; sie müssen 6 Wochen vorher schriftl. b. Verlag vorliegen. Bei Nichtersch. infolg. Streiks, Aussperr. u. höh. Gewalt keine Entschädig. Z. Zt. gilt Anz.-Preisl. Nr. 38. Alle Bank. in MA; Pschk.: KA 71711-758; LU/Rh. 10626-673. Erf.-Ort u. Gerichtsst. ist MA

42. Jahrgang / Nr. 73 / 1,40 DM — Mannheimer Morgen Großdruckerei und Verlag GmbH, Pressehaus am Marktplatz, 6800 Mannheim 1 — P 4624 A — Sa./So., 28./29. März 1987

Der Winnetou von Deidesheim

Zur Familie des Winzers Emil Seyler unterhielt Karl May enge Beziehungen Zum 75. Todestag des Schriftstellers Heiteres über seine Liebe zur Pfalz

VON UNSEREM MITARBEITER KARL SERDEN

Karl May ist heute eine Institution; kaum ein anderer Schriftsteller kann sich mit seiner Popularität messen. Sein 75. Todestag am 30. März hat eine Flut von Würdigungen, Veröffentlichungen, neuen Büchern aufgewühlt; das Fernsehen steigt groß ein. In der DDR, die den sächsischen Old Shatterhand lange als Kitschautor und Imperialisten verdammt hatte, sind das Karl-May-Museum in Radebeul und das Geburtshaus in Hohenstein-Ernstthal wieder hergerichtet worden und dem Publikum zugänglich. Die Bundespost gibt eine 80-Pfennig-Briefmarke mit Winnetou-Bild heraus.

Alles für einen Mann, dem der spätere Ruhm keineswegs an der Wiege gesungen worden ist. Karl May wuchs im ärmlichen Webermilieu auf, war bis zum fünften Lebensjahr blind, wurde schon als Heranwachsender von seiner hitzigen Vorstellungskraft gebeutelt, scheiterte als Lehrer, weil er mit den Gesetzen in Konflikt kam, und war über sieben Jahre in Haft. Erst als gut Dreißigjähriger begann er zu schreiben, zuerst im literarischen Keller, bei der Kolportage. Bald stellte sich der Erfolg ein – zugleich aber auch der Neid.

Nach der Jahrhundertwende geriet Karl May in den Mittelpunkt zahlreicher Prozesse und Pressefehden. Die Aufdekkung seiner kriminellen Jugendsünden, die unbefugte Veröffentlichung seiner Kolportageromane und heftige Angriffe der literarischen Kritik verstrickten ihn

Der Schriftsteller Karl May, der vor 75. Jahren starb, schätzte Wein und Obst aus der Pfalz.
Bild: Keystone

in unaufhörliche Kämpfe um Ehre, Urheberrecht und schriftstellerische Anerkennung, die seine Gesundheit schließlich zermürbten. Trotzdem entstand in dieser Zeit noch ein bedeutendes, nun nicht mehr der Abenteuer-Erzählung gewidmetes Spätwerk, das in bildkräftigen Visionen und Utopien Mays überkonfessionelles Christentum und seine Friedens-Ideen entwickelt. Diesem Spätwerk des wirkungsmächtigen Autors („Und Friede auf Erden“, „Im Reiche des silbernen Löwen“, „Ardistan und Dschinnistan“) hat Goethe-Preisträger Arno Schmidt (1914–1979) „einen hohen Grad von Polyfonie“ zugesprochen, „wie er nicht allzu zahlreichen Großen Büchern der Weltliteratur sonst noch eignet“.

Auf dem Höhepunkt seines Ruhmes ließ sich Karl May gern von der bürgerlichen Welt die Türen öffnen; er begann, sich in ihr behaglich zu fühlen. Seine anfängliche Scheu und Zurückgezogenheit wich einer aufgeschlossenen, leutseligen Sinnesart.

Vor der Jahrhundertwende noch führte eine innerdeutsche Reise den Schriftsteller auch in die Pfalz nach Deidesheim. Die beiden Monographien „Karl May und Sascha Schneider“ (von Hansotto Hatzig, Mannheim) und „Karl May und Emma Pollmer“ (Fritz Maschke) beleuchten sie gewissenhaft. Die Pfälzer Luft, der Pfälzer Wein und das Pfälzer Gemüt stärkten und beflügelten den Besucher gleichermaßen. Er genoß das „Glück von Edenhall“, offenbarte es ihm doch ein landschaftliches Paradies und ein gastliches Haus, die „Villa Seyler“. Und nicht zuletzt: Old Shatterhand begegnete in Deidesheim auch seinem „herzlieben Winnetou“.

Die Deidesheimer Freundschaft entwickelte sich zu einer tiefen und herzlichen Beziehung. Der mit der Anrede „herzlieber Winnetou“ benannte Weingutsbesitzer und Kommerzienrat Emil Seyler (1845–1926) bewohnte an der Straße von Ruppertsberg nach Deidesheim, unweit der südlichen Einfahrt, eine von Reben bekränzte stattliche Villa. Das Haus ist im Florentiner Stil erbaut und heute noch in seiner Pracht zu bewundern. Auf der Straßenseite erinnert seit 1982 eine Gedenktafel aus rotem, gesägtem Buntsandstein an den Aufenthalt des Dichters.

Die Familie Seyler war bekannt für ihre Gastfreundschaft und für die Güte ihrer Kellerei-Erzeugnisse. Viele bedeutende Zeitgenossen schätzten und liebten die Weine aus dem Weingut der Gebrüder Emil und August Seyler. Ein besonders begehrter Tropfen war die „Perle von Deidesheim“; May wußte von der Qualität dieser Hausmarke.

Im gesellschaftlichen Leben von Deidesheim spielte die Villa „inmitten der Weingärten“ eine bedeutende Rolle, sie war ein Treffpunkt des gehobenen Bürgerstandes. Emil Seyler war ein Mann von künstlerischem Geist, der zu leben wußte und der auch leben ließ. Bei der Geburt seiner ältesten Tochter Tony verlor er freilich die Frau; Jahre später heiratete er die Sängerin Agnes Maibücher, die mit der Verehelichung ihre Künstlerlaufbahn beendete. Im häuslichen Kreise jedoch ließ sie immer wieder ihre schöne Stimme erklingen, stets zur besonderen Freude der Töchter Gertrud, Magda, Else und Hadewig (Heddy). Die Mädchen, kurz „Orgelpfeifen“ genannt, sorgten allweil für einen fröhlichen Umtrieb. Zu den vielen Gästen gehörten auch Sänger und Schauspieler vom Nationaltheater in Mannheim, die nach der Überlieferung manchen festlichen Abend in Szene gesetzt haben.

Über das Zustandekommen der Freundschaft Seyler–May schreibt Fritz Maschke in seiner May-Monographie: „Zu Weihnachten 1894 machte Seyler ein Paket mit einigen Flaschen seines besten Weines zurecht und schickte es als Weihnachtsgruß an Karl May nach Oberlößnitz.“ (Seine Villa in Radebeul erwarb May erst 1896.) „Es kam genau am Heiligen Abend an, und wie es aufgenommen wurde, erfahren wir aus Mays Dankschreiben vom 3. Januar 1895: ‚Am 24. Dezember abends hatten wir liebe Gäste zur Bescherung eingeladen. Schon brannten die Lichter an den Bäumen, und eben wollte ich mich an das Instrument setzen (= Klavier), um die Feier einzuleiten, da kam der Postmann und brachte Ihre Gabe. Welche Freude! Und wie grad im richtigen Augenblicke! Die Freunde und Freundinnen freuten sich mit uns, denn sie kennen Sie und die lieben Ihrigen schon längst alle. Ihre Flaschen kamen auf die Festtafel und Ihre Photographien dazu. Der Einladung nach Deidesheim allerdings konnte Karl May erst zweieinhalb Jahre später folgen. Vorerst entwikkelte sich ein freundschaftlicher Briefverkehr, der schon in verhältnismäßig kurzer Zeit immer herzlicher wurde."

Auf der Höhe des Ruhms, endlich auch finanziell gesichert, erlebte May in jenen Jahren eine beglückende Phase, die ihn freilich auf der schriftstellerischen Ebene zumindest zeitweise zu einer Gratwanderung zwischen Fiktion und Realität führte. Doch wenn er sich auch allen Ernstes mit Old Shatterhand und Kara Ben Nemsi gleichsetzte – er wahrte doch seine menschliche Art, den nüchternen Blick für das Alltagsgeschehen und auch seine Vorliebe für die Gartengestaltung, für Äpfel und Birnen – May hatte eine Schwäche für Obst und Rosen.

Ein Scherzgedicht an die Orgelpfeifen

Der Briefwechsel zwischen Deidesheim und Radebeul riß in der Folge nicht mehr ab, er wurde von Mal zu Mal freundlicher und die Einladung zu einem Besuch immer herzlicher. Zu Weihnachten 1896, am 22. Dezember, schrieb May:„Hochverehrter Herr Commerzienrath! Endlich, endlich ein Lebenszeichen! Ich hatte ‚Old Surehand III' und 2000 Seiten ‚Im Reiche des silbernen Löwen' zu schreiben – eine Riesenaufgabe!" Auf die Einladung zum Besuch nach Deidesheim kommend, schreibt er sodann: „In der letzten Zeit war es mir ganz unmöglich, zu reisen; aber nach Neujahr muß ich nach Berlin und Hamburg. Vielleicht wagen wir da gleich den kleinen Sprung nach Deidesheim und bleiben nicht unterwegs in einer Schneewehe stecken ...

Ich beneide Sie um Ihre Christbescheerung, Herr Commerzienrath! Am Christbaum müssen frohe Kinderaugen strahlen, und leider wird Ihr ferner Hausfreund niemals Großvater sein! Howgh! Das Papier wird finis terre. Leben Sie wohl für heute! Frohe Feiertage und ein segensreiches Neujahr wünscht Ihnen aus aufrichtigem Herzen Ihr treuergebener May."

Der Brief läßt den May-Kenner aufhorchen. Urplötzlich gewährt der Schriftsteller einen Blick in sein Inneres; er läßt kurz teilnehmen an der Einsamkeit seiner Seele. Die Ehe Mays blieb kinderlos. War es die unerfüllte Kinderliebe, die auch dazu beitrug, den Dichter in die Rolle der Kinder seiner Phantasie schlüpfen zu lassen? Jedenfalls überrascht es nun nicht mehr, daß May den „Orgelpfeifen" humorhaft und liebend zugetan war. Er widmete ihnen ein Scherzgedicht, das mit den Zeilen beginnt: „Was sind das für Accorde doch, / Die draußen jetzt erklingen / Und heimlich durch das Schlüsselloch / In meine Stube dringen? / Ah, dieser wohlgestimmte Klang / Ist mir ein theurer, lieber; / Er kommt, ich kenne ihn schon lang, / Jenseits des Rheins herüber. / Dort hauset ein Kommerzienrath / In einem tiefen Keller / Der viele schöne Weine hat, / Bald roth und auch bald heller. / Ich habe ihm mein Herz geschenkt / Nebst all den lieben Seinen, / Und wenns an seinen Keller denkt, / da fängt es an, zu ‚weinen'. / Kein Schmerz, kein Kummer trägt die Schuld, / Das soll ja Niemand wähnen; / Nein, seiner Freundschaft, seiner Huld / Verdank ich diese Thränen. / Nicht von den Wimpern tropfen sie; / Ich kann mich gut besinnen, / Daß sie von keinem Parapluie, / Von keinem Dache rinnen; / O nein! Wenn sie mit goldner Fluth / Aus Flaschenhälsen fließen, / Wird mir so dankbar froh zu Muth, / Und warm muß ich ihn grüßen! / Drum höre ich die Stimmen gern, / Die heute hier erschallen; / Sie sind, ob leider von so fern, / Die liebsten mir von allen. / Es muß ‚der Organistin' Hand / Wohl in die Tasten greifen, / Denn es ertönen mit einand' / Jetzt alle Orgelpfeifen ...".

Das Jahr 1897 brachte dann endlich das erste Zusammentreffen der beiden brieflich schon so vertrauten Familien Seyler und May. Vom 6. Juni bis 19. Juni waren die Eheleute May Gast im Hause

Seyler. Die Tage des Besuches glichen einem großen Fest. Es pulsierte frohes Leben; Arbeit war in diesen Wochen klein geschrieben. Der May-Enthusiast Seyler umsorgte mit seiner Frau Agnes den „lieben Old Shatterhand mit Squaw Emma" in der liebenswürdigsten Art; man erzählte, lachte, scherzte und tat sich gütlich an der „Perle von Deidesheim". Die Kinder riefen „lieber, guter Onkel" sowie „herzliebe Tante", und mehr als einmal setzte sich der Gast aus Radebeul ans Klavier, um sein „Ave Maria" zu intonieren oder vergnügt aufzuspielen, und die Frau des Hauses sparte dann auch nicht mit Proben ihrer Gesangskunst.

In diesen Tagen des freundschaftlichen Beisammenseins, einer gegenseitigen Bewunderung, einer aufrichtigen Zuneigung, wurde zwangsläufig das Verhältnis durch das vertraute Du geglättet und gefestigt.

Der noch im gleichen Jahr geplante Gegenbesuch in Radebeul, der abends in trauter Runde bei einem Gläschen auf der Veranda in Deidesheim beschlossen wurde, sollte sich leider nicht verwirklichen. Die Weingeschäfte erforderten die ständige Anwesenheit Seylers in seinem Unternehmen. In einem Brief vom 12. August 1897 nennt May seinen Freund „Mein herzlieber Winnetou!" Wehmütig erinnert er sich an die Tage in Deidesheim: „Als wir von Euch fort waren, war es uns, als hätten wir unser eigenes Heim verlassen."

Das Zitat „Es gibt in der Pfalz ein liebes Nest, das hält mir Herz und meine Seele fest", eingraviert auf der 1982 von Fred Motzenbäcker, Weingutsbesitzer und Inhaber der ehemaligen Villa Seyler, im Einvernehmen mit der Stadt Deidesheim enthüllten Gedenktafel, ist authentisch. Es findet sich in einem Schreiben Emma Mays, das sie ein paar Tage früher, am 1. August 1897 an Frau Agnes Seyler richtete.

Die Briefe, im Anhang der Monographie von Fritz Maschke „Karl May und Emma Pollmer" (Karl-May-Verlag, 1973) wiedergegeben, sind ein profunder Beweis für die Freundschaft May–Seyler, die sehr tief und fest war. Sie sind aber auch ein detailliertes Kapitel „Unbekannter May", das den Schriftsteller in väterlicher Rolle und als liebenswerten Bürger zeigt und näherbringt. Er sollte allerdings nicht noch einmal nach Deidesheim kommen. Trotzdem gab es für Emil Seyler, den „herzlieben Winnetou", ein Wiedersehen, und zwar am 2. November 1901 im Hotel Maibücher in Bad Godesberg.

Karl May, der gebürtige Sachse, hatte nicht nur in die Pfalz Kontakt, seine Beziehungen reichten auch nach Baden und nach Württemberg. In Freiburg erschienen ab 1892 bei der Verlagsbuchhandlung Friedrich Ernst Fehsenfeld die inzwischen klassisch gewordenen grünen Bände. Die Reihe war bis zu seinem Tode 1912 auf 33 Titel angewachsen; heute sind es 74 Bände, die den Namen des beliebten, einst vielumstrittenen Autors tragen. In Stuttgart verlegte die Union die nicht minder berühmten Jugenderzählungen („Der Schatz im Silbersee", „Die Sklavenkarawane", „Der blaurote Methusalem" usw.); außerdem erfolgte dort der Satz und die Herstellung der Freiburger Bände in der Hoffmann'schen Buchdruckerei, deren Inhaber Felix Krais (1853–1937) ein Vetter des Verlegers Fehsenfeld (1853–1933) war. 1913 wurde der Karl-May-Verlag in Radebeul gegründet, der 1960 seinen Sitz nach Bamberg verlegte. In der Kurzerzählung „Ein Ölbrand" findet sich das May-Zitat: „Die Freundschaft der ‚Bleichgesichter' wird oft bei Tabaksqualm und Spiritusduft geschlossen, aber was ist sie wert? Sie hört auf, sobald der Qualm sich verzogen und der Spiritus sich verflogen hat." Die Freundschaft Seyler–May blieb davon ausgenommen, auch die Verbindung Fehsenfeld–May. Der Wein und die Birnen kamen aus Deidesheim, das Geld dagegen aus Freiburg.

Die Liebe ist die einzige wirkliche Macht; alles andere ist entweder Gewalttätigkeit oder Verschlagenheit.

Karl May (1842–1912)

Mannheimer Morgen Nr. 208 vom 9./10. September 1972

„Hoppla, jetzt komm' ich..."

Am 22. September wäre Hans Albers 80 Jahre alt geworden

Filmhelden sind Leitbilder der Volksphantasie, nicht weniger als die Olympioniken in der Arena. Filmhelden sind die Götter in Zivil; sie sind das Wunsch- und Traumbild unzähliger Herzen, die aus solch illusionären Spiegelungen und Deutungen Kraft schöpfen für die tägliche Konfrontation mit der nüchternen und harten Realität. Einer dieser Götter, ein Auserwählter des Bürgertums, wäre in diesen Tagen, am 22. September, 80 Jahre alt geworden: Hans Albers.

Er war das Idol von Generationen. Jahrzehnte stand er an der Spitze der Popularitätsskala. Sein Tod am 24. Juli 1960 war ein Trauertag für die Cineasten. Das Volk hat ihn geadelt; als Volksschauspieler und Volkssänger blieb er bis heute ohne Nachfolger.

Hans Albers, waschechter Hamburger, Sohn eines Metzgers, war vielleicht der typischste „deutsche" Schauspieler: blond, blauäugig, von harter Männlichkeit, kraftvoll und beherzt, ein Mann mit Grundsätzen und Charakter, unter rauher Schale eine gehörige Portion Zärtlichkeit und Sanftmut verbergend. Er war ein moderner Wikinger; seine Seemannslieder und Seemannsrollen ließen ihn zum Symbol seiner Vaterstadt Hamburg werden. Mit der Devise „Hoppla, jetzt komm' ich", breitbeinig und hemdsärmelig, meisterte er bravourös die Widerwärtigkeiten des Lebens. Er sagte unverblümt seine Meinung; wenn es darauf ankam übrigens auch den braunen Machthabern.

Den Durchbruch zur Spitzenklasse schaffte er auf der Bühne. Über Nacht wurde er 1928 mit seinem Kellner Tunichtgut in Ferdinand Bruckners Schauspiel „Die Verbrecher" die Sensation im theaterverwöhnten Berlin. Mit Maxwell Andersons „Rivalen" und Franz Molnars „Liliom", der Berliner Fassung mit dem Lied des Ausrufers „Komm auf die Schaukel, Luise", machte er Theatergeschichte. Triumphalen Erfolg brachte ihm auch sein Mackie Messer in Brechts „Dreigroschenoper", und noch 1960 in Wien als Vater Knie in Zuckmayers „Katharina Knie" begeisterte er sein Publikum, nicht zuletzt auch durch seine artistische Darstellung.

Der Tonfilm war jedoch sein Metier; hier konnte er sich fest ins Bewußtsein und ins Herz seines riesigen Publikums spielen. Die Titel seiner Filme sprechen für sich: „Die Nacht gehört uns", „Der Greifer", „Drei Tage Liebe", „Bomben auf Monte Carlo", „Der Sieger", „FP 1 antwortet nicht", „Peer Gynt", „Henker, Frauen und Soldaten". 1937 folgte der Streifen „Der Mann, der Sherlock Holmes war", bis heute vielleicht die beste deutsche Krimi-

HANS ALBERS

nalkomödie. Weitere Kino-Bestseller wurden die Albers-Filme „Die gelbe Flagge", „Sergeant Berry", „Wasser für Canitoga", „Trenck, der Pandur"; in diesem letzten Film stellte er drei Personen dar: Vater, Sohn und Neffe. Der 1943 aufgeführte Ufa-Jubiläumsfarbfilm „Münchhausen" und die 1944 gedrehte farbige Matrosengeschichte „Große Freiheit Nr. 7" gingen um die Welt. Unvollendet blieb 1945 „Shiva und die Galgenblume". Unverwüstlich wie eh und je erschien Albers 1946 in dem Heimkehrerfilm „Und über uns der Himmel"; 1950 filmte er in „Blaubart" als erster Deutscher nach dem Kriege in Paris; 1952 rollte er als Fernfahrer in „Nachts auf den Straßen" über die Filmleinwand. Der Film erhielt den Bundesfilmpreis 1952.

Wieder einmal auf See und im Hafenmilieu sah man ihn in „Käpt'n Bay-Bay" und in „Auf der Reeperbahn nachts um halb eins". Der inzwischen „silbern" gewordene Albers überzeugte 1954 als reifer Charakterdarsteller in der früheren Jannings-Rolle „Der letzte Mann"; für seine großartige Leistung in der Hauptmann-Verfilmung „Vor Sonnenuntergang" erklärten die Russen ihn zum besten nichtrussischen Schauspieler des Jahres 1957. In Italien drehte er den Rennfahrerfilm „Die Verlobten des Todes", in Deutschland spielte er unter anderem noch in „Der tolle Bomberg", „Das Herz von St. Pauli" und 1959 in „Kein Engel ist so rein", der letzte seiner vielen Filme.

Hans Albers war aber nicht nur ein profilierter Schauspieler, ein Star der Filmindustrie, er war auch ein Sänger von sehr persönlicher Art, der es fertiggebracht hat, dem französischen Chanson so etwas wie eine deutsche Kunst des Vortrags an die Seite zu stellen. In seinen Liedern, über 50 an der Zahl, lebt er der Nachwelt ebenso fort wie in seinen Filmen. Zwinkernder Humor und Melancholie, Fernweh und zarte Innerlichkeit werden hier mit der gleichen Ehrlichkeit dargeboten, wie wir sie an dem strahlenden Sieger und Draufgänger gewohnt waren. Dabei hatte er nicht einmal eine schöne Stimme, aber seine Art zu singen war einfach, scheinbar ungekünstelt, und sie wirkte durch und durch wahrhaftig. „La Paloma", „In Hamburg an der Elbe", „Auf der Reeperbahn nachts um halb eins", „Das ist die Liebe der Matrosen", „Nimm mich mit, Kapitän, auf die Reise", „Good bye, Johnny", „Hoppla, jetzt komm' ich" — das sind Lieder, Erfolgstitel, mit denen der Name Hans Albers für immer identifiziert bleibt.

Karl Serden

Heidelberger Tageblatt Nr. 51 vom 29. Februar 1980

Ein Star und Held des deutschen Films

„Hans Albers in seinen großen Erfolgsfilmen", Filmprogramme Band 4, herausgegeben von Eberhard Mertens. Olms Presse, Hildesheim, 160 Seiten, 19,80 Mark.
Eberhard Spiess: „Hans Albers", eine Filmographie. Kommunales Kino, Frankfurt, Saalgasse 19, 328 Seiten, 25 Mark.

Der Olms Verlag, Hildesheim, hat sich angeschickt, in Wort und Bild eine Marktlücke in der deutschen Film-Literatur zu schließen. Die Veröffentlichungen wurden durch das neuerwachte Interesse am Filmschaffen vom Ende der Weimarer Republik bis zum Ende des Dritten Reiches angeregt. Die Material-Reihe umfaßt bis heute 4 Bände, die drei ersten Bände enthalten faksimiliert die Programme der wichtigsten Filme dieser eineinhalb Jahrzehnte; Band 4 dagegen ist einem Filmkünstler gewidmet: Hans Albers.

Dieser Schauspieler, Star und Held des deutschen Films über drei Jahrzehnte, rechtfertigt allein schon mit seinen Filmen den Anspruch auf die Weltgeltung des deutschen Filmschaffens. Filme wie „Bomben auf Monte Carlo" (1931), „Drei Tage Liebe" (1931), „Ein gewisser Herr Gran" (1933), „Gold" (1934), „Der Mann, der Sherlock Holmes war" (1937) und „Münchhausen" (1943) sind Meisterwerke von hohem Anspruch.

Bei der Zusammenstellung des Albers-Bandes hätte man sich allerdings mehr Sorgfalt und eine etwas andere Gliederung gewünscht. Das mindert aber nicht den Wert des Werkes. Die Olms-Filmbücher sind ein illustrierter Beitrag zur Geschichte des Films, ein Spiegel des künstlerischen Schaffens einer Epoche und gleichzeitig für viele auch eine Erinnerung an schöne Stunden im Kino.

•

Eine Präsentation des Schauspielers Hans Albers legt auch Eberhard Spiess vom Deutschen Institut für Filmkunde, Wiesbaden, vor. Seine Filmographie zeigt den Künstler in drei Epochen der Filmentwicklung; wir begegnen dem markanten Albers-Profil sowohl im Stummfilm wie im Tonfilm und dann später im Farbfilm. Die Filmographie umfaßt 158 Titel, die sich in 105 Stummfilme, 31 Tonfilme vor 1945 und 22 Tonfilme aus der Nachkriegszeit aufteilen. Die Filme sind jeweils mit einem Bild dokumentiert und mit ausführlichen Stabangaben versehen.

Das Buch ist auch Beweisstück einer schauspielerischen Karriere ohnegleichen. Albers wandelt sich vom Typ des Salonlöwen und Liebhabers („Versunkene Welten", 1922) zum unternehmungslustigen und energiegeladenen Draufgänger („Sergeant Berry", 1938) bis zum reifen, dramatischen Charakterdarsteller („Vor Sonnenuntergang", 1956).

Hans Albers ist unvergessen. Er starb am 24. Juli 1960. In Hamburg fand er seine letzte Ruhestätte.. Karl Serden

RETRO – Das Filmjournal, München, Heft 26 und 27, 1985

Karl Serden

Hans Albers - seine Filme 1933-45

Die Bedeutung des Films im Kunstschaffen ist längst festgeschrieben. Die Frage über den künstlerischen und schöpferischen Wert der in der Hitler-Diktatur hergestellten Tonfilme allerdings ist nach rund vier Jahrzehnten immer noch umstritten. Sind die Filme der Nazizeit tendenziöse Machwerke, die man vergessen kann? Oder gelang es den Filmschaffenden jener Zeit auch Filme herzustellen, die frei jeglicher politischen Einflußnahme durchaus als nennswerte und sehenswerte Erzeugnisse gleichberechtigt in die außerdeutsche Produktion eingereiht werden können?

Die Frage kann vorweg bejaht werden. Zunächst heißt es aber, sich Klarheit darüber zu verschaffen, weshalb Filme überhaupt gedreht werden. Das hat verschiedene Gründe. Vorrangig sind wohl kommerzielle, vielfach auch künstlerische Gesichtspunkte zu nennen. Natürlich spielen auch gesellschaftliche und politische Überlegungen hinein, doch kommt jede Initiative nicht um die Tatsache, daß Filme einmal der Unterhaltung, dann der Belehrung, nicht zuletzt der Schulung und der Werbung dienen. Filme der Sparte Unterhaltung können völlig unpolitisch sein, ebenso die Filme der drei anderen Gattungen, sofern die behandelnden Themen und das propagandistische Augenmerk unpolitische Bereiche umfassen. Läßt sich das aber so einfach begrifflich festlegen? Nein, denn es kommt auch auf die Zubereitung an, wie der Autor, der Regisseur, den Stoff aufarbeitet. Tut er es ausschließlich nur dem Zwecke der Ablenkung, der Entspannung, also der unverfälschten Unterhaltung zuliebe, oder verfolgt er damit ein vorgegebenes Ziel, eine bestimmte Aussage? Das große Angebot der Unterhaltungsfilme der Jahre von 1933 bis 1945 erfüllt tatsächlich den Anspruch der reinen, gediegenden Unterhaltung. Im Gegenteil, viele der Filme enthalten Passagen, die eindeutig belegen, daß die geistige und persönliche Freiheit ihrer Macher nicht im geringsten ideologisch eingefärbt war.

Das Wiederaufführen vieler alter Streifen im Fernsehen bestätigt das. Und noch etwas findet seine Bestätigung: Die solide handwerkliche Arbeit, das Angebot großartiger Schauspieler, originelle und ideenreiche Skripte, kurz, der deutsche Film jener Zeit braucht durchaus den internationalen Vergleich nicht zu scheuen; er rangiert – was die

unterhaltende Seite anbetrifft – mit an vorderster Stelle.
Die Streifen mit dem Markenzeichen Ufa, Terra, Tobis und Bavaria erfreuen sich zurecht der Sympathie vieler Menschen. Bei den Wiederaufführungen im Fernsehen ist nicht nur die ältere Generation über das Wiedersehen der Filmlieblinge von einst entzückt, auch die Jugend ist von der Zelluloidware der alten Traumfabriken in Babelsberg bzw. in Geiselgasteig begeistert.
Die Filme von damals, unbestreitbar von Könnern, oder doch perfekten Handwerkern gemacht, geben dem Betrachter keine Probleme auf. Im Aufbau, also in der Konzeption und der Komposition, sind die Filme verständlich und klar inszeniert. Der Handlungsfaden ist durchgehend, und ist er noch so gewunden, wirkt der Film als etwas geschlossenes Ganzes. Je nach dem Inhalt des Sujets wird Spannung, Aufgelockertheit, Nervenkitzel und Freude vermittelt. Im Vergleich mit den ebenfalls im Fernsehen gezeigten alten ausländischen Produktionen, besonders aus den Studios von Hollywood, können die Filme der deutschen Tonfilmepoche 1929 - 1945 ohne Einschränkung bestehen. Beispiele erübrigen sich, da fast täglich diese Feststellung getroffen werden kann.

Für die deutsche Geschichte, für das Volk und auch für die Filmschaffenden wurde das Jahr 1933 zu einem Schicksalsjahr. Die politische Situation, die die braune Machtübernahme heraufbeschwor, ist ein ewiges Mahnzeichen. Für das Volk sollte am Ende unendliches Leid stehen und so mancher Künstler hatte ein dornenreiches Jahrzehnt zu überstehen.
In der Entfaltung des Films bringt das Jahr 1933 eine Zäsur. Viele Künstler, so Regisseure, Schauspieler und Drehbuchautoren, kehrten der deutschen Heimat, ihrem künstlerischen Betätigungsfeld, den Rücken und haben fortan in der Fremde gearbeitet. Was sie schufen, verdient Beachtung und zeugt von deutscher Filmkunst im Ausland. Ihre Filme überragen vielfach, sind nicht selten sogar ausgesprochene Meisterwerke, die wesentlich zur Profilierung der landeseigenen Produktion beitrugen. Hollywood verdankt dem Zustrom aus deutschen Ateliers unleugbar viele Impulse und so manches sehenswerte Lichtspiel.
Die Abwanderung hervorragender Künstler war für das deutsche Filmschaffen zweifellos ein starker Aderlaß, das der intuitiven und künstlerischen Entfaltung nicht gerade förderlich war. Die Tüchtigkeit der Verbliebenen, ihre Besessenheit zu dem Medium Film, und ein breiter Nachwuchsstrom überspielte jedoch bald die entstandenen Lücken. Der deutsche Film

verkraftete nicht nur die Fluktuation, er sollte auch im folgenden Jahrzehnt trotz der Versuche zur Gleichschaltung seine freiheitlichen Ziele verwirklichen und für die Menschen in Deutschland und Europa seiner Aufgabe gerecht werden und mit unpolitischen Unterhaltungsstreifen über die Leinwand flimmern, aber auch mit vielen beachtlichen Großproduktionen die Cineasten in aller Welt beeindrucken.
Das Kinoprogramm bekam während der Kriegsjahre einen zusätzlichen Sinn. Die Menschen ließen sich für zwei Stunden in eine Scheinwelt entführen, ließen sich nur allzu gern für kurze Augenblicke ablenken von der rauhen, bedrückenden Wirklichkeit. Ein Dank an die Akteure, die hierzu die Möglichkeit schufen, da sie trotz innerer Gegnerschaft zur herrschenden Obrigkeit „weiterhin ihre Zelte bewohnten" und so ständig mit einem Damokles-Schwert über dem Haupte zu leben hatten, erscheint deshalb wohl nicht ungebührlich.
Die Nazis haben den deutschen Film reglementiert (das schließt unpolitische Filme nicht aus), sie haben ihn aber nicht ideologisch beherrscht. Viele Künstler blieben in Distanz zu dem totalitären Regime. Am Beispiel von Hans Albers und von seinen Filmen während dieser Epoche soll das bewiesen werden.
Hans Albers näher vorzustellen, dürfte sich wohl erübrigen. Jeder Filminteressierte kennt seinen Namen und auch heute, mehr als 20 Jahre nach seinem Tode, ist seine Popularität außerordentlich groß. Es vergeht wohl keine Woche, in der nicht im Rundfunk der Künstler mit einem seiner über 50 Lieder zu hören ist.
Hans Albers war ein unpolitischer Mensch, ein heimatverbundener Künstler. Er blieb in Deutschland, er blieb seinem Pulbikum treu. Er liebte die deutsche Sprache, sein Volk und sein Vaterland.
Vaterlandsliebe – für jede Nation der Erde ist das ein Privileg. Der Engländer, der Franzose, der Russe, der Italiener und natürlich auch der Amerikaner liebt seine Heimat. Die Liebe zum Vaterland beinhaltet beileibe nichts Unrechtes und Undemokratisches. Patriotismus ist kein Faschismus und konservativ heißt noch lange nicht nazistisch sein. Wer die Begriffe gleichsetzt, beschuldigt zu Unrecht, oder er hat ein krankes Gehirn. Nur ein vom Haß Geblendeter wird hier nicht differenzieren. So wie jede Frau keine Dirne ist, so ist ein vaterländischer Film noch lange kein Nazi-Machwerk.
Man unterstellt Albers, daß er sich einigemale von den Nazis habe einspannen lassen. Eine vorschnelle Behauptung. Bei Abwägung aller Faktoren läßt sich dieser Vorwurf nämlich nicht so ohne weiteres aufrecht erhalten.
Der Mensch Hans Albers kommt aus einer Familie in Hamburg, bei der Rechtschaffenheit, Ordnung und Bürgersinn zur Lebensart gehörten. Sein Denken und sein Handeln waren von einer hanseatischen Erziehung geprägt.
Im Widerstreit der Gefühle, Liebe zum Vaterhaus und Vaterland, der Lust zum Arbeiten (Filmen) sowie dem Ersuchen und Ansinnen der Machthaber, sich ihren Wünschen zu fügen, hat er sich in bemerkenswerter Art und Weise vorbildlich verhalten. Sein Leben verlief parteilos und seine Filme beweisen seine konsequente, neutrale Haltung. Er war kein Anpaßer, er stand treu zu jüdischen und Anti-Nazi-Freunden und die Rollen, die er verkörperte, entsprachen seiner Männlichkeit.

1933
HEUT KOMMTS DRAUF AN
(Uraufführung: 17.3.1933)

Der Film ist eine musikalische Komödie im Tanzkapellenmilieu von Hamburg und Berlin, die ihren Höhepunkt in einem Jazzkapellenwettstreit findet.

EIN GEWISSER HERR GRAN
(U.: 15.8.1933)

Ein Abenteuerfilm im fiktiven internationalen Geheimdienstmilieu an Schausplätzen Venedigs und Roms.

FLÜCHTLINGE
(U.: 8.12.1933)

Abenteuer- und Kriegsfilm auf dem fernöstlichen Schauplatz der Mandschurei im Jahre 1928, in dem die Flucht einer Gruppe von Wolgadeutschen aus der Sowjetunion, verbunden mit Kritik an der Tätigkeit des Völkerbundes, eine nationalistische Rolle spielt.

Ein Nazifilm? Vaterlandsliebe mit Faschismus gleichzusetzen ist unfair. Natürlich, die Nazis hatten ihre Freude an dem Film, weil er das Heroische nicht verleugnete. Es gibt viele fremdländische Produktionen (auch östliche!) die weitaus stärker das posi-

tive Heldentum vorführen. Immer wieder sind solche Streifen auf der Leinwand und auf dem Bildschirm zu sehen. Von dem Film wurde damals auch eine französische Version gedreht.
Was man den Amerikanern, den Engländern, den Franzosen oder den Russen zubilligt, muß man fairer Weise auch den Deutschen zugestehen. Als der Film projektiert wurde, hatte die „tausendjährige Geschichte" noch nicht begonnen. Er entstand in einer Zeit der Umwälzung und Neurorientierung; daß der politische Weg ins Abseits, ins Verderben führen würde, konnte ein musisch veranlagter Mensch wohl sicher nicht voraussehen. Wäre der Film einige Jahre Später gedreht worden, dann könnte man darüber streiten, ob Albers diese Rolle hätte übernehmen sollen oder nicht. 1932/33 kann ihm daraus kein Vorwurf gemacht werden!
Der Streifen ist heute auf Video-Cassette erhältlich. Der interessierte Zeitgenosse kann so leicht sein Urteil selbst bilden.

1934
GOLD (U.: 29.3.1934)

Utopischer Sensationsfilm über die synthetische Herstellung von Gold durch Atomzertrümmerung von Blei, in dem die Forschungsarbeiten eines vorsätzlich getöteten Wissenschaftlers in den Händen eines skrupellosen Machtbesessenen die Welt in eine Katastrophe zu führen drohen.

Ein Nazifilm? Courtade/Cadars (Geschichte des Films im Dritten Reich, München, 1975) unterstellen dem Film eine antibritische Tendenz, nur weil der böse Gegenspieler eben ein britischer Alchimist ist. Auch dieser Film ist heute auf Video-Cassette erhältlich. Der Vorwurf läßt sich leicht entkräften.

1934
PEER GYNT
(U.: 17.12.1934)

In Anlehnung an das bekannte Bühnenstück von Ibsen gestaltet Hans Albers die Titelrolle, die ihn auf abenteuerlichen Weg aus dem norwegischen Bauernmilieu in die Welt international tätiger Handelsherren und Spekulanten führt.

1935
VARIETE (U.: 20.9.1935)

Schauplatz der Handlung sind die Zirkusmanege und die Variete-Bühne, auf denen die drei Artisten auch mit ihren menschlichen Konflikten ihre gefährlichen Kunststücke zeigen müssen. Bei dem Film handelt es sich nicht um ein Remake des bekannten Stummfilms gleichen Titels aus dem Jahre 1925.

HENKER, FRAUEN UND SOLDATEN
(U.: 19.12.1935)

Hans Albers in einer Doppelrolle zweier Neffen, von denen der eine bei den Russen und der andere in einem Freikorps im Baltikum kämpft, nachdem letzterer sich als Kampfflieger durch eine kühne Flucht mit dem Flugzeug einer Gefangenschaft durch die Engländer auf dem kleinasiatischen Kriegsschauplatz 1918/1919 entziehen konnte. Der Film entstand nach dem Roman „Ein Mannsbild namens Prack" von Fritz Reck-Malleczewen.
Ein Nazifilm? Die Darstellung der Kriegsgegner (hier insbesondere der Engländer) ist fair und durchaus korrekt. Zugegeben, ein Kriegsfilm, in dem der Held mit den Worten „Es lebe Deutschland" sein Leben aushaucht, aber ist das ein Verbrechen? Jede andere Filmnation hat solche und ähnliche Filme im Dutzend produziert.
Der Buch-Autor Reck-Malleczewen verstarb übrigens am 17. Februar 1945 im KZ Dachau.

1936
SAVOY-HOTEL 217
(U.: 11.4.1936)

Liebes- und Kriminalfilm im Alltags- und Hotelmilieu des zaristischen Moskau.
Unvergeßlich ein großartig ablaufendes Osterfest in einer russisch-orthodoxen Kirche; beeindruckend auch die Nachtasylsequenz.

UNTER HEISSEM HIMMEL
(U.: 23.12.1936)

Abenteuerfilm im Handels- und Passagierschiffsmilieu mit Waffenschmugglern auf der Fahrt durch das östliche Mittelmeer.
Der Film enthält zwei ausdrucksstarke Passagen: 1. Albers als Kapitän auf sinkendem Schiff in tobender See, eine der packendsten Szenen des gesamten Filmschaffens und 2. Albers als sich selbst trauender Kapitän, ein echtes, unvergeßliches Bravourstück!

1937
DER MANN, DER SHERLOCK HOLMES WAR
(U.: 15.7.1937)

Kriminalkomödie um den von dem englischen Kriminalschriftsteller Sir Conan Doyle erdachten Meisterdetektiv Sherlock Holmes und seinen Begleiter Dr. Watson.

Der Film „Der Mann, der Sherlock Holmes war" ist nach dem Urteil vieler erfahrener Cineasten die vielleicht beste Kriminalkomödie des deutschen Sprachraumes. Und nicht wenige halten ihn auch für den schwungvollsten aller Albersfilme. Mit Heinz Rühmann als Partner erleben wir Albers von einer erstaunlichen Vitalität und einer gelockerten Spiellaune; sein Agieren wird für den Betrachter zu einem reinen Vergnügen!

1937
DIE GELBE FLAGGE
(U.: 20.10.1937)

Abenteuerfilm im Passagierschiff- und Expeditionsmilieu vor südamerikanischem Hintergrund.

1938
FAHRENDES VOLK
(U.: 1.7.1938)

Darstellung dramatischer menschlicher Konflikte im Bereich der Arbeit eines großen international bekannten Wanderzirkus (Zirkus Barlay). Hans Albers in der Rolle eines entflohenen Zuchthäuslers als negativer Held, der bei waghalsiger Flucht zu Tode kommt. Deutsch-französische Gemeinschaftsproduktion.

Weit vom Verdacht, ein Nazifilm zu sein, ist die deutsch-französische Produktion „Fahrendes Volk" unter der Regie von Jacques Feyder. Der Streifen gilt heute noch als eine der besten europäischen Arbeiten über das Zirkusmilieu. Hans Albers spielt hier eine seinem Alter angemessene Rolle. Er überrascht mit einer reifen, darstellerischen Leistung. Erstmals ist er in einer Vaterrolle zu sehen. Der „ewige" Held und Draufgänger fand hier zu einer erschütternden Menschengestaltung.

1938
SERGEANT BERRY
(U.: 22.12.1938)

Abenteuerfilm im Polizei- und Verbrechermilieu in Chigago und an der nordamerikanisch-mexikanischen Grenze, in dem Hans Albers einen Helden wider Willen spielt.

Ein vergnüglicher, spannender Film; Albers in bester Spiellaune.

1939
WASSER FÜR CANITOGA
(U.: 10.3.1939)

Abenteuergeschichte um den Bau einer Wasserleitung im nördlichen Kanada im Ingenieurs- und Bergarbeitermilieu (Nach dem gleichnamigen Bühnenstück von Georg Turner = Hans J. Rehfisch, O. E. Eis). Hans Albers muß seine Einsatzbereitschaft bei der Aufdeckung von Sabotage mit dem Leben bezahlen.

„Wasser für Canitoga" ist ein harter Männerfilm; er gilt Courtade/Cadars als das perfekteste Beispiel des erfolgrichen kommerziellen Spielfilms im Dritten Reich. Ein Nazifilm ist dieses hohe Lied von Treue, Kameradschaft und Männlichkeit aber nicht, denn durch das unvergleichliche Spiel von Albers wird der individuelle Heldenmut, der Opfersinn, das moralische Verantwortungsgefühl zur menschlichen Tragödie, frei jeder unterschwelliger Tendenz; wird der Film auch zu keiner Verehrung der unverhüllten Inkarnation des „neuen Deutschlands". Der Film könnte genausogut in einem Hollywood-Studio gedreht worden sein; außerdem enthält der Streifen alle Ingredienzien, die einen Albersfilm auszeichnen. Die Persönlichkeit des Schauspielers tritt hier vielleicht am deutlichsten in Erscheinung. Albers allein schon macht den Film sehenswert; seine Darbietung erhebt ihn weit über den Durchschnitt. Im deutschen Filmschaffen nimmt sich „Wasser für Canitoga" ohne Zweifel als ein Meilenstein aus.

1940
EIN MANN AUF ABWEGEN
(U.: 20.2.1940)

Lustspiel mit Abenteuercharakter im Gesellschafts- und Reisemilieur, in dem Hans Albers in verschiedenen Verkleidungen seinem als Konzernherrn überdrüssigen Leben zu entfliehen sucht.

„Ein Mann auf Abwegen" enthält die versteckte, zeitbezogene Aufforderung, auszusteigen, sich vom Alltagsgeschehen zurückzuziehen, sich von der tagespolitischen Gesellschaft abzugrenzen. Das Anliegen ist geschickt und mit Raffinesse in die Spielhandlung eingebaut.

Der Film ist eine köstliche Persiflage, eine hintergründige Satire auf den herrschenden Zeitgeist. Die Anspielung auf

das tausendjährige Reich findet sich bereits auf den ersten Zelluloid-Metern, wenn es da heißt : „Guten Morgen! Wissen Sie, Carlsson, wie lange Archibald schon in diesem Hause ist?“ – „Sie werden es nicht glauben, seit 250 Jahren!“ Redewendungen wie „Sie sind ein überaus tüchtiger Mensch!“, ein mehrfach stark auffallend betontes „Guten Morgen“ und nicht zuletzt das gefällige Lied „Mach dir keine Sorgen...“ sind deutliche Hinweise. Doppeldeutig auch die Szenen, wo Albers als Chauffeur das Tragen einer Prachtuniform parodiert. Der Streifen ist in jeder Einstellung ein Beweis, daß ein Arbeiten mit freien Ideen noch möglich war. Ja, Albers singt hier ein Lied mit dem bemerkenswerten Text: Wer sich keinen Kummer macht / Und in trüben Stunden lacht / Der versteht das Leben / Denn der hat ja drüber nachgedacht. / Manchem machts das Schicksal schwer / Und es wirft ihn hin und her / Daß man glaubt er strandet / Doch er landet größer als vorher! / Drum, mach dir keine Sorgen / Geht's auch mitunter / Drüber und drunter / Sag, wenn es dir zu bunt wird / Ich geh! / Nur keine Angst vor morgen / Was kann passieren / Du mußt es riskieren / Sag doch wirklich einfach / Ich geh!
„Mach dir keine Sorgen...“, das Lied (Musik: Franz Doelle) erschien mit Albers nicht auf Schallplatte. War es, losgelöst von der Filmhandlung, für die Nazis zu gefährlich, zu doppeldeutig?

1940
TRENCK, DER PANDUR
(U.: 21.8.1940)

Frei nachgestaltete Abenteuer- und Spionagegeschichte um die historische Gestalt des Barons von der Trenck im Soldaten- und Hofmilieu zur Zeit der Herrschaft der Kaiserin Maria Theresia von Österreich. Hans Albers spielt neben der Titelrolle noch diejenige seines preußischen Vetters und seines Vaters.

1941
CARL PETERS
(U.: 20.3.1941)

Vaterländischer Film mit antiparlamentarischen Akzenten um das Leben und Wirken des deutschen Kolonialpioniers und Afrikaforschers Peters im Regierungsmilieu in Berlin und London sowie im Expeditionskorpsmilieu im ehemaligen Deutsch-Ostafrika.

Ein Nazifilm? Wäre der Film 10 Jahre früher (oder später) gedreht worden, bliebe ihm dieser Vorwurf erspart. Nach 1945 allerdings hätte es ihn in dieser Form nicht gegeben, denn das Zeitalter des Kolonialismus ging spätestens mit dem zweiten Weltkrieg zu Ende, andererseits bestand für diesen biografischen Stoff damals nicht das geringste Interesse, obwohl Lebensbeschreibungen immer wieder erfolgreich vermarktet werden.
Historische Daten sind unumstößlich, doch war Carl Peters der edle, wackere Streiter, wie ihn Hans Albers verkörperte?
Das wohl nicht, denn der Film wurde ja auf Albers programmiert und das bedeutete letzten Endes eine im Grunde natürliche und aufrechte Darstellung, das bedeutete einen unkomplizierten Titelhelden, zupackend herzlich, gewitzt und burschikos. Der Film ist natürlich nicht frei von Tendenz, aber seine englandfeindliche Zeichnung ist nicht gehässig und nicht verletzend. Außerdem, die Gegenspieler von Peters waren nun einmal Engländer und daß diese nicht begeistert waren von den Erwerbungen Peters, bedarf sicher keiner besonderen Erwähnung. Beunruhigt von den Peters'schen Errungenschaften waren aber auch inländische Kreise, diesbezügliche Auslassungen sprechen mitunter zwar eine deutliche Sprache, doch sind sie eher sarkastisch als diffamierend zu werten. „Armes Deutschland, du bist dir ja selbst dein größter Feind!“, dieser Satz, von Peters voller Bitternis gesprochen, erfährt heute durch die Zweiteilung der Nation eine schmerzliche Bestätigung.
Die antiparlamentarischen Akzente waren bei dem Stoff wohl schwerlich zu umgehen, doch sie sind so pfiffig gesetzt, daß die nachfolgenden Szenen sie abschwächen und neutralisieren. Das Auftreten Peters vor dem Parlament ist geschickt inszeniert. Ist das nicht (auch) eine versteckte Anklage gegen die Machthaber des Dritten Reiches? Wer die Physiognomie der Abgeordneten studiert, kommt zu überraschenden Ergebnissen.

Ja, die große Schlußszene im Reichstag – man beobachte und höre zwischen den Worten – ist mehr als nur eine vordergründige Auseinandersetzung der handelnden Parteien, sie ist eine kompromißlose Abrechnung mit dem herrschenden Regime, eine versteckte Anklage gegen die braune Diktatur.

Erregend und packend die Erschütterung, die von Albers ausgeht, wenn er zum Schluß nochmals den Blick zurückwendet, echt beschwörend seine Ausstrahlung, wenn die Siegessäule ins Bild kommt. Dem ernsten Betrachter wird da urplötzlich bewußt, daß Albers mit dieser großen Schlußszene eine Abrechnung mit Goebbels und Genossen gehalten hat!

II. TEIL

Regisseur Herbert Selpin und Hans Albers hatten bei der Übernahme des Projekts wohl mehr einen handfesten Expeditionsfilm vor Augen, der auf Albers zugeschnitten, das Biografisch-abenteuerliche hervorhebt. Courtade/Cadars berücksichtigten das nicht, doch sie erkennen richtig, daß der Film wichtige Szenen zu wenigen Minuten zusammen drängt. „Lange Sequenzen sind oft ohne Bedeutung", ja, sie sind im Hinblick auf die propagandistische Seite ohne Bedeutung, denn sie dienen der Auflockerung, dem abenteuerlichen Flair.

War es Absicht oder Zufall, dem Kenner der Albersfilme kommt unwillkürlich die Erinnerung an Sergeant Berry; quasi Carl Peters als Fortsetzung von dem Chicagoer Polizisten-Bild. Richtig, man tausche den Namen aus und schon lächelt der Polizeisergeant Berry als Afrikaforscher von der Leinwand. Zu dieser Gedankenverbindung trägt wesentlich das Spiel von Albers – er legt die Rolle sehr volkstümlich an und spricht viele Dialoge in norddeutscher Mundard – wie auch die Besetzung der Mutterrolle von Peters (Toni von Bukovics) bei. Von Selpin war das sicher beabsichtigt und auch für Albers traf das zu. Mit Phantasie läßt sich das „Abenteuer Peters" als ein Aufbegehren gegen unheilvolle Zeitumstände sehen und werten. „Sie stehen auf verlorenem Posten" sagt der englische Botschafter, worauf Peters erwidert: „Das ist noch lange kein Grund, ihn aufzugeben" (symbolisch: Ich bleibe, ich harre aus); daraus spricht die Hoffnung auf eine bessere, freiheitlichere Zeit!

Hans Albers soll über das Rollenangebot begeistert gewesen sein. Kein Wunder, er konnte endlich ein Männerschicksal darstellen, konnte beweisen, daß er ebenbürtig in der Reihe großer Menschengestalter steht.

Der Mime war Hanseat, er war deutsch und fühlte sich als Deutscher, nicht als Nazi! Er sah in Peters einen Pionier, der seinem Vaterland – wohlgemerkt in Friedenszeiten und durchaus legitim im Vergleich zur Praxis anderer europäischer Nationen – einen unschätzbaren Dienst erwiesen hat.

Irgendwie nötigt es einem Bewunderung ab, wie der Mensch und Künstler Albers die Epoche des Dritten Reiches ohne sichtbaren Schaden überstand. Eines ist sicher, er balancierte auf schmalem Grat. Daß er oben blieb und nicht fiel, war nicht zuletzt auch in seiner hanseatischen Standfestigkeit begründet. Und trotzdem, über seinem Haupte schwebte ständig ein Damokles-Schwert.

Da bot ihm die Bavaria einen Film über das Leben des Forschers Carl Peters an. Das muß für ihn, der doch ständig nazistische Rollen-Angebote zu befürchten hatte, eine gewaltige Erleichterung gewesen sein. Der Künstler sagte zu, Goebbels wollte nicht, die Produktionsfirma und wohl auch Selpin bestanden aber auf der Besetzung. Der Film wurde gedreht. Der Versuch, völlig unvoreingenommen und neutral zu sein, mißlang zwar, doch das Unternehmen wurde auch nicht zu einem bösen und deshalb unverzeihlichen Ausrutscher. Für Albers sollte der Film aber im gewissen Sinne doch zum Schicksal werden, umgab er ihn doch mit einer fraglichen Aura, unterstellte man ihm doch allzu leichtfertig, er hätte seine außergewöhnliche Popularität zeitweise in den Dienst des Faschismus gestellt.

Der Beweis, daß „Carl Peters" nicht als Nazi-Machwerk produziert wurde, ist für den Kenner des Films heute unschwer zu führen. Es verwundert eigentlich, daß ein von Selpin und von Albers in den Film hineingelegtes Kuckucks-Ei bis zur Stunde unentdeckt blieb; obwohl es geradezu ins Auge fällt!

Der sympathische Berufsboxer Walter Neusel, Deutscher Meister 1938 und 1942, ein blonder Hüne und nur wenig im Schatten von Max Schmeling stehend, hat in diesem Film einen Kurz-Auftritt innerhalb einer Bar-Szene. Der populäre Sportler, er mimt einen Engländer, äußerst sich belustigt über die Deutschen und bekommt dafür prompt von Peters alias Albers eine kräftige Ohrfeige! Aus, ein deutsches Idol maßregelt einen deutschen Liebling. Weshalb hat Selpin diese Rolle gerade mit Walter Neusel besetzt? Die Frage läßt sich leicht beantworten: Albers, eine Symbolfigur des demokratischen Deutschlands verweist hier eine Symbolfigur des nazistischen Deutschlands in seine Schranken!

Tatsache ist jedenfalls, daß der Film den braunen Machthabern so manches Rätsel aufgab. Waren sie zu borniert, zu arrogant, blieb ihnen das Hintergründige verborgen? Wer kann diese Frage heute noch klären? Doch halten wir fest: Bis zum nächsten Film hatte Albers eine sehr lange (erzwungene?) Filmpause!

Ein Aufführen des Films im 3. Programm des NDR vor wenigen Jahren zeigte, daß Albers durch die Verkörperung dieser Rolle sich nichts von seiner geradlinigen und menschlichen Haltung vergeben hat. Vor den Karren der Propaganda ließ sich Albers jedenfalls nicht mehr spannen. Nach dem Carl-Peters-Film dauert es zwei Jahre, bis ein neuer Film mit ihm in die Lichtspieltheater kam. Der Künstler hatte mehrere Expose's abgelehnt und fiel vorübergehend in Ungnade. Goebbels tobte, er wollte ihn unbedingt als Oliver Cromwell (engl. Landedelmann und Offizier; Haupt der Independenten im Bürgerkrieg gegen Karl I., den er 1649 hinrichten ließ.) auf die Leinwand bringen. Daß er unbeschadet diese Periode durchstand, verdankte er zweifellos seiner außerordentlichen Popularität, so blieb er während dieser angespannten Zeit der sichtbare Repräsentant einer noch vorhandenen Freiheit des deutschen Filmschaffens.

Mit seinem nächsten Film liefert Albers den unumstößlichen Beweis, daß der demokratische Intellekt ungebrochen wirkte.

1943
MÜNCHHAUSEN
(U.: 5.3.1943)

Abenteuer- und Ausstattungsfilm zum 25jährigen Ufa-Jubiläum um die berühmte Gestalt des sogenannten Lügenbarons im Fürstenhof- und Gesellschaftsmilieu des 18. Jahrhunderts an verschiedenen Schauplätzen Europas. Der Film, ein Großprojekt in Farbe, dokumentiert, daß im deutschen Film jener Jahre noch Kräfte tätig sein konnten, die den braunen Machthabern nicht zu Füßen lagen. Es sei daran erinnert, daß der unerwünschte Erich Kästner das Drehbuch schrieb.

Während der Dreharbeiten zu „Münchhausen" trifft Jobst von Reiht-Zanthier (von 1931 an Besetzungschef der Ufa) nach einer Reise Hans Albers in Babelsberg. Er berichtet: „Nach unserer Rückkehr schlenderte ich zu den Ateliers, um zu sehen, was alles in Arbeit war. Da kreuzte meinen Weg Hans Albers, den ich lange nicht getroffen hatte. Der sonst so Vergnügte sah vergrämt drein. ‚Na, Mensch', fing er an, ‚dich hab ick aber ooch lange nich jesehn. Weeste, een Verjnüjen is det ja nu nich mehr. Nischt

---

„Lügenbaron" Albers schockiert Goebbels

Babelsberg (Berlin), 6. März 1943

Mit Glanz und Gloria feierte gestern — mitten im Krieg — eine mächtige, launische junge Dame ein stolzes Ereignis. Die deutsche Filmgesellschaft „Ufa" wurde 25 Jahre alt.

Propagandaminister Dr. Goebbels hielt für die „oberen Hundert" von Film und Verwaltung eine bunte Überraschung bereit — den ersten abendfüllenden deutschen Farbfilm. „Münchhausen" heißt Goebbels' teures Geburtstagsgeschenk. Tausendsasa Hans Albers heckt darin als der Lügenbaron allerlei „Geschichten" aus. An seiner Seite spielen die Lieblinge dieser Zeit: Brigitte Horney, Ferdinand Marian, Käthe Haack, Leo Slezak und Hubert von Meyerinck.

Viele der anwesenden Premierengäste wischten sich nach der Vorstellung verstohlen Lachtränen aus den Augen. Es war kein Geheimnis mehr: Das Drehbuch zu diesem „Knüller" schrieb der „verbotene" Erich Kästner. Natürlich unter einem Pseudonym.

Bei der Verbeugung nach der Vorstellung war Totenstille im Festsaal. Die Stars — unter ihnen Lilian Harvey, Willi Fritsch, Hilde Krahl, Kristina Söderbaum und Grete Weiser — tauschten Blicke. Das Gesicht von Dr. Goebbels versteinerte. Die Hauptperson des Abends, der blonde „Lügenbaron", war nicht gekommen!

Es gibt viele Gerüchte, aber nur Regisseur Liebeneiner weiß die Antwort. Albers hatte am Vortag verbittert gesagt: „Nee, zu dem Hinkebein gehe ich nicht."

Ob der Propagandaminister den singenden Herzensbrecher wohl weiterhin zu seiner geförderten „Film-Fachschaft" zählen wird?

---

wie Arjer hat man. Daß ich überhaupt noch mal'ne Rolle krieje, hab ich euch zu verdanken und dem Münchhausenstoff. Mit mir wolln die Burschen nischt mehr machen. Ick weeß, du bist meiner Meinung. Sonst darf man ja nirgends mehr das Maul aufmachen!' – ‚Ach, Albers', versuchte ich ihn zu trösten, ‚es wird schon wieder alles anders werden, warten wir ruhig ab. Nur muß man alles überleben können.' – ‚Wenn se schon die arme alte Henny Porten nicht spielen lassen', grunzte er, ‚bloß weil sie ihren Mann nicht aufgeben will, pfui Deibel, is das 'ne Bande! Die Frau ist doch so deutsch und unser ältester Star. Darauf sollten se doch Rücksicht nehmen, die Lumpemkerls!' Wir drückten uns still die Hand und gingen unserer Wege." (Joachim Cadenbach: Hans Albers, Reinbek bei Hamburg, 1977).

Der Film erregte nach seiner Fertigstellung – heute ist das nur unzureichend bekannt – im höchsten Maße die Gemüter der braunen Politik-Prominenz. Der verantwortliche Produktionschef von „Münchhausen" hieß Ottoheinz Jahn. Er war ein tüchtiger Mann, wenn auch keine überragende Persönlichkeit. Er war aber ein Mann, der sich nicht ganz in die Abhängigkeit eines Regimes begab, dessen Prinzipien er im geheimsten ablehnte. So ist es eigentlich auch nicht weiter verwunderlich, daß er wegen der Auswahl der Stoffe, seines Ufa-Produktionsprogramms, mehrfach gemaßregelt worden ist. Geobbels ermahnte ihn zuerst wohlmeinend, dann weniger freundlich. Trotzdem ist er von seinem künstlerlischen Weg nicht abgegangen. In dem Buch „Berlin Glienicker Brücke" (Verlag Universitas, München, 1978) schreibt Maria Wilde, ehemaliger Ufa-Nachwachsstar und Vertraute von Ottoheinz Jahn:

„Als Jubiläumsfilm – 25 Jahre Ufa – hatte Jahn ‚Münchhausen', eine Monstre-Farbfilmmärchen, gemacht.

„Warum nicht eine grandiose zeitgemäße Geschichte?"

Mit dem Drehbuch hatte er, im Einvernehmen mit dem Reichsfilmintendanten Dr. Hippler, Erich Kästner unter dem Pseudonym Berthold Bürger betraut, obwohl Kästner unerwünscht war. Die Titelrolle hatte er mit Hans Albers besetzen lassen, den Goebbels nicht mehr sehen wollte, weil Albers nicht bereit war, seiner nichtarischen Lebensgefährtin Hansi Burg den Laufpaß zu geben. So kam es zu entsetzlichen Auseinandersetzungen im Propagandaministerium, die zu Jahns Abberufung als Ufa-Produktionschef führten.

Im Zusammenhang mit der „Münchhausen-Affäre" verlor schließlich auch Dr. Hippler seinen Posten. Trotz allem blieb „Münchhausen" Jubiläumsfilm und wurde ein Risenerfolg."

Soweit diese authentische Schilderung, die ebenfalls deutlich macht, daß unter den Filmschaffenden die Zahl der freidenkenden Geister ausnehmend hoch war und sie bis in Spitzenstellungen hinein nachzuweisen sind.

Über die Wahl des Münchhausen-Stoffes, über die Berufung von Hans Albers zum Hauptdarsteller des Jubiläumsfilms, gab es in Kreisen einiger arrivierter Berufs-Kollegen große Verbitterung. Da waren Emil Jannings, Heinrich George, Werner Kraus, da war Zarah Leander, da waren Veit Harlan und Kristina Söderbaum. Beim Jubiläum der Ufa am 3. März 1943 fehlte demzufolge so mancher berühmte Name.

1944
GROSSE FREIHEIT NR. 7
(U.: 15.12.1944)

Eine Geschichte um die Konflikte im Leben eines Seemanns im Hamburger Hafen-, Alltags- und Nachtlokalmilieu.

Als Hans Albers für das Hamburger Seemanns-Epos vor die Kamera trat, hatte er ebenfalls mehr als ein Jahr pausiert. Der Film wurde bekanntlich verboten, seinen erfolgreichen Start erlebt er erst nach Kriegsende.

1945
SHIVA UND DIE GALGENBLUME
(unvollendet)

Dieser vor Kriegsende in Prag nur zu 2/3 abgedrehte Kriminalfilm behandelt einen Bilderdiebstahl, bei dessen Aufklärung durch einen gewieften Kriminalisten, dessen Spitzname Shiva ist, auch Geldfälschungen im russischen Emigrantenmilieu aufgedeckt werden.

Viele Cineasten bedauern, daß dieser Film wegen der Kriegsereignisse unvollendet blieb. Hans Albers hätte mit diesem Streifen sicher einen weiteren filmischen Höhepunkt markiert.

In der Zeit von 1933 bis 1945 entstanden also insgesamt 20 Filme mit Hans Albers. Von diesen Lichtspielen werden die drei Streifen „Flüchtlinge", „Henker, Frauen und Soldaten" und „Carl Peters" oft voreilig als faschistisch und propagandistisch erklärt.

Für „Flüchtlinge“ und „Henker, Frauen und Soldaten“ läßt sich diese pauschale Kritik – wie bereits erwähnt – nicht länger aufrechterhalten. Bei aller Problematik, auch „Carl Peters“ verdient eine andere (geneigtere) Beurteilung. Der Streifen gehört überdies nicht in die Kategorie der Durchhalte-Filme. Peters resigniert am Schluß des Films, er kehrt zurück in die Arme seiner Mutter, das war für die damalige Zeit ein schockierendes Ende! Heute, da jeder weiß, daß die großen Probleme nur noch europäisch und nicht mehr national zu lösen sind, empfehlen sich die Filme als glücklich erhaltene, interessante Albers-Studien.

Es ist bemerkenswert, daß ein so bekannter Schauspieler wie Hans Albers über die ganzen zwölf Jahre in seinem beruflichen und im privaten Bereich sich einen so großen Freiraum vor der faschistischen Umklammerung bewahren konnte. Bei einem Vergleich seiner Filme läßt sich eine kluge Stoffwahl registrieren. Die mannigfaltigen Themen mit stets abenteuerlicher, nicht zeitbezogener Handlung, erschwerten die progapandistische Einflußnahme. Je stärker der staatliche Hurra-Patriotismus in Erscheinung trat, desto märchenhafter wurden seine Filme.

Hans Albers war ein vielseitger Mime. Er besaß wie kein anderer Akteur ein breites Bandmaß an künstlerischer Befähigung. Er war Schauspieler, Artist (Akrobat) und Sänger (vielleicht besser Chansonnier). In seinen Filmen (und auch auf der Bühne) stellte er sein artistisches Können mehrfach unter Beweis. In den zwanziger Jahren, bevor er 1928 zum ernsthaften und seriösen Bühnendarsteller avancierte, war er der bekannteste und beliebteste männliche Revue-Star in und von Berlin.

Berücksichtigt man diese seine dreifache Begabung, so fällt es nicht schwer zu behaupten, daß Hans Albers bis heute der bedeutendste und wirkungsstärkste Schauspieler Deutschlands gewesen ist.

Der großartige und hochgeschätzte Kinoheld liebte seine Heimat über alles; seine Geburtsstadt Hamburg und sein deutsches Publikum. Zu der politischen Macht oft in Distanz, suchte er trotzdem nicht in der Fremde sein Glück. Hans Albers hat keinen Film gedreht, der rassistisch oder völkerverhetzend war und er hat keinen Film gedreht, in dem sein Vaterland besudelt und verschmäht wurde. Er leugnete nie, ein Deutscher zu sein. Und er bewies immer Haltung, auch privat! Obwohl seine Lebensgefährtin nach 1933 zunehmend unerwünscht war, hielt er fest zu ihr. Er war eben ein Hanseat – aufrecht, redlich und standfest!

Hans Albers ist als Künstler zweifelsohne ein Vorbild.

Es gibt kein Foto, auf dem Albers neben Hitler, Goebbels oder Göring zu sehen wäre. Nicht von ungefähr haben der Regisseur Selpin und Albers von 1938 bis Anfang 1941 zusammengearbeitet. Sie waren ein Gespann von gleicher Gesinnung. Selpin starb übrigens 1942 im Gestapo-Gefängnis.

Im Dritten Reich entstanden, wie die Albersfilmographie (nach Eberhard Spiess: Hans Albers, Frankfurt, 1977) beweist, bis zuletzt unpolitische und hervorragende Filme. Das wird besonders anschaulich dokumentiert von dem Jubiläumsfilm der Ufa „Münchhausen“ und von dem Hafenepos „Große Freiheit Nr. 7“, zwei Meisterwerke deutscher Filmkunst. Beide Filme leben von dem großartigen Spiel ihres Hauptdarstellers; sie machen Hans Albers unvergänglich. Er spielte in über 100 Stummfilmen; 50 Tonfilme zeigen ihn in der Titelrolle.

Es ist die Tragik des Schauspielers Albers, daß er im Zenith seines Lebens, über die Zeit seiner ungebrochenen, körperlichen Vitalität, also im Jahrzehnt des „tausendjährigen Reiches“, die spektakulären, klassischen Rollen – auf der Bühne und auf der Leinwand – ablehnen mußte, wollte er verhindern, daß er mit seinem typischen, deutschen Aussehen, von den Nazis zu propagandistischen Zwecken mißbraucht wurde. Zwischen „Peer Gynt“ und „Münchausen“ fehlen die erwünschten Stoffe der Weltliteratur; sein ungewöhnliches Talent konnte sich nur in unverfänglichen Unterhaltungswerken entfalten. Um seine Unparteilichkeit erhalten zu können, tauchte er sozusagen ab in die Gefilde der leichten Kurzweil. Das war nicht ungefährlich und es wirkte sich für ihn auch insofern nachteilig aus, daß man über eine lange Zeit den ernsthaften Charakterdarsteller nicht wahrhaben wollte. Natürlich sind seine Filme, gerade aus dieser Zeit, auch heute noch von besonderem Reiz; schon deshalb, weil sie gegen die Verallgemeinerung stehen, der Film im Dritten Reich sei ein verlogenes, propagandistisches Einheitsprodukt. Die Zusammenarbeit mit Regisseur Herbert Selpin war für Albers ein Glücks-

umstand. Ihre gemeinsame Filme sind bemerkenswerte Dokumente eines für Recht und Freiheit eintretenden Stabes von Filmschaffenden.
Es ist für die deutsche Filmgeschichte unerläßlich, daß die Albers-Filme, insbesondere die Streifen vor 1945, erhalten bleiben, daß sie restauriert und in ihrem Bestand für die kommenden Generationen gesichert werden. Die ungeheure Ausstrahlung von Albers, seine Natürlichkeit und sein Optimismus sind einmalig. Sein Stern strahlte unvermindert über Jahrzehnte, auch in jener Zeit der Nachkriegsepoche, wo er altersmäßig gezwungen war, den Draufgänger und Herzensbrecher abzulegen und in das Fach des gereiften Menschendarstellers überzuwechseln. Es dauerte lange, bis das Publikum sich an seine Altersrollen gewöhnt hatte, bis es den humanen Lebenskünstler, den erfahrenen Altersphilosophen in ihm erblickte und diesen Nimbus ihm auch zugestand.

Bei der Beurteilung von Albers sind die herkömmlichen Maßstäbe, die man bei Schauspielern anlegt, nicht zu verwenden. Er ist und bleibt eine Ausnahmeerscheinung. Er kam von unten, von der Revue und stieg auf in lichte Höhen, auf die seriöse Bühne unvergeßlicher Schauspielkunst. Beim Stummfilm findet man ihn im weiten Feld der Kompaserie und der Nebendarsteller, aber auch schon in Hauptrollen. Es war die fehlende Sprache, die schon hier seinen Aufstieg an die Spitze vereitelte; seine unverwechselbare Stimme, die unwahrscheinlich in ihrer Modulation, aufs innigste Zartheit und Zuversicht, aufs ergreifendste Glück und Schmerz zum Ausdruck bringen konnte. Beim Tonfilm dann war er urplötzlich da. Von seinem ersten bis zum letzten Sprechfilm war und blieb er der große Albers. Man wird von ihm noch reden, wenn viele andere für ihre Zeit große Künstler längst vergessen sind, wenn viele andere Schauspielergenerationen zu ihm in die ewige Wallhall eingegangen sein werden.
Hans Albers wurde am 22. September 1891 als Sohn eines Schlachters in der Langen Reihe in Hamburg geboren. Er starb, fast 69jährig, am 24. Juli 1960. In seiner Geburtsstadt Hamburg wurde er beigesetzt.
Friedrich Luft, der bekannte Berliner Theater-Kritiker, hat in seinem Nachruf vielen aus dem Herzen gesprochen, wenn er sagt: „Der Mann war herrlich! Man wird seinesgleichen (leider) nicht wieder in einem Menschenalter erleben."

Anhang

Anstelle eines Nachwortes

Die Natur ist das einzige Buch,
das auf allen Blättern großen Inhalt bietet.

Goethe (1749–1832)

Heimat, du bist wunderschön . . .

Ubstadt zum 1200jährigen Jubiläum 1969

Heimat, du bist wunderschön —
Sonne über Tal und Höhn;
trautes Land an Schönheit reich,
an der Pfort zum Tal der Kraich.
Sei mir gegrüßt, viel tausendmal,
du schönes Kraichbachtal.
Das Sonnenlicht erhellt die Pracht,
mit der du bist bedacht!

Heimat, du bist wunderschön —
Dorf der Ahnen, bleib bestehn.
Auf den Mauern alt und hehr,
liegt ein Glanz von Ruhm und Ehr.
Sei mir gegrüßt, auch uns're Zeit
hält Lorbeer dir bereit;
und Badner Art und Gottes Wort —
prägt das Gescheh'n im Ort!

Heimat, du bist wunderschön —
Tag der Freude, dich zu sehn.
Murmelnd singt der traute Bach
liebliche Gedanken wach.
Sei mir gegrüßt, mein Heimatort,
der Jugend sel'ger Hort;
wo mein Zuhaus, in grüner Au —
liegt still im Morgentau!

Heimat, du bist wunderschön —
dieses Lob dir ewig tön;
freundlich prangen Wald und Flur,
alles ist von froh Natur.
Sei mir gegrüßt, du Kraichtalpfort,
der Sehnsucht heil'ger Ort.
O Heimatland, Juwel der Welt —
dein Zauber mir gefällt!

Das Gedicht wurde von Chordirektor ADC Fritz Barth, Bruchsal, vertont und als Männerchor arrangiert.

Bruchsaler Rundschau Nr. 139, Freitag, 19. Juni 1970

Heimatlied wird uraufgeführt

Beim 60. Jubiläum des Gesangvereins „Freundschaft" Ubstadt

Ubstadt-Weiher (ard). Beim 60. Jubiläum des GV „Freundschaft" Ubstadt vom 4. bis 6. Juli auf dem Festgelände neben der Sportanlage des FC „Viktoria" Ubstadt an der Weiherer Straße wird u. a. das Heimatlied „Heimat, du bist wunderschön", Melodie und Satz Fritz Barth, Bruchsal, Text Karl Serden, uraufgeführt.

Die Vorbereitungen auf dieses großangelegte Sängertreffen sind seit Wochen in vollem Gange. Der Chor unter der bewährten Leitung von Chordirektor Fritz Barth, Bruchsal, studiert seit einiger Zeit das neue Heimatlied ein, das anläßlich des 1200. Ortsjubiläums 1969 von unserem Mitarbeiter Karl Serden verfaßt und von Barth vertont worden ist. Dieses Heimatlied wird voraussichtlich auch bei der in Vorbereitung befindlichen Sendung des Süddeutschen Rundfunks „Klang und Sang aus Stadt und Land, heute aus Ubstadt" vom Ubstadter Gesangverein aufgeführt.

Bei dieser Sendung, die von Karl Serden initiiert worden ist, wirken mit: die „Freundschaft" mit ihrem Männer- und gemischten Chor, der Musikverein „Echo", die Kraichgau-Musikanten, der Schülerchor der Grund-, Haupt- und Realschule Ubstadt und das Handharmonika-Schülerorchester. Das Heimatlied besingt den Liebreiz des Kraichgaus und die reiche Vergangenheit Ubstadts.

Die erste der vier Strophen des Heimatliedes lautet: „Heimat, du bist wunderschön — Sonne über Tal und Höh'n, trautes Land, an Schönheit reich, an der Pfort' zum Tal der Kraich. Sei mir gegrüßt, mein Heimatort, der Jugend sel'ger Hort, wo mein Zuhaus in grüner Au', liegt still im Morgentau."

Chordirektor Fritz Barth, der mehrere namhafte Chöre leitet und der mit einigen Messen, geistlichen Liedern, aber auch der Vertonung von Gedichten unserer Romantiker und mit seinen Männerchören bekannt geworden ist (der Chor „Winterbild" war u. a. beim Komponistenwettbewerb des Badischen Sängerbundes preisgekrönt worden) schrieb dieses „Kraichgauer Heimatlied" in einem bewegten, frischen und natürlichen Satz, ohne Sentimentalität und falschen Pathos, eine frohe Melodie, die bei den Musikfreunden Anklang finden wird.

In einer leicht geänderten Textfassung ebenfalls von Serden, könnte dieses Heimatlied praktisch von allen Kraichgau-Chören gesungen werden. Die Vertonung eines Kraichgauer-Weinliedes zum Lobpreis des unterbadischen Weines, Text von Karl Serden, wird von Fritz Barth vorbereitet.

Das Jubiläums-Programm erstreckt sich über drei Tage, samstags beginnt im Festzelt das Festbankett, wobei die Uraufführung des Heimatliedes auf dem Programm steht. Sonntags folgt ein Freundschaftssingen fast aller namhafter Vereine des Sängerkreises und am Montag ist ein Sängerwettstreit der Ortsvereine vorgesehen, an dem sich alle Ortsvereine beteiligen. Die von der Ubstadter Fasnachtsgesellschaft zur Aufführung ausgewählten Lieder sind ebenfalls von unserem Mitarbeiter Karl Serden getextet.

DER VERFASSER DES HEIMATLIEDES, unser langjähriger Ubstadter Mitarbeiter Karl Serden. Foto: ard

---

Was gegen die Natur ist, ist gegen Gott!

Friedrich Hebbel (1813–1863)

Der ehemalige Landkreis Bruchsal:

Geschichtsreicher Raum seit 2000 Jahren

Im vorderen Kraichgau ist und bleibt Bruchsal das Zentrum für Wirtschaft und Handel

Der Landkreis Bruchsal als Gebietskörperschaft ist seit dem 1. Januar 1973 ausgelöscht und die Kreisreform setzte neue Akzente. Der Entfaltung und dem weiteren Aufstieg der Bruchsaler Raumschaft steht dieser Tatbestand jedoch nicht entgegen. Alle Anzeichen, vor allem die Investitionsprogramme des neuen Landkreises Karlsruhe im Regionalverband Mittlerer Oberrhein, deuten darauf hin, daß die Aufwärtsentwicklung des Raumes Bruchsal andauern wird. Allein für die nächsten fünf Jahre enthält der Investitionsfahrplan im Kreis Karlsruhe 350 Mill. DM, davon über die Hälfte für den seitherigen Landkreis Bruchsal.

Seit den Nachkriegsjahren vollzog sich ein in der Geschichte dieses Raumes einzigartiger Strukturwandel, wobei die Infrastruktur von Grund auf ausgebaut und in einem vor wenigen Jahren kaum denkbaren Ausmaß verbessert worden ist. Bruchsal, eine Stadt mit Tradition, ein Wirtschafts- und Kulturzentrum, das seine Probleme herzhaft anpackt, blickt optimistich in die Zukunft. Seit Jahren betreibt die Stadt eine kluge und weitschauende Kommunalpolitik. Die Aufgaben der Gegenwart werden mit Tatkraft und Weitsicht bewältigt. Alle Bemühungen sind auf das Ziel ausgerichtet, der Bürgerschaft zu dienen und ein wirksamer Faktor im Entwicklungsprozeß der heimischen Landschaft zu sein.

Geschichtsträchtiges Land

Das Land zwischen Rhein und Neckar ist ein geschichtsreiches Land. Es war bevorzugtes Dekumatenland der Römer. Hier bauten die Vornehmen ihre Villen und siedelten ausgediente Soldaten an. Die germanischen Völker der Alemannen und Franken kämpften um diesen Flecken Erde und ließen sich hier nieder. Die Landkarte dieses Landstrichs glich bis zur Entstehung Badens 1803 einem Mosaik weltlicher und kirchlicher Territorien. Aber so parzelliert das Land früher auch war, seine Fruchtbarkeit und ein üppiges Wachstum legitimierten es zu allen Zeiten als einen „Garten Gottes".

Im neuen Großkreis kommt Bruchsal dank seiner Dynamik und Wirtschaftsstärke, gleichermaßen dem Hügelland wie der Ebene zugewandt, auch künftig eine führende Position zu. Die Stadt ist modern und fortschrittlich, in ihren Mauern schlägt ein kräftiger Pulsschlag. Im vorderen Kraichgau ist Bruchsal das Zentrum für Wirtschaft und Handel, für Kultur und Sport und eine geschätzte Schulstadt, die sich aus dem Trümmerhaufen von 1945 zu einem blühenden Gemeinwesen emporgearbeitet hat.

Das Brusler Schloß

Das ehedem fürstbischöfliche Schloß hatte einst seinen festen Platz in der Kunstgeschichte. Es wird diesen Rang dank der bislang einzigartigen Restaurierungsmaßnahmen im Mitteltrakt erneut einnehmen. Mit dem Aufbau der Stadt ist auch der größte Teil des Schlosses in der überlieferten Architektur wieder hergestellt worden. Sachverständige bezeichnen schon heute, während noch die Arbeiten im vollen Gange sind, den Wiederaufbau des Bruchsaler Corps de Logis als die geglückteste Barockrenovierung unserer Zeit.

Die Entstehung der Stadt geht auf einen fränkischen Königshof (Sal) zurück. Im Jahre 1056 schenkte Kaiser Heinrich III. diesen Königshof dem Bischof von Speyer. Seither war das Schicksal von Bruchsal mit dem von Speyer durch Jahrhunderte hindurch in Freud und Leid verbunden.

Der berühmteste unter den Fürstbischöfen von Speyer, Kardinal Damian Hugo von Schönborn (1719 — 1743), entschloß sich im Jahr 1720 in Bruchsal seine Residenz zu errichten. Den Kunstfreunden in aller Welt ist das Bruchsaler Schloß bekannt als eine der bedeutendsten Schöpfungen der Barock- und Rokokozeit. Besonders gerühmt wird das Treppenhaus mit der genialen Treppenkonstruktion Balthasar Neumanns.

Es gibt wenige deutsche Landschaften, die von den ältesten Zeiten bis zur Gegenwart in einem solchen Ausmaß der Schauplatz menschlicher Tätigkeit waren wie der Kraichgau. In erster Linie hängt dies mit seiner verkehrspolitischen Lage als einer „Brücke zwischen Oberrhein und Schwaben" zusammen. Der Schwarzwald versperrte viele Jahrhunderte lang den Weg von West nach Ost. Nur im Kraichgau ließen sich Straßen und Wege anlegen, die ohne große Steigerungen den Übergang ermöglichten.

Im Landschaftsgefüge Südwestdeutschlands nimmt der Kraichgau hinsichtlich seiner Verkehrsbedeutung eine einzigartige Stellung ein. Etwas humorvoll bezeichnen führende Leute die Stadt Bruchsal gerne als „Nabel Europas" weil sich hier die große Ost-West- und Nord-Süd-Verbindung seit altersher kreuzen. Ununterbrochen zieht der Verkehrsstrom auf diesen bedeutenden Adern des südwestdeutschen Raumes dahin. Schienenstränge, Autobahn, Bundesstraßen und der Rheinstrom an der Westgrenze könnten künftig die Lebenslinien der EWG bilden.

Reich begütert im Kraichgau erscheint bereits in karolingischer Zeit das Kloster Lorsch. Die Bistümer Speyer und Worms schoben sich weit nach Osten vor. Die Klöster Maulbronn und Herrenalb hatten überall wertvolle Besitzungen. Auch die badischen Markgrafen waren im Kraichgau ansässig. Ebenso die Ebersteiner, selbst die Stauffer besaßen hier Rechte und die Kurpfalz richtete schon frühzeitig über den nördlichen Kraichgau ihre Herrschaft auf. Zwischen diesen größeren Gebietsherren saßen als zumeist örtlichen Herren die Ritter, wie die Göler von Ravensburg oder die Herren von Gemmingen.

Die Mundarten

Es überrascht und imponiert zugleich, wie stark sich die Zugehörigkeit zu den ursprünglichen Gebietsherrschaften in den Mundarten auswirkt. Im westlichen Kraichgau, der in seinem größten Teil zur Kurpfalz und zu Speyer gehörte, wird heute eine dem pfälzischen verwandte Mundart gesprochen. Im Süden und Südosten, der zumeist schwäbisch war, hat auch der Dialekt schwäbischen Anklang. In der Stadt Bruchsal geht die Differenzierung gar soweit, daß links des Salbachs, vor allem in der Württemberger Vorstadt, „geschwäbelt" und erst im eigentlichen Stadtkern auf dem anderen Salbachufer, das reine „Bruslerisch" gesprochen wird. Schon Samuel Friedrich Sauter, „das arme Dorfschulmeisterlein" von Flehingen, hat den Kraichgau recht trefflich als ein Land des sprachlichen und volksmäßigen Übergangs geschildert. (Fortsetzung folgt)

Bruchsaler Rundschau Nr. 39, Donnerstag, 15. Februar 1973

Der Kraichgau – „Toskanisches Land"

Lieblicher Garten mit warmen Quellen, blumigen Weinen und köstlichen Spargeln

Schon viele Dichter haben den Kraichgau besungen, u. a. das Dorfschulmeisterlein von Flehingen, Samuel Friedrich Sauter, und sogar ein Schwabe, Otto Rombach. Im Mittelalter war es der gelehrte Humanist David Chyträus, dessen Vater in Menzingen Pfarrer war und den's bis nach Rostock an die Ostsee verschlug. Sie alle rühmten ihre angestammte Heimat als „lieblichen Garten", der in deutschen Landen einzigartig sei. Heute gilt es, diesen gesegneten Landstrich neu zu entdecken und als „Naherholungsgebiet" für alle Bevölkerungskreise zu erschließen.

Der Weinbau zählt zu den ältesten Erwerbszweigen im Kraichgau. Wegen seiner Reben wurde dieser einst als „Gelobtes Land" bezeichnet.

Der gelehrte Humanist David Chyträus (1530 — 1600) schreibt: „Außerdem ist der Kraichgau mit Weinbergen, Äckern, Wiesen und Wäldern so reich gesegnet, daß es nicht nur den Menschen und Tieren zu ihrem Leben das Notwendige darreicht, sondern auch daß die Gegend wie ein lieblicher Garten dem Beschauer viel Genuß und Ergötzen bereitet".

Der schwäbische Dichter Otto Rombach (*1904) preist den Kraichgau als „ein kaum entdecktes virgilisches Land" und der Geologe Friedrich Metz (1890 — 1969) vergleicht ihn mit einer „toskanischen Landschaft".

Bukettreiche Weine

Wer bei einer kleinen Weinreise einmal nach Bruchsal und nach Wiesloch kommt, der wird seiner Liebe zu den Weinen dieser Gegend ein Leben lang treu bleiben. Nirgends werden die Reben mit mehr Hingabe und Sachverstand gepflegt als im Kraichgau und an der „südlichen Bergstraße. Hier gedeihen vollmundige Ruländer, blumige Müller-Thurgau, bukettreiche Gewürztraminer, zarte Weißburgunder und rassig elegante Rieslinge. Die Sonne läßt auch Rotweine reifen, die weithin beliebt und geschätzt werden, so einen sanft-samtigen Spätburgunder und einen kernigen Schwarzriesling.

20 Winzergenossenschaften mit mehr als 2500 Winzer haben sich zu einer gemeinsamen Kellerei zusammengeschlossen: zum Winzerkeller in Wiesloch. Dieser genossenschaftliche Betrieb, der nur Weine seiner Mitglieder vermarktet, ist mit jahrhundertealter Weinerfahrung nach neuesten Erkenntnissen eingerichtet. Zwölf Millionen Liter beträgt die Lagerkapazität dieses Winzerkellers.

Ein weiterer lukrativer Nebenerwerb stellt auf den Sandböden im Rheintal der Spargelanbau dar. Die Gründung von Absatzgenossenschaften haben der Ausweitung dieser Sonderkultur wesentlich gedient. Bruchsal ist heute der größte Spargelmarkt Europas, dieses Attribut verdankt die Stadt der hier tätigen Obst- und Gemüseabsatzgenossenschaft.

Zigarrenfabriken dominierend

In den Jahrzehntenn zwischen 1870 und 1930 dominierten im alten Landkreis Bruchsal die Zigarrenfabriken. 1901 gab es im Kreisgebiet 123 Zigarrenfabriken mit 5438 Beschäftigten, besonders Frauen und Mädchen. Die Zahl der in der Tabakindustrie Beschäftigten stieg 1927 sogar auf 9201 Personen. Dies waren rund 80 Prozent der damaligen Arbeiter.

Das Entwicklungsniveau des Kreises Bruchsal lag 1965, vor allem dank einer ungewöhnlich hohen Erwerbsbeteiligung der Bevölkerung ungefähr um zehn Prozent über dem Durchschnitt aller badisch-württembergischen Landkreise.

Dieser Erfolg beruhte in erster Linie auf einer überaus erfolgreichen Industrialisierungspolitik, die seit Kriegsende mehr als 100 Betriebe neu anzusiedeln vermochte.

Die industrielle Struktur zeichnet sich heute durch ihre Vielseitigkeit aus. An der Aufwärtsentwicklung waren alle Branchen in mehr oder weniger großem Umfange beteiligt. Im ehemaligen „Tabakkreis" Bruchsal expandierten vor allem Elektrotechnik, Maschinenbau und Textilindustrie. Die Zunahme der Beschäftigten betrug z. B. bei Eisen und Metall 135 Prozent, bei Textil und Bekleidung 95 Prozent, bei Steine und Erde 167 Prozent, bei Ernährung 54 Prozent, bei Druck und Papier 48 Prozent und bei der Chemie 37 Prozent.

Im Gesamtbild der Wirtschaft kommt auch dem Handwerk eine große Bedeutung zu. Seine Tätigkeit erstreckt sich von der Herstellung gewerblicher Güter über Montage, Sachwerterhaltung und Güterpflege bis zur reinen Dienstleistung sachlicher und persönlicher Art. Das Handwerk versorgt nicht nur die Privatkundschaft, sondern ist auch in starkem Maß für öffentliche Einrichtungen und als „Zulieferer" für die Industrie tätig.

Sonstige Gegend

Die südliche Bergstraße gehört zu den sonnigsten Landstrichen der Bundesrepublik. Aus der burgundischen Pforte strömen die vegetationsfördernden Warmlüfte des Südens in diesen durch die morphologischen Gegensätze Flachland und Gebirgsland geformten Erdenwinkel. Thermalquellen und Sole, Sand und Kies gelten als begehrte Bodenschätze.

Für Bruchsal und seine Umgebung stellen die Landesplaner außergewöhnlich günstige Prognosen. Ein noch unerforschtes Feld für diese Gegend ist der Fremdenverkehr, die Erschließung des Kraichgauer Hügellandes für die Freizeit und Erholung. In bezug auf Naherholungsmaßnahmen werden gerade in jüngster Zeit Aktivitäten sichtbar. Der Kraichgau ist im Landesentwicklungsplan wie im Fremdenverkehrsentwicklungsprogramm als Naherholungsgebiet aufgenommen.

Die Voraussetzungen, den heimatlichen Raum vor allem für die Naherholung zu gewinnen, sind gegeben: Ein gut ausgebautes Verkehrsnetz, an das selbst die kleinste Gemeinde angeschlossen ist, und eine reizvolle Landschaft, die sich durch das Sanfte und Verträumte auszeichnet. Auf Schritt und Tritt begegnet der Besucher einer reichen Vergangenheit ebenso wie einer lebendigen und fesselnden Gegenwart.

Da und dort wurde das Gesicht der Landschaft schon recht vorteilhaft verändert. Am Rand der ausgedehnten Waldungen entstanden z. B. vorbildliche Waldparkplätze. Gebietsweise wurde das Wanderwegenetz ausgebaut und neu gekennzeichnet. Vielerorts laden sehenswerte Vogel- und Tierparks inmitten malerischer Anlagen zum Verweilen ein.

Die Gastronomie bekundet den Willen, die Entwicklung des Fremden- und Erholungsverkehrs durch unternehmerische Initiative zu meistern. Für die Bevölkerung aus den Ballungsräumen Mannheim, Heidelberg, Karlsruhe, Pforzheim und Heilbronn bietet der Kraichgau noch unverfälschte Natur. Mit seinen hingedruckten Bergen und breiten Tälern präsentiert er sich für die Zukunft als große Parklandschaft zur Erholung und Entspannung.

Karl Serden

Des Menschen Wille ist sein Himmelreich,
doch oft auch seine Hölle.

Karl May (1842–1912)

Karl Serden

UBSTADT
Heimat an der Kraich

Skizzen aus Vergangenheit und Gegenwart
mit 48 Bildseiten

1978
Verlag Heimat- und Volkskunde, Bruchsal-Ubstadt

Materialien zur Karl-May-Forschung

Band 1 Karl May **Der dankbare Leser** lieferbar
Reprint der Ausgabe 1902 mit Bild, Nachwort und Register; 2. Auflage, 176 Seiten

Band 2 Dittrich / Wagner / Weigl **Schriften zu Karl May** vergriffen
Faksimile der Studien von Dittrich (1904), Wagner (1907) und Weigl (1909) mit Bild, Nachwort und Register; 264 Seiten

Band 3 Sibylle Becker **Karl Mays Philosophie im Spätwerk** vergriffen
Wissenschaftliche Arbeit im Rahmen der Ersten Staatsprüfung für das Lehramt am Gymnasium, mit Bild von Carl-Heinz Dömken; 120 Seiten

Band 4 Gerhard Klußmeier **Die Akte Karl May** vergriffen
Die Karl-May-Akte der politischen Polizei im Staatsarchiv Hamburg, mit Vorwort, Bild und Erläuterungen; 168 Seiten

Band 5 Erich Heinemann **Über Karl May** vergriffen
Aussprüche namhafter Persönlichkeiten, mit 40 Zeichnungen von Carl-Heinz Dömken; 144 Seiten

Band 6 Dieter Sudhoff **Karl Mays „Winnetou IV"** vergriffen
Studien zur Thematik und Struktur, mit Bild von Carl-Heinz Dömken; 176 Seiten

Band 7 Hartmut Vollmer **Karl Mays „Am Jenseits"** lieferbar
Exemplarische Untersuchung zum „Bruch" im Werk
Frontispiz: Karl-May-Porträt von Carl-Heinz Dömken; 128 Seiten

Band 8 Kosciuszko / Lorenz **Die alten Jahrbücher** vergriffen
Dokumente früher Karl-May-Forschung – eine Bestandsaufnahme – mit einem Karl-May-Porträt von Carl-Heinz Dömken; 256 Seiten

Band 9 Udo Kittler **Karl May auf der Couch?** lieferbar
Eine literaturpsychologische Studie zur Rezeption der „Lehre vom Unbewußten" im Spätwerk Karl Mays, mit Bild von Carl-Heinz Dömken; 200 Seiten

Band 10 Bernhard Kosciuszko **Im Zentrum der May-Hetze** lieferbar
– Die Kölnische Volkszeitung – mit einer Vita Cardauns von Dr. Chr. F. Lorenz und einem Karl-May-Porträt von Carl-Heinz Dömken; 272 Seiten

Band 11 Gerhard Linkemeyer **Was hat Hitler mit Karl May zu tun?** demnächst
Eine systematische Überprüfung der Hitler-Biografien
Frontispiz: Carl-Heinz Dömken

Weitere Bände in Vorbereitung. Preis je Band: DM 36,80
Für Mitglieder der KMG: DM 24,80 plus Porto und MWSt.

KMG-Presse · 7526 Ubstadt Verlag: Karolus Bruchsal